数字化转型系列

浙江省普通本科高校"十四五"重点立项建设教材

数字化工程项目管理

思维模式与实施方法

蔡敏 王志峰 郭春娟 孙洪达 ◎编著

**DIGITAL
PROJECT MANAGEMENT**

机械工业出版社
CHINA MACHINE PRESS

图书在版编目（CIP）数据

数字化工程项目管理：思维模式与实施方法 / 蔡敏等编著 . —北京：机械工业出版社，2024.5
（数字化转型系列）
ISBN 978-7-111-75614-9

Ⅰ.①数… Ⅱ.①蔡… Ⅲ.①数字技术－应用－工程项目管理 Ⅳ.① F284-39

中国国家版本馆 CIP 数据核字（2024）第 075780 号

机械工业出版社（北京市百万庄大街 22 号　邮政编码 100037）
策划编辑：王　颖　　　　　责任编辑：王　颖　何　洋
责任校对：韩佳欣　李　婷　责任印制：常天培
北京铭成印刷有限公司印刷
2024 年 6 月第 1 版第 1 次印刷
170mm×230mm・22.25 印张・405 千字
标准书号：ISBN 978-7-111-75614-9
定价：109.00 元

电话服务　　　　　　　　网络服务
客服电话：010-88361066　机 工 官 网：www.cmpbook.com
　　　　　010-88379833　机 工 官 博：weibo.com/cmp1952
　　　　　010-68326294　金 书 网：www.golden-book.com
封底无防伪标均为盗版　　机工教育服务网：www.cmpedu.com

Preface 前　言

在发展新工科的实践探索中，需要多学科交叉融合，更需要开设项目管理这种有助于复合型人才培养的方法论课程。由于各类数字化工程的实施迫切需要专业的项目管理人员，而目前人们对项目管理实践的理解和认识还处于比较粗浅的阶段，在应用方面更是缺少指导性、实操性的系统支持，因此，新颖实用的项目管理工具书对数字化工程项目管理人才的培养和数字化工程绩效的提高具有重要作用。

数字化已是一种大趋势。近年来数字化工程建设可谓如火如荼。保证数字化工程的实际效果需要顶层设计，更需要正确的思维模式与恰当的实施方法。项目的本质是实现一种期望的变化，项目管理是拥抱变化、提高成功率的系统方法。当持续的不确定性压力和未知的挑战来临时，越来越多的企业意识到，数字化转型不再是锦上添花，而是常态化的未雨绸缪和企业转型的必然选择。项目管理者要做的第一件事情是改变思维模式，因为在数字化时代，不能只看自己的企业和产业，要看整个生态环境，更要用更宽广的眼光去看世界。突破靠项目，维持靠运营，而企业创新与数字化转型需要将两者结合。

数字化转型直接影响着产业升级、生产模式变更、业务流程再造和综合绩效提升。实现绿色可持续发展需要技术与管理高度融合，项目是实现创新的载体和整合资源的平台。数字化转型项目复杂度高、技术难度大、创新性强，企业全面推进数字化转型是一项系统工程，亟须创新适应数字化转型项目特点的系统化新理论和新方法，构建一套行之有效的数字化转型项目管理体系架构和方法机制，为数字化工程项目保驾护航。

项目源于特定需求，受多种因素制约，并且项目实施是由一系列过程组成的，因此本书突出强调企业如何面对不确定性，特别探讨了在数字化时代的管理思维模式、数字化转型实践的需求与管理的特殊要求。本书首先介绍现代项目管理的核心内涵和项目管理哲学及其应用，然后以数字化工程项目的生命周期为主线、以正确做事的流程为主导，通过技术主流程保证质量与可靠性，通过将五大管理过程和支撑与保障过程系统结合，有效整合资源，服务数字化工程项目的顺利实施，突出先进理念和正确思维方式的指导作用，并结合实际需求，最终落实到系统化分析问题和结构化解决问题的工具上来。本书紧密结合数字化转型的实际需求，以思维模式的转变拓展管理思路，在操作层面配以结构化解决问题的工具，为数字化工程实施项目管理提供有效指导，阐释成功的项目管理路径及其有效做法。本书将给出面向数字化工程项目管理的程序与参考模板，并配以相关的思维导图，帮助读者提升从项目管理理念到应用工具的掌握能力，引导数字化时代的项目管理者进行管理体系自主学习和创新性实践。

本书编写团队在项目管理方面资料的获取渠道多样，相关素材积累丰富，不仅来自多年教学实践经验，还来自十多年的项目管理培训与咨询服务经验。在教学新形态的探索中，项目管理课程有单独的"网盘"，其中有丰富的项目管理案例分析、流程及应用模板等资料。本书编写团队核心成员运营着专门分享现代项目管理知识的公众号"心有桃源"，已在其上发表四百余篇文章（包括大量思维导图内容），公众号访问用户有近2000人，形成了较大的专业影响力。

本书的面市归功于研究团队全体成员的努力。书中大部分素材源于本研究团队的教学实践以及杭州电子科技大学工业工程专业、经管创新实验班的本科生和工程管理专业硕士研究生的积极反馈。本书由团队整体策划，蔡敏负责统筹协调，并完成核心章节的编写与统稿、校对等工作，王志峰参与编写第1章，并负责3.3~3.5节和第8章等的编写工作，郭春娟主要负责2.4、2.5、4.4、4.5、4.6、5.4、5.6等节的编写和全书的统筹协助工作，孙洪达主要负责5.2、7.3的编写以及书稿图表的制作工作。特别感谢研究团队陶俐言教授的无私付出，陶教授积极贡献了丰富的项目管理实践素材。同时本书也参考了大量数字化转型方面的文献和研究成果，谨向相关作者表示感谢。

由于作者水平有限，书中难免有许多有待商榷甚至错误之处，恳请同行及读者不吝赐教。

Contents 目　　录

前言

第1章　数字化工程相关问题分析 ……………………………………… 1

1.1　数字化及其影响 …………………………………………………………… 1
1.1.1　什么是数字化 ……………………………………………………… 1
1.1.2　数字化对企业的影响 ……………………………………………… 2
1.2　数字化转型是一种必然选择 ……………………………………………… 3
1.2.1　理解和把握数字化转型 …………………………………………… 3
1.2.2　把握数字化转型方案设计的要点 ………………………………… 4
1.2.3　利用数字化打造生态型企业 ……………………………………… 5
1.3　数字化转型下的项目思维方式 …………………………………………… 7
1.3.1　思维与思维方式 …………………………………………………… 7
1.3.2　项目思维与项目思维方式 ………………………………………… 8
1.4　数字化工程及其实施内容 ………………………………………………… 10
1.4.1　数字化工程的基本构成 …………………………………………… 10
1.4.2　数字化工程实施的核心要素 ……………………………………… 13
1.4.3　数字化工程建设的能力保障 ……………………………………… 14
1.5　数字化工程项目管理能力 ………………………………………………… 17
1.5.1　全面推行高质量的项目管理 ……………………………………… 17
1.5.2　全过程工程咨询的数字化管理 …………………………………… 19
拓展思考 ……………………………………………………………………………… 20

第 2 章 现代项目管理概要 ··· 21

2.1 项目管理的历史沿革 ··· 21
- 2.1.1 项目管理简介 ··· 21
- 2.1.2 项目管理概念的演进 ··· 23
- 2.1.3 现代项目管理发展趋势 ··· 25

2.2 现代项目管理的核心内涵 ··· 27
- 2.2.1 项目的定义与特征 ··· 27
- 2.2.2 广义项目概念与项目种类 ··· 30
- 2.2.3 项目管理定义与特点 ··· 33
- 2.2.4 项目管理方法与手段 ··· 34
- 2.2.5 项目管理目的与目标 ··· 38

2.3 现代项目管理的系统应用 ··· 39
- 2.3.1 项目管理与现代企业管理 ··· 39
- 2.3.2 大型复杂产品的项目管理模式 ··· 41
- 2.3.3 企业多项目管理模式 ··· 48
- 2.3.4 全面项目管理 ··· 49
- 2.3.5 国际工程项目管理模式 ··· 54

2.4 现代项目管理知识体系介绍 ··· 56
- 2.4.1 项目管理体系及作用 ··· 56
- 2.4.2 国际化的项目管理标准与体系 ··· 56
- 2.4.3 具有一定代表性和影响力的相关标准指南 ··· 57
- 2.4.4 领域级项目管理相关体系 ··· 58
- 2.4.5 企业项目管理体系及其建设 ··· 58

2.5 项目管理能力发展要求 ··· 61
- 2.5.1 项目管理组织结构 ··· 61
- 2.5.2 项目管理办公室 ··· 66
- 2.5.3 项目团队建设 ··· 68
- 2.5.4 项目经理的工作内容、职责与权力 ··· 72
- 2.5.5 项目经理的素质与能力要求 ··· 73

2.6 项目管理哲学与应用 ··· 76

  2.6.1　概念提出与框架设计 …………………………………………… 76
  2.6.2　项目管理哲学的核心观点 ………………………………………… 77
  2.6.3　项目管理哲学的作用 …………………………………………… 79
  2.6.4　项目管理哲学应用实践 ………………………………………… 79
拓展思考 …………………………………………………………………………… 79

第 3 章　项目生命周期过程管理 ………………………………………… 80

 3.1　项目生命周期理论与方法 …………………………………………… 80
  3.1.1　项目生命周期及其管理工作 ……………………………………… 80
  3.1.2　项目生命周期与管理过程的关系 ………………………………… 82
  3.1.3　项目生命周期的不同阶段划分方式 ……………………………… 84
 3.2　项目管理的基本流程及五大过程 …………………………………… 86
  3.2.1　项目管理的基本流程 …………………………………………… 86
  3.2.2　项目管理的五大过程 …………………………………………… 87
  3.2.3　过程组的含义及其主要工作 ……………………………………… 87
 3.3　项目构思论证与评估 ………………………………………………… 89
  3.3.1　项目构思与论证 ………………………………………………… 90
  3.3.2　项目评估 ………………………………………………………… 93
  3.3.3　数字化产品研发的关键流程 ……………………………………… 94
 3.4　项目目标系统设计与管理 …………………………………………… 97
  3.4.1　项目的系统过程与目标 ………………………………………… 97
  3.4.2　目标管理方法概要 ……………………………………………… 99
  3.4.3　项目目标系统的特征、建立与集成管理 ………………………… 104
 3.5　项目实施过程 ………………………………………………………… 106
  3.5.1　项目产品创造过程 ……………………………………………… 106
  3.5.2　支持保障与服务过程 …………………………………………… 108
 3.6　项目收尾与后评价 …………………………………………………… 110
  3.6.1　项目收尾 ………………………………………………………… 110
  3.6.2　项目后评价 ……………………………………………………… 111
拓展思考 …………………………………………………………………………… 112

第4章 项目管理的核心工具 … 113

4.1 项目实施的技术与工艺管理 … 113
4.1.1 技术的含义与特点 … 113
4.1.2 数字化工程项目管理技术 … 117
4.1.3 数字化工程项目实施的技术管理 … 118
4.1.4 数字化工程项目实施的工艺管理 … 125

4.2 项目范围管理 … 128
4.2.1 项目范围管理的定义 … 128
4.2.2 项目范围管理规划 … 129
4.2.3 项目范围的分解 … 130
4.2.4 项目范围确认与控制 … 133
4.2.5 项目范围的验收 … 135

4.3 项目进度管理 … 136
4.3.1 项目进度管理的概念 … 136
4.3.2 项目进度管理的内容 … 136
4.3.3 项目进度管理的方法 … 138
4.3.4 项目进度控制与优化 … 142

4.4 项目资源管理 … 145
4.4.1 项目资源管理的相关概念与分类 … 145
4.4.2 项目资源计划 … 147
4.4.3 项目人力资源管理 … 148
4.4.4 项目物化资源管理 … 149
4.4.5 项目资源平衡与优化 … 153

4.5 项目成本管理 … 154
4.5.1 项目成本构成分析 … 154
4.5.2 项目费用估算 … 156
4.5.3 项目费用预算 … 157
4.5.4 项目费用控制 … 159
4.5.5 挣值分析法 … 160

4.6 项目质量与可靠性管理 … 163

		4.6.1 项目质量管理概述	163

- 4.6.1 项目质量管理概述 …………………………………… 163
- 4.6.2 项目质量策划 …………………………………………… 164
- 4.6.3 项目质量保证 …………………………………………… 166
- 4.6.4 项目质量控制 …………………………………………… 166
- 4.6.5 项目质量改进 …………………………………………… 167
- 4.6.6 项目可靠性管理 ………………………………………… 169

4.7 项目集成管理 …………………………………………………… 171
- 4.7.1 项目集成管理概述 ……………………………………… 171
- 4.7.2 项目要素集成管理 ……………………………………… 173
- 4.7.3 项目集成计划 …………………………………………… 176
- 4.7.4 项目变更集成管理与控制 ……………………………… 177

拓展思考 ……………………………………………………………… 179

第 5 章　项目管理的关键技能 …………………………………… 180

5.1 项目信息管理 …………………………………………………… 180
- 5.1.1 项目信息管理概述 ……………………………………… 180
- 5.1.2 项目信息管理系统 ……………………………………… 182
- 5.1.3 计算机辅助项目信息管理 ……………………………… 184

5.2 项目采购管理 …………………………………………………… 184
- 5.2.1 项目采购管理概述 ……………………………………… 184
- 5.2.2 项目采购管理的方法 …………………………………… 186
- 5.2.3 项目采购计划的编制 …………………………………… 188
- 5.2.4 项目采购计划的实施 …………………………………… 189
- 5.2.5 项目合同管理 …………………………………………… 191

5.3 项目风险管理 …………………………………………………… 193
- 5.3.1 项目风险概述 …………………………………………… 193
- 5.3.2 项目风险管理规划 ……………………………………… 196
- 5.3.3 项目风险识别 …………………………………………… 197
- 5.3.4 项目风险评估 …………………………………………… 199
- 5.3.5 项目风险应对 …………………………………………… 202
- 5.3.6 项目风险监控 …………………………………………… 204

5.3.7　项目风险综合管理 205

5.4　工程项目 HSE 管理 211
　　　5.4.1　项目 HSE 管理体系概述 211
　　　5.4.2　项目健康管理 212
　　　5.4.3　项目安全管理 213
　　　5.4.4　项目环境管理 216

5.5　工程项目知识管理 218
　　　5.5.1　知识管理概述 218
　　　5.5.2　企业知识管理 220
　　　5.5.3　项目知识管理 220
　　　5.5.4　项目知识管理的实施 223
　　　5.5.5　项目知识管理方式 225

5.6　工程项目管理创新 227
　　　5.6.1　数字化项目管理创新的背景 227
　　　5.6.2　项目管理创新的比较分析 227
　　　5.6.3　基于大数据的项目管理创新模型 229
　　　5.6.4　数字化环境下项目管理创新的实施 230
　　　5.6.5　项目生命周期的管理创新 231
　　　5.6.6　企业自主创新项目的过程管理 233

拓展思考 235

第 6 章　项目管理的能力 236

6.1　项目管理软技能 236
　　　6.1.1　项目管理软技能概述 236
　　　6.1.2　项目管理软技能的价值分析 237

6.2　项目相关方管理 238
　　　6.2.1　项目相关方概述 238
　　　6.2.2　项目相关方的构成关系 239
　　　6.2.3　项目相关方管理过程 240
　　　6.2.4　项目相关方管理要点 242

6.3 项目沟通与冲突管理 245
    6.3.1 项目沟通概述 245
    6.3.2 项目沟通管理过程 248
    6.3.3 项目沟通管理内容 249
    6.3.4 项目冲突管理 250
6.4 项目文化管理 253
    6.4.1 企业文化与项目文化 253
    6.4.2 项目文化结构 257
    6.4.3 项目团队文化 258
    6.4.4 高效项目团队文化的特征 259
    6.4.5 项目文化建设与管理 261
6.5 项目领导力 265
    6.5.1 项目领导力概述 265
    6.5.2 项目各阶段领导力 266
    6.5.3 项目经理的领导力塑造 268
    6.5.4 提升领导力参考模型 271
6.6 项目执行力 274
    6.6.1 项目执行力的内涵与关键因素 274
    6.6.2 项目执行力的系统提升 277
    6.6.3 项目执行力的评价与管理 279

拓展思考 281

第 7 章　成功的数字化工程项目管理 282

7.1 成功项目管理及其通用做法 282
    7.1.1 成功项目管理的内涵 282
    7.1.2 成功项目管理的通用做法 284
7.2 数字化转型成功的关键要素 286
    7.2.1 定位项目，明确目标 286
    7.2.2 聚焦成功，强化管理 287
7.3 数字化工程的价值创造 288

  7.3.1 数字化环境下企业商务管理面临的变化 ··· 288

  7.3.2 数字化表现：加快从提升效率到创造价值 ··· 293

  7.3.3 数字化赋能：数字化环境下企业运营管理的效率提升 ································· 294

  7.3.4 数字化使能：数字化环境下企业运营管理的价值创新 ································· 297

 7.4 数字化转型的可持续发展 ··· 301

  7.4.1 数字化转型的关键：企业业务综合集成 ··· 301

  7.4.2 企业管理的数字化升级 ··· 303

  7.4.3 数字人才培养 ··· 306

拓展思考 ··· 309

第8章 数字化工程项目管理综合应用实例 ··· 310

 8.1 工程项目背景及需要解决的问题 ··· 310

  8.1.1 工程项目背景 ··· 310

  8.1.2 工程项目需要解决的问题 ··· 311

  8.1.3 项目重大里程碑 ·· 312

 8.2 工程项目相关方分析与目标设定 ··· 312

  8.2.1 工程项目相关方识别 ·· 312

  8.2.2 工程项目相关方分析 ·· 313

  8.2.3 工程项目目标设定 ··· 313

 8.3 工程项目组织管理 ·· 313

  8.3.1 项目组织架构 ··· 313

  8.3.2 项目组织的人员角色与职责 ·· 316

 8.4 工程项目范围管理 ·· 317

  8.4.1 项目实施内容 ··· 317

  8.4.2 项目工作分解结构 ··· 318

 8.5 工程项目进度管理 ·· 318

  8.5.1 项目任务关系分析 ··· 318

  8.5.2 项目网络计划图 ·· 320

  8.5.3 项目计划甘特图 ·· 320

 8.6 工程项目资源管理 ·· 323

  8.6.1 项目资源分析 323
  8.6.2 项目资源计划 323
  8.6.3 人力资源负荷分析 323
 8.7 工程项目费用管理 326
  8.7.1 项目费用预算分析 326
  8.7.2 项目人力资源费用分析 326
 8.8 工程项目质量管理 327
  8.8.1 质量管理范围 327
  8.8.2 项目变更管理流程 328
 8.9 工程项目风险管理 329
  8.9.1 工程项目风险管理方法 329
  8.9.2 工程项目常见风险及应对措施 331
 8.10 工程项目的收尾管理 334
  8.10.1 项目验收标准 334
  8.10.2 项目验收方法 335
  8.10.3 项目交付物清单 335
  8.10.4 项目知识转移 336
  8.10.5 工程项目总结 337
拓展思考 338

参考文献 339

Chapter 1 | 第 1 章

数字化工程相关问题分析

本章导读

乔布斯:"未来凡事皆可存储在看不见的地方(世界是数字化的世界)。"

黑格尔:"一个事物,只有被放到它与其他事物的关系中去考察,人们才可能认识这个事物。"

持续的不确定性压力和各种新的挑战让我们意识到企业数字化转型不再是锦上添花,而是常态化的未雨绸缪和企业可持续发展的必然选择。对于大多数企业而言,数字化转型是一段艰苦而漫长的过程,需要树立正确的思维方式并找到有效的实施方法。

1.1 数字化及其影响

1.1.1 什么是数字化

自 20 世纪以来,企业就开始关注信息化的建设。回顾企业信息化的建设历程,可以看到信息化的主要目标是通过跟进信息技术的发展,用信息技术承载原来低效的业务流程,通过软硬件平台的构建来提高执行效率、降低运营成本。随着企业信息化的不断成熟,IT 部门逐渐从支撑角色转变为业务部门的伙伴,为业务的发展做出更大的贡献。借助信息化,大量的手工信息整理和传递可以通过应用程序和网络轻松完成,但生产方式等还没有发生很大的变化。信息化是以提升既有体系的效率为核心的,它并没有根本性地改变产品形态、商业模式的创新。

而近十来年云计算、大数据、人工智能、物联网等新兴技术的不断发展和数字经济时代各种商业模式的创新，让企业管理者感受到了业务创新与技术相融合的巨大能量。企业数字化战略的引入逐步推动整个企业的运营以及产品生产全过程的数字化进程。比如，人工智能所打造的自动驾驶将改变人们100多年以来的汽车驾驶方式，智能制造的构建将实现人与机器人无隔离的协作，虚拟现实和3D打印等技术也将改变产品设计以及人员培训的方式，等等。

谈到数字化，有人可能会想到"digital"。而digital是通过二进制代码表示的物理项目或活动，再进一步，digital就是把物理世界映射或迁移到数字世界。但这可能并不能帮助我们真正理解数字化。我们可以想象存在一个与物理世界对应的虚拟数字世界，物理世界中的每个人、每个物体在数字世界中都有一个对应的镜像。无论我们在物理世界中经历什么，数字世界中的镜像也会经历什么，就像影子一样。物理世界中的一切理论上都可以迁移到数字世界，这涉及将物体信息或业务场景迁移或映射到数字世界中。

数字化主要包含大数据、云计算、人工智能以及区块链，通常称为"ABCD"。其中，A——人工智能（Artificial Intelligence），B——区块链（Blockchain），C——云计算（Cloud Computing），D——大数据（Big Data）。关于这几者之间的关系，普遍的观点是"融合发展"，即不分孰重孰轻、孰先孰后，而是你中有我、我中有你。

1.1.2 数字化对企业的影响

数字世界最大的优势就是打破了物理世界的诸多约束，主要包括算力约束、空间约束、时间约束和单一世界约束。

数字化之所以能够颠覆传统，是因为它所拥有"五全"基因：全空域、全流程、全场景、全解析和全价值。所谓"全空域"是指打破区域和空间障碍，从天到地，从地上到水下，从国内到国际，都可以广泛地连成一体。所谓"全流程"是指关系到人类所有生产、生活流程中的每一个点，每天24小时不停地积累信息。所谓"全场景"是指跨越行业界限，把人类所有生活、工作中的行为场景全部打通。所谓"全解析"是指通过人工智能的收集、分析和判断功能，预测人类所有的行为信息，产生异于传统的全新认知、全新行为和全新价值。所谓"全价值"是指打破单个价值体系的封闭性，穿透所有价值体系，并整合与创建出前所未有的巨大价值链。

数字化具有的"五全"基因，与任何一个传统产业链结合起来，都会形成新的经济组织方式，从而对传统产业产生颠覆性的冲击。

1.2　数字化转型是一种必然选择

在全球范围内，数字化转型已经成为企业管理者关注的热点。数字化转型是指以数字化技术为基础、以数据为核心、以产品或服务转型及流程优化重构为手段，实现企业效益与竞争力根本性提升的一系列变革。

1.2.1　理解和把握数字化转型

围绕高质量发展目标，统筹运用数字化技术、数字化思维、数字化认知，把数字化、一体化、现代化贯穿到经济、政治、文化、社会、生态文明建设全过程的各个方面，对区域治理的体制机制、组织结构、方式流程、手段工具进行全方位、系统性的重塑，整体推动经济社会发展和治理能力的质量变革、效率变革、动力变革，从根本上实现整体智治、高效协同，这就是数字化转型。

从数字化转型的方向看，要把握三个层面：推进区域治理体系和治理能力现代化；激发企业活力，增添企业发展动力；打造全球数字变革高地。从数字化转型的特征看，要把握五个关键词：一体化、全方位、制度重塑、数字赋能和现代化。

从企业管理层面认识数字化转型，必须正确把握和处理好内涵的拓展和升级、领域的拓展和升级、价值的拓展和升级等问题。这要求我们正确认识和领会：①不同企业的性质及其所追求业务效能的不同，决定了其数字化转型的目标也是不一样的。试图拿出一个放之四海而皆准的数字化转型通用目标或方案让所有的企业来追求，一定是有问题的。②不同企业的数字化基础参差不齐，其数字化转型的路径也应该是不同的，因而不可能存在放之四海而皆准的数字化转型路径。③数字化转型绝不仅仅是管理的转型，而是管理与技术相结合的转型。企业数字化转型的重点不只是管理，更应该强调在产品生产或工艺技术方面的提升，尤其不能将管理方面的数字化转型当成数字化转型的全部内容。

数字化转型为企业带来的不仅仅是效率的进一步提升，还为企业开拓了更多的能力。例如，大数据和车联网等技术使得企业具有了直接对接消费者的能力，从而为产品设计、营销和售后服务提供了不断创新的基础。能力与效率之间的关系，大致可以理解为：当能力没有大的突破时就靠不断提高效率取得进步；当效率提升到一定的程度，便会激发能力的飞跃，这种飞跃也就是人们所说的"颠覆式创新"。数字化是一项必不可少的变革，我们必须与其共存。数字时代的受益行业远远超过受威胁的行业，很难找到一个不需要数字化或智能化的行业例子。在数字化变革中，企业选择"做"还是"不做"，将决定这个企业是否被淘汰。

数字化转型是企业在经营管理方面必须面对的一个趋势，但是正如麻省理工学院斯隆管理学院数字经济首席科学家韦斯特曼（Westerman）教授所提醒的，数字化转型本身不是战略，而是为企业战略服务的。企业必须先有一个好的战略，数字化才能助力企业达成经营管理目标。同时，他提醒人们一定要避开数字化转型过程中的四个坑：第一，要避免孤岛思维，孤岛思维会造成数据的割裂，导致数据无法产生协同效应；第二，不要过多、过快地同时开展多项数字化转型工作；第三，不要仅将数字化转型的重担放在技术领导的肩上，从上至下都要有充分的共识；第四，不要以为企业具备了技术能力，就有了数字化能力。

1.2.2　把握数字化转型方案设计的要点

开展数字化转型及数字化工程建设涉及方方面面，自测自评只是第一步，接下来就是系统准备，包括掌舵人认知、领导组织、数字化转型人才、数字化转型文化、数字化转型预算、数字化转型沉淀能力、数字化转型方法、数字化转型技术设施、数字化转型顾问委员会等多个维度。企业只有做好系统准备，才能更好地把握数字化转型的契机，明确数字化转型的决心，并制定适合自身的数字化转型方案。

（1）提高企业掌舵人的数字化转型认知。数字化转型决策的制定、关键节点的把控和角色的分配等环节都依赖于企业掌舵人。企业掌舵人应当对数字化转型的整个过程有清晰而深刻的认知，做到短期长期兼顾。

（2）构建数字化领导组织。企业需要建立相匹配的领导组织，考虑组织成员角色是否互补、对数字化转型的认知是否一致。不同行业的企业所需的领导组织可能由不同角色构成，但均应包含首席执行官（CEO）、首席数字官（CDO）、首席技术官（CTO）、首席运营官（COO）等关键职位。

（3）培养数字化转型人才。企业应培养可以推进数字化转型的技术、业务、数据工作的带头人和不同岗位的人才，如数字化产品经理、数字化分析师、数字化业务工程师等。组织数字化转型团队需要从四个方面考量人才建设：①足够且完备的人才储备；②人才组建合理，匹配合适；③各岗位工作职责清晰；④数字化人才晋升通道通畅。

（4）打造数字化转型文化。数字化转型文化是以业务为导向、以数据为驱动解决问题的意识。企业应建立以业务为导向的创新激励文化，通过物质激励的方式鼓励团队成员敢于打破桎梏；形成"以数据思维满足业务需求"的文化氛围，具体表现包括搭建底层数据治理、数据资产管理、数据使用的流程体系。

（5）制定数字化转型预算。企业进行数字化转型，需要制定准确的财务预算。数字化转型期间涉及的人才招聘、设施升级、数据采集等环节均离不开财务的支持。企业需要估算数字化转型所需要的时间和费用，确定财务成本和时间成本，从而做到有的放矢。

（6）培育数字化转型沉淀能力。这是指培育企业在数字化转型过程中所需的能力和资源。数据、用户数字化、商品数字化、组织数字化和理论体系是企业进行数字化转型的核心能力，可视为企业快速启动数字化转型的基础。其中，数据能力是数字化转型的第一个沉淀能力，也是其灵魂所在。数据能力是指企业收集、存储、处理和分析大量的数据，以获取对业务和市场的深入理解的能力。用户数字化能力是指企业将用户的行为、偏好和需求转化为数字化信息的能力。商品数字化能力指的是企业将产品和服务数字化的能力。组织数字化能力是指企业在内部流程和结构方面的数字化转型能力。理论体系则是指企业建立的关于数字化转型的理论和知识框架，包括数字化转型的战略规划、业务模型、创新方法和组织变革等方面的理论体系。总之，数字化转型沉淀能力是企业在数字化转型过程中必须培育的关键能力。通过培育数据、用户数字化、商品数字化、组织数字化和理论体系等能力，企业能够更好地应对数字化转型的挑战，实现业务增长和创新。

（7）掌握数字化转型方法。掌握数字化转型方法是企业完成数字化转型的关键指标。数字化转型方法要求形成清晰的闭环，是非点状、非碎片化的理论知识。在实际的数字化转型过程中，企业应注意构建六大地图——战略地图、业务地图、数据地图、算法地图、应用地图和需求地图，从整体上把握企业数字化转型进程，保障转型效果。

（8）完善数字化转型技术设施。企业在具备前台灵活、中台强大、后台稳定的基础技术设施后，就可以进行数字化转型了。企业只有将基础技术设施升级为利于数字化转型的技术设施，才能有力保障数字化转型成果。

（9）设立数字化转型顾问委员会。数字化转型顾问委员会可以为企业建立清晰的培训体系，帮助基层、中层、高层成员提高数字化认知；针对企业实际问题，在数字化转型过程中的关键节点提供专业的建议，避免企业踏入误区；从专业的角度为企业数字化转型全程把脉，协助制定关键节点 KPI、拟定转型效果的验收标准，从整体上为企业数字化转型保驾护航。

如果企业没有做好这些准备工作便匆匆开始数字化转型，那么它将会在转型过程中毫无头绪，在执行过程中毫无章法。

1.2.3　利用数字化打造生态型企业

如果说数字化是"把物理世界映射或迁移到数字世界"，那么数字化转型就可以简单理解为描述这个映射或迁移的过程。为什么企业必须开启数字化转型之路呢？因为在宏观经济环境、同行业竞争和企业自身运营这三个从宏观到微观因素的影响下，数字化转型是企业必然要做出的选择，企业不是为了数字化而数字化。

数字化转型的第一驱动力是经济形势的挑战。在数字经济迅速发展的同时，我们也要看到逆全球化的贸易保护主义抬头，企业面临市场开拓乏力、贸易壁垒林立、核心技术不足等诸多挑战。在经济环境压力越来越大的情况下，为了应对消极因素的影响，实现平稳运营和长期成长，企业开始考虑通过数字化转型提升应对宏观困境的能力。

数字化转型的第二驱动力是同行业市场竞争的加剧。企业管理者已经看到市场竞争不仅来源于同行业企业的升级和创新，也来自具有互联网基因的企业的入局。

数字化转型的第三驱动力是企业运营的需要。从企业自身的运营来看，随着数字经济的快速发展，客户需求已经发生了显著的变化，因此企业需要从产品/服务的转型升级开始，全方位思考如何保证最大限度地满足客户需求并实现最佳客户体验。企业能否成功取决于其数字化生态系统是否构建完善。

京东是一个成功的数字化转型案例。京东最初是一个传统的线下实体电子产品零售商，但它在竞争中意识到电子商务行业数字化转型的重要性。京东通过建设自己的电子商务平台，利用数字技术和大数据来提供更广泛的产品选择、更便捷的购物体验和更高效的物流配送服务。京东还积极推广在线支付和移动购物等创新服务，与消费者建立了紧密的联系。京东的数字化转型成功地推动了其业务增长和市场领先地位的稳固。

如何做数字化转型？企业家的思维模式需要改变。因为数字时代，你不能只看自己的企业和所处的产业，而要去看整个生态环境，从更广阔的视角去看世界。

另一个实例，我们可以看看数字化是如何改变服装行业的。服装行业的头部企业汉帛国际集团有限公司在第二代管理者高敏上任后，联合富士康开发了一种智能终端，它被安排在每个工位上，通过收集裁缝师傅的工作数据，判断哪个环节是某位师傅最擅长的，再派单给他。而针对可能热销的个性单品，汉帛提供SaaS软件让下单方管理设计，再将其接入工业互联网平台"哈勃智慧云"分析出成本，只要改动设计，立刻显示出成本的变化，从而帮助企业降低决策风险。

正如中欧国际商学院战略学副教授陈威如所说，数字化没有大家想象的那么玄，数字化的本质在于三点：可视化、可量化、可优化。

1.3 数字化转型下的项目思维方式

1.3.1 思维与思维方式

1. 思维与思维方法

思维是人脑对客观事物间接的、概括的反映,是在社会实践的基础上进行的。思维既包括理性认识,即思想,也包括理性认识的过程,即思考。因此,思维是人脑对客观事物的各种映射做出分析、概括、判断、推理等活动,然后以内在的理念、外在的语言或直接的动作表现出来的过程。

思维方法是人们在思维活动中为了实现特定目的所使用的途径、手段或办法,也就是思维过程中所运用的工具。思维方法包括三个层次:一般的思维方法、多门具体科学共同的思维方法和每门具体科学所特有的思维方法。每一层次各种方法的理论化集合,分别构成了哲学科学方法论、一般科学方法论和具体科学方法论。思维方法可以因区分的依据和角度不同有许多不同的分类,比如正向思维法、逆向思维法、发散思维法、聚合思维法、联想思维法、形象思维法、归纳思维法、演绎思维法、抽象思维法等。

2. 思维方式

思维方式,简单地说就是看待事物的角度,它会受到地域、民族、历史、文化背景等因素影响。思维方式是思想、观念、意识、理论与方法等精神产品的一种生产方式,也是受人的素质影响而形成的一种方式。

余华东等学者认为,最基本的思维方式有三种:①逻辑思维,即建立在充足理由基础上的思维活动。如果一个判断、思想、观点有充足理由支持,我们就会认为它具有逻辑性,这种思维活动也就是逻辑思维。②非逻辑思维,即建立在理由不充足或很不充足基础上的思维活动。不符合逻辑思维的思维活动包括直觉、灵感、猜想、顿悟、假设等。在科学研究中,这些非逻辑思维也是非常重要的。③创新思维,即创造和应用新思想的一种思维活动。新思想的酝酿过程以及新思想产生后的论证过程都需要逻辑思维的支持,而产生新思想则主要依赖于非逻辑思维。

3. 思维体系

思维方法的应用需针对特定的问题与环境,制定思维模式与相应的实施规则。有人提出互联网思维体系,主要包括9种模式20条法则。

(1) 用户思维。法则1:得草根者得天下。法则2:兜售参与感。法则3:体验至上。

（2）简约思维。法则 4：专注，少即是多。法则 5：简约即是美。

（3）极致思维。法则 6：打造让用户尖叫的产品。法则 7：服务即营销。

（4）迭代思维。法则 8：小处着眼，微创新。法则 9：精益创业，快速迭代。

（5）流量思维。法则 10：免费是为了更好地收费。法则 11：坚持到质变的临界点。

（6）社会化思维。法则 12：利用好社会化媒体。法则 13：众包协作。

（7）大数据思维。法则 14：小企业也要有大数据。法则 15：你的用户是每个人。

（8）平台思维。法则 16：打造多方共赢的生态圈。法则 17：善用现有平台。法则 18：让企业成为员工的平台。

（9）跨界思维。法则 19：以用户为中心，超越行业界限。法则 20：运用互联网思维，大胆进行颠覆式创新。

1.3.2　项目思维与项目思维方式

1. 项目思维的要点

项目管理作为一门独立的学科，有单独的理论体系，同时作为一个交叉学科，其知识又具有高度的系统性和综合性。增强项目管理能力除了需具备相关的工程技术和项目管理知识外，还需具有管理学、工程经济学、系统工程、计算机应用等方面的知识。项目管理是解决项目中的工程问题与社会关系的系统方法和思路，可以培养系统、严谨的思维方式，应注重项目管理的基本思想、管理方法和手段的学习与掌握。

项目管理与管理学、行为学有密切关系，具有软科学特点，同时它又有很强的技术性，学科特点介于工程技术与管理学之间，不仅需要学习者有一定的工程技术基础，而且需要系统、严谨的思维方式。项目管理思维面向的对象是项目，围绕管理过程体现思维与现实的联系，给出有效解决问题的思路与方案。科学的思维可以指导人们认识事物本质，正确判断、科学推理，做出正确的决策；可以使人们在行动中明辨是非、处变不惊，进而取得项目管理的成功。

2. 项目思维方式

现代项目管理的核心理念是以目标为导向，以计划为基础，以控制为手段，以客户为中心。培养项目思维方式，应围绕现代项目管理的核心理念展开。项目管理者具有何种认识、其思维方式如何，将直接影响项目管理者的管理水平。一个合格的项目管理者需要具备三种基本能力：①解读项目信息的能力；②发现和整合项目资源的能力；③将项目构思变成项目成果的能力。项目实施与管理过程中的思维方式如图1-1所示。

项目思维方式的特征主要体现在：①项目思维关注整体，项目的成功是众多变量作用的结果；②在对待变化的方式方面，项目思维强调前瞻性和主动性；③基于团队形成处理大量不同问题的才智与能力。

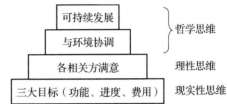

图1-1 项目实施与管理过程中的思维方式

项目是企业成功的载体。企业在市场竞争中建立核心竞争力的关键在于战略管理、营销管理和项目管理。企业要做正确的事、正确地做事和高效率地做事。项目管理正是把事情做好的方法，是管理过程的方法、管理变更的方法。项目管理的应用需要与企业的实际相结合，需要全面科学的项目管理体系和项目管理流程加以保障。规范的项目管理体系建设将为企业众多项目的完成决定航向。以协同智力为核心的项目团队建设，加之信息共享、决策共商，会为项目成功提供动力。

3. 项目管理是一种先进的文化理念

项目管理作为战略管理和营销管理的过渡，不仅是一种思维方式和工作方法，也是一种先进的文化理念。项目管理可以把各种系统、方法、人员有效地结合起来，从根本上完善管理流程，提高管理效率，提升项目成功率，实现企业预期目标。

项目管理中的"好"有多个条件，第一个条件是要有用。"有用"和"能用"是两回事。很多"能用"的东西不一定"有用"，这牵涉客观价值的问题。第二个条件是能达到原先要达到的目的。在项目管理方面，项目设计中首先应明确项目结果的规格。如果项目结果是规格上写明的东西，这就算一个"好"的东西。项目的结果也许是一套软件系统，或一部新的机器，或一条新修的铁路……凡是好的东西，一定是容易用的东西，所以"好"又包含简单、好用。一个项目的产品，除了有用和好用之外，还要具有可塑性和可扩展性，这又涉及"好"与"快"的问题。在项目管理上，时间是绝对的，而非凭感觉的——半年完工，就比9个月完工要快3个月。至于"便宜"，实际上，省钱并不是项目管理最重要的目的。一个项目花多少钱，不仅在前期就应估算出来，而且在执行中也应通过合理的预算实施有效的控制，即整体过程都需要以"价值"为衡量基准。在项目管理里，最难预估的内容之一是完工时间。另一个难点是不仅要控制项目费用，而且要平衡好项目费用、进度和质量三者之间的关系以取得整体最优,即项目价值最大化。

1.4 数字化工程及其实施内容

1.4.1 数字化工程的基本构成

数字化工程是全面推进数字化转型的方式。数字化转型的快慢、优劣是由数字化工程决定的。数字化工程包括研发数字化与协同合作、数字化模型与产品虚拟化。它是实现各行各业数字化的路径与载体,数字化制造工程是其中的一个分支。

数字化制造工程主要表现为通过数字化手段开发并实现工业产品与装备数字化,通过数字化制造系统建设与改造实现企业生产与管理数字化,通过数控系统联网实现产品与服务数字化。具体的数字化制造工程以产品全生命周期信息为基础,以计算机技术、虚拟现实与仿真技术、网络技术为手段,在并行工程、精益生产等思想指导下,对整个生产过程,包括设计过程、制造过程、维护过程等进行有机集成,对整个生产活动进行三维数字化仿真、分析及优化,通过数字化手段实现快速的产品生产。

一般的数字化工程基本构成要素如图1-2所示。

客户、产品与服务、运营、人力是企业数字化工程必须重点关注的四个领域,这些领域也离不开数字化技术的支持。

(1)客户。数字化技术在客户领域的应用,能够将企业洞察客户的能力提升到一个新的高度。越来越多的企业在理解客户、挖掘客户需求方面应用了大量的数字化技术。例如:企业利用数字化技术对客户进行画像,把握客户的喜好和消费倾向;利用社交媒体挖掘客户的新需求,了解客户对企业产品的满意程度及"槽点"。"连接"是数字化最重要的特征。数字化技术的应用突破了连接的时间、地点和数量的限制,让曾经的边界不复存在,"赢家通吃"成为普遍现象。如何提升客户体验、获得客户认可,成为数字化时代企业竞争的关键环节。

(2)产品与服务。产品与服务是企业的立身之本,是企业的核心竞争力。数字化技术在产品与服务领域的应用,为企业注入了新的增长动力。传统的产品与服务与最新的数字化技术产生的"化学反应"让人震惊,数字化赋予产品与服务新的价值和魅力。数字化技术可以让企业突破连接的数量限制,当连接足够多的时候,量变产生质变,获利的逻辑就发生了本质的变化。传统产业的未来——从卖产品到卖服务的转变,也是数字化所带来的结果。

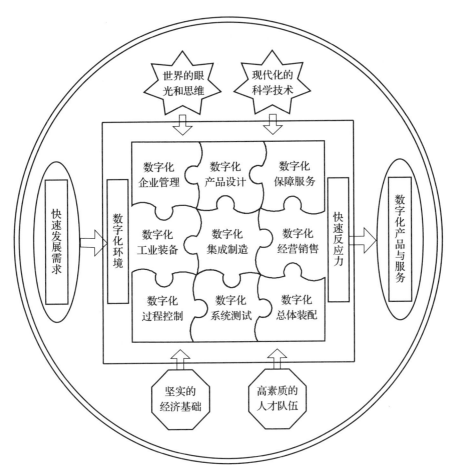

图 1-2 一般的数字化工程基本构成要素

（3）运营。数字化将进一步提升流程效率，很多企业借助数字化技术来实现流程效率的提升。数字化技术同样使流程更加富有弹性，企业可以随时应对外部环境和业务的变化。数字化技术还让企业运营变得公开透明，借助数字化工具做出的决定会更加符合现实情况。流程的数字化还会生成大量的数据流，这些数据流经过数据挖掘将产生更大的价值。大量经过加工的数据将给决策制定者提供更多的参考，甚至，机器学习这类新技术也可能应用到战略决策领域，代替人进行决策，让整个决策过程更加智能化。

（4）人力。数字化对人的连接，不仅丰富了人与人的沟通方式，而且让人与人的连接突破了时间、空间和数量的限制。这样的改变也给企业在人力管理上带来了新的挑战。许多走在数字化转型前列的企业很早便已尝试利用邮件、即时通信工具、视频会议系统、VPN、移动办公平台等数字化工具突破工作在空间和时间上的限制，再配合弹性工作制度，在大幅提升效率的同时，吸引了大量人才的加入——毕竟突破了工作的地域限制，全国各地的人才都可以为企业所用，而不局限于企业所在地的人才。在数字化时代，信息的传递方式是广播式的，即我们可以让信息瞬间到达企业的每一个人，每个人都有可能成为信息发布的节点，个人的影响力被数字化技术放大了。

数字化工程的工作维度如图1-3所示。

数字化工程的生命周期分为需求分析、系统设计、系统建设及系统维护四个阶段，每个阶段的结果都将是下一个阶段的输入，如图1-4所示。这样不断循环的过程反映了数字化工程不断改进和扩展的过程。

图1-3 数字化工程的工作维度

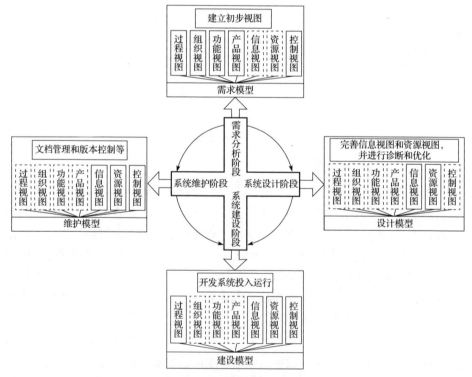

图1-4 数字化工程生命周期各阶段之间的联系

1.4.2 数字化工程实施的核心要素

根据对各大企业数字化能力的分析和研究，结合对数字化转型实践的总结提炼，本书总结出数字化工程实施需要考虑的核心要素，如图1-5所示。企业可以以此作为对照，对自身的能力进行分析和定位。

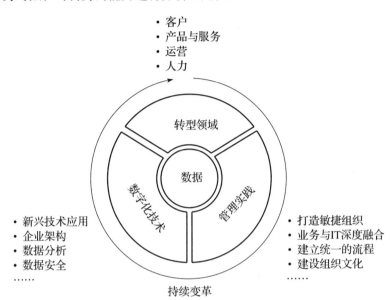

图1-5 数字化工程实施需要考虑的核心要素

数字化过程实施需要合适的基础，企业可以借助成熟度模型进行测评。企业是否适合开展数字化工程建设？发展到什么级别的企业可以通过合适的数字化工程进行数字化转型？回答这两个问题前，我们需要明白，数据及技术工具并不能代表数字化运营程度，如运用Excel不能代表数字化运营程度低，运用大数据、商业智能（Business Intelligence，BI）、中台等工具也并不能代表数字化运营程度高。

企业开展数字化转型，首先可以参考相应的成熟度模型进行自我评估，然后制定符合自身需求的数字化转型方案。成熟度模型包括两个方面的测评：

（1）数字化的基本级别测评。成熟度模型将企业数字化程度设为0～5级共6个级别。0级代表未应用数据，完全依靠负责人主观决策；1级代表采用Excel存储和分析数据，数据文件零散，数据量小；2级代表依赖技术部门进行数据分析；3级代表以技术为中心，系统性地应用数据，利用数据支撑业务；4级代表以业务为中心的数据化运营，数据赋能业务；5级代表数据引领业务，赋能业务创新和变革。

（2）数字化运营级别测评。数字化运营级别测评可以从多个角度对企业数字化水平进行评估，包括但不限于以下几个方面：

1）战略与规划。评估企业是否制定了明确的数字化战略和规划，是否根据业务需求制定了相应的数字化转型目标；考察企业在数字化战略和规划方面的落实情况，如是否有明确的目标和路线图，是否有专门的数字化团队负责执行。

2）技术基础设施，即评估企业数字化基础设施的完备性和先进程度；考察企业是否有稳定可靠的网络和服务器设备，是否有足够的存储容量和计算能力来支持数字化运营需求的实现；评估企业是否采用新兴的数字化技术，如云计算、大数据分析和人工智能等，以提升运营效率和创新能力。

3）数据管理和分析能力。评估企业是否能够有效地收集、整合和管理大量的数据，通过数据分析和挖掘来进行洞察，并以此为基础做出决策。

4）业务流程自动化和集成。评估企业是否已经实现了关键业务流程的自动化和集成，能够通过应用软件和系统的协同，提高运营效率和客户服务质量。

5）数字化创新能力。评估企业在创新方面的能力，包括推出新产品、服务和解决方案的能力，以及应对市场变化和竞争压力的能力。

6）客户体验和数字化营销。评估企业在数字化营销和客户体验方面的能力，包括通过网站、社交媒体、移动应用等渠道与客户互动和建立关系的能力。

7）人员技能与培训。评估企业人员在数字化领域的技能和知识水平，包括培训和发展计划，以保证员工能够满足数字化转型的技能要求。

8）数据安全与隐私保护。评估企业在数据安全与隐私保护方面的能力，包括对数据进行备份和恢复的能力，网络安全措施的落实情况，以及是否符合相关的法律法规和隐私保护规定。

9）合作伙伴关系和生态系统建设。评估企业与合作伙伴之间的合作关系和生态系统建设情况，包括与供应商、客户、科研机构和创新企业等的合作关系，以及是否能够共享资源和实现优势互补。

10）组织文化和变革管理。评估企业的组织文化是否有利于数字化转型，包括是否有开放和创新的文化氛围，能否成功管理与数字化转型相关的变革过程。通过对上述多个方面的评估，企业可以全面了解自身的数字化水平，并根据评估结果确定数字化转型的必要性。

1.4.3 数字化工程建设的能力保障

数字化工程建设的能力包括以下四个方面：

1. 新兴技术应用能力

新兴技术对数字化转型的重要程度不言而喻，企业如果想在数字化转型中获得先机，关键就在于提高新兴技术的应用能力。首先，企业需要时刻保持对新兴技术的敏感度。新兴技术层出不穷，企业需要持续关注新兴技术的现状与趋势。其次，企业要及时评估新兴技术对业务的影响。最后，企业要能够应用新兴技术并给自身带来利益。如何应用新兴技术并不只是技术层面的问题，还要考虑如何将业务与技术完美地融合在一起。

企业可以通过下列途径提高新兴技术应用能力：①成立新兴技术应用实验室，该实验室由专业知识横跨业务与技术领域且能够快速学习的人员组成，负责推进新兴技术在组织内的实施。②投入资金鼓励新兴技术应用的尝试。每年度设立一定的预算来支持新兴技术应用的尝试，快速判断方案是否具有可行性，是否能够给企业带来新的机会。③在合适的时机以合适的节奏推广新兴技术的应用。根据企业自身的业务状况，冷静地判断和决策，找到实施的最佳切入点和时机，推进新兴技术在产品、服务与运营中的应用。

2. 企业架构能力

数字化转型离不开信息系统的支撑。信息系统能否快速适应业务的变化，除了管理方法，最大的影响因素便是企业架构。先进的架构能够克服传统"竖井式"（也称"烟囱式"）架构的明显缺点：①效率低、成本高；②浪费严重、抑制创新；③维护难、扩展性差；④数据难以共享，数据的价值难以体现。

对于适合数字化时代快速变化的企业架构，《企业IT架构转型之道：阿里巴巴中台战略思想与架构实战》一书提供了很好的参考：2015年年底，阿里巴巴集团对外宣布全面启动阿里巴巴集团2018年中台战略，构建符合DT（Data Technology）时代的更具创新性、灵活性的"大中台、小前台"组织机制和业务机制，即作为前台的一线业务会更加敏捷、更加快速地适应瞬息万变的市场，而中台将集合整个集团的运营数据能力、产品技术能力，对各前台业务形成强力支撑。

这种"大中台、小前台"组织机制和业务机制的架构的主要好处体现在：①服务共享可重用；②服务提升效率，赢得时间；③服务助力试错和创新；④服务会不断地积累和丰富；⑤数据能够真正发挥作用。

构建共享的服务需要一套服务化的框架来支撑，相比中心化ESB（企业服务总线）的服务框架，分布式的服务框架更为适合支撑起微服务架构模式。对比单体架构来说，这样的水平扩展可以在很大程度上提升系统的能力，同时提升基础设施的利用率，减少浪费。

在构建架构能力方面，企业可参考如下建议：①企业架构的搭建与企业的结构应相匹配；②企业应该标准化"服务"的使用原则；③企业应该形成"服务"的关系图谱，并配合工具自动校验；④建立配套的"服务"注册和管理系统，能够自动化地生成"服务"间的关系图谱，并自动校验代码中的使用是否完整；⑤合理定位并开展有针对性的运维。

3. 数据分析能力

数字化时代是获取数据并将其转化为洞察力的时代，数据是当之无愧的核心，而数据分析能力则决定了企业能否发挥数据的价值。强大的数据分析能力可以使企业：①洞察客户需求，提升客户体验；②把数据智能嵌入产品与服务中；③优化组织运营；④充分提升人与人之间的协作。

数据分析能力的构建必须引起企业的高度重视。数据分析能力的构建包括下列内容：①各类型数据的加工整理；②各类工具的组合使用；③数据分析算法的熟练应用；④数据分析深入运营与决策；⑤数据分析与业务深度结合；⑥专业数据分析团队的组建。

在数据分析能力的构建上，企业可以尝试：①在企业内部搭建数据平台；②形成"以数据说话"的企业文化；③借助外部力量，如借助外部数据，借助外部专家和专业的数据分析机构。

4. 数据安全能力

尽管数据是企业最重要的资产之一，但对于保护数据安全，大多数企业却做得并不完善，由于忽视数据安全而给企业带来难以挽回的损失的案例比比皆是。

为了构建数据安全能力，企业需要从业务范围内，从数据全生命周期的角度出发，开展对数据安全的保障工作。国家标准 GB/T 37988—2019《信息安全技术　数据安全能力成熟度模型》给出了一个非常好的参考框架，如图 1-6 所示。它基于组织机构的数据生命周期，从组织建设、制度流程、技术工具以及人员能力四个安全能力维度，对组织机构的数据安全能力成熟度进行分级评估。

数据安全能力成熟度模型架构不仅可以用于企业对自身数据安全能力的评估，也间接给出了企业建设数据安全能力的路线图，以及在数据生命周期的各个阶段保障数据安全的具体要求和实践，对企业具有非常重要的借鉴意义。

在数字化时代，数据安全是事关企业生死存亡的大事，绝不容忽视。针对构建数据安全能力：①数据安全应当引起全员的重视。不仅是管理层，企业内的所有人员都应该重视数据的安全。数据泄露往往伴随着淡薄的数据安全意识。②全面建设数据安全能力。企业建设数据安全能力应从组织建设、制度流程、技术工具和人员能力四个关键能力维度进行，不可偏颇。③数据使用应当安全而灵活。企业不能为了安全而放弃数据使用的灵活性。企业可以使用生物识别这类灵活的技术手段，通过防止数据被冒用来保证数据的安全。

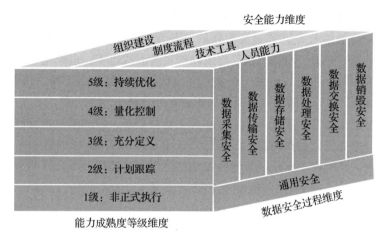

图 1-6　数据安全能力成熟度模型架构

1.5　数字化工程项目管理能力

1.5.1　全面推行高质量的项目管理

1. 当任务需要合作完成时，使用项目管理方法尤为重要

任务越需要合作完成，越需要采用项目管理方法，项目管理在合作中扮演着重要角色。例如，阿波罗登月任务的成功不仅仅是科学技术方面的胜利，更是项目管理的巨大成就。《科学》杂志指出，阿波罗登月任务的最大衍生效益可能是人性因素，而非技术性因素，即如何规划、协调和监督大量活动来达成重大事业。同样，《财富》杂志认为阿波罗登月任务的真正影响在于社会学方面，而非技术方面，即如何引导人们开展紧密合作。欧盟委员会也提到，阿波罗登月任务成功的关键原因在于，其管理架构能够整合复杂的技术和组织因素。

2. 通过项目管理方法进行组织变革

华为技术有限公司（以下简称"华为"）一直在进行变革，并且取得了不错的成绩。华为之所以能够取得好的变革结果，是因为它将每一次变革都视为一个项目，并采用项目管理方法来实施。项目管理强调前期准备的规划，注重团队建设和项目相关方管理，以使众多参与者积极参与。同时，项目管理也强调以成果和价值为导向，既要实现成果，又要确保项目与运营之间的无缝衔接，确保成果能够充分发挥应有的作用并实现相应的价值。因此，在进行变革时，不应让变革成为公司的一场灾难性风波，而应该采用项目管理方法，确保变革的成功。

3. 高管应该具备项目管理的能力，通过项目管理开启职业晋升之路

大部分公司的日常事务是流程化的，高管的工作更需要以项目化的形式进行。正如华为的要求，高管的任务应该以项目的形式落实，也就是说，高管应该将自己的想法转化为可执行的工作流程和工作制度，并交由下属去执行。因此，学习和应用项目管理有助于开启高管的职业晋升之路。

将学与干相结合，才能干好。实际行动非常重要，但如果只是盲目地行动而没有学习，那可能只是在胡乱尝试而已。任正非在1997年12月赴美考察时，在一天时间内认真听取了关于项目管理方法的介绍。这之后，华为开始重视学习和应用项目管理方法。

4. 项目管理让公司大而不僵

华为是如何实现公司规模的扩大但不僵化的呢？拿曹操在赤壁之战中的失败作为例子可以回答这一问题。曹操将众多小船固定在一起，成为一艘稳定的大船。然而，他的决策导致大船成了火攻的目标，最终遭受重大失败。很多公司也会犯类似的错误，为了追求表面上的稳定，过分追求规模扩张，结果反而僵化了。华为在初创期，面临着公司变得大而僵化的威胁。为了解决这个问题，华为主动引进了项目管理，让项目管理和职能管理同时进行。随着公司规模的继续扩大，华为又推行了以项目为中心的变革，使项目管理成为公司运营和发展的主要方式，并通过灵活高效的项目团队来应对市场变化。只有通过项目管理，公司才能实现大而不僵。

5. 有效的项目管理可以解决技术难题

项目管理的优点在于能够解决技术难题。20世纪60年代，有两个同时进行的项目：阿波罗登月和悉尼歌剧院建设。结果阿波罗登月项目提前一年成功完成，成本几乎与预算一致，而悉尼歌剧院建设项目却拖延了整整10年，成本更是高达预算的1457%。这两个项目的结果之所以会出现这么大的差距，原因在于阿波罗登月项目在一开始就采用了有效的项目管理方法。在当时的美国宇航局流行着这样一句话："项目管理是用来实现承诺的一门艺术。"然而，悉尼歌剧院建设的总管设计师却认为，管理是一项非常容易的工作，任何人都可以掌握。这两个实例证明了一个事实，即只要正确进行项目管理，技术难题就不再是成功的阻碍。

6. 项目管理应当以客户为中心，而非以技术为导向

华为提出了"工程商人"概念，强调工程师需要以赢利为目标。华为要求工程师不仅要正确处理技术问题，还要考虑客户需求和公司利益。因此，华为逐渐完成了从以技术为中心到以客户为中心的转变。为了更加关注客户需求，华为逐渐弃用了工程管理一词，更多地使用项目管理。项目管理更加强调以客户为中心的思维，注重满足客户需求，因为只有满足客户需求，企业才能赢得利润。

1.5.2 全过程工程咨询的数字化管理

随着全过程工程咨询管理服务模式的推广，如何提高其管理效率和服务价值，越来越受到咨询企业的重视。新兴数字化技术为工程咨询提供了新的手段，建筑信息模型（BIM）、云计算、物联网、大数据、区块链等先进技术的应用有效地促进了工程项目的集约化和精益化管理，为工程项目数字化管理奠定了基础。《国家发展改革委 住房城乡建设部关于推进全过程工程咨询服务发展的指导意见》（发改投资规〔2019〕515号）中指出，大力开发和利用BIM、大数据、物联网等现代信息技术和资源，努力提高信息化管理与应用水平，为开展全过程工程咨询业务提供保障。

探索利用数字化技术支撑全过程工程咨询成为工程项目管理领域的发展趋势。全过程工程咨询的数字化管理主要内容如下：

（1）岗位的数字化。数字化管理改变施工现场的管理和协同方式，催生新的现场管理工作模式。企业通过组建高效精干的数字化管理机构，做好项目全过程的数据信息收集。项目组制定数字化服务项目的岗位和管理制度，梳理标准化的数字化管理流程，负责数字化服务项目的资源协调整合，促进数字化服务项目的落地；依托先进的技术手段和方法，尽可能高效地完成专业工作，实现各个作业岗位的数字化。

（2）项目的数字化。开发和应用施工现场智慧化技术，充分利用BIM、物联网等先进信息化手段，实现对现场施工人员、大型设备联网监测管理，实现自动化监管设施联合动作，提高应急响应速度和事件的处置速度，形成人管、技管、物管、联管、安管"五管合一"的立体化管控格局，通过BIM整合实现项目资源信息与数据的结合。

（3）管理过程的数字化。依托数字化管理平台，推动全过程工程咨询的精细化、集成化管理，提高项目过程管控能力。按照"资源共享、高效协同"的原则，以流程为导向，将管理方、建设方、服务方三者统筹协调，构建一个适应多组织架构，满足项目、项目集群与项目组合管理需求的管理系统，实现建设工程目标

控制、合同管理、协同工作、风险管理、知识管理和运营管理等核心功能，以建设工程集成化管理的数据库、知识库和模型库为支撑，实现数据成果的资源化，用数据、标杆工程、典型工程数据库指导各项工作，整合工程项目管理技术标准、数据标准，形成标准的工作模板，服务于建设工程策划决策、勘察设计、建设实施、运营维护的全生命周期，确保咨询服务质量的标准化。这也是企业核心竞争力。

拓展思考

1. 结合你的生活与学习，说说数字化意味着什么，如果没有数字化会是怎样的。
2. 说说数字化工程的基本构成要素。
3. 数字化工程项目管理能力包括哪些？

Chapter 2 | 第 2 章

现代项目管理概要

本章导读

培根:"书籍是在时代的波涛中航行的思想之船,它小心翼翼地把珍贵的货物运送给一代又一代。"

王小波:"一个人倘若需要从思想中得到快乐,那么他的第一个欲望就是学习。"

项目通过特定的活动帮助人们实现某种期望的变化,项目管理通过正确的思维方式、高效率的工具方法帮助人们提高做事成功率。项目管理是一种先进的文化理念与生活方式。

2.1 项目管理的历史沿革

2.1.1 项目管理简介

管理学大师汤姆·彼得斯(Tom Peters)早在1991年就指出"明天的企业都是项目的集合",并在 *Design* 一书中写道:"项目管理将站在21世纪管理舞台的中央。"后来又在《追求卓越》一书中强调:"现代管理,项目就是一切,每一个人都是一个项目管理者。"戴维·克兰德(David Cleland)说:"在应对全球化的市场变动中,战略管理和项目管理将起到关键性的作用。"《财富》杂志预言:项目经理将成为21世纪的最佳职业。企业内部管理项目化既是需求,也为项目经理通向高层领导创造了通道。

1. 项目管理实践及其发展历程

在古代人们就进行了许多项目管理方面的实践活动，如我国修建万里长城、都江堰水利工程，埃及修建金字塔等。这些不朽的伟大工程都是古人管理大型复杂项目的范例。有项目就有项目管理思想，如春秋战国时期的《考工记》就记载了很多"以计划为基础"的基本思想。项目管理实践经历了由活动到方法再到学科的发展进程。项目管理实践与内涵的发展进程如图 2-1 所示。

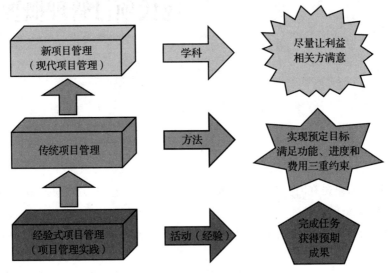

图 2-1　项目管理实践与内涵的发展进程

2. 国际项目管理实践

项目管理的专业化发展起源于工程建设领域。现代项目管理通常被认为是第二次世界大战的产物。美国的曼哈顿计划、北极星导弹计划与阿波罗登月计划等是推动现代项目管理学科产生、发展与形成的基本背景。20 世纪 40 年代产生了用甘特图制订计划的方法，20 世纪 50 年代后期到 60 年代出现了关键路线法（CPM）和计划评审技术（PERT）。

国际项目管理协会（International Project Management Association，IPMA）创建于 1965 年，总部在瑞士，它的目标是成为项目管理国际化的主要促进者。IPMA 于 1967 年在维也纳主持召开了第一届国际会议，项目管理从那时起即作为一门学科而不断发展。IPMA 每年召开一次不同主题的国际会议，内容涉及项目管理的各个方面。全球现已有近 34 个成员组织推行 IPMA 国际项目管理专业资质认证。

3. 我国项目管理的发展历程

我国的项目管理发展，首先是在国防型号研制项目中率先推行了钱学森先生倡导的系统工程，使"两弹一星"等重大项目获得成功；在国民经济建设中，华罗庚教授推广"统筹法""优选法"，使得项目管理的思想、工具和方法得到了更多应用；20世纪80年代初利用世界银行贷款兴建云南鲁布革水电站工程，成立了专门的项目管理机构，1987年8月6日的《人民日报》报道了"鲁布革经验"；后来更多的行业和单位逐渐开始应用项目管理，并形成了不同类型的项目管理方式。我国项目管理的发展历程如图2-2所示。

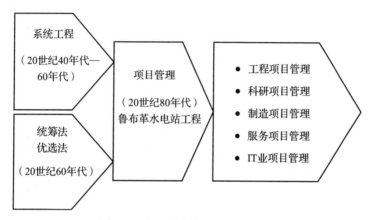

图2-2 我国项目管理的发展历程

1991年我国成立了中国项目管理研究委员会（Project Management Research Committee，China，PMRC），同时开始了项目管理学位教育，挂靠在西北工业大学。2001年我国正式启动了国际项目经理资质认证（International Project Manager Professional，IPMP）。目前项目管理已形成一门独立的学科，也是一门综合性的交叉学科，包含基础理论、技术方法和实际应用。项目管理具有相对独立且比较系统的知识体系。

2.1.2 项目管理概念的演进

基于对国际项目管理界的几种主流观点的关注，以及对项目管理学科形成与发展历程的系统研究，我国学者将项目管理概念及其演变与发展进程归纳为如图2-3所示的四个层面的主要变化。

（1）项目管理由经验管理走向科学管理。项目管理在20世纪40年代由"经验式的项目管理"阶段步入"科学化的项目管理"阶段，这可以说是项目管理学科发展的真正起点。

（2）现代项目管理由科学地管理好项目走向有组织的项目化管理。现代项目管理的发展源于科学地管理项目这类一次性任务的需要。在"项目的管理"（Management Of Project，MOP）基础上，产生了"项目化管理"（Management By Projects，MBP）。

（3）现代项目管理由重视计划到关注变化。现代项目管理（Modern Project Management，MPM）在相当长的一段时间内是基于相对稳定环境中的项目管理问题展开研究的，其工作重点是针对项目一次性的特点探索有效保障项目目标实现的方法。到20世纪80年代后期，瞬息万变的市场环境对项目管理提出了新的挑战，此后的项目管理被人们称为"新项目管理"（New Project Management，NPM），前一阶段的项目管理被称为"传统项目管理"（Traditional Project Management，TPM）。

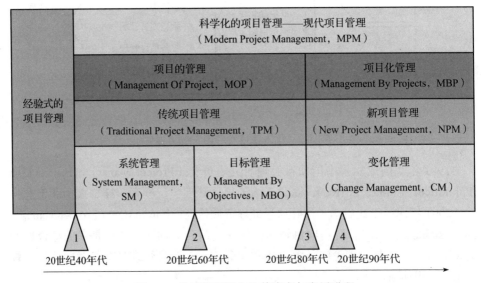

图2-3　项目管理概念及其演变与发展进程

（4）现代项目管理由以目标为导向的系统管理发展为面向对象的变化管理。现代项目管理的发展从其内涵主体特征方面可以分为三个阶段：系统管理（System Management，SM）阶段、目标管理（Management By Objectives，MBO）阶段和变化管理（Change Management，CM）阶段。

另外，项目管理哲学的发展主要呈现为上行的学科化发展和下行的实用化发展，如图2-4所示。

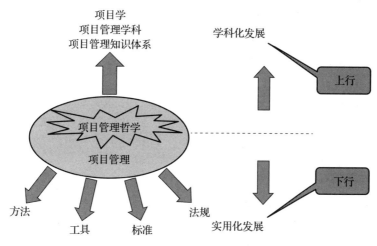

图 2-4 项目管理哲学的发展

2.1.3 现代项目管理发展趋势

现代项目管理是在 20 世纪 40 年代以后发展起来的，原因主要有两个方面：一是生产力的高速发展导致大型、特大型的项目越来越多，需要研究先进的理论与方法并将其用于实践；二是随着现代科学技术的发展，产生了系统论、信息论、控制论、运筹学、决策技术等理论，为现代项目管理理论和方法的产生与发展提供了可能性。

项目管理实践具有广泛的适用性和多样性。这是因为项目的种类很多，并且在同一个项目中又有不同层次和角色的参加者，如投资方、业主、承包商、设计单位、项目管理公司、建设承包商及供应商等；管理方式也会有不同的融资模式、承发包模式、管理模式，不同的管理人员有不同的项目管理工作，如项目经理、计划管理人员、成本管理人员、合同管理人员、质量管理人员、资源管理人员等，他们在不同的岗位上承担不同的项目管理职能工作任务。

1. 现代项目管理呈现的特点

（1）项目管理理论、方法和手段的科学化。现代项目管理在理论方面借鉴和吸收了系统论、信息论、控制论、行为科学等；在方法方面应用了预测技术、决策技术、网络计划技术、数理统计方法、数学分析方法、线性规划、图论、排队论等来解决复杂的项目问题；在手段和工具方面，不仅应用了先进的测量定位技术、图文处理技术、多媒体技术、精密仪器等，而且融合了以人为本、柔性管理、变革管理、知识管理、虚拟组织、学习型组织、危机管理、创新管理等理念。

（2）项目管理的社会化和专业化。现代项目往往规模大、技术新、参加单位众多，社会分工要求专业化的项目管理公司来专门承接项目管理业务，为业主和投资方提供全过程的专业咨询和管理服务。

（3）项目管理的标准化和规范化。项目管理是一项技术性很强、十分复杂的管理工作，社会化大生产要求项目管理必须标准化和规范化，摆脱经验型管理的状况，提高管理水平和经济效益。标准化和规范化体现在许多方面，如我国有JGJ/T 121—2015《工程网络计划技术规程》、GB/T 50326—2017《建设工程项目管理规范》等标准。

（4）项目管理的国际化。我国的工程承包市场已成为国际承包市场的主要构成部分，项目要素的国际化带来包括社会文化、风俗习惯、法律背景等方面的差异，造成项目管理的困难。因此，项目管理必须遵循国际标准或执行国际惯例，如 ISO 21500《项目管理》、国际咨询工程师联合会颁布的 FIDIC 合同条件等国际标准。

2. 项目管理发展趋势的预测

从近年来国际上项目管理相关会议和著名的学术期刊中，可以看到中外专家对项目管理的发展做出了各种预测。这里进行归纳，并总结出如下 6 个重点。

（1）从应对变化到拥抱变化。芬兰项目管理协会前主席马迪·阿文哈尤（Matti Ahvenharju）提出了"机会管理"的概念，帮助项目管理者在变化中识别机会，并进行机会管理。乌卡（VUCA）时代，这一概念将有更多的用武之地。

（2）从敏捷工具到敏捷思维。IPMA 理事会主席莱因哈特·瓦格纳（Reinhard Wagner）强调："敏捷是一种持续的趋势。然而，未来关注的焦点应该从敏捷方法和工具向敏捷领导力、敏捷思维和敏捷文化转变。如果自上而下的心态不改变，敏捷项目管理只能是一场闹剧。因为如果组织没做好准备，敏捷方法和工具的应用就会遇到困难。"

（3）从强调管理到重视领导。丁荣贵教授曾说过："管理靠权力，领导靠影响力，我们管理部下，领导追随者。"项目管理专家格蕾丝·霍珀（Grace Hopper）指出："我们管理事情，领导人，但我们往往太过于'管理'，忘了要去'领导'。"马迪·阿文哈尤强调，在颠覆性时代，提升领导力是重中之重。

（4）从关注工具到强化以人为本。马迪·阿文哈尤坚信，不管采用什么工具，项目终究要靠人来完成。莱因哈特·瓦格纳也强调，人乃项目管理之本，项目中的人越来越重要，他们的动机、能力和信心将是项目成功的驱动力。流程、工具、方法等都是用来帮助人完成项目的，因此，人才是项目管理的核心。

（5）从追求结果满意到关注创造价值。VUCA 时代，能否创造商业价值将成为确定项目是否成功的重要标准之一。汪小金博士称，面对极速变化的技术和市场，项目作为组织主动求变的唯一手段的地位日益重要，因此评价项目是否成功就必须更加关注项目为组织实现期望的变革的程度，以及这种变革所产生的商业价值。

（6）从倡导绿色到追求可持续发展。2019年IPMA全球大会的主题是"将可持续性融入项目管理中"，会议主题是行业风向标，可持续项目管理的重要性不言而喻。IPMA美国分会主席、绿色项目管理全球组织的创始人乔尔·卡尔博尼（Joel Carboni）强调，绿色项目管理是时代的呼唤，项目管理从业者不仅要关注项目的投入、产出、流程，更要关注项目对社会、环境、宏观和微观经济的影响，要把可持续性融入项目的全生命周期。

2.2 现代项目管理的核心内涵

2.2.1 项目的定义与特征

1. 项目的定义

项目来源于人类有组织的活动。随着人类的发展，有组织的活动逐步分化为两种类型：一类是连续不断、周而复始的活动，人们称之为"运作"（Operations），如企业流水线生产产品的活动；另一类是临时性、一次性的活动，人们称之为"项目"（Projects），如某产品研制、某软件系统开发、一项工程建设、一个服务流程优化、一个庆典等。

国际标准化组织（International Organization for Standardization，ISO）给出定义：项目由一组独特的、有开始和结束日期的、包括协调和控制活动的过程组成，执行该过程能够提供符合特定需求的可交付成果并实现项目目标。在ISO 21500系列标准中进一步阐释，一个项目可能受到多个条件约束，尽管许多项目可能是相似的，但每个项目都是独一无二的。项目之间的差异可能体现在以下几个方面：提供的可交付物；项目相关方的影响；使用的资源；约束条件；用于提供可交付物的流程制定方式。

国际项目管理协会（IPMA）认为：项目是受时间和成本约束、用以实现一系列既定的可交付物（达到项目目标的范围），同时满足质量标准和需求的一次性活动。

项目管理协会（Project Management Institute，PMI）在其项目管理知识体系（PMBOK）中将项目定义为：项目是为创造独特的产品、服务或成果而进行的临时性工作。

我们可以这样认为，项目是为创造某种独特的产品、服务或成果而进行的一次性活动。通俗地讲完成"一次性的、没有做过的事"的活动都是项目。进一步理解，项目有这样的含义：项目包含待完成的任务，有特定的目标要求；项目是在一定的组织机构内，利用有限的资源（人力、物力、财力等）在规定的时间内完成任务；项目中的任务要满足一定性能、质量、数量、技术指标等目标要求。

为了实现复杂问题简单化，运用系统思想对项目进行逐级分解，形成下列级别：①子项目（Sub-project）。项目通常可以划分成多个易管理的部分，称为子项目，即子项目是一个项目中更小的、更易于管理的部分。②工作包（Work-package）。从便于管理的角度出发，项目和子项目通常可以按一定的原则拆分成若干工作包。③工作单元（Work Unit）。工作单元是工作包的组成部分，即工作包可以根据一定的原则拆分为若干工作单元。④任务（Task）。任务是构成项目的大量工作。工作单元按照一定的原则可以拆分成若干项任务。⑤活动（Activity）。活动是项目最基本的组成单位，也称为工序。

2. 项目的特性

项目作为一类特殊的活动，一般呈现出如下一些特性：

（1）项目的一次性。项目是一次性的任务，具有确定的起止时间。项目实施是一次性的，每个项目都有自身独特的个性需求，应根据具体条件进行系统管理。

（2）项目目标的明确性。项目要建成何种规模，达到什么技术水平，满足哪些质量标准，建成后的服务年限等目标都应明确、详细。这些目标应是具体的、可检查的，实现目标的措施也应是明确的、可操作的。

（3）项目的整体性。项目是为实现目标而开展的活动的集合，它不是一项孤立的活动，而是由一系列活动有机组合而形成的一个完整过程。

（4）项目的多目标性。项目的具体目标由质量、进度、成本等多个维度构成，这些具体目标既可能是相互协调、相辅相成的，也可能是互相制约、相互矛盾的。项目目标又具有层次性，项目管理应力图把多种目标协调起来，实现项目系统优化而不是局部优化。

（5）项目的不确定性。项目从构思产生到结束会受众多变量影响，项目也常包含若干不确定因素，例如项目达到目标的途径并不明确，因此项目风险管理很有必要。

（6）项目资源的有限性。项目实施及组织管理需要资源支撑，然而任何一个组织的资源都是有限的，为了提交预期的成果，需要通过项目管理合理调配资源。

（7）项目的临时性。项目只在一定时间内存在，然而临时并不意味着短暂。参与项目实施和管理的人员是一种临时性的组合，人员和材料、设备等之间的组合也是临时性的。

（8）项目的开放性。项目活动是一项系统工程活动，并且绝大多数项目都是一个开放的系统，因此项目的实施要跨越若干部门的界限。项目经理需要协调好项目团队内外的各种关系，以开放的心态，寻求与项目有关的人员支持。

概括起来讲，**项目的基本特征表现为**一次性、临时性、唯一性、整体性；**项目的属性主要体现为**多目标性、生命期属性（一般可将项目分为概念阶段（Conceive）、规划阶段（Develop）、实施阶段（Execute）、结束阶段（Finish），即CDEF四个阶段）、矛盾冲突属性、相互依赖属性。

项目特征与属性不同，项目特征可以用来判断与运作的区别，而项目属性则用于确定项目管理思路与策略。

3. 项目与运作的关系

组织执行工作以实现特定的目标，一般来说，该工作可分为运作（日常运营）和项目。由于项目的临时性和独特性，项目管理不同于运作管理。项目是实现组织发展战略的载体，项目与运作在组织实现目标过程中的作用与区别如图2-5所示。

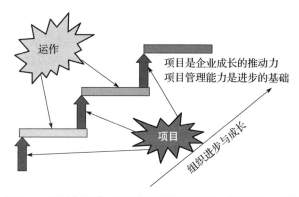

图2-5　项目与运作在组织实现目标过程中的作用与区别

运作（日常运营）和项目的不同主要分为以下几点：运作是由相对稳定的团队通过持续的和重复的流程执行的；项目是由临时团队执行的，是非重复性的，并且能够提供独特的可交付成果。项目是要实现其目标，然后结束项目；而持续进行的运作的目标一般是为了维持这一业务。

项目与运作（日常运营）的共性：由人来做；受制于有限的资源；需要规划、执行和控制。

项目与运作的关系比较见表2-1。

表 2-1　项目与运作的关系比较

比较项目	项目	运作
目标	特定的	常规的
组织机构	项目组织	职能部门
负责人	项目经理	部门经理
时间	有起止点的有限时间内	周而复始、相对无限的
持续性	一次性	重复性
管理方法	风险型	确定型
资源需求	不定性	固定性
任务特性	独特性	普遍性
计划性	事先计划性强	计划无终点
组织的持续性	临时性	长期性
考核指标	以目标为导向	效率和有效性

随着项目管理的进一步发展，形成了企业项目化管理方式，大部分运作也可以按项目来实施管理。

2.2.2　广义项目概念与项目种类

项目的外延是广泛的。正如美国项目管理专业资质认证委员会主席保罗·格雷斯（Paul Grace）所讲："在当今社会中，一切都是项目，一切也都将成为项目。"按项目进行管理将成为未来企业管理模式发展的主要方向。

1. 广义的项目概念

项目存在于人类社会发展的一切活动之中，不仅存在于工程领域，也存在于科学、技术、经济、教育等领域。这也说明了项目是一个大概念，内涵丰富且外延广阔。从广义的概念来讲，项目包含一个特殊的将被完成的有限任务，它是在一定时间内满足一系列特定目标的多项相关工作的总称。此定义实际包含三层含义：

（1）项目包含待完成的特定任务，有特定的环境与要求。这一点明确了项目自身的动态概念，即项目是指一个过程，而不是指过程终结后所形成的成果。

（2）项目是在一定的组织机构内，利用有限的资源（人力、物力、财力等）在规定的时间内完成任务。任何项目的实施都会受到一定的条件约束，如环境、资源、理念等。项目管理者必须努力克服这些约束条件从而实现项目管理的具体目标。

（3）任务要满足数量、质量、技术指标等方面的要求。项目的实现及交付必须达到事先规定的目标要求。功能的实现、质量的可靠、数量的充足、技术指标的稳定，是任何可交付项目必须满足的要求，项目合同对于这些要求均具有严格的规定。

2. 项目的种类

项目的种类有很多，分类方法也很多样。最简单的分类方法是将项目分为工程项目和非工程项目两大类，非工程类项目可分为研发项目、IT项目、大型活动等。

项目按生命期过程可分为研究项目、设计开发项目、工程实施项目、安装调试项目、综合测试项目等。

一般组织发展都会涉及研究与发展（Research and Development），简称为研发（R&D）。研发活动包括所有科研与技术发展工作，具有探索性、创造性、不确定性和继承性的特点。研发项目一般可分为基础研究项目、产品开发项目和工艺改造项目三类。

3. 现代项目定义所包含的内容

在国际项目管理协会的文件中，项目泛指PP&P（Project，Programme，Portfolio，即单项目、项目集群、项目组合）。

现代项目管理中，项目的内容十分丰富，通常会包含单一项目以及项目集群和项目组合。在特定的行业以及管理者所在岗位，也有另外的一些项目概念，如宏观项目（Macro-project）、巨型项目（Mega-project）、超项目（Super-project）等。我国也提出了企业项目化管理的概念。

4. 项目集群、项目组合的概念

（1）项目集群（Programme，Project Group）。项目集群具有大型复杂项目的含义，是指一组相互联系的项目或由一个组织机构集成管理的相关项目。一个项目集群是具有内在联系的若干项目，即多项目的组合。项目集群中的项目有两大基本特性：一是项目集群中每个项目之间存在着直接或紧密的相互关联，每个单独的项目都不能离开项目集群而独立存在；二是项目集群中每个项目之间有一定的相似性，所以后续开展的项目可以根据前面项目的经验进行改进和提高。

（2）项目组合（Portfolio）。项目组合是由某一特定组织发起或管理的一组项目、项目集群乃至特定的运作，可分为组织内部项目组合和虚拟组织的项目组合，但两者都应该是为实现组织的战略发展服务的，所以有时也称为战略项目组合。项目组合可动态地选择项目组合构件，有效地、最优地分配企业资源，以达到企业效益最大化，提高企业核心竞争能力。项目组合具有战略性、动态性，强调组织的整合性。

（3）项目、项目集群、项目组合的关系如图2-6所示。

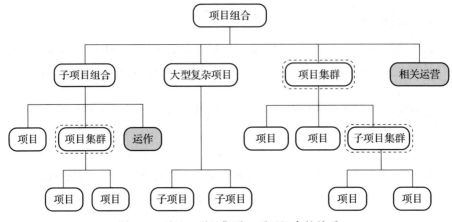

图2-6 项目、项目集群、项目组合的关系

关于项目集群、项目组合以及企业项目化管理的详细内容可参阅多项目管理的相关书籍。本书的定位针对的是单项目（一般项目）的项目管理理论与实践方法。

5. 项目、项目集群和项目组合之间的总体比较

一般组织内会同时实施很多项目，按性质、大小、作用与价值等可分为不同的层级或不同的优先级，在管理上可分为项目、项目集群与项目组合。项目、项目集群和项目组合的要点分析见表2-2。

表2-2 项目、项目集群和项目组合的要点分析

	项目（Project）	项目集群（Programme）	项目组合（Portfolio）
范围	范围窄并针对特定的项目交付物	范围较宽而且可能不得不改变以适应组织利益期望	业务范围随着企业战略目标的改变而改变
变更	项目经理尽力将变更控制到最小以满足项目目标	不得不期望改变，并且接受相应的变更	在一个广泛的环境内持续地监控变更
成功	主要以成本、进度和交付物质量等度量	以投资收益率（ROI）或者新的能力提升等来度量	以项目组合中所有组合聚合后的总体绩效来度量
领导风格	聚焦在任务交付的产出物以满足项目成功准则	聚焦在项目间关系和冲突的解决	聚焦在增加组合决策的价值
管理	项目经理管理技术人员和专业项目成员	管理项目经理	管理和协调项目组合中的组织和员工
关键技能	通过知识和技能激发整个团队的行动力	提供愿景和领导力	提供深刻的见解和整合能力

(续)

	项目（Project）	项目集群（Programme）	项目组合（Portfolio）
计划	制订详细的计划以管理整个项目产品的交付	以高级别的计划和目标作为制订项目详细计划的基础和依据	创建和维护必要的过程和沟通机制
监控	任务和任务产出物、问题和风险等	根据管理结构监控项目和项目的执行过程	监控整体绩效和价值

2.2.3 项目管理定义与特点

1. 项目管理定义

"项目管理"源于"对项目进行管理"。项目管理是一项管理活动、一种组织方式、一套管理方法，它是组织有效提高效率并更好创造价值的一套方法论，现已发展为一门管理学科。

国际标准化组织在 ISO 21500 系列标准中给出定义：项目管理是将方法、工具、技术和能力应用于项目活动之中，以满足项目的要求。项目管理是项目生命周期的各个阶段的整合。

国际项目管理协会给出定义：项目管理就是以项目为对象的系统管理方法，通过一个临时性的、专门的柔性组织，对项目进行高效率的计划、组织、领导和控制，以实现项目全过程的动态管理和项目目标的综合协调与优化。

项目管理协会在其项目管理知识体系（PMBOK）中给出定义：项目管理就是将知识、技能、工具与技术应用于项目活动，以满足项目的要求。

综上，本书认为项目管理是一种以项目为对象的系统管理方法，即通过一个临时性的、专门的柔性组织，对项目进行高效率的计划、组织、指导和控制，以实现项目全过程的动态管理，以及项目目标的综合协调与优化。

所谓实现项目全过程的动态管理，是指在项目的生命周期内，不断进行资源的配置和协调，做出科学决策，从而使项目执行的全过程处于最佳运行状态，产生最佳效果。所谓项目目标的综合协调与优化，是指项目管理应综合协调好进度、费用及功能等约束性目标，在相对较短的时期内成功地达到特定的成果性目标。

简言之，项目管理就是对项目的管理，其中的一条管理活动主线是：做正确的事（论证与评估），正确地做事（运用有效的工具方法高效率地开展工作），获取正确的结果（达成目标要求），最终获得项目相关方的认可。

2. 项目管理的基础理论与核心思想

项目管理的基础理论可以概括如下：①项目管理的基本原理——系统论。②项目管理的基本理论——控制论。③项目管理的基本方法——目标管理。④项目管理的基本活动——PDCA。⑤项目目标实现的基石——执行力。

现代项目管理的核心思想可以概括如下：①项目管理的核心理念——以目标为导向，以计划为基础，以控制为手段，以客户为中心。②项目管理的管理方式——程序化、动态化、体系化、可视化。③项目管理的管理特征——优化整合，责权结合。④成功的项目管理目标——项目相关方满意。

3. 项目管理的特点

项目管理概念的层次由低到高依次为项目管理活动、项目组织方式、项目管理方法、项目管理方法论。

现代项目管理的主要特点：①项目管理的对象是项目（PP&P）或项目化的运作；②项目管理的全过程都贯穿系统工程的思想；③项目管理的组织具有临时性、柔性和扁平化的特点；④项目管理的体制是一种基于团队管理的个人负责制；⑤项目管理的方式是目标管理；⑥项目管理的要点是创造和保持一种使项目顺利进行的环境；⑦项目管理的方法、工具和手段具有系统性、先进性、开放性。

4. 相关的其他概念

现代项目与项目管理是扩展了的广义概念。项目管理更加面向市场和竞争、注重人的因素、注重顾客、注重柔性管理。项目管理分为项目层级和组织层级两个不同的层次。可以这样理解项目管理：它既包括单一项目的管理，又包括多项目（项目集群、项目组合）的管理；既有项目层面（项目团队）的管理，也有组织层面（项目管理办公室，PMO）的管理。不同层级项目管理的基本工具与方法是一致的，但不同层级的管理理念和角度有较大差异，更重要的是还有一些特殊的管理理论与方法，这部分内容可参阅多项目管理和项目治理等方面的相关书籍。

2.2.4 项目管理方法与手段

项目管理的主要方法是系统工程思想与方法的有效运用，系统工程的运用是项目技术实现流程的重要手段，系统工程的实施需要系统思想指导。

1. 什么是系统

"系统"是在人类的长期实践中形成的概念，从字面来看，"系"指关系、联系，"统"指有机统一，"系统"则指有机联系和统一。尽管字面意思好解释，但要给系统下定义并不容易。事实上，长期以来，关于系统的定义和系统特征的描述并没有统一规范的定论。钱学森先生认为，系统是由相互作用、相互依赖的若干组成部分结合而成的，具有特定功能的有机整体，而且这个有机整体又是它从属的更大系统的组成部分。汪应洛教授在2019年《系统工程（第五版）》中给出定义：系统是由两个及以上有机联系、相互作用的要素所组成，具有特定功能、结构和环境的整体。该定义包含四个要点：①系统及其要素；②系统和环境；③系统的结构；④系统的功能。

综合各方面的研究，这里按项目管理"复杂问题简单化"的思想，采用邱昭良博士给出的系统的定义：系统是由一群相互连接的实体构成的一个整体。构成系统的各实体之间按照特定规律，长期持续地相互影响、相互作用，为了一个特定目的或共同目标而作为一个整体运作。

按照这个定义，系统具有以下三个基本特性：①系统是由若干要素（实体）组成的，这些要素（实体）可能是单个事物，也可能是一群事物组成的子系统；②这些要素（实体）之间存在相互作用的反馈或联系，这是系统与一群彼此无关的事物组合（即"堆"）的重要区别；③要素（实体）之间的反馈与相互作用使得系统作为一个整体，具有特定的功能。这些功能是由系统的结构所确定的，往往与其构成要素的特性和功能不同。

2. 系统的构成要素

由系统的定义可知，系统由以下三个基本要素构成：

（1）实体。构成系统的要素之一是实体——这是一个统称或泛指的概念，既可以指有形的、能动的主体，也可以指一些无形的事物，或者这些事物的关键特征、要素及其中的一部分。例如，对于人体系统而言，实体包括骨骼、肌肉和各种器官等；对于一个班级而言，实体包括学生、老师、课程等；对于一家企业而言，实体包括各个部门或管理者、员工、投资者、顾客等。只由一个不可再分割的实体构成的东西，如一粒沙子、一块石头，就不是一个系统。

（2）连接。若干要素要想组成一个系统，它们之间必须有内在的连接，也就是说系统中某一部分与另一部分之间有关联。这种关联有可能是物质流，如血液、商品、现金等，也可能是一些反馈或信息，即系统中影响决策和行动的各种信号，如订单、收入、成本、满意度等。在系统思考专家德内拉·梅多斯（Donella H. Meadows）看来，系统中的很多连接是通过信息流进行运作的，信息使系统整合在一起，并对系统的运作产生重要影响。相反，没有任何内在连接或功能的随机组合体，如随机散落在不同地方的沙子，不能组成一个系统。这是因为它们之间没有稳定的内在连接，也没有特定的功能。从某种意义上讲，系统的精髓就在于实体之间的连接。

（3）功能/目标。一个系统由哪些实体构成、它们之间如何连接，并不是偶然的或随机的。系统有其内在的功能或目的，不管这种功能或目的是否被明确地书写出来。例如,一个公司或组织有其宗旨和使命(并不一定等同于公司网站上写出来的愿景宣言或使命陈述)。

德内拉·梅多斯认为,对一个系统而言,实体、连接和目标都是必不可少的,它们之间相互联系。通常,在系统中最不明显的是功能或目标。只有通过分析系统的行为,才能推断出系统的目标是什么,而这常常是系统行为最关键的决定因素。目标的变化会极大地改变一个系统,即使其中的要素和内在连接都保持不变。当然,因为系统中嵌套着系统,所以目标中还会有其他目标,而一个成功的系统应该能够实现构成其实体的个体目标和系统总目标的一致。

3. 系统工程内涵与应用

美国著名学者切斯纳(Chestnut)指出:"系统工程认为,虽然每个系统都是由许多不同的特殊功能部分所组成的,而这些功能部分之间又存在着相互关系,但是每一个系统都是完整的整体,每一个系统都要求有一个或若干个目标。系统工程则是按照各个目标进行权衡,全面求得最优解(或满意解)的方法,并使各组成部分能够最大限度地互相适应。"

钱学森先生认为,系统工程是依据系统科学,组织管理系统的规划、研究、设计、制造、试验和使用的技术方法,是一种对所有系统都具有普遍意义的技术方法,是实现系统最优化的技术。他提出了系统科学体系:处在应用技术层次上的是系统工程;处在技术科学层次上的是运筹学、控制论、信息论等;处在基础科学层次上的是系统学;处在哲学层次上的是系统论和系统观(哲学范畴)。项目管理专家马旭晨把这种关系表达为系统科学体系的金字塔结构,如图2-7所示。

1978年,钱学森与许国志、王寿云合作发表了学术文章《组织管理的技术——系统工程》,对系统工程的概念、内涵、应用前景等做出了说明。钱学森指出,总体设计部的实践体现了一种科学方法,这种科学方法就是"系统工程"(systems engineering),系统工程在国家社会经济的各个领域都有广阔的应用前景。这篇文章被认为是系统工程在我国发展的一个里程碑,并逐步掀起了全国研究和应用系统工程的热潮。

系统工程对问题与目标的考虑是跨学科的三维结构分析。三维结构分析是美国系统工程专家霍尔(A. D. Hall)提出的处理系统工程问题的基本框架结

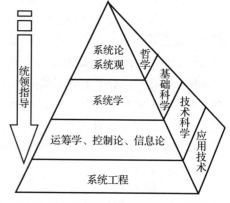

图2-7 系统科学体系的金字塔结构

构，它由时间维、逻辑维和知识维构成，如图 2-8 所示。

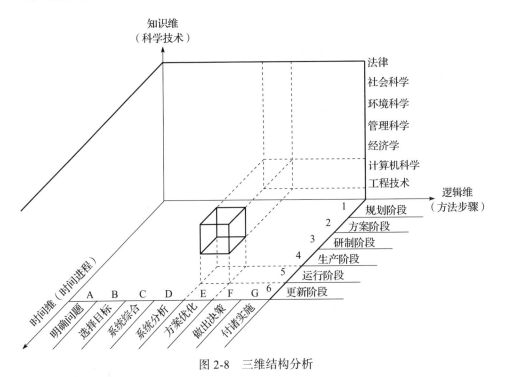

图 2-8 三维结构分析

按照经典的霍尔模型，即如图 2-8 所示的三维结构分析，具体的项目管理实施可按如下维度和步骤执行：

（1）时间维。时间维反映系统实现的过程。不同行业依据工程的不同性质，可以划分为 6 个阶段，也可将系统从规划到使用、更新的全过程按时间分为 7 个阶段：①规划阶段。主要是按照设计要求提出系统目标，制定规划和政策。②拟定阶段。主要是提出具体的方案，进行系统的初步设计。③分析阶段。对所设计的方案进行分析、比较。④运筹阶段。方案的综合选优，确定最优实施方案。⑤实施阶段。系统的设计、安装和调试等。⑥运行阶段。按照系统预订的用途工作。⑦更新阶段。按系统实施要求取消旧系统，代之以新系统，对系统改进。

（2）逻辑维。逻辑维表示系统工程方法思考问题和解决问题的思维步骤与基本过程。它共有 7 个步骤：①明确问题。了解问题所处的环境，收集有关的数据和资料，主要目的是弄清问题。②选择目标。确定所要解决问题的目标和相应的评价准则。③系统综合。为实现预期目标，拟订所需采取的策略和应选择的方案。④系统分析。深入了解所提出的政策措施和解决方法，分析这些措施、方法在实施中的预期效果。⑤方案优化。用数学规划等定量的优化方法判别各种方案的优劣，以进行方案选择。⑥做出决策。以指标体系为评价准则，在考虑决策者的偏好等基础上，选择最优方案。⑦付诸实施。按决策结果实施方案和计划。

（3）知识维。知识维是指各工作步骤所需的各门专业知识。系统工程是一门综合性的交叉学科，在上述各阶段中，执行任何一步都可能涉及多种专业知识，如法律、社会科学、环境科学、管理科学等。

三维结构分析形象地描述了系统工程研究的框架。其中任何一个阶段和步骤又可进一步展开，最终形成分层次的树状体系。该体系几乎覆盖了系统工程理论方法的各个方面。系统工程三维结构分析在项目管理实践中可以对应地形成项目管理的系统结构如图 2-9 所示。

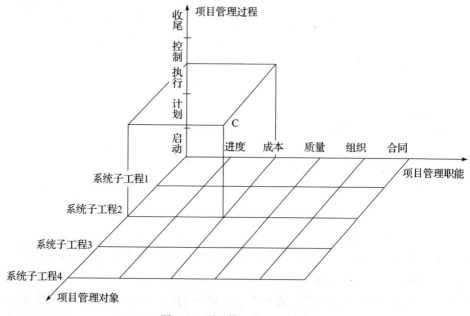

图 2-9　项目管理的系统结构

2.2.5　项目管理目的与目标

我们倡导"自主创新，社会和谐，环境友好，科学发展"，自然地形成了一种项目导向型社会，现在也是一个项目大发展的时代。项目的目的是认识自然、改造自然、利用自然，实现社会的可持续发展。项目的产品或带来的成果必须具有使用价值（功能）或经济价值。人们通过一系列项目的实施来改善生存环境、提高物质生活水平，也借助项目来认识自然、进行科学研究、探索未知世界。我们必须树立的理念是"项目不是为拉动经济、为形象、为政绩而建设的",我们要充分认识项目的责任和使命,通过科学有效的管理让项目获得成功。

1. 项目管理的目的是促进项目完成特定的使命

使命的本义是指重大的责任。项目首先应满足上层系统的要求。建成后的项目成果应能为上层系统(如国家、地方、企业、部门)提供符合要求的产品或服务,以解决上层系统的问题,发挥技术经济价值。由于现代工程项目投资大,消耗的社会资源和自然资源多,对环境影响大,因此,工程项目必须满足项目相关者的利益和期望,必须达到社会各方面对项目的要求,必须与环境相协调,即很好地承担社会责任。一个项目的整个建设和运行(使用)过程可达几十年,甚至几百年,要通过项目管理让项目承担历史责任、体现历史价值。

2. 项目管理的目标是让项目成功

项目成功是指通过系统规范的项目管理,让竣工的项目满足预定的使用功能要求(如规模、质量、技术标准等);在预算费用(成本或投资)范围内完成项目建设,尽可能降低消耗;在预定的时间内按计划、有秩序、顺利地完成项目建设;让主要相关方感到满意;让项目与环境相协调,能为它的上层系统所接受;让项目具有可持续发展的能力和前景。

2.3 现代项目管理的系统应用

2.3.1 项目管理与现代企业管理

1. 组织需要项目管理

业界已经形成了一些共识:按项目进行管理是新时代中国与国际接轨并健康发展的迫切需要,21世纪的组织运作将更多地采用以项目为主的发展模式。2014年12月31日,华为轮值董事长胡厚崑在新年祝词中,再次强调要牵引公司组织结构逐步从"以功能为主、项目为辅"的弱矩阵结构转向"以项目为主、功能为辅"的强矩阵结构,逐步实现管理运作从"以功能为中心"转变为"以项目为中心",使客户项目和产品项目成为公司未来运作的主要形态。

传统管理是基于分工的"金字塔"+"职能部门"式的管理,强调各层级和各部门在既定规章制度下的分工与职责。传统管理中上下级之间是直线式指示与报告的关系,各职能部门"四面都是墙",无法开展相互之间的横向沟通。然而,在当今的市场竞争下,组织又经常需要开展跨部门、跨专业的工作。项目管理正是为了解决传统管理的固有弊端而产生和发展起来的。

2. 项目管理与传统管理的区别

项目管理是以集成为主的管理，传统管理是以分工为主的管理。项目管理最本质的要求就是"项目集成管理"，即把本来分散在各管理层次（纵向）和各职能部门（横向）中的相关人员集成为一个项目团队来完成项目任务。也就是说，要为完成项目任务而打破传统的层级边界和职能部门边界。项目集成管理强调不仅要整合资源，而且要在相互矛盾的各要素之间寻找平衡点，追求综合最优解。只要有界面（结合部），就存在矛盾，就需要系统集成。集成管理要求相关方认识到差异与矛盾，然后寻求各方都能接受的解决方案。

项目管理是横向式管理，主要依靠相关方之间的平等合作来完成工作任务；而传统管理是纵向式管理，主要通过上级对下级的指挥、命令和控制，下级对上级的服从、执行和汇报，来保证工作任务的完成。传统管理适用于在比较稳定的环境下开展重复性的且比较单一的工作，而不适合用来解决新颖的、复杂的、需要多部门配合的问题。在当今日益激烈的市场竞争中，客户对产品和服务的要求越来越高，越来越需要综合性的一揽子解决方案。横向式管理特别有利于集中各部门、各专业的力量为客户提供一揽子解决方案。

3. 项目管理与工商管理的区别

项目是临时的、独特的、需要逐渐细化的工作，而工商管理是永久的、重复的、需要在标准化生产线上进行的工作。项目管理和工商管理的主要区别体现在下列方面：

1）项目管理强调临时性，要求在规定的时间内完成既定的项目任务；工商管理强调永久性，要求工商经营业务持续不断地开展下去。

2）项目管理强调独特性，注重抓住事物的特点、做出特色；工商管理强调相似性，尽力保证不同批次的产品或服务之间的一致性。

3）项目管理强调用逐渐细化的方法做出符合要求的结果；工商管理强调用事先规定好的方法做出符合要求的结果。

4）项目管理强调对生产过程的风险管理，确保结果符合要求；工商管理强调对营销过程的风险管理，确保把结果销售出去。

5）项目管理强调协调整合，把各部门各专业的力量结成有效的团队；工商管理强调分工负责，要求各部门各专业在既定的规章制度下履行既定的职责。

6）项目管理强调没有足够的正式权力也要完成既定的任务；工商管理强调权责匹配，有多大的正式权力就做多大的事情。

7）项目管理强调横向合作，尽量弱化纵向层次结构；工商管理强调纵向责任，依靠上下级之间的命令与服从完成工作。

8）项目管理强调团队成员之间的差异性，依靠优势互补提高团队活力；工商管理强调团队成员之间的相似性，依靠集中优势形成团队合力。

9）项目管理强调在动态变化的环境下敏捷地规划和实施变更；工商管理强调在相对稳定的环境下严格执行既定的规章制度和生产或服务流程。

10）项目管理强调给组织带来较大的变革，使组织实现跳跃式发展；工商管理强调维持组织的基本稳定，保证组织生存和循序渐进地发展。

4. 项目管理对组织的价值

项目管理能够为组织创造价值，这已是学术界和企业界的共识。通过对全球65家大型组织的案例研究，托马斯和马尔利在《探究项目管理的价值》一书中进一步证明了项目管理对组织的价值（可用投资回报率来测量）。大多数组织都反映项目管理已经创造出无形的价值，如使决策更有效、沟通更顺畅、合作更高效、组织文化得到改善、工作方法得到统一、角色和职责更加明确等。项目管理作为一种促进组织发展的有效方法，其内在价值已经得到人们的广泛认同。项目管理对组织的无形价值概括如下：

（1）提升组织的学习力。一方面，组织用规范的方法做事，更容易积累经验；另一方面，组织通过对项目进行评价，能够使以后的项目做得更好。

（2）提升组织的整合力。项目管理本质上是跨职能的，既不是单兵作战，也不是简单地按组织结构图行事，而是强调把不同层级和部门的人整合在一起来取得业绩。

（3）提升组织的执行力。项目管理强调用正确的方法取得正确的结果，也就是强调执行力。如果每个员工都能按项目管理的要求，在规定的范围、进度、成本和质量等要求下完成工作任务，那么整个组织就会有很强的执行力。

确定管理模式需考虑的关键因素一般包括行业性质、单位管理文化、项目类型和性质、项目主要相关方的要求等。项目管理模式有很多，相关行业针对特定类型的项目管理也会有一定的特殊要求。

2.3.2　大型复杂产品的项目管理模式

1. 大型复杂产品研制特点

以航空产品为例，大型复杂航空产品研制项目一般是指系统组成复杂、构成产品的标准件和零部件等达到百万级、投入经费在数十亿元、研制周期在4年以上的项目。大型复杂航空产品研制项目的主要特点表现为研制周期长、投资金额大、供应链复杂、研制风险大。

与一般产品相比，大型复杂航空产品的项目管理具有以下要求：①要求管理者系统思考问题（"不谋全局者，不足谋一域"，管理中技术、经费、进度三坐标之间的矛盾非常突出）。②要求管理者不断创新。③要求循序推进项目，通过关键决策点对寿命周期中较明确的阶段加以区分；每个阶段应兼顾管理上的不同特点并提出需完成的不同任务；通过划分阶段把总目标分解为分阶段目标，降低风险，确保项目管控质量。

我国航空工业项目管理在方法层面具体经历了以下阶段：① 20 世纪六七十年代的设计、生产、使用三结合管理法。②初步的项目管理方法。20 世纪 80 年代采用了计划网络技术，开展了"三坐标"（技术、进度、经费）论证，实行了"四坐标"（行政、技术、经济和质量）管理，构建了局部的项目管理模式。到了 20 世纪 90 年代在计划网络技术的基础上，突出了交叉作业、并行作业的运用；开展了全寿命管理，把可靠性、维修性纳入技战术指标，并与产品研制同步制订综合后勤保障方案；建立了项目的现场管理组织，开展协同解决问题的现场办公会；对风险较大的环节制订备份方案。③ 20 世纪 90 年代中期，基于信息化的现代项目管理方法。具体包括：通过信息技术改善内部管理过程，对外部需求快速响应；通过对项目研制中的各类管理要素信息进行分类、采集、储存、分析、处理，建立针对研制过程中各类信息的数据仓库；通过全生命周期数据管理，辅助项目管理人员对项目分别开展范围管理、进度管理、费用管理、风险管理等工作；提供异地沟通和协同的工作平台。④ 20 世纪 90 年代后期特别是进入 21 世纪，项目管理与企业管理高度融合的全面项目管理。具体包括：突出强调系统解决问题的方法，重视各专业、各部门之间必需的沟通、协调与合作，将各专业、各部门看作一个紧密相关的整体；运用现代项目管理方法、工具和完整的思想体系，优化业务流程和运作程序，提高项目运行的质量和效益。

我国的航天项目管理模式特别重视项目组织管理模式设计和项目管理文化建设。

面向大型复杂产品研制的项目管理模式主要有以下特征：①常以项目集群方式进行系统管理；②多以集成产品开发团队（Integrated Product Team，IPT）组织实施；③定义清晰的生命周期阶段，并强化管理流程；④以项目文化突出使命责任意识。

2. 项目实施的系统工程认识角度

系统工程把所有相关学科和专业集成到产品研发团队的行动中，形成从概念到生产、从使用到报废处置的结构化研发过程。系统工程考虑目标用户的商业要求和技术要求，提供满足用户需要的高质量的产品。系统工程管理包含三大类活动，即分阶段研制、系统工程过程和生命周期集成，如图 2-10 所示。

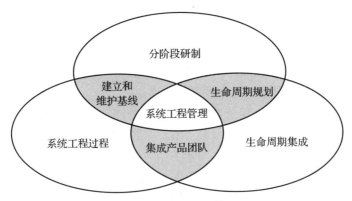

图 2-10　系统工程管理

系统工程管理三大类活动的具体内容如下：

（1）分阶段研制。分阶段研制是指将项目按生命期属性划分为若干阶段，按阶段控制进度，避免"打乱仗"。

（2）系统工程过程。系统工程过程的目的是构建一个既合理又游刃有余的工作框架，创造一个法治的环境。

（3）生命周期集成。在研制过程中要考虑在整个生命周期内可能遇到的所有问题，使系统达到总体优化要求，并进行生命周期的集成协调。

系统工程应用的目标是建立系统工程体系，并生产出高质量的产品，同时以可接受的价格和成本按时交付产品，增强竞争力。正确理解系统工程原理，创建和实现系统工程过程，是系统工程应用的重点。理解系统工程原理有如下角度：

（1）方法角度：系统工程是把工程系统研制出来的方法。系统工程包括技术过程、管理过程，是一个庞大的、宏观的过程。系统工程实际上就是研究如何设计、建造、运营、管理一个系统，这实质是一种方法、步骤、流程、程序，强调把系统设计、建造出来（不仅是设计，还包括建造，最终是要实物，而不是图纸）。建造过程和设计过程是密不可分的，建造活动当然要依赖于设计过程的产出，即蓝图。而这整个设计、建造、运营过程被统称为技术过程，其中需要的各种方法就是工序方法。

（2）管理角度：系统工程是"组织管理的技术"。系统工程的作用是把用户笼统的需求，变成千千万万人的具体工作。这么多人分工协作的交易成本是巨大的，这是因为信息不对称是天然存在的，是人与人之间知识、经验、信息差异所造成的必然结果,是人类社会发展中不得不克服的障碍。人类劳动必须分工协作,分工协作必须进行组织管理,而组织管理就是控制。

系统工程是"怎么干"与"怎么管"的统一。系统工程中的技术过程旨在指导设计团队、制造团队如何一步一步地开展工作,即通常所说的研制程序。因此,技术过程也是服务于管理的,是为了让整个团队更好地、更有序地工作。管理团队着眼于技术管理过程,技术团队着眼于技术过程。管理团队要把技术过程怎么干的相关要求交给技术团队,技术团队要达到要求。

(3)技术角度:系统工程是总体技术。系统工程是解决现代社会中科学技术的"分"(学科划分越来越细、专业分工越来越细)与工程活动的"合"(武器装备研制是大规模、协作化的劳动)之间矛盾的方法和技术,其思路就是顶层设计、分而治之、综合集成,具体内容包括技术过程和管理过程两个层面。

系统工程是工程活动组织管理的支撑性、关键性技术。工程实践活动中,要用到各类工程技术,这些技术都是综合性的。综合性并非系统工程所独有的,由于系统工程着重面向处理系统总体问题,因此可以称为总体技术。系统工程与主要学科间的联系如图 2-11 所示。

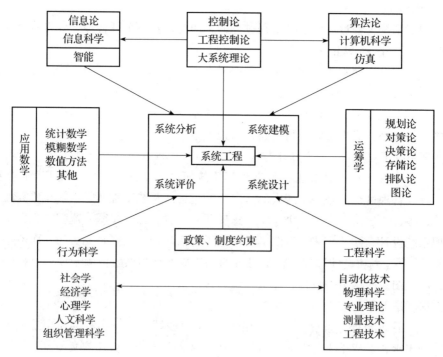

图 2-11 系统工程与主要学科间的联系

（4）实践角度：系统工程是对各类工程活动的总结提炼。系统工程是各类工程活动共同点的一种抽象表达。各类工程活动除具备各类专业学科特点、用户特点、系统运行特点外，还都包括需求分析、系统设计、试验验证等技术过程的活动，以及相应的管理活动。因此，系统工程是对各类工程活动的总结提炼和抽象表达，是一种总括概念。

在工程领域，系统工程要考虑产品在生命周期内遇到的全部问题，如需求、研发、性能、制造、试验、成本和进度、操作、培训和支援、废弃等。系统工程从需求出发，通过一个分解－集成和反复进行的分析、综合和试验评价过程，综合多种专业技术，开发出一个满足系统全生命周期使用要求、能够实现总体优化的系统。系统工程过程可用"V"字图表示，如图2-12所示。

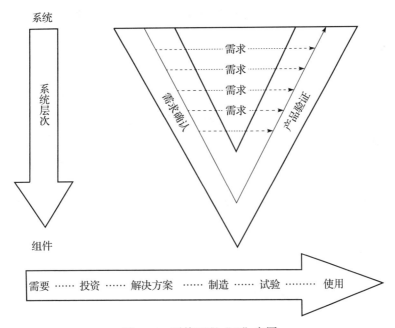

图 2-12 系统工程 "V" 字图

（5）建模角度：系统工程是一套构建工程系统模型的技术和方法。工程系统的研制过程就是建立工程系统模型的过程。用户提出的需求是工程系统研制工作的"第一推动力"，设计部门把这些需求"翻译"为系统架构模型（功能模型），再结合技术供应商的零部件模型，形成一个平衡、优化、集成、联动的系统模型，进而得到能够让工人使用的物理模型（蓝图）。各个层次、各个部分、各个专业的模型，必须进行良好的追溯、集成，此后各方对模型的修改和完善都以此为基础和平台。另外，系统工程需要通过系统仿真、试验、验证、确认来不断地对模型进行修改和完善，以确定系统模型是否符合现实。

工程系统研制工作实质就是工程系统建模工作。工程系统包括系统模型的分析、推导、实现、验证、选择等工作。这些工作如何关联、如何组织、如何实施，是系统工程的内容。技术沟通的基础是系统模型，整个工程系统建模工作包括系统建模过程和建模工作的组织管理。系统建模工作的组织管理服务于系统建模工作。工程系统建模工作需要良好的管理，包括计划、组织、领导、控制。

3. 项目实施的系统工程过程

白思俊教授认为系统工程实质上是方法论的科学，其目标是研究通过什么样的方法可使系统达到最优，而方法论是把设想付诸实现的过程。

过程是一组相互联系的任务的连续执行，能将输入转换为输出。过程包括人、程序和方法、工具和设备三大关键要素。系统工程过程是一个综合的、反复迭代的问题解决过程，主要内容包括：①将确认的用户需要或需求转换为系统产品和产品设计的生命周期平衡的解决方案；②产生项目决策者所需的信息；③提供后续阶段所需的信息，提供需求分析、功能分析/分配和系统分析与控制，获得解决问题的准则；④提供系统集成及系统分析与控制，提出可选的解决方案，评估并选择生命周期平衡的最佳解决方案。

系统工程过程按照实施的主体不同可分为三个视图，即用户视图、系统工程师视图和承包商视图，如图 2-13 所示。

用户视图是源头。系统工程师视图描述系统工程师根据用户需求开发系统规范，并将系统规范扩展到设计规范，建立系统验证计划和产品的验证计划。承包商视图描述产品的设计和制造过程，包括研制产品原型并验证设计的符合性。

4. 系统工程应用建模思路

钱学森先生指出，系统工程的重点在于应用，系统工程在不同领域的应用还需要相应的专业基础。系统工程是一个总称，根据体系性质不同还可以进行细分，如工程体系的系统工程（像复杂武器体系的系统工程）称为工程系统工程，生产企业或企业体系的系统工程称为经济系统工程等。钱学森先生同时提出了"自然科学工作者和工程技术工作者进入社会科学领域，和社会科学工作者一道共同解决国民经济中的一些重大问题，是当代经济工作发展的新趋向""系统工程在自然科学、工程技术与社会科学之间构筑了一座伟大的桥梁。现代数学理论和电子计算机技术，通过一大类新的工程技术——各类系统工程，为社会科学研究添加了极为有用的定量方法、模型方法、模拟试验方法和优化方法"。

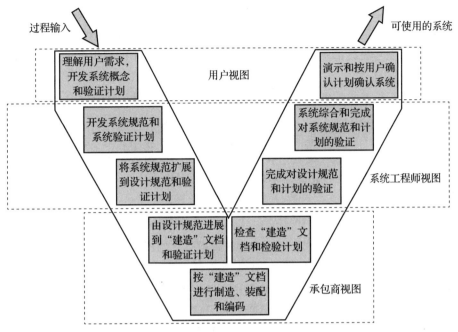

图 2-13 系统工程过程的三视图

（1）面向过程与面向对象。面向过程是指状态序列分解方法。系统工程从诞生之日起，就一直在采用面向过程的、功能导向的设计方法，这和软件工程的结构化编程及功能分解的方法是一样的。采用面向过程的分析方法是指在用户大系统层次，每一个与目的系统有关的系统，也都能表示成一个功能（过程）。系统功能就是系统级的功能，即总体的功能，它对应着系统的一头一尾两个状态。功能分解是类似于报告的分级标题的方法，可以层层分解。

面向对象的建模思路：工程系统的运行就是一系列的状态变化。系统被制造出来之后，它的状态就在一直变化，区别在于有些状态变化不易觉察。①存在是广义的运行，工程系统从被创造出来就开始了广义的运行，而不管人们有没有启动它、使用它。②运行是特殊的存在，如导弹的运行，就是在空间中和环境中的相关物质进行着特殊的相互作用。

面向过程是以"事"定"物"，以事、过程、动作的分解来确定完成动作的物；面向对象是以"物"定"事"，以物的分解来确定最底层的物需要完成什么样的动作。两种方法拥有内在的拓扑等价性，结构化表示法（即面向过程、面向功能的方法）可直接映射到面向对象的形式。无论是软件还是型号，最终都是让一定的物完成一定的事，所以面向过程比面向对象更加直接。

面向过程是任务导向的，面向对象是能力导向的。面向对象在设计的过程中，不仅考虑了当下的型号需要完成的任务，而且考虑了可重用性。面向对象的可重用性对型号设计的重要性更加凸显，而且这种可重用性是组合、构造出更复杂系统的基础。

（2）基于模型的系统工程。国外把基于模型的系统工程（Model-Based Systems Engineering，MBSE）称为"系统工程的革命""系统工程的未来""系统工程的转型"等。国内是中航工业集团首先开展了相关研究和应用。基于模型的系统工程在建模语言、建模思路、建模工具上相对传统系统工程有重大转变，具有诸多不可替代的优势，是系统工程的颠覆性技术。

2.3.3 企业多项目管理模式

多项目管理模式和发展战略是企业管理模式和发展战略的重要组成部分，决定了企业的创新能力和竞争能力。项目是企业实现其发展战略的基本活动。项目管理作为企业在速度、成本与质量的竞争中维持优势的一种关键战略，是保障企业持续发展的重要手段。企业中的项目管理不再是单一的项目，而是多个项目形成的项目集群和由若干子项目构成的复杂大型项目组合。项目集群是指企业内一组相互关联且能够被统一协调管理的项目。项目组合是指为实现企业特定的战略目标，通过识别、排序、授权来确定资源分配的优先顺序的项目和项目集群的组合。多项目管理就是按照项目集群管理的技术和方法，对多个项目进行集中管理，主要包括项目集群管理和项目组合管理。企业多项目管理的决策实施过程如图 2-14 所示。

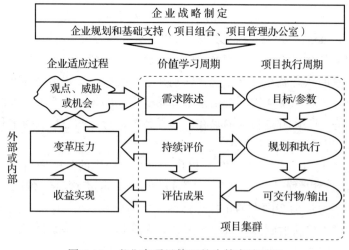

图 2-14　企业多项目管理的决策实施过程

企业多项目管理的要点主要包括如下四个方面：

（1）多项目的来源和分级。由于公司级的项目复杂性高、创新性强，并具有战略性，因此应当由公司指派项目经理并由项目化办公室协助进行项目管理，从而将重点的、复杂性高的任务进行项目组合，将互相联系的、具有逻辑关系的项目形成项目集，以集中资源和时间，保证项目完成效率。由于与公司级的项目结构类似并且可以共享行政和技术资源，部门级和小组级项目能够以项目群组的方式进入项目化办公室集中管理，个别项目可根据情况升级为公司级项目，在项目化办公室进行单列管理。

（2）多项目管理的战略。多项目管理的基本原则是，企业的任何一个项目组合和项目集都必须与企业的发展战略目标和方针相符合。企业将发展远景转换为发展战略目标，进而把发展战略目标分解为由业务计划和各种项目构成的企业发展计划。企业对多个项目进行组合，可以从重复性职能和共性工作中获益。企业通过将在技术、人才及财务管理上可共享资源的项目组合为项目组合体，可形成一种完整且对称的沟通机制。从资源的角度来讲，多项目管理的关键是整个企业资源的整合和平衡。

（3）多项目管理的决策。由于项目总监、项目经理与职能经理各自的目标和责任不同，因此项目的整个生命周期必然会伴随冲突和矛盾。例如，在项目的优先排序和项目资源的分配上，不同的人理解的角度和立场就不同。多项目管理体系设计的一个重要内容是管理权力和职责的界定与分配。在项目的执行及收尾阶段，技术问题和进度问题比较突出。由于同时管理的项目越来越多，管理和协调的复杂性越来越高，有关追踪和评估项目进度和质量的会议越来越频繁，项目经理（尤其是管理多个项目的经理）在技术上越来越多地依赖于专家和职能经理的支持，而有关"最好"和"最快"的技术方案的讨论也经常导致冲突的发生。

（4）多项目的沟通报告系统。即使事先认真地分析准备，项目在实施过程中也难免遇到意想不到的情况。因此，信息、流程控制和监督的作用就显得尤为重要。项目监控的作用在于收集、处理和分析有关项目进度、质量及财务等方面的信息，监督项目计划的执行，保证项目预期目标的实现，并在项目的不同阶段和不同状态下帮助企业针对项目的推进、终止、合并、暂缓等做出科学的评估和决策。

2.3.4 全面项目管理

1. 基本含义

所谓全面项目管理，就是站在高层管理者的角度对各种各样的任务进行项目管理。全面项目管理的核心内容就是创造和保持一种能对各项任务有效实施项目管理的组织环境和业务平台。

项目管理理论来自项目管理的实践。随着社会以及经济全球化的发展,企业竞争不断升级,项目管理思想在企业不断推广与深度应用,越来越多的企业开始不断调整组织结构、优化业务流程。进入21世纪以后,越来越多的项目型公司诞生,一些大型的集团公司也被划分为很多项目型分公司或事业部,以项目为前提的公司经营活动变得越来越普遍,按项目对公司进行经营管理成为一种必然的发展趋势。原来日常的运作变成项目管理也成为一种需要,因而全面项目管理产生了。

全面项目管理为什么重要?系统的管理首先在于系统性,其次才是管理。能否为活动提供稳定的、可控制的组织,是管理成功与否的关键。管理就是创造和保持一种环境,使置身其中的人们能在集体中共同工作,以完成预定的使命和目标。

2. 项目集群管理

(1) 项目集群管理的含义。项目集群管理(Programme management)是指组织为了实现一定利益,对一组相关的项目进行集成和管理。这是因为只对单个项目采取独立的项目管理时,将无法实现组织的特定收益。

项目集群管理就是为了实现组织的战略和项目集群的共同目标,应用知识、技能、技术、方法和工具,对项目集群进行协同管理。项目集群管理充分利用了管理过程的相似性,强调项目间的相互联系。项目集群管理与组织战略的关系如图2-15所示。

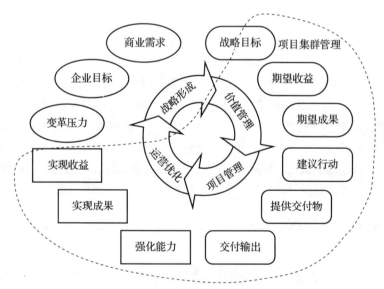

图2-15 项目集群管理与组织战略的关系

项目集群管理战略决策过程如图 2-16 所示。

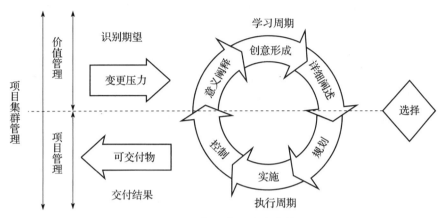

图 2-16　项目集群管理战略决策过程

（2）项目集群生命周期不同阶段的管理。

1）项目集群定义阶段。详尽阐述商业论证或战略计划目标及期望的项目集群成果；构建项目集群和准备项目集群；在项目集群构建阶段甄选和任命项目集群经理。

2）项目集群收益交付阶段。规划与授权、监管与整合、移交与收尾反复迭代；促进项目集群与组件之间的交互以达成目标、管理变更。

3）项目集群收尾阶段。移交项目集群与关闭项目集群。

（3）项目集群管理的内容。

1）项目集群收益管理。项目集群收益管理包括验证项目集群的计划收益和预期结果，还包括监督项目集群按这些收益和结果进行交付，实施各种活动将重点放在交付的结果与收益上。具体活动包括：从商业论证的角度识别收益；收益分析与规划；制定和实施项目集群收益实施路线图；收益交付；收益移交与维持。

2）项目集群相关方争取。与一般项目比较，项目集群中相关方的影响可能会更大，项目集群经理应合理使用客户关系管理（CRM）和有效的沟通手段争取相关方的支持，保证项目集群收益的良好实现。具体活动包括识别项目集群利益相关方；对项目集群相关方进行期望管理；争取关键相关方的支持。

3）项目集群治理。项目集群治理包括由发起组织对其项目集群和战略进行定义、授权、监督和支持的体系和方法，也指项目集群团队通过监督和管理正在执行的子项目，使其满足项目集群的整体要求。具体活动包括：项目集群治理与明确组织的愿景和目标；项目集群的批准与启动；项目集群筹资；沟通并确立项目集群治理计划；批准项目集群实施计划与方法；项目集群绩效支持；重大决策评审；项目集群收尾。

3. 项目组合管理

（1）项目组合管理的定义及特点。项目组合管理（Portfolio Management）是基于战略导向的。战略导向首先要求整个组织的管理始于组织使命、愿景、战略和项目组合的计划安排，然后是项目的有序实施和项目组合关系管理，以及全面的项目组合管理。

一个项目组合包括被一个授权部门（如特级项目经理或执行委员会）受理、优化排序、协调、督导和控制的许多项目。项目组合管理的组织结构形式如图2-17所示。这些项目有助于企业的战略性发展和运作。

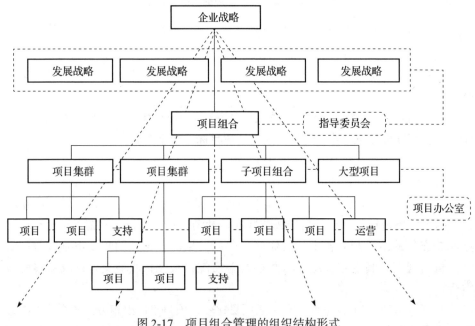

图 2-17 项目组合管理的组织结构形式

企业级多层级管理关系如图2-18所示。

项目组合管理的主要特点：①战略性。项目组合管理是战略的体现，项目组合分析和资源分配与企业总体经营战略紧密联系并保持一致。②动态性。项目组合管理决策环境呈现动态性，要求对处于不同阶段的、具有不同质量和数量信息的项目做出比较。③整合性。项目组合可以形成一种连续式的沟通机制，技术、知识、信息共享程度较高,易于形成和强化统一的合作概念,沟通效率和有效性较高。

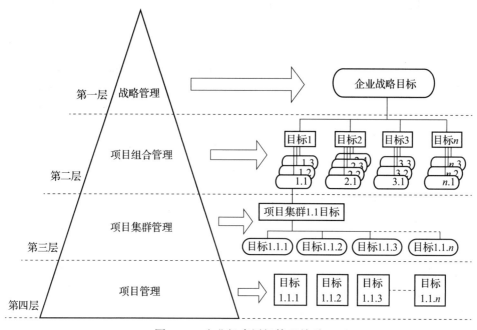

图 2-18　企业级多层级管理关系

（2）项目组合管理的过程、内容与要点。

一般项目组合管理的过程大致如下：战略和投资的一致性分析；项目组合中组件生命周期的确定；项目组合管理过程生命周期的确定；建立项目组合管理策略；执行项目组合管理和开展项目组合治理。

项目组合管理的主要内容包括：①优先级管理。优先级要根据组织的战略安排来确定，一般根据项目及项目集群的重要和紧急程度安排。②范围变更管理。对子项目和项目集群的变更必须严格管理，防止因更换领导等原因造成项目变更。③资源分配的合理化计划。进行项目组合管理的组织应严格掌握资源分配的计划及安排，必须考虑使用资源的机会成本。④合理安排项目及项目集群的启动时间。在可能的情况下，尽可能使不同的项目处于不同的生命周期阶段。⑤相关方的综合分析。项目组合使项目的相关方更为复杂，这要求对项目的各个相关方进行识别和综合分析，找出项目的主要相关方和次要相关方，并针对不同层次的相关方制定不同的监控和应对措施。⑥组织结构的安排。对于一般的项目组合管理，项目的高层管理者由企业的总裁或副总经理亲自担任，企业会成立专门的项目管理办公室。⑦项目组合信息系统的建立。对于复杂的项目组合，信息的大量收集、处理和加工都需要项目组合管理信息系统的支持。

项目组合管理的要点如下：①机制管理。具体包括项目的选择与决策、资源配置与整合机制、绩效考评与激励机制。②组织管理。项目组合管理的组织设计原则是以项目为中心、权责对等、集权与分权相结合、分工协作与目标导向、环境适应性原则。③决策管理。具体包括确立并优化目标、协调利益相关方利益、权衡利弊及划分优劣。④风险管理。具体包括组合定义与战略的吻合性评估、组件目标达成的不确定性等评估。⑤评估管理。具体包括组合的整体运行效果、资源的综合利用效率、对战略实现的贡献等评估。

2.3.5 国际工程项目管理模式

这里主要介绍三种通用的国际工程项目管理模式。

1. 工程总承包模式

工程总承包（Engineering Procurement Construction，EPC）是指从事总承包的企业受业主委托，按照合同约定对工程项目的勘察、设计、采购、施工、试运行（竣工验收）等实施全过程或若干阶段的承包。它要求总承包商按照合同约定，完成工程设计、设备材料采购、施工、试运行等服务工作，实现设计、采购、施工各阶段工作的合理交叉与紧密配合，并对工程质量、安全、工期、造价全面负责。承包商在试运行阶段还需提供技术服务。

工程总承包模式的主要工作范围包括：①设计（Engineering），除了设计计算书和图样外，还要根据业主要求对列明的设计工作进行设计，包括项目可行性研究、配套公用工程设计、辅助工程设施的设计以及结构/建筑设计等。②采购（Procurement），包括获得项目或施工期的融资，购买土地，购买包括在工艺设计中的各类工艺、专利产品以及设备和材料等。③施工（Construction），一般包括全面的项目施工管理，如施工方法、安全管理、费用控制、进度管理及设备安装调试、工作协调等。

工程总承包模式实施中应注意：①合理交叉地完成项目产品的创建过程。②属于交钥匙工程，即业主把大部分风险转移给承包商，承包商的责任和风险更大，同时获利的机会也较多。建造—运营—转让（Build-Operate-Transfer，BOT）模式、公共私营合作制（Public Private Partnership，PPP）模式、设计—招标—建造（Design-Bid-Build，DBB）模式、设计—建造（Design-Build，DB）模式等基于融资条件的项目实施模式，通常采用的也是交钥匙工程总承包模式。③应用中会有一些变通形式,如设计—采购—施工管理(EPCm)、设计—采购—施工监理(EPCs)、设计—采购—施工咨询(EPCa),也存在 EP、EC 等简化形式。

2. 项目管理服务模式

项目管理服务是指专业化的工程项目管理公司为业主提供专业的项目管理服务工作。这种模式主要针对项目中的管理过程,而并不针对项目中创建项目产品的过程。在项目管理服务模式中,工程项目管理公司一般按照与业主的合同约定,从事下列工作:①在工程项目的决策阶段,为业主编制可行性研究报告,进行可行性分析和项目策划;②在工程项目的实施阶段,为业主提供招标代理、设计管理、采购管理、施工管理和试运行(竣工验收)等服务,代表业主对工程项目进行质量、安全、进度、费用、合同、信息等的管理和控制。

项目管理服务已经越来越引起业主的重视,不少业主已经建立起对项目管理服务的需求,这表明具备了推行项目管理服务模式的市场条件。推广项目管理服务模式的关键在于建立规范的项目管理服务机制,明确服务内容、服务形式、实施步骤,明确相关内容负责人的工作职责,树立团队成员的项目服务意识。

3. 项目管理总承包模式

项目管理总承包(Project Management Contrator,PMC)模式是针对大型、复杂、管理环节多的项目所发展起来的一种管理模式。在国外,大型项目采用较多。PMC 模式中,项目管理承包商作为业主的代表,对项目的整体规划、项目定义、工程招标直至承包商设计、采购、施工活动的过程进行全面管理。依据承包商承担的任务与责任不同,项目管理总承包可分为风险型、代理型和咨询型三种。

业主委托一家有相当实力的国际工程公司对项目进行全面的管理承包,该公司即为 PMC 承包商,是一个对项目的概念设计、设计、采购、施工及试运行负全面管理责任的组织,必须具备完成项目所需的各方面技术和管理能力。PMC 承包商分两个阶段开展工作:①定义阶段,负责组织并完成基础设计,确定所有技术方案及专业设计方案,确定设备、材料的规格和数量,编制工程设计、采购和建设的招标书等;②执行阶段,代表业主负责全部项目的管理协调和监理责任,直至项目完成。在各个阶段,PMC 承包商应及时向业主汇报工作,业主则应派出人员对 PMC 工作进行适当的监督和检查。

项目管理总承包与项目管理服务的主要区别在于,PMC 承包商对业主承担更多的管理责任和经济责任。另外,根据合同的规定,PMC 承包商还可以承担工程总承包模式前期的可行性研究和项目定义(初步设计或基础工程设计)工作。

2.4 现代项目管理知识体系介绍

2.4.1 项目管理体系及作用

1. 项目管理体系的基本含义

管理体系是指建立方针和目标并实现这些目标体系。一个组织的管理系统可包括若干不同的管理体系，如质量管理体系、财务管理体系或环境管理体系。将两种或两种以上管理体系经过有机结合，从而使用共有要素的管理体系，称为综合管理体系。

项目管理体系是帮助企业顺利完成项目的一套科学、系统的方法和策略。一套真正好用并且适合企业自身的项目管理体系，不仅可以对项目进行有效的管理，大大提高项目的完成效率，还能为企业积累丰富的项目管理经验，成为企业发展的宝贵财富。

2. 体系的构建与作用

简单地理解，体系也是一种模型，具有一定的内在联系性。构建体系可以帮助人们更好地理解系统相关要素之间的关系，也有助于研究系统原型及其本质。构建体系有以下四个原则：①真实性，即反映系统的物理本质；②简明性，即反映系统的主要特征，简单明了，容易求解；③完整性，即应包括目标与约束两个方面；④规范化，即尽量采用标准形式，或对标准形式加以修改，使之适合新的系统。

构建体系是一种创造性的劳动，不仅是一种技术，也是一种艺术和哲学思考。有效的项目管理要求项目管理团队理解和利用以下专业知识领域的知识与技能：①项目管理通用知识；②应用领域的知识、标准与规范；③通用管理知识与技能；④理解项目环境；⑤处理人际关系技能。

项目管理知识体系在不断发展，一些国家和地区依据国情和区域项目管理情况，制定了不同的项目管理知识体系。项目管理知识在不同行业的应用也衍生了一些专门领域的项目管理知识体系。

2.4.2 国际化的项目管理标准与体系

国际标准化组织（ISO）发布了 ISO 21500 标准，这是 ISO 针对单项目管理发布的首个国际标准。该标准由技术委员会 ISO/PC 236 负责编写、制定。标准的构成包括引论与范围说明、术语和定义、项目管理概念、项目管理过程。

主要内容包括：①术语与定义。给出了 16 项，包括活动、应用领域、基准线、变更申请、配置管理、控制、纠正措施、关键路径、滞后项、提前量、预防措施、项目生命周期、风险登记册、项目相关方、投标书、项目分解结构词典。②项目管理的概念。给出了项目与项目管理、组织战略与项目、项目环境、项目治理、项目和运营、相关方和项目组织、项目人员能力、项目约束等概念。③五大过程组（Process Groups）。五大过程组包括启动（Initiating）、计划（Planning）、执行（Implementing）、控制（Controlling）、收尾（Closing），并给出了管理过程中39个典型活动的目的与输入、输出关系。④10个专题组（Subject Groups）。10个专题组包括集成（Integration）、相关方（Stakeholder）、范围（Scope）、资源（Resource）、进度（Time）、成本（Cost）、风险（Risk）、质量（Quality）、采购（Procurement）、沟通（Communication）。

国际项目管理协会（IPMA）开发了大量的产品和服务，包括研究与发展、教育与培训、标准化与认证、卓越项目管理模型、组织级项目管理能力模型等。在IPMA Delta®评估中的三种标准比较有代表性：一是国际项目管理专业资质认证能力基准（IPMA ICB®），用来评估选定的个人；二是国际项目管理卓越基准（IPMA PEB®），用来评估选定的项目或者项目集群；三是组织项目管理能力基准（IPMA OCB®）从整体上对组织级项目管理能力进行评估。

2.4.3　具有一定代表性和影响力的相关标准指南

美国项目管理协会（Project Management Institute，PMI）有限公司开发的《项目管理知识体系指南》（PMBOK®），2022年发布了第七版，在10个项目管理知识领域的基础上，提出了项目剪裁、模型、方法与工件（Artifact），12项原则与8个绩效域。PMI还陆续推出了项目集管理、项目组合管理等相关指南和组织项目管理成熟度模型（Organizational Project Management Maturity Model，简称OPM3）。

英国的项目管理主要以英国商务部（OGC）等政府职能部门联合推出的PRINCE 2为总体框架，强调受控环境中的项目（Projects IN Controlled Environments）管理。该框架采用一套基于过程的方法进行项目管理，将多阶段的项目管理过程作为核心，并以过程为主线界定管理活动。PRINCE 2过程模型由8个各有特色的管理过程组成，包括项目准备、项目指导、项目启动、计划、阶段边界管理、阶段控制、产品交付管理、项目收尾。英国项目管理体系侧重强调4件事，即建团队、定目标、编计划、制方案，同时非常重视健康、安全、环境（HSE）问题。

我国项目管理知识体系是由中国（双法）项目管理研究委员会（PMRC）发起

并组织实施的，突出特点是以项目生命期为主线，以模块化的形式来描述项目管理所涉及的主要工作及其知识领域；采用模块化结构，定义了共 115 个知识模块，其中基础模块 95 个、概述模块 20 个，意味着既要强调知识模块的相对独立性，又要体现知识模块之间的相互关系以保证其系统性。其特色主要表现在：采用了"模块化的组合结构"，便于知识的按需组合；以生命期为主线，进行项目管理知识体系知识模块的划分与组织；体现中国项目管理特色，扩充了项目管理知识体系的内容。

2.4.4 领域级项目管理相关体系

领域级项目管理包括美国国防部、欧洲航天局的项目管理体系，中国国防项目管理知识体系、IT 信息化项目管理知识体系、建筑工程项目管理体系等。

目前业界比较认可的项目管理体系涵盖了 10 个职能领域（知识领域），即项目的范围管理、进度管理、费用管理、质量管理、人力资源管理、沟通管理、采购管理、风险管理、集成管理和相关方管理。《中国国防项目管理知识体系》从行业特点与管理特殊要求出发，定义了 12 个管理领域：项目范围管理、项目技术与工艺管理、项目质量与可靠性管理、项目资源管理、项目进度管理、项目费用管理、项目采购管理、项目沟通管理、项目风险管理、项目保障管理、项目集成管理和项目相关方管理。

项目管理本质上是基于系统思想的过程管理，以目标为导向同时强调计划与控制，具体的管理活动融合相应的职能领域要求。本书结合项目管理实践的具体需求与最新研究发展动态，以项目过程为主线分别阐释项目管理工具、方法与关键知识点，从而避免了单纯介绍知识领域的知识点。

2.4.5 企业项目管理体系及其建设

1. 项目管理体系的基本构成

实施系统管理需要良好的体系保证，比如质量管理体系的 ISO 9000 系列标准。项目管理有系统的理论方法，项目管理实践也需要构建合适的项目管理体系，以实现多目标、全团队、全过程、全要素的系统化管理。

项目管理体系是一套满足企业需要的项目管理模式及其文件，即以体系文件为载体，归纳、提炼企业在项目管理方面的价值观、组织形式、项目管理原则，以及项目关键业务流程、工作程序、作业指导书，并附有可使之落地的项目管理实践的各类操作模板，形成一个完备的规范系统。项目管理体系文件的基本构成如图 2-19 所示。

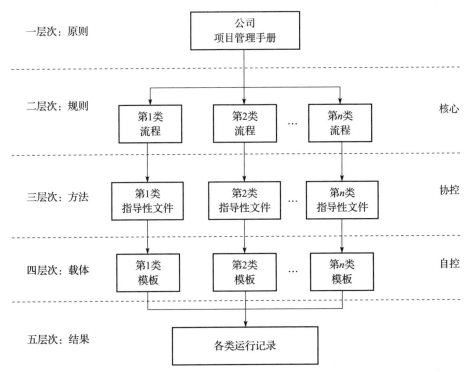

图 2-19　项目管理体系文件的基本构成

2. 企业项目管理体系建设

我国项目管理理论界专家白思俊教授认为，企业项目管理体系建设应该遵循一些基本原则：以国际项目管理知识体系为主要依托；以行业项目生命期为建立基础；以解决企业实际问题为指导思想；以可操作性为建设基本思路。

企业项目管理体系是一个综合系统，其建设过程一般分为访谈调研阶段、体系编制阶段、体系发布与试运行阶段、体系正式运行和持续改进阶段。

企业项目管理体系建设的基本思路如下：首先应考虑变更观念，解决人们的认识问题，从顶层进行系统性整体构建；其次考虑进行组织变更与调整，使项目管理责权利明晰；再次优化项目业务流程，制定项目分类方式与优先级确定原则；最后将人员培养和知识管理融入系统。

企业项目管理体系建设要厘清项目管理流程和企业业务流程、项目管理和其他职能管理间的关系，明确项目过程管理思路、项目管理角色和责任、项目管理工作流程、项目管理操作规则和项目管理操作模板。企业项目管理体系的一般构成形式如图 2-20 所示。

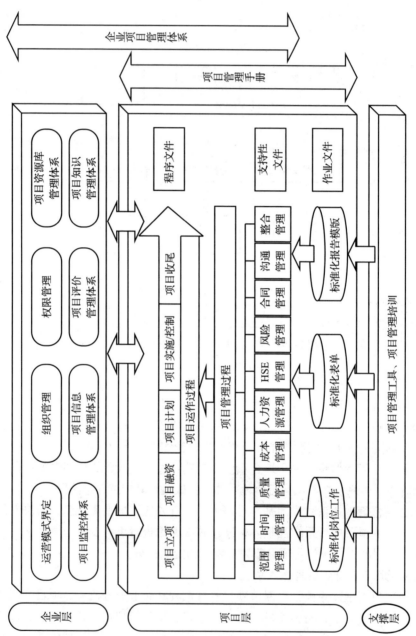

图 2-20 企业项目管理体系的一般构成形式

2.5 项目管理能力发展要求

项目管理能力包括组织的项目管理能力和个人的项目管理能力两个方面。组织的项目管理能力提升应关注项目管理组织体系建设、项目管理机制与流程设计、项目管理办公室（PMO）建设与项目管理文化创建。个人的项目管理能力包括团队协同、项目管理人员的综合素质等。

2.5.1 项目管理组织结构

1. 典型的项目管理组织结构

项目和项目管理是在一个大于项目本身的环境中进行的。项目管理团队必须理解这个"大于项目"的环境，只有这样才能选择适合项目生命周期的阶段、过程、工具和技术。

项目管理组织结构往往决定着项目能否获得所需资源。组织结构可比作连续的频谱，其一端为职能式，另一端为项目式，中间则是形形色色的矩阵式。

（1）职能式组织结构。职能式组织是一个层次化的结构，组织中每个成员都有一个明确的上级。项目由组织中现有的设计、生产、营销、质量、财务等职能部门作为承担任务的主体。一个项目可能由某一个职能部门完成，也可能由多个职能部门完成。项目执行时没有指定的项目经理，项目由执行主管（或总经理）全权负责，职能主管（即职能部门负责人）作为项目协调人。职能式组织结构比较适合小型项目的管理。职能式组织结构如图 2-21 所示。

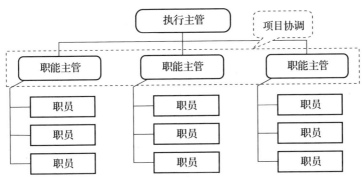

图 2-21 职能式组织结构

职能式组织结构的应用示例如图 2-22 所示。

职能式组织结构的主要优点如下：职能式组织可充分发挥资源集中的优势；在人员使用上具有较大的灵活性；技术专家可同时被不同的项目任用；同一部门

的专业人员集中在一起,便于交流知识和经验;当个别人员离开项目时,项目仍能保持技术连续性;可以为本部门的专业人员提供一条明确的升迁路径。

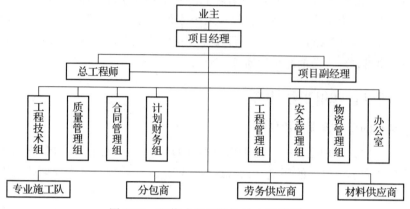

图 2-22 职能式组织结构的应用示例

职能式组织结构的主要缺点如下:职能部门更多考虑自己部门的日常工作,而不是项目和客户的利益;职能部门的工作方式是面向本部门活动,而项目要成功,必须面向问题;责任不明时容易导致协调困难和局面混乱;项目和客户之间存在多个管理层次,容易造成对客户的响应迟缓;项目成员责任淡化,不利于调动参与人员的积极性;跨部门的交流沟通有时比较困难。

(2)项目式组织结构。项目式组织是从公司组织中分离出来的一种单目标的垂直组织方式。其特点是每个项目都任命了专职的项目主管(或项目经理)。项目式组织结构适用于大型、复杂项目。项目式组织结构见图 2-23。

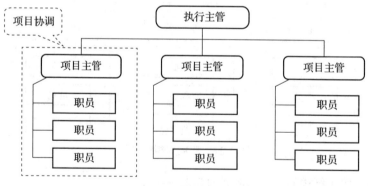

图 2-23 项目式组织结构

项目式组织结构的应用示例如图 2-24 所示。

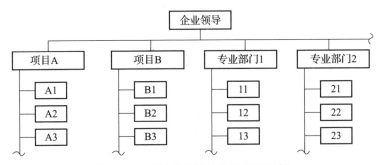

图 2-24 项目式组织结构的应用示例

项目式组织结构的主要优点如下：项目经理对项目全权负责，享有较大的自主权，可以调用组织内外的资源，便于项目控制；命令单一，决策速度快，对客户的响应较快；团队精神得以充分发挥；组织结构简单灵活，易于沟通协调；有利于全面型人才的成长。

项目式组织结构的主要缺点如下：每个项目都有各自独立的组织，项目之间不能共享资源，会造成一定程度的资源浪费；项目与部门之间联系较少，不利于与外界进行沟通；项目处于相对封闭的环境中，容易造成不同项目在执行组织的规章制度上的不一致性；项目结束后，项目成员的工作失去保障，不利于员工的职业发展。

（3）矩阵式组织结构。矩阵式组织是在职能式组织的垂直层次上，叠加了项目式组织的水平结构。矩阵式组织结构又分为强矩阵式、弱矩阵式和平衡矩阵式三种。这里主要介绍强矩阵式组织结构。强矩阵式组织类似于项目式组织，这种组织中有正式的项目团队，团队的大多数成员是专职从事项目工作的，执行主管（或项目经理）亦是专职的，执行主管可以实施对项目的有效控制。强矩阵式组织结构如图 2-25 所示。

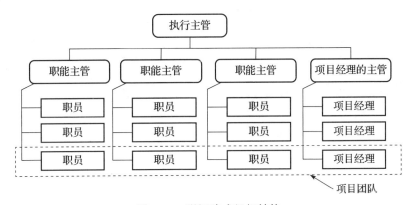

图 2-25 强矩阵式组织结构

矩阵式组织结构的应用示例如图 2-26 所示。

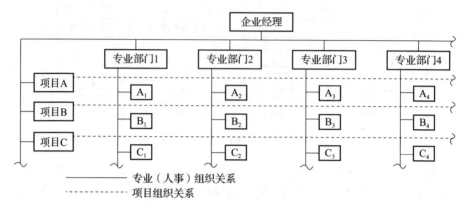

图 2-26　矩阵式组织结构的应用示例

矩阵式组织结构的主要优点如下：解决了传统模式中企业组织与项目组织的矛盾；能以尽可能少的人力，实现多个项目的高效率管理；有利于人才的全面培养；对客户的要求响应较快；能集中各部门的技术和管理优势。

矩阵式组织结构的主要缺点如下：项目成员来自各职能部门并受职能部门控制，因而降低了项目的凝聚力；如果管理人员同时管理多个项目，容易出现顾此失彼的情况；项目成员接受双重领导容易无所适从；组织形式复杂易造成沟通障碍；项目经理与职能经理之间职责不清，容易互相推诿，争功夺利。

（4）复合式组织结构。在复合式组织中，同时存在职能式组织和项目式组织的项目开展方式，组织可以根据项目特征进行灵活管理。复合式组织结构如图 2-27 所示。

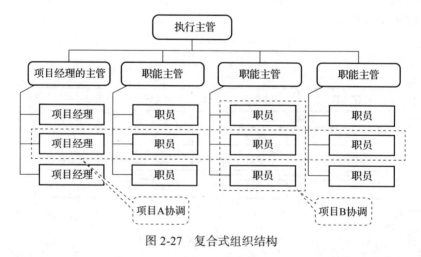

图 2-27　复合式组织结构

2. 项目管理组织结构的选择与设计

管理过程学派的主要代表人物之一哈罗德·孔茨（Harold Koontz）曾说："为了使人们能为实现目标而有效地工作，就必须设计和维持一种职务结构，这就是组织管理职能的目的。"项目管理组织结构的选择与设计，首先要分析项目本身的特点与管理要求，其次要分析不同的组织结构对项目的影响不同组织结构的主要特征及其对项目的影响见表 2-3。

表 2-3　不同组织结构的主要特征及其对项目的影响

项目特征	组织结构				
	职能式组织	弱矩阵式	平衡矩阵式	强矩阵式	项目式组织
项目经理权限	很少或没有	有限	小到中等	中等到大	大，甚至全权
组织中安排至项目工作的全职人员的百分比	几乎没有	0～25%	15%～60%	50%～95%	85%～100%
项目经理的角色	兼职	兼职	全职	全职	全职
项目经理的常用头衔	项目协调员 项目组长	项目协调员 项目组长	项目经理 项目负责人	项目经理 大型项目经理	项目经理 大型项目经理
项目管理行政人员的角色	兼职	兼职	兼职	全职	全职

职能式、项目式与矩阵式组织结构各自的适用范围概括如下：

1）职能式组织结构适用于企业内部项目运作，对以承担外部客户（业主）为主要经营业务的单位不适用；适用于规模较小、偏重于技术的项目，不适用于环境变化较大的项目。

2）项目式组织结构适用于多项目或大型的、复杂的且周期较长的项目，在这些项目中，项目团队的整体性和各类人才的紧密合作将得到充分体现。

3）矩阵式组织结构适用于技术复杂、规模巨大且需要多部门配合的项目。大多数项目型企业，既要以项目为导向，又要充分利用企业现有资源，适用于矩阵式组织结构。

设计项目管理组织结构应考虑如下具体因素：①不确定性；②所用技术；③复杂程度；④持续时间；⑤规模；⑥重要性；⑦客户类型；⑧对内部依赖性；⑨对外部依赖性；⑩时间局限性。设计项目管理组织结构考虑的因素见表 2-4。

表 2-4　设计项目管理组织结构考虑的因素

因素	职能式组织	矩阵式组织	项目式组织
不确定性	低	高	高

(续)

因素	职能式组织	矩阵式组织	项目式组织
所用技术	标准	复杂	新
复杂程度	低	中等	高
持续时间	短	中等	长
规模	小	中等	大
重要性	低	中等	高
客户类型	各种各样	中等	单一
对内部依赖性	弱	中等	强
对外部依赖性	强	中等	弱
时间局限性	弱	中等	强

在实际应用中，组织结构可能不是一成不变的。一方面，组织为适应外部变化会根据自身战略或客户需求进行组织机构变革；另一方面，在一个大型项目生命周期的不同阶段组织结构形式也会发生变化。某大型工程项目的组织结构变化如图 2-28 所示。

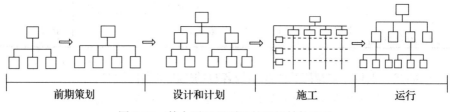

图 2-28　某大型工程项目的组织结构变化

某施工项目组织的结构变化如图 2-29 所示。

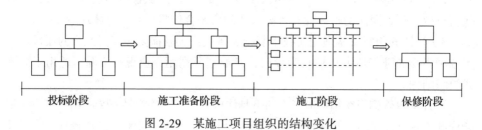

图 2-29　某施工项目组织的结构变化

2.5.2　项目管理办公室

1. 项目管理办公室的概念及分类

市场竞争环境的变化促使企业越来越重视创新，也使得日益增多的项目需要统筹规划和协调管理。企业从只重视单一项目的管理转向重视多项目协调管理，由此产生了项目管理办公室（Project Management Office，PMO）和战略项目管理办公室（Strategic Project Management Office，SPMO）。

根据所处的位置不同，项目管理办公室可以分为三种类型：企业级 PMO、中心/事业部级 PMO 和大型复杂单项目级 PMO——项目控制办公室，这三个类型也可以理解为是 PMO 的三个发展阶段与发展水平层次。不同层级 PMO 对应的位置如图 2-30 所示。

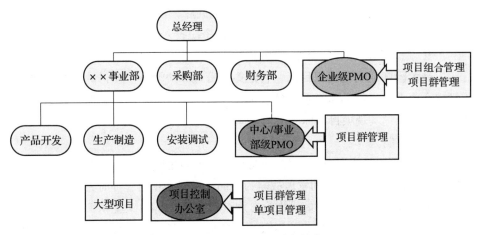

图 2-30　不同层级 PMO 对应的位置

不同层级 PMO 的主要任务如图 2-31 所示。

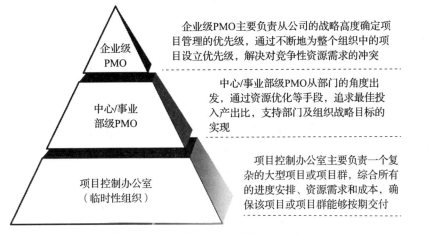

图 2-31　不同层级 PMO 的主要任务

2. 项目管理办公室的管理内容

一般而言，项目经理希望得到的资源越多越好，而职能经理则希望项目消耗的资源越少越好。项目部门和职能部门之间的矛盾需要依靠组织内部的项目管理办公室来维持平衡。项目经理依据项目目标向职能经理提出资源需求后，PMO 依据项目对企业价值和效益的贡献程度对所需相关资源进行评估，以此确定资源需求的合理性及安排优先权。PMO 既可以是一个部门，也可以是几个部门的联合体。当职能部门变成资源提供者后，职能部门与项目部门这个资源使用者之间的资源争夺就变成了项目与项目之间争夺资源的问题，"一个人多个上司"的难题由此产生质的变化。该问题可以由 PMO 确定的资源投入优先次序来解决。

PMO 是负责创造和监督整个管理系统的组织元素，旨在有效实施项目管理行为，最大限度地实现组织目标。它是集中管理和协调各个项目的机构、创造和监管整个企业或组织的所有项目的管理体系，能够整合资源以确保有效运作。作为协助项目经理实现项目目标的组织实体，PMO 负责项目的计划、估计、行程安排、监控和控制。

PMO 的管理特点包括：PMO 站在整个组织的角度，综合管理组织范围之内的所有项目；PMO 以组织的发展战略为导向，进行多项目管理时，并不计较单项目的得失，而是以企业价值最优化为出发点和归宿；PMO 关注协调与沟通，打通多项目之间、项目与企业之间的界限，使项目与项目、项目与企业之间能够达成广泛的共识；注重资源在各项目之间的有效配置，从而使企业的有限资源能够在合理的风险范围之内贡献最大的产出。

PMO 的主要职能包括：合理配置资源；建立项目管理信息系统；组织项目管理培训；制定项目管理规范；开发项目管理工具；总结推广成功的项目管理经验；对具体项目提供管理指导；有效推进多项目管理。

2.5.3 项目团队建设

团队是由两个或者两个以上的人组成的，通过人们彼此间相互影响、相互作用，在行为上有共同规范的、介于组织与个体之间的一种组织形态。团队建设是指聚集具有不同需求、背景和专业的个人，把他们变成一个整体的、有效的工作单元。项目团队是由一组个体成员为实现一个具体项目的目标而组建的协同工作队伍。

1. 项目团队建设的一般原则

项目团队建设的一般原则主要包括：建设一个多元化的项目团队，这有利于取长补短，增强团队的创造力和活力；树立项目经理的领导权威，若群龙无首，整个团队可能会不堪一击；培养并保持项目组的团队精神，强调遵守共同价值观及行为规范的意义，提倡团结合作、信息共享、个人服从组织的团队精神；争取职能部门的支持；确保团队内信息的畅通，及时而准确地交流项目信息，对队员的成功给予及时的承认和赏识，提高其参与感、归属感，从而赢得广泛合作。

2. 项目团队的特性

（1）目的性。项目团队是为完成特定的项目而设立的专门组织，团队成员有共同认可的明确目标。

（2）临时性。项目团队是一种一次性临时组织。

（3）开放性。不同组织中的项目团队具有不同的人员、不同的稳定性和不同的责权利构成。

（4）双重领导特性。项目团队的成员在一些情况下需要接受双重领导。

（5）学习型特性。项目团队中，学习是一种经常的活动。

（6）项目团队还具有渐进性、灵活性等特性。

3. 项目团队的成员与团队精神

项目团队的建设不仅是项目成功的保证，而且也能满足成员的需求。项目团队成员候选人的基本要求包括：候选人应具备项目工作所需要的技能；候选人应具有与原有员工相协调的个性；候选人不应反对项目工作的各种约定；候选人的需要可以通过参与项目而被实现。

项目管理应强调团队精神，主要包括高度的相互信任、相互依赖性、共同的目标、全面的互助合作、平等的关系与积极的参与、自我激励和自我约束等。除团队精神外，其他影响团队绩效的因素有：领导不力——项目经理和管理人员能力不足；目标不明——项目和项目管理的目标不清楚；职责不清——项目利益相关者之间的职责不明确；缺乏沟通——项目利益相关者和项目团队沟通不利；激励不足——项目团队和项目利益相关者缺乏激励；规章不全——项目管理和变更制度不全或实施不利；约束不力——主要是对项目团队成员的行为缺乏约束。

项目团队建设可分为五个阶段，分别为组建阶段、磨合阶段、正规阶段、成效阶段和解散阶段，项目团队建设各阶段的团队精神与工作绩效如图 2-32 所示。

4. 项目团队建设的发展阶段与领导方式

前文已介绍，项目团队建设包括五个发展阶段。一般来说，项目团队的领导风格有指导型、影响型、参与型和授权型四种。项目团队建设应在不同发展阶段采用适宜的领导方式，以达到更好的管理效果。

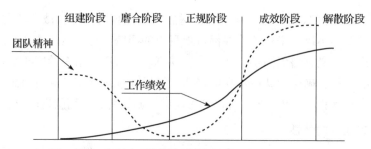

图 2-32　项目团队建设各阶段的团队精神与工作绩效

（1）组建阶段。团队成员急需相互了解、相互交往来增进彼此之间的认识，渴望展示自己的能力，但工作效率较低，心理上处于一种极不稳定的阶段。此阶段团队负责人应该采取指导型的领导风格来组织和指导团队成员的工作，激发每个人工作的责任感。团队负责人的角色为组织者，向团队成员介绍项目背景、目标和团队与组织内各部门的关系，说明成员的岗位职责、承担的角色，以及团队内部的行为准则。

（2）磨合阶段。每个团队成员所扮演的角色、职责和权限进一步明确，开始了初步合作。成员之间的关系与成员自己期望的不同，因而成员可能会出现紧张、挫折、不满、对立和抵制情绪，工作推进缓慢，同时各方面的问题逐渐暴露出来。团队负责人要认识到，这是团队成长的必经阶段，应当采取影响型的领导风格，在团队中树立威信以解决各种冲突，在冲突与合作中寻找理想的平衡。领导行为以支持为主，团队负责人的角色为顾问和困难解决者。

（3）正规阶段。团队目标变得更加清晰，团队成员学会了分享信息、相互理解、关心友爱以及接受不同观点，建立了标准的操作方法和工作规范，不断促进新制度的完善。团队负责人适合采取参与型的领导风格，始终参与团队成员的活动，注意团队文化建设、责任划分及资源配置等问题，以营造一种鼓励成员发挥特长、为团队成长及目标实现尽职尽责的工作氛围。领导行为以指点为主，团队负责人尽量发挥团队成员的工作能力。

（4）成效阶段。成员的状态已达到最佳水平，团队能够集中集体智慧做出正确的决策、解决各种困难和问题，成员为实现项目目标而共同努力，具有极强的归属感和集体荣誉感。团队负责人适合采取授权型领导风格，对团队成员充分授权，鼓励成员发挥自己的主动性、积极性和创造性，在必要时对某些成员的工作任务进行指导。领导行为以委托为主，团队负责人的充分授权让团队成员能自主完成项目任务。

（5）解散阶段。随着项目竣工，该项目团队准备解散。团队成员开始骚动不安，会考虑自身今后的发展，并开始做离开的准备。团队负责人最好采取措施收拢人心，稳住队伍，调动团队的凝聚力，让大家"站好最后一班岗"，同时也要考虑成员以后的安排问题，把项目的结束工作做好。

5. 项目团队管理

项目团队管理是指在项目执行的过程中对团队成员进行有效的激励，不断跟踪团队成员的绩效并提供反馈，解决问题并协调各种变更，关注团队发展的障碍以提高项目绩效。团队发展的六大障碍包括意见分歧；人气不旺，人际信任危机；扯皮、冲突；低效；因循守旧；能力不济。

6. 团队绩效考评

团队成绩是集体智慧的结晶，是由每个团队成员创造出来的团队发挥作用需调动个体的能动性。考评团队绩效必须结合成员个体的表现，因为调动成员的积极性才是最根本的。团队绩效考评包括下列内容：

（1）个人表现考评。该考评通过团队成员的内部自我考评和外部考评两方面来进行。外部考评主要由顾客的评价、其他部门人员的评价和领导的评价构成。个人表现考评在很大程度上靠团队成员内部的相互评价和自我评价来完成。

（2）团队工作考评。首先，由团队成员对本团队的工作进行一个全面系统的评价；其次，考虑外部对团队成绩的评价，包括客户的评价、其他组织的评价、领导的评价。

（3）团队贡献考评。团队是整个组织的一部分，其对整个组织的作用与贡献可由组织中其他主体进行考评。

7. 团队激励

团队激励的主要目的是充分调动团队成员的积极性。团队应依据各种不同的激励理论，结合项目目标，根据不同团队成员自身能力与工作性质的不同，采取不同的激励方法。

（1）奖励激励。奖励就是对人们的某种行为给予肯定和奖赏，使这种行为得以巩固和发展。奖励分为物质奖励和精神奖励。与之相对应，惩罚则属于反向激励。团队有时也需要用惩罚来对团队成员的某些行为进行纠正，以避免得到不期望得到的结果。

（2）目标激励。首先应当使成员明确项目目标，并把个人奋斗目标与项目目标统一起来，在工作中做到时刻把自己的行为与项目目标紧密联系。目标激励包括设置目标、实施目标和检查目标三个阶段。

（3）领导行为激励。优秀的领导行为能给成员带来信心和力量。领导应当激励下属，使其心甘情愿并义无反顾地向着目标前进。项目经理应加强自身品德修养，严于律己，表里如一，掌握沟通、赞美及为人处事的方法和技巧，善于与团队成员沟通，起到榜样的作用。

（4）文化激励。文化激励要求构建精干高效的学习型团队。在团队工作中，团队应当鼓励成员相互学习、协调一致，打破传统部门分工的限制，努力营造优秀的团队文化。

2.5.4　项目经理的工作内容、职责与权力

项目经理是项目的负责人，是项目组织的核心，是决定项目成败的关键人物。项目经理必须明确自己在项目管理中的地位和作用、职责和权限。项目经理首先要识别项目的相关方，并负责沟通项目的有关方面，协调各方面的利益，尽可能使各方面的需求和期望得到满足。项目经理的工作内容包括：①领导项目团队，包括组建项目团队并指导其工作，明确项目目标、把握方向，解决冲突；②管理项目，制订计划、分配任务，合理调配资源，跟踪项目相对于基线的进展；③与管理层沟通，包括提供进展报告，准备并确定决策评审点，提供对项目组成员的工作绩效评审。

项目经理负责项目的组织、计划及实施过程，以保证项目目标的成功实现，是项目团队的灵魂。项目经理应当通过一系列的领导及管理活动成功实现项目目标，并使项目的主要相关方都满意。项目经理的职责主要体现在三个方面：

（1）对所管项目的责任。项目经理应当明确项目目标及约束；制订项目的各种活动计划；确定适合项目的组织机构；招募项目组成员，建设项目团队；获取项目所需资源；领导项目团队执行项目计划；跟踪项目进展，及时对项目进行控制；处理与项目相关方的各种关系；进行项目考评与撰写项目报告。

（2）对所属上级组织的责任。项目经理应当保证项目的目标符合上级组织的目标，充分利用和保存上级分配给项目的资源，及时与上级就项目进展进行沟通。

（3）对所属组织外部的责任。项目经理应当对其他相关方负责；争取成功实现项目目标，赢得客户最大的满意度；不断开拓团队生存的外部空间；负责对外谈判；收取客户支付的费用。

为了更好地行使项目管理职能，项目应当赋予项目经理相应的权力，比如：处于项目的核心地位的权力；参与企业主要管理与技术决策的权力；项目的人事、资金支配权；选择子承包商的权力；解决冲突的权力；解决与职能经理之间矛盾的权力；建立项目组织的权力；制订项目计划并对其实施监督的权力；保持与主要客户的联络和接触的权力。

项目经理的基本权力应包括人事权、财务权、进度控制权、决策权、评价权。对项目经理进行授权的原则包括：根据项目目标的要求授权；根据项目风险程度授权；按合同的性质授权；按项目的性质授权；根据项目经理授权；根据项目班子和项目团队授权。

2.5.5 项目经理的素质与能力要求

1. 项目经理需要具备的素质和能力

对项目经理的素质要求大致有五点：身体素质、心理素质、知识技能、实践经验和道德品质。能力要求大致有四点：①技术能力，包括项目领域的专业知识和技能，例如理解项目的技术要求、掌握项目工具和技术等；②领导能力，具备有效的沟通和协作能力，能够激发团队成员的积极性，进行决策并解决问题，带领团队达成项目目标；③管理能力，包括项目计划、资源管理、风险管理、质量管理等技能，能够有效地管理项目的进展、预算和质量；④人际关系能力，具备良好的人际沟通和社交技巧，能够建立和维护与关键利益相关者的良好关系，解决冲突并处理困难。同时，项目经理应当对以下技能有一定的掌握：团队组建、领导、冲突处理、专业技术知识、计划编制、组织能力、企业家才干、行政管理、管理支持、资源配置。

2. 项目经理应具备的项目管理通用技能

通用技能是掌握项目管理技能的基础，因此对于项目经理而言是十分重要的。在任何具体的项目中，可能要求使用多种项目管理领域的通用技能。

（1）计划与组织能力：能够制订详细的项目计划，并组织团队和资源，确保按时完成项目。

（2）沟通与协调能力：具备良好的沟通技巧，能够与团队成员和利益相关者保持密切联系，并协调解决团队之间的冲突。

（3）风险和变更管理能力：能够识别和应对项目风险，并灵活适应变化的项目环境。

（4）资源管理能力：能够有效地分配、利用和控制项目所需的各类资源，包括人力、物资、时间和预算。

（5）问题解决与决策能力：具备分析和解决问题的能力，能够在面对项目中的挑战和难题时做出明智的决策，找到有效的解决方案。

（6）人际关系与团队管理能力：能够建立和维护良好的人际关系，有效地管理和激励项目团队成员，促进团队的协作和合作。

这六个项目管理通用技能涵盖了项目经理在规划、执行和控制项目过程中所需的关键能力，能够帮助他们有效地管理项目，实现项目的目标和交付成果。

3. 项目经理的软技能

项目经理应具备的软技能包括：①处理人际关系技能，即有效的沟通与信息交流；②对组织施加影响，即"把事情办成"的能力；③领导能力，即构建远景和战略蓝图，并激励人们实现；④激励能力，即让人们充满活力地取得高水平的业绩并克服变革的障碍；⑤谈判与冲突管理能力，通过与他人商讨，与其取得一致或达成协议；⑥解决问题能力，即将明确问题、找到解决办法与进行分析和做出决定结合起来。

4. 把握"势"的重要性

《孙子兵法·势篇》里讲："故善战者，求之于势，不责于人，故能择人而任势。"《三国演义》第一回也说："话说天下大势，分久必合，合久必分。"成都武侯祠的对联中有这样一句："不审势即宽严皆误。"趋势就像一匹马，如果你在马后面追，永远都追不上，而只有骑在马上面，你才能和马一样快，这就叫"马上成功"。

管子曰："大者时也，小者计也。"这句话说明成就大事需要顺应时代发展的趋势，把握大势中的主要矛盾。做项目管理也要顺应时代发展潮流和趋势，并利用各种方法和工具构造对自己有利的"势"。项目管理者一方面应注意拓展国际视野，另一方面也应立足本土，及时掌握国家层面对促进项目发展以及提升项目管理能力的政策。最近几年我国针对各类不同的项目管理制定并发布了一系列的文件，这对企业和项目管理者个人都是应注意的一种趋势，从而才能顺势而为。

5. 利用项目管理赢得未来竞争

未来的竞争，不再是产品的竞争、渠道的竞争，而是资源整合的竞争，是终端消费者的竞争。谁能够拥有资源，拥有消费者和用户，不管何时企业都能够保证自己的盈利，才能立于不败之地。前面提到项目具有整合资源和创造用户的功能，那么从这个角度讲，未来的竞争也在于把握项目机会和提升项目管理能力。

在资源整合和团队合作成为主流的时代，个人无法独自实现梦想。搭建平台是一项艰巨的任务，前期劳作可能并不会立即带来效益。然而，未来必须迈出这一步，否则很有可能被淘汰。在民营企业发展中，系统建设已成为刚需，建设企业管理系统是通向成功的必经之路。项目思维的一个重要特征就是基于团队合作解决问题。

6. 时代呼唤新管理能力的趋势

邓小平曾说："在发展中去解决问题"。新时代对管理能力提出了新的要求，主要是什么呢？它要求我们积极寻找机会去解决问题，即要不断地去了解变化并通过寻找机会解决问题。

如果我们只是解决已经发生的问题，甚至只会找问题产生的原因，这只能算是"旧"的管理能力。现在我们不纠结于为什么某件事效果不好，我们更愿意去寻找新机会所在。且找到新机会，我们便可以更好地解决问题。只有这样，我们才能在现今环境中超越别人。问题的真正关键是在机会中解决问题，而不仅仅是解决问题。你必须知道生存的机会在哪里。这就是新的管理能力。

曾有人问媒体人王利芬："您接触了很多成功企业家，他们跟我们究竟有何不同？"实际上，我们可以认为这个问题是成功者应具备什么特质？王利芬说："本质上没有不同，但成功者做事更有悟性，在逆境更有韧性，在实现目标途中更有耐性，与人打交道时更通人性。"从这一问一答中，我们可以注意到项目管理强调的目标，以及项目管理中与人交流的技巧，还有项目管理能力提升所需的素质问题，如悟性、韧性和耐性。这些也给我们发展新管理能力提供了很好的启示。

7. 永远不要与趋势为敌，这是成功的重要因素

在未来几十年，中国的总体发展趋势是令人振奋的，每个人都可以从不同的角度来认识这点。与项目机会和项目管理能力直接相关的趋势包括：①"一带一路"带来的机会。这不仅涉及大量的海内外的基础设施建设，还有资本的"走出去"。中国将会在国际社会扮演重要角色，特别是在非洲与南美洲将拥有更多的项目。②未来几十年，城市化仍是中国社会变迁的主要趋势，这必然会孕育出很多机会。③在制造领域，中国将成为全球高端制造中心。在未来的几十年里，小商品、服装等初级产品的加工制造将逐步萎缩，而在电子、微电子、汽车、飞机、高速列车、人工智能、新能源等领域，中国将在全球扮演举足轻重的角色。大家正在谈论的工业4.0、工业互联网和中国制造2025，这涉及了需求和趋势的问题，无论怎样看，其本质都是为了提升企业、行业、国家的竞争优势。其中涉及的互联、集成、数据、创新、转型，都需要成功的项目做保证。

著名管理学者David Cleland称：在应对全球化的市场变动中，战略管理和项目管理将起到关键性的作用。项目管理在战略和营销中间充当了桥梁和过渡。它既是一种思维方式和工作方法，也是一种先进的文化理念。现阶段，AI是一个热门词汇，因为其发展与应用，很多职业将会消失。然而，我们要明确一点，即AI代替不了项目经理这个职业。这是由项目经理的职责、项目的特点以及项目管理

的理念与方式等决定的。

随着各类专业技术和管理思想与方法的发展，未来的项目经理将更多地扮演如下的角色：①未来项目经理应当是技术高手，掌握相当水平的新技术，以适应组织虚拟化和管理网络化的趋势；②未来项目经理应成为授权领导者，注重授权并提高组织员工的独立决策能力；③未来项目经理应当是沟通大师，具备理解、倾听、发问、激情演说等有效沟通技巧；④未来项目经理是问题解决者，具备分析、评价、挖掘隐藏假设和发散思维等能力；⑤未来项目经理应当掌握情绪控制技巧；⑥未来项目经理是团队建设者，推动团队协作和增强凝聚力。

毛泽东指出："有了正确的路线方针后，干部是决定性因素"。如今，在国家乃至具体的组织中，项目机会与管理需求已经清晰明确。为了更好地实现快速、可持续发展，各层项目管理者不仅要坚信自己有光明的未来，同时也应找到实际有效的途径与方法，提升和发展自己的能力以便在新时代建设中发挥更大的作用，创造更大的价值。

2.6　项目管理哲学与应用

项目管理界的顶尖学者之一——拉尔夫·穆勒（Ralf Müller）教授认为，项目管理从业者要有文化敏感性，能够退后一步审视全局，做判断要基于事实而非情绪。穆勒教授指出，无论采取何种工具、方法或流程，项目最终还是由人来完成的，因此，要重视项目管理软技能。

项目管理关键的软技能是思维模式，这又需要哲学支撑。项目管理哲学是指导项目管理者在项目管理中从一般规律和本质上，怎么看、怎么想和怎么办的专项实践哲学。它能够帮助项目经理更好地通过科学思想高屋建瓴地实现顶层设计，通过正确的世界观、思维方式和方法论"把方向、谋全局、抓大事"，使项目管理事半功倍。

2.6.1　概念提出与框架设计

我国项目管理实践界资深专家马旭晨研究员认为，项目管理哲学是认识和处理项目管理领域相关问题的世界观、思维方式和方法论的系统科学。

马旭晨研究员认为，项目管理哲学来源于项目管理实践的需要，立足和应用于项目管理领域，核心依据是哲学本源，涉及和借鉴了管理哲学和工程哲学的相关内容。项目管理哲学的知识体系是上述学科相关内容的交集、整合和一些以项目管理为对象的具体化应用，项目管理哲学是一门跨学科、综合性、边缘性的新学科。项目管理哲学内涵的构成如图 2-33 所示。

项目管理哲学与其他所有的哲学一样，在项目管理领域，具有给予探索世界的一般观点和方法，提供有关事理和价值评判的一般依据的灵魂性知识的意义。项目管理哲学就是以项目和项目管理为对象，在纷繁复杂、情况多变的项目管理实践中统筹全局，科学思考，认识本质，抓对主要矛盾，找到解决问题的根本途径，指导应用恰当的技术、方法，以解决项目管理中的"怎么看""怎么想"和"怎么办"的问题。正确地回答和解决这几个"怎么"问题，是项目管理成功的关键。

基于这样的认识，马旭晨研究员的研究团队提出了项目管理哲学的系统框架，如图 2-34 所示。

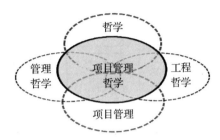

图 2-33 项目管理哲学内涵的构成
注：图中相关比例只是示意性的。

2.6.2 项目管理哲学的核心观点

1. 项目管理中的"怎么看"

哲学作为系统化、理论化的世界观，揭示世界的本质及人与世界的关系，为人们认识世界、改造世界提供了思考的前提、方向和基础，决定了人们的思维空间及正确程度。在项目管理中，如果没有正确的世界观，再缜密的思想和再有效的手段也是徒劳无益的，甚至是"南辕北辙"的——越是努力，可能偏离成功与真理越远。

2. 项目管理中的"怎么想"

项目管理工作自然离不开"怎么办"或"怎么做"，但是"办"或"做"的前提是贯穿于其中的"想"，即"怎么想"。"三思而后行"，项目管理工作是不能与管理思维相分离的，即"行为方式是现实化的思维方式，是思维方式的具体体现"。"怎么想"就是思维方式。在"看""想"和"办"三者关系中，"想"起着承上启下的连接纽带的作用。

3. 项目管理中的"怎么办"

哲学作为最高层次的方法论，在项目管理中虽然没有给出项目管理者一对一解决问题的具体方法，但提供了解决问题的一般方法论原则。哲学的方法论原则是人们各种思维方法的核心，对各种适用于项目管理的具体方法起着统领和决定作用。同时，正确的方法论能够给予项目管理者科学思维，启迪创新思维，增加智慧，增强认识和解决项目管理问题的能力。

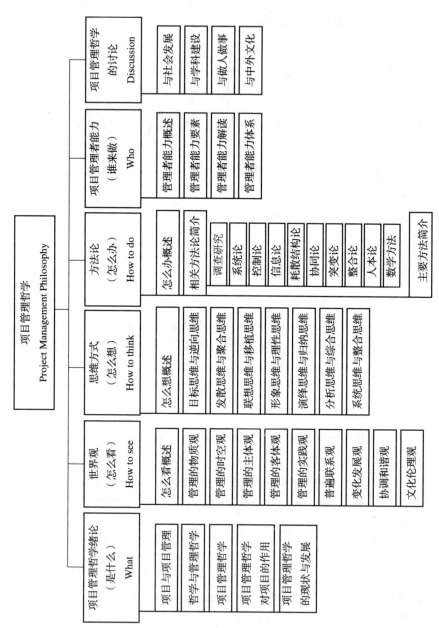

图 2-34 项目管理哲学的系统框架

2.6.3 项目管理哲学的作用

对项目经理来说，项目管理哲学素养是"纲"，要做到"纲举目张"，必须理解和把握项目管理哲学内涵，即把哲学内涵作为"纲"，作为"伟大的认识工具"，才能为项目经理提供处理好项目管理中各种复杂矛盾、纷繁关系的立场、观点、思路和方法。项目经理只有具备正确的世界观、人生观、价值观，才能充分理解、尊重、协调、调动方方面面的积极性，处理好各方关系，使各方和谐奋斗，共同实现卓越的项目成果。项目管理哲学可以帮助人们在更大的系统内实现项目管理的"讲目标、讲平衡、讲危机"，让项目获得真正的成功。

2.6.4 项目管理哲学应用实践

2010 年广州亚运会的开闭幕式大型活动以项目管理哲学为基础，精心策划和执行，确保每一个环节都符合整体方案的要求。这使得开闭幕式的每个细节都被精心安排，取得了令人惊叹的"独一无二"和"绝对精彩"的成功。

福建国投湄洲湾第二发电厂建设大型复杂项目以项目管理哲学为指导，提前策划，突出顶层设计、统筹整合，明确项目建设管理中"怎么看""怎么想"和"怎么办"的问题，实施过程中运用项目管理哲学并兼顾时空统筹、动态管理、追求卓越，结束后运用项目管理哲学总结、提升、指导未来。

诸多大型复杂项目和大型社会活动项目的实践表明，大型社会活动项目离开项目管理哲学和项目管理技术的指导，即使能成功，也往往是事倍功半的高耗成功。

用项目管理哲学指导大型社会公共活动，总结出创新项目管理模式，用项目管理哲学可以协助项目高层领导和团队成员做到：胸中有全局，眼里有重点，头脑有思路，手里有办法；行事有目标，安排有计划，责任能落实，过程有控制；风险有预案，心里有底数，上下同心干，卓越可实现。

拓展思考

1. 举例生活或学习中的项目，注意其与运作的区别并要求名字要规范。
2. 项目管理的组织结构主要有哪些形式？各有何优缺点？
3. 项目团队建设的发展阶段有哪些？主要的领导风格有哪些？

第 3 章 Chapter 3

项目生命周期过程管理

本章导读

国际项目管理协会（IPMA）的《组织项目管理能力基准：组织项目管理能力开发指南》：卓越的项目必须证明其在项目管理的各个方面都有卓越的表现，包括对人、目的、过程、资源和结果的管理。

世界著名质量管理专家戴明（W.Edwards.Deming）博士："如果你不能将你正在做的事情描述为一个过程，那么你就不知道自己在做什么。"

俄罗斯有句谚语："巧干能捕雄狮，蛮干难捉蟋蟀。"现在人们都热衷于"成功"并努力寻找成功的秘密，其实成功没有秘密，只有过程。数字化工程实施也一样必须关注过程，要在清晰的发展战略基础上，把握业务核心过程并开展有效的管理。

3.1 项目生命周期理论与方法

3.1.1 项目生命周期及其管理工作

1. 生命周期的含义

生命周期（Life-Cycle）是指产品或项目从最初的研发设计直至消亡所经历的整个过程。在不同的视角下，生命周期的表述也有不同的内涵。例如，从生产者的角度看，一个产品的生产经历了购进原材料，经过工厂的制造、加工形成半成品和产成品,最后包装并验收入库的完整过程。这个过程由生产者来完成,可称为"产品生产周期(或制造周期)"。从整个企业的角度看,产品从产生到交付顾客经历了产生创意,然后研究与开发、设计、制造和营销的整个过程,这个过程由企业来完成,可称为"企业产品生命周期"。从顾客的角度看,产品自购入经过使用磨损直至报废的过程,是产品的使用周期,也是生产者售后服务的过程,这一过程加上研发、制造和营销过程,可称为"顾客产品生命周期"。从社会的角度看,任何产品都要经过研发、营销、顾客使用和废弃等阶段,这一完整的过程又可称为"社会产品生命周期"。

2. 项目生命周期相关概念

基于系统工程思想与项目管理相关的生命周期概念,一般会涉及面向企业的生命周期、产品的生命周期与项目的生命周期三种生命周期,如图3-1所示。

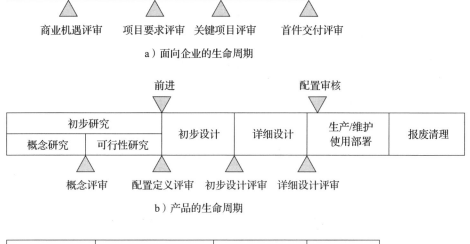

图3-1 三种生命周期

项目生命周期中需重点考虑的是商务、技术和经济三个方面,只有做好商务、技术和经济管理,才能推进项目向前发展,如图3-2所示。

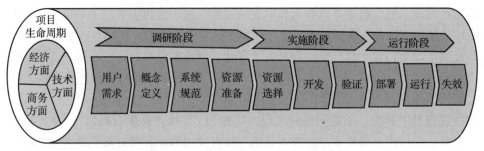

图 3-2　项目生命周期的发展过程

3. 全生命周期项目管理的工作要点

项目管理多围绕项目生命周期过程来展开，被称为全生命周期项目管理。它使得人们能够对项目从开始直到结束的整个实施过程进行全面、系统且完整的把握。全生命周期项目管理的工作要点如图 3-3 所示。

3.1.2　项目生命周期与管理过程的关系

1. 项目的阶段划分

项目的阶段是基于生命周期来划分的，一般可以分为概念阶段、规划阶段、实施阶段和结束阶段。当然，项目结束时要形成项目交付物，后续还有产品投入运营等工作，这可以定义为广义的项目阶段。项目在不同阶段其管理内容是不同的，项目管理多围绕其生命周期展开。

2. 管理过程推动项目向前发展

在第 2 章广义的项目概念中提到，项目泛指 PP&P（Project，Programme，Portfolio），即单项目、项目集群、项目组合。大型复杂项目、项目集群及项目组合的管理包含若干个子项目的管理过程，且这些管理过程相互作用与影响，需要对其设置相应的组别进行集成管理。同时，由于项目具有生命周期属性，要对任何项目进行有效的管理，使项目目标能够顺利达成，可以将项目分为若干阶段来实施，便于项目控制。

从结构化分解原理来看，一个项目可以分解成几个阶段，而每个阶段都有五大管理过程（启动、计划、执行、控制和收尾），因此可以理解为在项目生命周期不同阶段的内部都会存在五个管理过程（见图 3-4），它们循环推动着项目不断向前发展，最终达成项目目标（见图 3-5）。

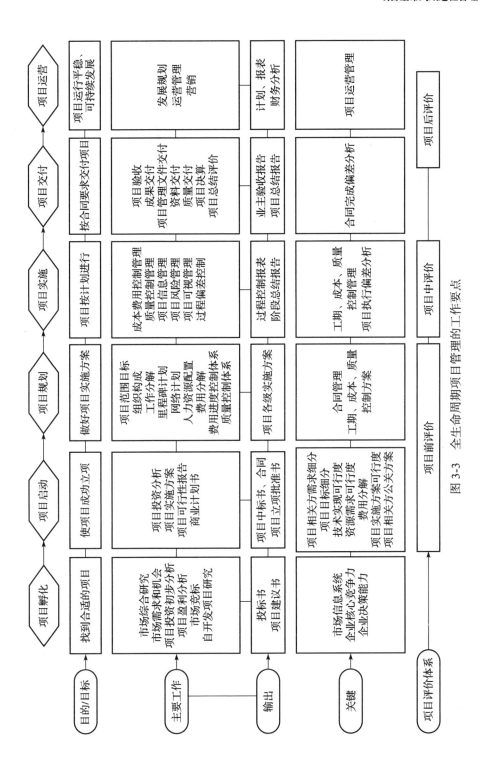

图 3-3　全生命周期项目管理的工作要点

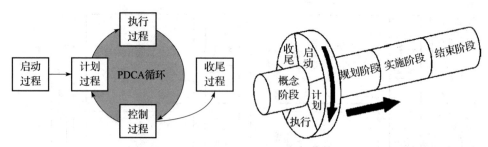

图 3-4 项目管理的五大过程　　图 3-5 五个管理过程循环推动项目向前发展

3.1.3 项目生命周期的不同阶段划分方式

一般而言，一个项目的生命周期可划分为概念阶段、规划阶段、实施阶段和结束阶段。具体到不同行业及结合项目本身特点，也可能把一个项目划分为3个、5个或更多阶段。下面介绍几种有代表性的项目生命周期阶段划分方式。

（1）科研项目生命周期各阶段的目标、交付物和主要任务见表3-1。

表 3-1 科研项目生命周期各阶段的目标、交付物和主要任务

生命周期阶段	立项阶段	实施阶段	验收阶段	跟踪评价阶段
目标	制定项目目标和计划	完成项目目标	使利益相关方满意	推广应用成果
交付物	项目建议书、项目可行性报告、项目计划书或任务书	有待交付的项目成果、阶段报告、论文、知识产权作品	项目成果、技术总结报告、工作报告、验收申请报告	项目成果效益报告
主要任务	立项申请、可行性评估、制订研究计划	研究条件准备、研发、阶段绩效报告及评审、下一阶段研究	结题报告、测试及验收绩效评审、项目结题	成果推广、跟踪绩效评价

（2）一般企业建设项目生命周期可分为三个阶段，即立项论证阶段、系统建设阶段和投产运行阶段。企业建设项目生命周期各阶段的主要工作任务如图3-6所示。

（3）技术改造是企业提高竞争力的有效手段。技术改造项目的目标主要包括提高生产效率、改善生产环境、提高产品质量、增加产品品种、降低能源消耗、实现节能减排和产能升级等。技术改造项目最主要的特点是其生命周期是在现行生产体制的基础上展开的，要求管理上不能只重视新设备和仪器等先进技术，不能对当前生产造成大的冲击，因此用项目管理的理念和方法进行系统的协调非常关键。一般企业技术改造项目的生命周期可分为立项阶段、设计阶段、实施阶段和收尾阶段。

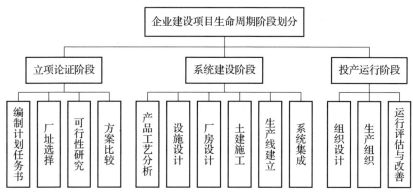

图 3-6　企业建设项目生命周期各阶段的主要工作任务

（4）国防等特殊行业的项目生命周期也有其特别的定义方式，比如装备研制项目的生命周期如图 3-7 所示。

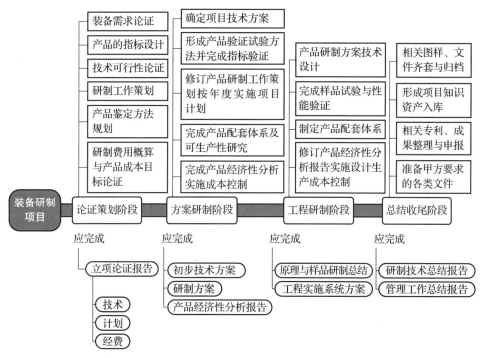

图 3-7　一般装备研制项目的生命周期阶段及管理工作

（5）专项试验项目的生命周期阶段及试验管理工作内容，一般可以概括为如图 3-8 所示。

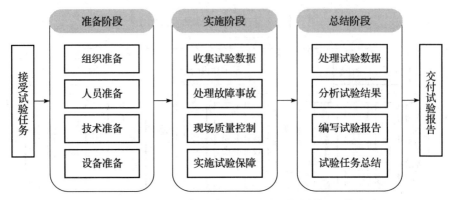

图 3-8　专项试验项目的生命周期阶段及试验管理工作内容

3.2　项目管理的基本流程及五大过程

3.2.1　项目管理的基本流程

项目管理因项目和行业差异，乃至因单位管理文化的不同，会表现出不同的管理形式，但项目管理的基本流程大体一致，如图 3-9 所示。其中，从明确目标到动态控制为主流程。在项目管理过程中要应用合适的项目管理工具和方法。

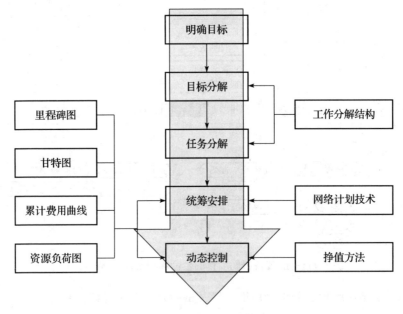

图 3-9　项目管理的基本流程

3.2.2 项目管理的五大过程

大多数项目都有相同的项目管理过程,即项目的启动过程、计划过程、执行过程、控制过程和收尾过程,如图 3-10 所示。

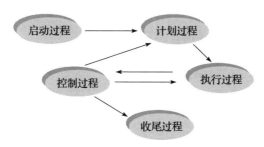

图 3-10 项目管理五大过程

项目管理五大过程的理论基础是全面质量管理中用于开展过程持续改进的戴明环,即 PDCA 循环。PDCA 循环的含义是将质量管理分为四个阶段,即计划(Plan)、执行(Do)、检查(Check)、处理(Action)。五大过程中的"计划"和"执行"分别是戴明环中的"计划"和"执行","控制"则相当于戴明环中的"检查"和"处理"。由于项目是临时性的工作,必须有一个起点和终点,所以五大过程比戴明环多了"启动"和"收尾"这两个环节。单个项目的管理过程如图 3-11 所示。

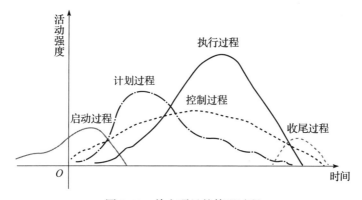

图 3-11 单个项目的管理过程

3.2.3 过程组的含义及其主要工作

1. 过程组的含义

前面讲项目包括 PP&P(Project,Programme,Portfolio),即项目、项目集

群、项目组合，对于大型复杂项目、项目集群及项目组合的管理，一定包含有若干个管理过程，且相互作用与影响，需要设置相应的组别进行集成管理。同时项目具有生命期属性，任何项目要做有效的管理，使项目目标能够顺利地达成，可以分为若干阶段来实施，便于项目控制。从结构化分解原理来看，一个项目分解的几个阶段可分别看作是一些子项目，而每个项目的管理过程都有五个过程，因此可以理解项目生命期中的不同阶段都会存在内部的五个过程如图 3-12 所示，类似于 PDCA 循环中的"大环套小环"运行模式。

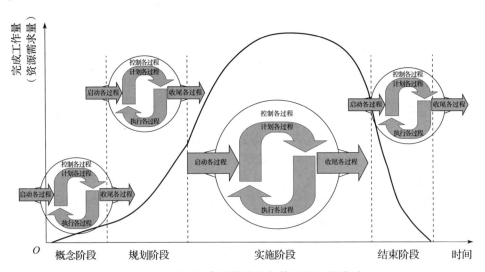

图 3-12　项目生命周期阶段与管理过程的关系

2. 项目管理五大过程组的主要工作

（1）启动过程组，是指编制项目章程，确定项目的大目标，给项目一个合法地位，宣布项目正式启动。启动过程组的主要任务是确定并核准项目或项目阶段，主要成果是形成一个项目章程、选择一位项目经理和组建项目管理团队。

（2）计划过程组，是指根据项目章程中的项目大目标编制项目计划，以便细化目标，并确定实现目标的路线图。计划过程组的主要任务是确定和细化目标，并规划为实现项目目标的行动方针和路线；主要成果是完成任务的工作分解结构、项目进度计划和项目预算，并制订系列相关（配套）的管理计划。

（3）执行过程组，是指根据项目计划开展项目活动，完成所要求的项目可交付成果，实现项目目标。执行过程组的主要任务是通过采用必要的行动，协调人力资源和其他资源，在整体上有效地实施项目计划；主要成果是交付实际的项目（逐渐形成最终交付物）。

（4）控制过程组，是指把实际执行情况与计划要求做比较，发现并分析偏差，并及时解决不可接受的过大偏差。控制过程组的主要任务是定期测量和实时监控项目进展情况，对发现的偏离项目管理计划之处及时采取纠正措施和变更控制，确保项目目标的实现；主要成果是在要求的进度、成本和质量限制范围内获得满意的结果（及时控制过程中的偏差，尽可能平稳地接近目标）。

（5）收尾过程组，是指开展收尾工作，项目完工后进行评价，总结经验教训，更新组织过程资产，正式关闭项目。项目要"有头有尾"，不能"虎头蛇尾"，项目收尾必须做到不留后遗症。收尾过程组的主要任务是采取正式的方式对项目成果、项目产品、项目阶段进行验收，确保项目或项目阶段有条不紊地结束；主要成果包括项目的正式验收、项目审计报告的编写、项目总结报告的编制、项目成果的移交以及项目成员的妥善安置。

3.3 项目构思论证与评估

项目构思、论证与评估主要是保证要做正确的事。项目立项的基本流程如图 3-13 所示，通过项目构思、论证与评估，分析立项的必要性、可行性与合理性，并研究机会与条件，解决一些必须面对的问题，为项目实施创造必要条件与良好环境。

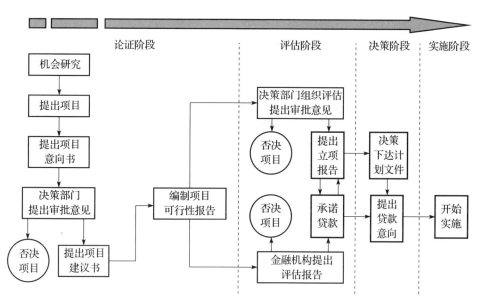

图 3-13 项目立项的基本流程

3.3.1 项目构思与论证

1. 需求的产生

项目来源于社会经济生活中的各种需求和有待解决的问题。项目绝非自发产生的，而是受各种需求所驱使的，需求是项目产生的基本前提。需求是在一定的社会历史条件下，随着经济的发展而必须解决的迫切的问题。人类文明的发展史也是人类需求不断发展的历史。为了满足人们日益增长的各种需求，各种各样的项目应运而生。

2. 需求识别

需求识别是孕育和启动项目的首要工作。它始于需求、问题或机会的产生，结束于项目需求规格说明书的发布。客户识别需求、问题或机会，是为了能以更好的方式来实现自己所期望的目标。客户应当清楚地知道只有明确需求，承约方才能准确地把握其意图并规划好项目，这对客户自身是大有益处的。需求识别的过程如图 3-14 所示。

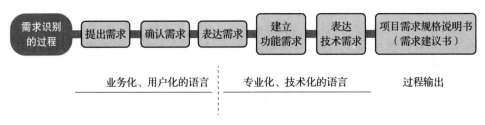

图 3-14　需求识别的过程

需求识别意味着从开始就避免了项目投资的盲目性。一份良好的需求规格说明书是客户与承约方沟通的基本前提，也是项目取得成功的关键。需求识别对项目目标进行标准化的描述，经过批准后的目标描述将被引用作为以后工作中的考核目标。

3. 项目识别

项目识别是指项目承约方为了满足客户提出的需求，在所规定的约束条件下，为实现客户预定的目标做出设想。项目识别是理解项目需求，明确项目的、目标和该项目立项的必要和充分条件的过程。

4. 项目构思

所有的项目都是从一个想法开始的。当客户识别了需求并向承约方或项目团队提交了项目需求规格说明书后，就进入了项目构思阶段。项目构思也称项目创意，是承约方或项目团队为了满足客户的需求，在需求建议书所规定的条件下，为实现客户预定的目标所做的设想。项目构思是一个思维的过程，是对未来项目的目标、功能、范围，以及项目涉及的主要因素和大体轮廓的设想和初步界定。项目构思也是一个创造性的探索过程，它通过对各种可能的项目方案的调查研究、对比分析、综合判断，提出富有创新性的项目建议。这要求项目管理者既需要具有一定的专业知识和管理策划能力，也需要具有像艺术家那样的激情和灵感，才能更好地完成由准备到酝酿再到完善的系统过程。

5. 项目选定

项目选定就是从已形成的多种备选项目方案中选择投入少、收益大，并且切实可行、最能满足客户需求的方案。评价项目方案选定的标准主要有成本、收益、风险、进度、可行性与客户满意度等。从机会研究到项目选定再到项目申请，都需要运用项目管理的基础理论和工程经济学的基本原理等开展项目的论证工作。

6. 项目选择的定量分析方法

一般项目论证与评估会从环境保护、抢占市场、改善形象、参与社会公益事业等角度确定项目选择方向与时机，但这些都属于定性分析方法。正确的项目选择还包括定量分析，基于项目的经济分析和财务分析可以帮助企业更好地投资。货币时间价值在项目选择中的应用主要体现在定量分析上。在论证与评估项目中进行经济分析的具体方法包括投资回收期分析、投资回报率分析、净现值分析、内部收益率分析、成本效益分析等。

7. 项目论证的概念及其作用

运用项目管理高效实施做事的"三部曲"，即做正确的事、正确地做事和获得正确的结果。何谓"正确"需要论证，并且正确的结果取决于正确的行动和过程，这又要靠正确的思考与判断。立项与执行项目都离不开决策，现代项目管理的一个基本准则是"先论证，后决策"。

项目论证是指对拟实施项目技术的先进性、适用性、合理性、盈利性、可能性、风险性进行全面、科学的综合分析，为项目决策提供客观依据的技术经济研究活动。项目论证应该围绕市场需求、工艺技术、财务经济三个方面展开调查和分析。项目论证又称可行性研究，是从市场预测开始，通过拟定多个方案进行比较论证，研究项目的规模、工艺、技术方案、原材料及能源供给、设备选型、厂址选择、投资估算、资金筹措和偿还、生产成本等各种要求与制约因素，分析评价项目在建设上的必要性、技术上的可行性、经济上的合理性，最后得出项目可行或不可行的结论。

项目论证报告可作为确定项目实施的依据、向银行贷款的依据、申请建设执照的依据、与有关单位签订协议的依据、项目实施基础资料的依据、项目各项工作安排的依据。项目论证主要回答下列问题：项目在技术上是否可行？项目在财务上是否有利可图？项目在经济上是否有生命力？项目需要多少资金？项目能否筹集到全部资金？项目需要多长时间能建设起来？项目需要多少物力、人力资源？

8. 项目论证的内容

项目论证的内容包括机会研究、初步项目论证、辅助（功能）研究和详细项目论证。

（1）机会研究，是为了寻找投资机会，它研究的是投资应该用于哪些可能会有发展的部门，这种投资能否给企业带来盈利，能否给国民经济带来全面的或多方面的好处。机会研究主要包括以下两种：①一般机会研究，主要是通过国家机关或公共机构进行，目的是通过研究获得具体的投资建议，包括地区研究、部门研究和资源研究。②特定项目机会研究。一般在对投资机会做出最初鉴别之后，即应进行这种研究，并应向潜在的投资者发放投资简介。实际上做这项工作的往往是未来的投资者或企业集团。特定项目机会研究的主要内容为市场研究、项目意向的外部环境分析、项目承办者的优劣势分析。

（2）初步项目论证，是在机会研究的基础上，对项目进行的更为详细的研究，以更清楚地阐述项目设想。它是介于项目机会研究和详细项目论证之间的一个阶段。初步项目论证的目的是确定投资机会是否有前途，值不值得进一步做详细项目论证；确定的项目概念是否正确，有无必要通过项目论证做进一步详细分析；项目中有哪些关键性问题，是否需要通过市场调查、试验室试验、工业性试验等功能研究做深入研究；是否有充分的资料证明该项目设想可行，同时对某一具体投资者有无足够的吸引力。

（3）辅助（功能）研究，包括项目的一个或几个方面，但不是所有方面，并且只能作为初步项目论证、详细项目论证和大规模投资建议的前提或辅助手段。辅助研究分类如下：产品的市场研究、原料和投入物资的研究、试验室和中间工厂的试验、厂址研究、规模的经济性研究、设备选择研究。

（4）详细项目论证，是在项目决策前对项目的工程、技术、经济等各方面条件和情况进行详尽、系统、全面的调查、研究、分析，对各种可能的建设方案和技术方案进行详细的比较论证，并对项目建成后的国民经济效益和社会效益进行预测和评价的一种科学分析过程和方法,是对项目进行评估和决策的依据。

9. 项目论证的方法及理论依据

项目论证方法主要包括投资成本和利税、静态评价方法、动态评价方法、多方案比较法、不确定性分析等。项目论证的基本理论依据主要有货币时间价值理论与计算方法、不确定理论及其分析方法、影子价格理论与确定方法。具体可参照工程经济学课程的相关内容。

3.3.2 项目评估

1. 评估的基本含义

"评估"是指人们以自身的价值准则对某一目标事物的价值性进行判断的过程。通常情况下,一个人在采取某一行动之前,大都会自觉或不自觉地对"行动"进行"管理",特别是会对影响其行动成效的相关因素做出评估。评估是一种常见的行为,可分为有意评估与无意评估、科学评估与不科学评估。一个企业为了谋求生存与发展,在做决策时一定需要对该企业的人财物、供产销的现状,即数量、质量水平,以及优势、劣势等做出正确的评估,进而规划发展路线图。一个项目要对其设立、管理过程和项目结果进行评估,并在评估的基础上进行决策、计划、实施、控制和持续改进。

项目管理中的评估又分为项目评估和项目管理评估两种。

2. 项目评估概述

项目评估是指在项目可行性研究的基础上,由第三方(国家、银行或有关机构)根据国家颁布的政策、法规、方法、参数和条例等,从项目(或企业)、国民经济、社会角度出发,对拟建项目的必要性、建设条件、生产条件、产品市场需求、工程技术、经济效益和社会效益等进行全面评价、分析和论证,进而判断其是否可行的一个评估过程。

项目评估是项目投资前期进行决策管理的重要环节,其目的是审查项目可行性研究的可靠性、真实性和客观性,为银行的贷款决策或行政主管部门的审批决策提供科学依据。在项目生命周期的中间阶段与项目结束阶段也有必要进行项目评估。项目评估的认知维度如图 3-15 所示。

项目评估和可行性研究工作的内容和基础理论基本相同,两者的关系可以从以下三个角度理解:①工作关系。可行性研究为项目评估提供工作基础;项目评估则是可行性研究的延伸、深化和再研究。②工作时点。可行性研究是在项目建议书批准之后进行的;项目评估是在项目可行性研究批准之后进行的。③工作性质。可行性研究是从宏观到微观逐步深入的研究过程；项目评估是将问题从微观再到宏观去衡量的过程。

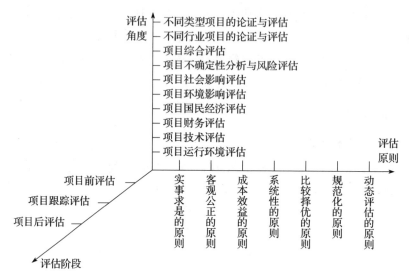

图 3-15　项目评估的认知维度

3. 项目管理评估

项目管理评估是指项目管理主管部门依据相关的准则，运用科学原理和方法，通过对评估对象的项目管理过程和结果进行测量、评定，进而对项目管理做出综合评判，确定项目管理能力和水平的行为和过程。

3.3.3　数字化产品研发的关键流程

数字化产品的研发与组织的战略及先进技术发展趋势密切相关，因此在研发阶段需要依据战略与关键技术路标规划，如图 3-16 所示。

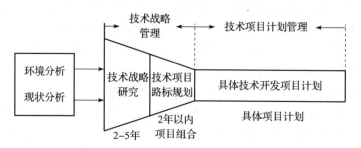

图 3-16　技术战略与规划阶段划分

数字化产品研发通常涉及业务流程再造（BPR）。产品研发项目设立与管理流程设计要首先分析确定业务流程之间的关系，再根据具体管理要求设定研发类型及其管理流程，如图3-17所示。

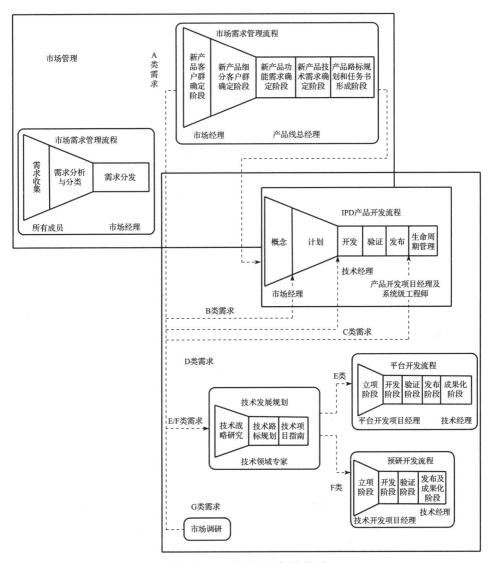

图3-17 业务流程之间的关系

数字化产品研发项目管理应以技术实现为主线来匹配组织资源，确保研发成功要适时组织评审和完成关键决策，如图3-18所示。

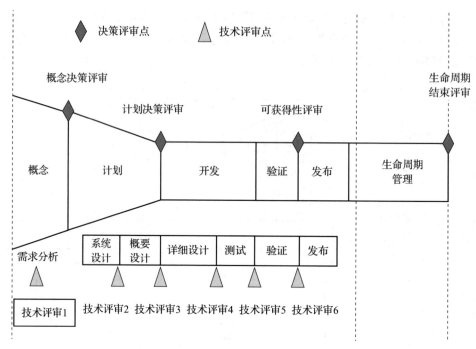

图 3-18　产品开发阶段与关键评审点设置

大型复杂项目关键评审的组织实际上也是一个项目，具备自身的流程和目标。技术评审的流程如图 3-19 所示。

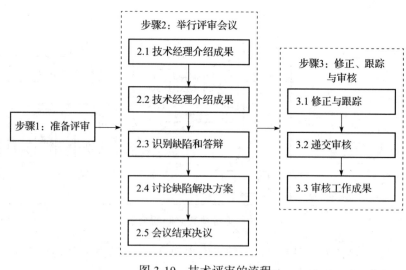

图 3-19　技术评审的流程

完成以上关键步骤后,便可以依据行业特点与特定的管理要求,为具体的产品研发项目制定管理流程,如图 3-20 所示。建立项目管理体系与组织体系架构,给定管理要求和具体的操作模板。其中最为关键的是结合基线和里程碑要求,细化一些评审点、决策点和控制点。

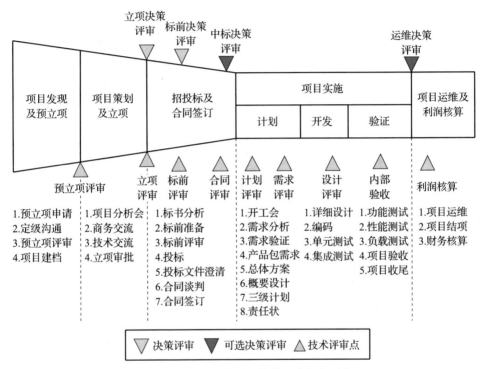

图 3-20 产品研发项目的管理流程与要点

3.4 项目目标系统设计与管理

3.4.1 项目的系统过程与目标

1. 项目的系统过程

项目都要形成特定的交付物。一般的系统过程总体思路是:首先分析上层系统(环境)问题或战略,然后确定解决问题的目标,接下来制定实现目标的具体方法,包括项目系统功能,任务被分配给相应的责任人来完成项目活动。系统过程应当按照"整体综合——分解(子系统、要素、专业工程)——整体综合"的过程,完成以下步骤:①在前期阶段进行全面考虑,提出总功能要求;②在设计和计划以及施工过程中，将各个子系统（功能区）和专业工程（要素）分解处理；③运营在过程中起整体综合的作用，同时也是各个功能区和专业要素共同作用的结果。

项目应当基于系统思维，并考虑技术系统、功能、成本、工期和质量。实施项目的一个重要的方面是确保项目过程的一致性，即从问题到目标，再到项目技术系统，最后到行为系统保持一致。项目启动后，需要经历八个主要步骤，包括确定目标、分解工作、排列活动顺序、编制综合计划、组织团队实施、进行动态监控、开展项目收尾以及项目后评价。为了成功完成项目，首先需要明确目标，并确保目标反映了以下要素：①项目的特殊性；②项目的重大社会和历史使命；③项目生命周期和过程的复杂性；④项目相关方及其要求；⑤环境对项目的重要影响，以及项目对环境的影响。

2. 项目的具体目标

（1）质量目标。质量目标追求工作质量、交付物质量，以及最终整体功能、产品或服务质量的统一性，发挥功能价值。一些新理念如人性化、可靠性、可维修（维护）性、可扩展性、可建造性、防灾减灾、建造和运行的健康和安全性等，都属于项目质量目标范畴。

（2）费用目标。过去工程建设领域以建设投资作为总目标，现在多数行业的费用目标重点是控制项目成本，进而在成本控制的基础上增加价值管理。项目费用目标的新理念如下：①全生命期费用目标的优化。②关注社会成本，如项目的环保投入、人员健康与安全；关注招标、投标的社会成本问题等。③关注环境成本，如处理项目污染的费用，项目成果最终拆卸及还原生态友好型土地的费用等。

（3）进度目标。项目进度目标考虑的因素主要有项目工期、设计寿命、服务寿命、产品的市场周期等，可以采用进度目标分解等方法。

（4）相关方满意目标。项目成功不仅要求按期、保质交付成果，更重要的是通过良好规范的管理让项目相关方满意，使项目用户、投资者、业主、承包商和供应商、政府、生产者（员工）、项目周边组织等相关方认可。这就需要项目管理者有良好的目标层次和思维方式，追求共赢、多赢，把令主要相关方满意作为组织成功的新标准。

（5）环境与可持续发展目标。该目标有如下要求：①项目与环境协调，主要考虑人与人、人与自然的关系；②系统考量建设规模，使其与项目当时、当地的经济能力相匹配，同时兼具先进性和适度的前瞻性；③节约使用自然资源，特别是不可再生资源；④不破坏项目当地的社会文化，使项目与生态环境相协调；⑤使建筑造型、空间布置与环境整体和谐，继承中华民族优秀文化。项目的可持续发展包括以下三个方面：①对地区和城市可持续发展的贡献；②项目自身具有的可持续发展能力；③项目结束后对遗留问题的处理，如生态还原。

3. 企业战略目标与项目目标

项目目标与企业战略目标必然存在着十分密切的联系，项目目标是为了实现企业战略目标而存在的。项目目标与企业战略目标的层次不同，一个好的项目，应该明确其本身的目标是什么，由企业的哪些部门参与，是为了实现企业的哪些战略目标。

3.4.2 目标管理方法概要

拉尔夫·沃尔多·爱默生曾说，一心向着目标前进的人，整个世界都会给他让路。美国潜能大师博恩·崔西说，成功就等于目标，其他的一切都是这句话的注解。美国管理大师彼得·德鲁克于1954年在其著作《管理的实践》中最先提出了"目标管理"的概念。德鲁克认为，并不是有了工作才有目标，而是有了目标才能确定每个人的工作。他主张"企业的使命和任务，必须转化为目标"。

1. 目标的概念与意义

《辞海》对目标的解释是，目标就是指激发人们行为的，预期要求达到的目的或结果。《罗宾斯MBA管理学》认为，目标是始终存在于人们头脑中并促使人们积极行动以追求的结果，是控制和组织人们行动的指南，是一切的出发点和根本。

本书认为，目标是目的或宗旨的具体化，是在一定时期内需要依靠每个部门、每个人的努力才能完成的一种结果。简言之，目标就是人们真正想要的东西以及希望努力达到的状态。目标一般可以用双向细目表呈现，见表3-2。

表3-2 目标双向细目表

目标层级	完成什么	完成多少	由谁完成	什么时间完成	在哪完成
组织整体目标					
部门目标					
分部门目标					
个人目标					

目标的分类包括：按时间可分为中长期目标和短期目标；按层次可分为团队目标和个人目标；按数量可分为单元目标和多元目标；按稳定性可分为静态目标和动态目标。组织目标是管理者和组织中一切成员的行动指南，是组织存在的前提，是组织开展各项工作的基础，是管理的出发点和落脚点。没有目标，就没有组织；目标不明，管理就混乱；目标错误，将一错百错。所以，管理者要善用目

标实施管理和激励。

目标的功能与作用包括：①导向功能——目标是方向盘，没有规矩不成方圆，没有目标迷失方向，目标可以规范人们的行为。②激励功能——目标是发动机，能够激发人们的潜能，使其达到前所未有的高度，而达成目标的成就感和满足感，可以起到更强的激励作用。③协调功能——目标是润滑剂，可以协调组织关系、消除组织障碍。④凝聚功能——目标是聚光镜，可以统一组织意志、凝聚发展力量；可以提高工作效率、实现快速发展，让组织具有更强的竞争力。⑤评价功能——目标是标尺，目标达成情况是衡量组织绩效的重要标准，目标本身就是管理意图的量化表现。

目标的意义在于：目标使人们产生达成最终结果的积极性，难度大的目标能增强意志；目标使人们看清自己所承担的使命，将注意力集中到相关重要因素上；目标有助于人们按事情的轻重缓急安排工作，调节自己的工作进度；目标使人们有能力把握现在，消除工作的盲目性。

2. 目标管理的含义与基本思想

所谓目标管理，就是指让组织中的管理者与被管理者通过参与目标的设置、实施、评价等活动来管理组织，并通过自我管理和自我控制等管理方式，培养各级人员的责任心和荣誉感，最终实现组织绩效的一套管理系统。目标管理是一种面向成果的管理。

目标管理的核心在于激发员工改变现状的意愿，并明确具有坚定意志的信念。目标管理通过一定程度的授权，使下属能够在上级设定的总目标框架下自主制定和执行目标，进而对员工进行自我控制的引导，让员工具备自主管理能力。这种管理方式将"要我干"转变为"我要干"。目标管理的基本思想可以归纳为以下四句话：必须建立大目标，以此作为组织的方向；必须分别设立基本单位的分目标；分目标要与大目标保持一致；是否具有共同的目标是检验组织能否成为高效团队的标志。

3. 目标管理的基本流程

目标管理分为三个阶段：目标的制定与分解；目标的实施；目标成果考评与激励。目标管理分为五个步骤：①建立完整的目标体系；②下放权力；③管理者进行过程管理；④管理者定期检查；⑤管理者对目标完成情况进行评价、奖惩，同时会同被管理者进行分析总结。基本流程大概包括十个基本动作，其中既包括确定、分解目标，也含有实施计划、考核与奖惩等环节。目标管理的基本流程如图3-21所示。

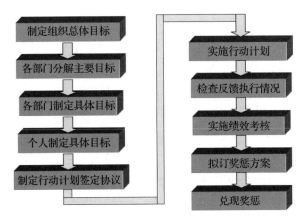

图 3-21　目标管理的基本流程

4. 目标制定方法

威廉·A.沃德提出，取得成就有四步：明确计划、用心准备、积极推进、坚持不懈。目标制定要带着一种欲望、一种信念，并怀有一份执着，才是有意义的。目标制定有多种方法，这里介绍一种 D-E-S-I-R-E（欲望）法，即决定（Determine）、衡量（Evaluate）、确定（Set）、确认（Identify）、重复（Repeat）、每天（Each Day）。

目标管理也需要构建体系。目标管理体系的制定过程如图 3-22 所示，一般需要将总目标自上而下逐渐细化，分解到具体部门和相应的责任人，并通过沟通得到下层的认可，然后自下而上地给出相应的保证措施，下层做出承诺并得到上层的确认，这样才能保证目标管理体系的可实施性。

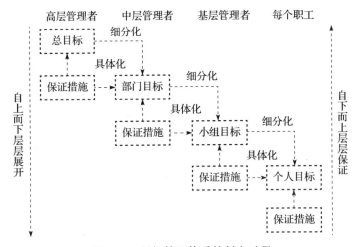

图 3-22　目标管理体系的制定过程

5. 目标制定的原则

（1）SMART原则。SMART原则是指：①目标应是具体明确的（Specific），目标必须明确并尽可能具体，以缩小范围。②目标应是可以衡量的（Measurable），目标达成与否应尽可能有可衡量标准和尺度。③目标应是可以达到的（Attainable），目标必须是通过努力可达到的。④目标应是结果相关的（Relevant），应尽可能体现目标的客观要求与其他任务的关联性。⑤目标应是有时间限制的（Time-based），计划目标的完成程度必须与时间相关联。人们在制定工作目标或者任务目标时，应当考虑目标与计划是否符合SMART原则。只有符合SMART原则的计划才具有良好可实施性，才能保证计划得以实现。

（2）期望原则。制定目标应充分考虑相关方的期望，不能单方理想化。

（3）突出关键性原则。目标会有多种呈现方式，制定目标需要分层、分类，突出核心关键。

（4）弹性原则。制定目标既要考虑硬性指标，又要与相关方沟通甚至谈判，在有"回旋余地"的基础上得到认可和确认。

（5）与权限一致原则。目标的实现要建立在责权利对等的基础上，分配目标时也需要赋予相应的权限。

（6）整体一致性原则。不同层次、不同维度的目标不矛盾、不冲突，应当相互协调。

（7）参与原则。目标不只是领导或项目经理的事，制定目标与实现目标均需相关人员积极参与。

6. 目标管理的应用

德鲁克提出目标管理（MBO），倡导既应关注短期目标，也应关注长期目标。因此，目标管理既应包含有形的经营目标，也应包含像组织发展、员工绩效、劳动态度以及社会责任等无形的目标。英特尔公司在应用目标管理时，时任CEO的安迪·格鲁夫认为，一个成功的MBO系统需要回答两个基本问题："我想去哪儿（目标）？""我如何调整节奏以确保我正往那儿去（关键结果）？"格鲁夫提出"面对战略转折点，只有偏执狂才能生存"，发明了英特尔目标管理法（Intel Management by Objectives，iMBO）。格鲁夫的宗旨是促进目标"聚焦"，他不仅限制了目标的个数，还对德鲁克的模型做了一系列重要调整：①建议以更频繁的节奏去设定目标与关键结果，推荐按季度甚至月度。这既是为了快速响应外部变化，同时也是想把快速反馈的文化带到组织内部。②兼顾了自上而下和自下而上两种方式。③强调目标具有挑战性的重要性。

后来 iMBO 被引入 Google，并改名为目标与关键结果（Objectives and Key Result，OKR）管理法。OKR 的六个关键要点包括：①严密的思考框架；②持续的纪律要求；③确保员工紧密协作；④精力聚焦；⑤做出可衡量的贡献；⑥促进组织成长。OKR 帮助人们关注目标，聚焦操作，做好自己。它上升到了内在动机的层面，寄希望于内驱力驱动。OKR 的最大作用在于通过识别目标和关键结果，持续对齐，频繁刷新，从而在当今竞争日益激烈的商业环境中，让企业级的目标与部门级、团队级甚至个人的目标保持对齐，并使企业行动更加敏捷，与环境适配，从而提升企业的经营业绩。

7. 管理者要"用心经营目标"

（1）尊重之心。尊重是一切社会活动的基础，在管理中也是如此。尊重应贯穿于整个管理活动，即管理者应始终把对员工的尊重摆在首要位置，让尊重成为自己的修养。

（2）期望之心。当管理者对员工持续表达期望的时候，其管理举措就能收到意想不到的效果，员工也会受到激励，潜能就会不断被激发。管理者要通过恰当的方式将自己的期望表达给员工，让员工知道管理者对他们的期望，而且管理者要不停地去做这件事。

（3）合作之心。现代管理强调管理者和员工之间的绩效合作伙伴关系，强调员工的主动性和自我管理能力。管理者和员工处在平等的地位，应主动创建与员工的绩效合作伙伴关系，牢记合作是创建和谐工作氛围的必由之路。

（4）沟通之心。沟通是管理的高级境界，沟通不畅是诸多管理问题的共同症结。做好沟通在很大程度上能帮助管理者处理人际关系，完成工作任务，达成绩效目标。管理者要保持沟通之心，让沟通成为管理者和员工共同的工作方式，让大家将工作当成一件快乐的事情。

（5）服务之心。管理者是为员工提供服务的一方，管理者所要做的就是充分利用手中的职权和资源为员工提供工作上的方便、清除障碍，建设无障碍工作环境，让员工体验到管理的高效率和办事的高速度，并不断鼓舞员工的士气。

（6）授权之心。授权赋能既是管理者的职责所在，也是高效管理的必备条件。管理者把应该下放的权力授予员工，员工才会更愿意对工作负责，具有把工作做好的更强动机。管理者必须在授权上多加用心，把授权工作做好，让授权成为解放自我、管理员工的法宝。

（7）赏识之心。管理者要不断地用赏识的眼光看待员工，并经常在工作中表达赏识，使员工受到鼓舞和激励，尤其是在员工表现优秀的时候。

（8）赞美之心。真诚的赞美是沟通和分享的前提，即使是在指出员工不足和缺点的时候，管理者也要对员工的努力予以充分的肯定。管理者由衷地赞美每一个员工所创造出来的价值，对他们在接近目标的过程中的每一分努力给予充分的肯定和鼓励，能够引领团队向着既定的目标不断地前进。

（9）分享之心。管理者要在工作中不断地和员工分享知识、经验、目标，分享一切值得分享的东西。管理者通过分享传达理念、表达想法、增强影响力、建立威信，可以使员工心情舒畅并更富有效率地工作。分享是一种良好的学习态度，也是一种良好的管理方式。

（10）激励之心。根据马斯洛的需求层次理论，人的需求是多元化的、分层次的。管理者采用的奖励形式必须是员工所看重的，管理者必须及时兑现对目标管理成果的奖惩，将激励发挥得恰到好处。

3.4.3 项目目标系统的特征、建立与集成管理

1. 项目目标的特征

项目目标包括成果性目标（或项目目标）和约束性目标（或管理目标）。项目具有多目标属性（多个层次、多个维度、多个相关方），项目目标的基本特征包括：具有不同的优先级；具有层次性；具有描述性；具有确定过程性。项目的确立来源于头脑中的目标，每个项目必须具有至少一个目标。项目目标应符合以下条件：确定的，而不是笼统的；不要过于复杂；可以度量的、切实的、可以验证的；范围适当、具有挑战性的；现实的、可以达到的；建立在资源范围之内的；与可以得到的或预期的资源相符的；与组织计划、法规和流程相符的。

2. 项目目标的可视化

《孙子兵法·谋攻篇》提出，决定战争胜负的一个最根本条件是"上下同欲者胜"，项目管理也需要做到"上下同欲"。项目目标可视化是实现"上下同欲"的关键之一。项目目标可视化就是将项目目标具体化，使项目团队及相关方对项目目标看得见、摸得着，并能够朝着一致的方向前进。项目目标描述表就是目标可视化的一种表现形式。

项目目标描述表的主要内容应包括项目名称、项目时间与费用约束、交付物、交付物完成准则、工作描述、工作规范、所需资源估计、重大里程碑、项目主管审核意见等。项目目标描述表也可以适当裁剪，简化的项目目标描述表实例见表 3-3。

表 3-3　简化的项目目标描述表实例

项目名称		××× 系统开发
成果目标（交付物）		完成 ××× 系统 1 套；相关文件 1 套……
约束目标	进度目标	1）××××年 × 月—××××年 × 月，工期一年半 2）在确保质量、安全情况下，有序高效地执行项目进度计划
	质量目标	1）功能要求：……性能指标包括…… 2）符合……规范和……标准
	成本目标	1）总成本控制在 ××× 万元 2）在确保质量进度安全的情况下，最大限度节约投资
其他目标	安全目标	1）无重大事故 2）项目工作符合 HSE 相关要求
	人才培养目标	将项目建成一个团结、务实、创新的平台，协调工作快速达成上述目标，同时培养高素质应用型人才，通过项目实施培养国际项目经理 × 人
	……	……
项目经理（签字）		年　　月　　日

3. 项目目标制定的基本流程

项目目标制定应由项目经理负责，但并不只是领导者自己的工作，项目团队成员也应参与到目标的分析与制定过程中。项目目标制定的基本流程如图 3-23 所示。

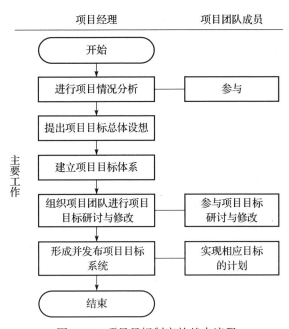

图 3-23　项目目标制定的基本流程

项目主要成员应积极参与项目背景情况分析，在项目经理带领下制定项目目标管理体系并完善实施计划，最后由项目团队发布项目目标系统。

4. 项目目标系统的建立

项目总目标从大的方面可分为功能目标、技术目标、经济目标、社会目标和生态目标五个方面，进而逐层分解为可执行目标。项目目标系统如图3-24所示。

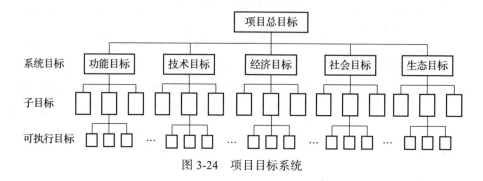

图 3-24　项目目标系统

项目目标系统是一个经过设计、定义和优化的结果，可以按照图3-25所示步骤来不断完善项目目标系统。项目目标的设计、定义和优化过程如图3-25所示。

5. 项目目标的集成管理

项目目标的集成维度包括多项目间的目标横向协同、项目目标要素间的横向协同、各目标要素的全过程纵向控制。

项目目标集成的控制过程包括目标分解、目标协同、目标控制与目标评价。

3.5　项目实施过程

3.5.1　项目产品创造过程

1. 一般的项目产品创造过程

项目产品创造过程就是项目交付物的技术实现过程。因项目产品不同，其实现过程也不相同，也可能会因行业性质与项目特点的不同而存在较大差异。项目产品创造过程应当关注和实现项目产品的特性、功能和质量。在工程建设项目中，设计（Engineering）、采购（Procurement）、施工（Construction）是创造项目产品的过程，简称EPC。对于一个具体的工程项目，其产品创造过程是立项—设计—采购—施工—开工—考核验收；对于一个软件开发项目，其产品创造过程是需求分析—概要设计—详细设计—编码—测试—集成交付。

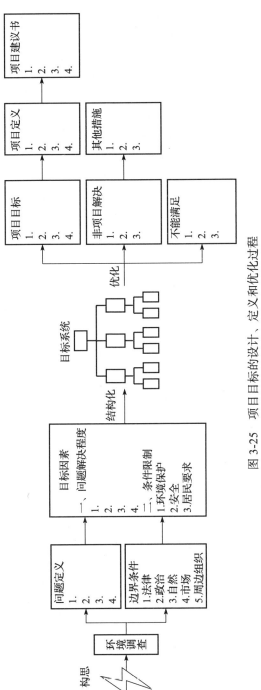

图 3-25 项目目标的设计、定义和优化过程

一般的项目产品创造过程是一个基于需求管理的实现过程,如图 3-26 所示,从需求发现,经历若干阶段和相应的评审步骤,直至完成最终验证。这一过程的管理与实现要考虑项目生命周期阶段的划分和里程碑的设置。

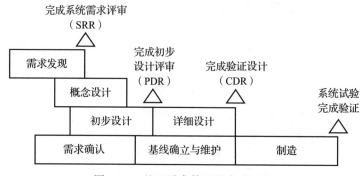

图 3-26　基于需求管理的实现过程

2. 数字化时代产品研发的全面数字化管理与控制

数字化时代的产品研发会涉及工厂、技术、产品和客户等几条不同的主线。产品要实现更好的交付并符合绿色、环保要求以及可持续发展,必须在过去基于 PDM（产品数据管理）系统集成 ERP（企业资源计划）、CAX、CRM（客户关系管理）、SCM（供应链管理）等的基础上,按照新的理念融合 PLM（产品生命周期管理）、APS（高级计划与排程）、MES（制造执行系统）,全面实施数字化装备、数字化产品和数字化管理,如图 3-27 所示。

数字化时代产品研发的过程要求全面实施数字化工程管理,实现数字化定义、设计和过程的数字化管理与控制。

3.5.2　支持保障与服务过程

组成项目的过程一般分为三大类：①创造项目产品（实现项目关键交付物）的过程,该过程会因项目类型与项目产品的不同而存在差异,甚至存在很大不同;②项目管理过程,一般包含启动、计划、执行、控制和收尾五大过程组;③相关的支持保障与服务过程,这一过程与单位的管理体制、管理文化有关,也会表现出一定的差异性。在组织的项目管理形式及 PMO 部分体现了支持保障与服务相关的内容。

一般项目的成功完成同时包含项目交付物的形成过程与为相关工作高效率执行的管理过程。但项目有启动背景,有特定的驱动要素,同时也应该认识到,特定的项目一般都是在组织内实施的,因此,项目实施也离不开组织职能部门的支持保障与服务。一般项目生命周期的工作如图 3-28 所示。

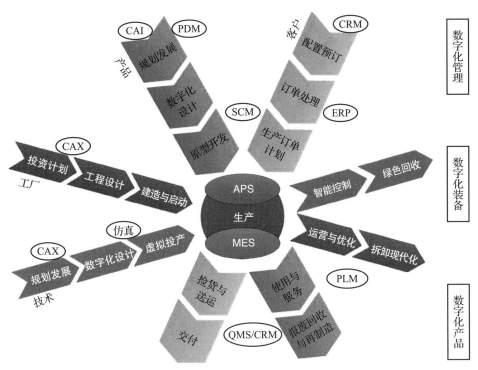

图 3-27 数字化时代的产品研发分析

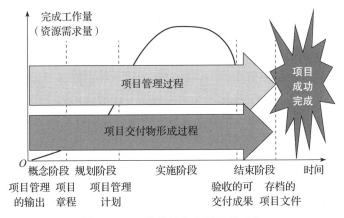

图 3-28 一般项目生命周期的工作

1. 项目中的"粮草"保障

关于打仗,自古以来有一句话说得非常有道理,那就是"三军未动,粮草先行"。相信很多朋友都了解粮草对于作战的重要性,古时候打仗如果准备了足够的粮草,那么胜利的机会已经占了一大半;粮草准备不充分,即使军队再强大也无计可施。三国时期的谋士诸葛亮是一个传奇人物,他筹谋的大部分战争都取得了胜利,而且经常以少胜多。但是,诸葛亮讨伐魏国之时却连续六次都没有攻下,这是什么原因呢?一个重要原因就是粮草准备不充分。

打仗时后勤保障非常重要,对局势影响重大,其中粮草供应就是决定战争胜负的关键因素之一。实施项目相当于项目经理带领项目团队在外作战,需要充足的、及时的"粮草"保障。项目的"粮草"包括必需的具体资源,如人、财、物、工器具与设施等,也包括组织文化的传递与导入、专利等知识产权的应用授权,以及管理流程、管理制度、管理工具方法等系统支持。

2. 项目创造价值需要组织的支持

项目创造的商业价值以及项目结束形成的收益,不仅要靠输出(Output)和产出(Outcome)来评估,更需要用利益(Benefit)和价值(Value)来评估,这也有赖于相关的业务环节与职能管理领域间的良性配合。组织的职能部门对项目的支持保障与服务过程可能体现在多个方面。例如在项目经理和职能经理的工作协调上,项目经理侧重考虑做什么、为什么做、何时做、做到什么程度和必要的假设等,职能经理则应在谁来做、在哪做、怎么做等方面给予支持或做出相应的保障,即在5W2H工作方法的运用中,项目经理侧重考虑What、Why、When、How much,而职能经理重点考虑Who、Where、How,两者相互协调与配合,共同推进项目实施进程。

在项目的资源管理中,组织中的采购与供应部门应协助做好项目供应链管理和物资信息管理,同时,后勤保障还应协助完成后勤策划、实施与最终产品支持,包括大型试验设施的维护与按时提供、工器具的准备与供应、产品运输服务等。在项目的实施过程中,还需要组织内的财务、质量等职能部门提供支持保障与相关的服务,需要标准化和信息化、安全与保密等职能部门的支持保障,更需要组织的项目管理办公室的支持与服务。项目实施还会受项目外部组织的影响,因此,也应在实施项目的各个阶段、各个环节与各项工作中,通过相关方管理与沟通管理,争取得到相关方的良好支持与保障。

3.6 项目收尾与后评价

3.6.1 项目收尾

1. 认识收尾的重要性

任何项目都要有一个正式的收尾,项目要"有头有尾",不能"虎头蛇尾"。

收尾必须做到不留"后遗症"。管理专家约吉·贝拉曾说:"在真正结束前都不算结束。"项目管理功在平时,项目总结可以随时做、周周做、月月做,从而实现小总结小成长、大总结大成长,以总结为提升,不断发现问题和优化解决方案,进而提升项目管理效率。

项目应该有一个完美的收尾。项目收尾是一个过程,包括一系列"动作",比如合同收尾、范围确认、集成测试、文档整理、综合总结、完成验收。其中验收是一个关键动作,要实现项目验收(包括目标、内容、过程验收)、项目质量验收、项目文件验收、项目交接与资产移交。

作为一个好的项目管理者,需要结合实际,很好地领会关于项目收尾的一些观点,主要包括:①前90%的工作花掉项目90%的时间,而后10%的工作则会花掉同样长的时间;②项目进展如此快速,但一旦到了90%便停滞不前;③行百里者半九十。

2. 做出价值最大化的项目收尾

稍懂兵法的人都知道,成功的撤退比成功的进攻更困难,项目也往往是启动容易收尾难。项目收尾必须像项目启动一样谨慎、稳妥,千万不要在看到胜利的曙光后就产生躁动情绪,任何问题的遗漏都可能给项目留下后续很难解决的问题。尽管项目收尾是项目生命周期的最后一阶段,但并不意味着项目收尾的各项活动都要拖延到这个阶段才开始。在保留项目数据、开展合同收尾、财务收尾、完成项目验收之后,要总结经验教训,庆祝项目成功,最后解散项目团队。

兵法所谓"善胜者不阵,善阵者不战,善战者不败,善败者终胜"。韩信、诸葛亮、孙武等军事名家无不将撤退的艺术发挥到极致。成功的项目管理者也应如此,其管理水平的高低很大一部分要看其项目收尾的能力。

项目收尾还包括非正常结束的中止项目。项目中止可能有很多原因,大体可分三种情况:一是项目委托方希望中止;二是项目管理方希望中止;三是外在因素迫使项目不得不中止。不管哪一种情况,都要做好项目工作清理、财务清算等。这里需要明确一个观点:中止项目并非代表项目不成功,也并非代表项目经理不成功。

3.6.2 项目后评价

项目后评价的目的是评价项目是否为用户提供了预期的利益,评估相关方的满意程度,以获得将来改进方向的反馈信息。项目经理应以书面形式总结项目管理过程中的经验教训:哪些经验值得推广,哪些错误应注意避免;项目管理过程中用到了哪些技术和方法；项目执行中出现了哪些问题，这些问题是采用什么方法解决的，效果如何，是否有更好的处理办法等。在项目成果运行一段时间后，应当召集项目主要相关方，如项目经理、核心成员、顾客、承包商、项目发起人等，采用座谈、访谈、调查问卷形式，对项目实施的管理过程、项目成果的运行情况等做出分析，完成项目后评价。

项目效益后评价是项目后评价理论的重要组成部分。项目效益后评价以项目投产后实际取得的效益（经济、社会、环境等方面）及隐含在其中的技术影响为基础，重新测算项目的各项经济数据，得到相关的投资效果指标，然后将它们与项目前评价时预测的有关经济效果值（如净现值、内部收益率、投资回收期等）和社会环境影响值（如环境质量值等）进行对比，评价和分析其偏差情况以及原因，吸取经验教训，从而为提高项目的投资管理水平和投资决策服务。项目效益后评价具体包括以下几个方面：①经济效益后评价；②环境效益和社会效益后评价；③项目可持续性后评价；④项目综合效益后评价。

项目管理后评价是以项目竣工验收和项目效益后评价为基础，在结合其他相关资料的基础上，对项目整个生命周期中各阶段的管理工作进行评价。项目管理后评价的目的是通过对项目各阶段管理工作的实际情况进行分析研究，形成对项目管理情况的总体判断；通过分析、比较和评价，了解目前项目管理的水平；通过吸取经验和教训，不断提高项目管理水平，以更好地完成以后的项目管理工作及实现项目预期目标。

项目管理后评价包括以下几个方面的内容：①项目的过程后评价；②项目综合管理的后评价；③项目管理者的评价。项目管理后评价主要对投资者、借款人的表现，项目执行机构的表现，以及项目外部因素进行分析。

拓展思考

1. 谈谈你对项目生命周期四个阶段与五个管理过程的关系的认识。
2. 如何设计项目目标系统？
3. 谈谈项目实施的主要过程与类型。

Chapter 4 | 第 4 章

项目管理的核心工具

本章导读

让-保罗·萨特:"行动吧,在行动的过程中就形成了自身,人是自己行动的结果,此外什么都不是。"

《礼记·中庸》有云:"凡事预则立,不预则废。言前定则不跲,事前定则不困,行前定则不疚,道前定则不穷。"我们在工作和生活中都应运用项目管理这个能够提高做事成功率的方法论,突出计划与控制,让每一步都迈得踏实而有力。

4.1 项目实施的技术与工艺管理

4.1.1 技术的含义与特点

1. 技术的含义与要素

技术(Technology)泛指根据生产实践经验和自然科学原理发展成的各种工艺操作方法与技能。在人类社会的发展中,技术与每个人息息相关。技术和宇宙、自然、社会一起,构成了人类生活的四个环境因素。技术具有抽象性、目的性、环境性等特点。

技术要素是指能够成为技术基本结构中的一个独立成分的因素,如经验、技能、工具、机器、知识等。技术要素是任何生产过程、任何技术都共同具有的基本构成因素。不同学者对技术所持观点(如能力说、工具说、知识说、劳动手段说等)不同,先后提出了"二要素说""三要素说"和"软硬要素说"等。"二要素说"主要把诸如工具、机器、设备等称为实体要素,把知识、经验、技能等称为智能要素。"三要素说"则将智能要素与实体要素相结合而形成的过程、方法、工艺看作结构性要素。"软硬要素说"根据技术是否具有物质形态,把技术划分为软技术和硬技术。硬技术是指具有物质形态的有形的技术要素,而软技术则指对物质要素进行操作的工艺、方法、过程以及技能等非物质的无形的技术要素。"软硬要素说"的技术要素构成如图 4-1 所示。

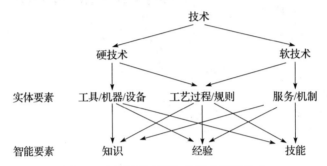

图 4-1 "软硬要素说"的技术要素构成

作为技术系统的子系统,软技术也有自己的构成要素,包括实体要素和智能要素。实体要素是指人们在社会经济生活、人文活动、思维活动的实践中发现、总结、掌握的解决问题的规则、制度、流程等。实体要素具有规范性、反复可用性等特征。智能要素是指人们在处理人与人,以及自己的思维活动中所掌握的技巧和经验。智能要素具有很强的个体性特征。

2.硬技术的内涵与分类

(1)硬技术的内涵。硬技术(Hard Technology)是相对软技术而言的,是由计算机硬件与软件演变而来的。硬技术是指直接用于生产资料和生活资料的实体开发与生产的技术,如产品设计技术、计量和测试技术、设备的制造技术等。硬技术的特点可概括为两点:①硬技术的成果以产品的实体体现;②硬技术的应用借助于复杂的劳动工具(如机器、装置等)。

(2)硬技术的分类。硬技术的常见分类如下:①按硬技术具体操作对象所属的领域,分为信息技术、材料技术、生物技术、能源技术、海洋技术、空间技术等;②按硬技术的特性,分为基础技术、通用技术、专有技术;③按硬技术所属行业,分为机械技术、化工技术、纺织技术、航空航天技术、通信技术等。

3. 软技术的内涵、分类与价值

（1）软技术的内涵。软技术（Soft Technology）是相对于硬技术而言的。硬技术的"软化"就是软技术。项目管理的软技术在本书中也被称为软技能。软技术是人类把在经济、社会、人文活动中发现的共性规律和经验，加以"有意识"地利用和总结，转变成各种解决问题的规则、制度、机制、方法、程序、过程等的操作性体系。

高新技术中将含有越来越多"人"的因素，这已成为当今世界技术发展的趋势之一。在这方面走在最前面的是软件技术、互联网技术和生物技术等。这些技术围绕人的需要开展"软性"创新，使产品和服务更加富有人情味和人性化，从而适应了千变万化的市场需求，创造了高附加值。伴随着新经济的兴起，"软技术"已成为技术、知识和体制创新不可缺少的重要手段。软技术是围绕"人"的思维、思想、价值观以及人与组织的行为的技术，是围绕人类社会进行创造和创新的技术。

与硬技术相比，软技术具有如下特点：①软技术与人和文化的关系更密切；②软技术中的人是有意识、有感情、有思想、有价值观的生命整体；③软技术是根植于意象世界的技术；④软技术是"非中性"的，带有明显的"人"的好恶；⑤软技术的作用和转化的结果不一定都体现为有形产品或具体服务。

（2）软技术的分类。软技术根据研究对象的相互交叉性和功能的相互融合性，可做如下分类。

1）根据知识来源划分，软技术可分为来自社会科学知识的技术、来自自然科学但具有"软性"特点的技术、来自思维科学知识的技术、来自非传统科学知识的技术等，见表4-1。

表 4-1　软技术按知识来源分类举例

分类	来自社会科学知识的技术	来自自然科学但具有"软性"特点的技术	来自思维科学知识的技术	来自非传统科学知识的技术
举例	管理技术、组织技术、咨询技术、设计技术、联盟技术、交易技术、金融衍生工具以及其他各种商务技术等	人工智能技术、网络虚拟技术、软件技术等	心理训练技术、智能提升技术、系统技术、决策技术、思维技术等	文化技术、娱乐技术、休闲技术、调理技术、本土技术等

2）根据服务领域划分，软技术可分为商务技术、社会技术、文化技术、体验技术、生命软技术、工程软技术、军事软技术和政治软技术等，见表4-2。

表 4-2 软技术按服务领域分类举例

分类	商务技术	社会技术	文化技术	体验技术	生命软技术	工程软技术	军事软技术	政治软技术
举例	交易技术、会计技术、专利技术、股份技术等	开发和利用社会资源创造价值的技术,如社会组织技术、行政技术、移民技术等	文化产品的设计、制造、销售技术,艺术(表演、绘画、影视)技术,出版技术等	人在生活和运动中的感受和感应技术,如中医的望闻问切技术等	生理和心理的协调与和谐的技术、心理保健技术等	社会和人工系统中的模拟技术、人工智能技术、网络虚拟技术、软件技术等	战争中的组织、决策技术,如军事战略和战术技术等	政府、政党或个人在内政和国际关系中的活动技术,如选举技术、谈判技术等

3)根据功能划分,软技术可分为管理技术、组织技术、智力开发技术、智力提供技术、协调合作技术、财产增值技术、关系技术、宣传诱导技术、市场技术、设计技术、社会技术、文化技术、思维训练技术、心理健康与美容保健技术、环境创新技术等。

4)根据技术软硬度与产业化程度关系划分,软技术的分类如图 4-2 所示。

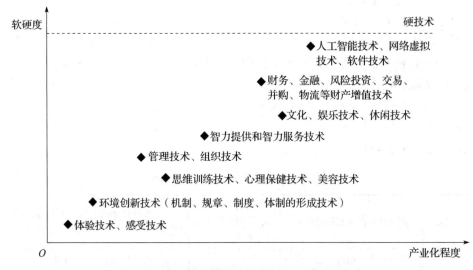

图 4-2 根据技术软硬度与产业化程度关系划分

(3)软技术的价值。随着人类物质和精神生活需求的不断提高,未来社会将形成越来越多的以人为中心的软技术产业和产业群,这不仅会带来无限商机,还将极大地改变人类的生活方式。软技术具有以下价值:①软技术有助于加快硬技术走向市场并提高产业发展的速度和质量;②软技术是技术、知识和体制创新不可缺少的重要手段；③软技术是体现一个国家综合国力的重要指标，是增强国家竞争力的强大动力；④软技术的发展将促进人文社会科学领域中的技术与科学创新。

不论软技术还是硬技术，都是技术，在技术的属性上具有共同点，如具有技术的可操作性、实践性、能效性、积累性等。

4. 软技术与硬技术的区别

作为一种特有的技术范式，软技术与硬技术在以下方面存在着区别。

（1）知识来源。硬技术一般以自然科学知识为知识背景，利用自然科学的成果对自然物质世界进行改造和操作；软技术则是围绕行为科学、思维科学、心理科学及社会科学的有关知识，在应用现代系统论、信息论和控制论的基础上发展起来的。

（2）操作对象。硬技术主要以"物"（自然物质世界）为改造和操作的对象，软技术则以"人"的心理活动和在心理活动支配下的外在行动为改造和操作的对象。

（3）操作目的。硬技术通过对"物"的改造和操作，来为人类生存和发展提供物质和能量；软技术则通过掌握、管理和操作"人"的思想、情感、思维方式、行为方式、活动模式，来提高活动效率和满足人的多方面需求。

（4）创新模式。硬技术一般以"设计—试验—制造—上市—完善—淘汰"的创新模式发展，软技术一般以"构思—形成系统/模式/方法—运行/实施—规范化—创造性破坏—新系统设计"的创新模式发展。

软技术与硬技术的区别还体现在技术的参数和标准化、人的因素与技术的关系、技术的载体和实现手段等方面。在高技术时代，软技术与硬技术已相互渗透并结合得越来越紧密，因此，只有将两者统筹起来协调发展，技术系统才能不断创新，技术竞争力才能不断提高。

4.1.2 数字化工程项目管理技术

1. 项目管理技术概述

项目管理技术（Technology in Project Management）是指对项目在范围、进度、成本、质量、资源、采购与风险等各个方面进行计划与实施过程中所涉及的所有相关技术。依据前面所介绍的技术基本理论和项目管理实践经验积累，项目管理技术可以划分为项目管理硬技术和项目管理软技术。

项目管理硬技术（Hard Technology in Project Management）是指从大量项目

管理实践中提炼出的管理"物"的方法和工具。例如，项目进度管理（如网络图、甘特图）、项目费用管理（如挣值法、价值工程）、项目质量管理（如直方图、散布图）等方面的方法和工具，都属于项目管理硬技术的范畴。

项目管理软技术（Soft Technology in Project Management）是指在大量项目管理实践的基础上，运用社会科学的原理，依据"人"的经验和判断能力，采取有效的组织形式，充分发挥个人丰富的经验、知识和能力，从对决策对象的本质特征研究入手，掌握事物的内在联系及其运行规律，对项目管理决策目标以及决策方案的拟定、选择和实施做出判断的柔性管理技术。它弥补了项目管理硬技术忽视人的因素、社会因素等缺陷。

2. 本书界定的数字化工程项目管理技术分类

数字化工程已是新时代经济社会发展的一种普遍要求，实施数字化工程能够满足特殊的业务需求，同时会衍生出多种类型的数字化工程项目。对各类数字化工程实施项目管理，除了具备一般通用的项目管理知识外，还需要多种综合的技术、方法以及先进的理念，才能更好地实现新时代所倡导的绿色环保、可持续发展目标，并真正服务于人民的健康与福祉。

本书参照现代项目管理比较认可的通用知识体系，借鉴项目管理职能领域的工具和方法，并积极吸收知识管理、创新管理以及人工智能、大数据的研究成果，以期更好地服务于数字化工程项目管理。本书将数字化工程项目管理技术分为以下三种基本类别。

（1）数字化工程项目管理核心技术，主要包括数字化工程实施技术与工艺管理、项目范围管理、项目进度管理、项目资源管理、项目成本管理、项目质量与可靠性管理、项目集成管理。

（2）数字化工程项目管理支撑技术，主要包括项目信息管理、项目采购管理、项目风险管理和数字化工程项目HSE管理、数字化工程项目知识管理、数字化工程项目创新管理。

（3）数字化工程项目管理软技术，主要包括项目管理哲学、项目相关方管理、项目沟通与冲突管理、项目文化管理、项目的柔性与敏捷管理、项目执行力与领导力。

4.1.3 数字化工程项目实施的技术管理

1. 技术管理

数字化工程属于复杂的系统工程。从复杂性科学的角度看，技术创新活动绝不是简单的线性递进过程,也不是简单的创新链条,而是一个复杂、全面的系统工程,要求在多主体参与、多要素互动的过程中,把握技术创新,做好技术管理工作。

技术管理是组织对内部技术工作进行的管理。技术管理主要有技术创新战略、技术评价与技术选择的管理等,包括知识与技术的计划、组织、协调和控制。技术管理的核心任务在于通过研究、开发及创新管理来提高企业的核心能力,使企业能够在竞争环境中生存和发展。技术管理主要依据技术活动过程展开,包括五个主要过程:技术鉴定、技术选择、技术获取和消化、技术开发应用、知识和专业技术保护。

技术管理主要包括四个方面:技术资源管理、技术组织管理、技术文化管理、技术质量管理。其中,技术资源管理包括资金管理、设备管理、人力资源管理、信息管理和技术成果管理等;技术组织管理涉及组织机构的建立、职务职责的设置等;技术文化管理注重主导信念的树立、文化与战略之间关系的协调、文化误区的校正等;技术质量管理包括技术产品质量的控制,还涉及标准化管理、技术风险管理等。

技术管理就是要对这些环节和过程实施计划、组织、领导、协调、控制等管理职能,以加快技术发展,促进技术创新,为组织获得技术竞争优势。另外,由于国防的特殊要求,国防项目的实施也要加强技术保护,所有的技术选择、技术鉴定、技术应用都必须坚持自主知识产权,一切工作过程要始终保证安全保密,防止失窃泄密事件的发生。这些针对技术的特殊管理活动都必须纳入有效的计划、组织、领导、协调、控制体系之中。技术管理体系的过程框架如图4-3所示。

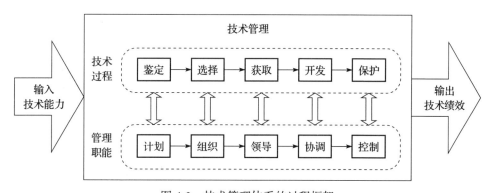

图4-3 技术管理体系的过程框架

技术管理体系是组织结构、方法、过程和资源有机结合的整体,是企业开展技术管理工作的平台。技术管理职能只有在技术管理体系中才能发挥作用,技术管理目标也只有在技术管理体系的运行中才能实现。技术管理体系包括对象维、管理职能维和目标维三个维度，如图 4-4 所示。

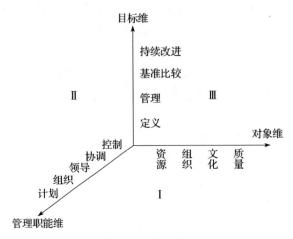

图 4-4　技术管理体系的三个维度

这三个维度中的要素相互作用，构成了技术管理体系的内容子系统、工具子系统和评价子系统。因此，技术管理体系可以进一步表示为一个三个维度、三个子系统的空间结构模型。

技术管理体系是一个系统，技术选择要考虑多种因素及相互之间的匹配，运用系统分析和综合的方法，坚持"统筹兼顾、合理折中"的原则。技术本身就是折中的产物，因而技术选择也要折中，折中具有方法论的意义。技术管理方法主要有技术路线图、模型与建模方法、仿真方法、优化方法、集成方法。

2. 技术状态的基线及其管理

（1）技术状态基线。在实施技术状态管理过程中，不仅涉及技术状态项目（Configuration Items, CI），而且涉及基线（Baseline）。技术状态项目是技术状态管理的基本单元。技术状态基线是指在某一特定时刻被正式确认的产品的技术状态文件，它是后续活动的参照基准。基线是指已被批准并形成文件的技术描述。基线管理就是在产品的生命周期内，对特定的阶段状态、合作方的合同协议、部件或子系统的接口关系等，按照特定的文件组织评审和进行系统控制，保持技术状态规范有效，同时对基线本身也要做出合适的维护或更新。

技术状态管理中，一般要考虑三条基线，即功能基线、分配基线和产品基线。具体内容如下：

1）功能基线。此基线涉及在功能规范、系统技术规范、有关系统保障规范和系统级接口规范及相关的计划中描述的产品功能状况。功能基线在系统要求评审或系统设计评审时确立。

2）分配基线。分配基线是最初批准的分配技术状态标识，就是通过先行试验等活动，将产品或系统的功能分配到产品的各个组成部分，形成产品各个组成部分的设计任务书。分配基线也叫作研制基线，是由构成系统要求基线的一套经批准的详细文件，以及产品技术规范和有关接口控制文件等确定的。研制基线在初步设计评审时确立。

3）产品基线。产品基线是最初批准或有条件批准的产品技术状态标识，是经过初步设计、技术设计和鉴定等阶段后，形成的产品重复或批量生产使用的成套技术文件。产品基线也叫作生产基线，由描述和规定用于制造的技术状态的一组文件确定。生产基线在关键设计评审时确立，必要时增加首件技术状态评审。

（2）技术状态基线管理。基线管理是贯穿于产品研制全过程的管理。在产品全生命周期内，有必要确定作为下一过程工作起点的参照基准时，就应建立技术状态基线。前一过程技术状态的输出应是下一过程技术状态的输入，是下一过程开展活动的依据和基准。

在技术状态管理过程中，既要确定同一阶段的基线，又要保持研制全过程设计的连续性和继承性。前一阶段的工作没有达到规定的目标或没有达到令人满意的质量要求，就不能转入下一阶段。为保证设计质量，必须注意确立基线的检查和评审，不允许有任何超越开发设计过程的现象发生。经批准确定的基线不应轻易变更，在特殊情况下需进行变更时，必须按原审批程序和级别重新进行批准。技术状态基线与经过批准的更改共同组成现行获准的技术状态。

3. 产品性能保障基线及其管理

（1）产品性能保障基线的含义。基线是已批准的产品属性。基线提供了特定研制阶段的技术工作边界，以便评估更改的影响和成本。基线是产品属性在特定时间点的快照，用已批准和发放的配置文件标识，是更改管理的基础，是评估项目成本、进度、资源和风险的基础。

基线在项目开始阶段就必须建立起来，因为项目管理者（包括股东、订货方、政府、军方）需要评估研制过程中各阶段的产品属性，以便掌握项目进展和技术状态情况，而这需要以基线作为规避风险、控制成本和提供决策的依据。在军用标准中，产品性能保障基线分为功能基线、分配基线和产品基线；在民用标准中，产品性能保障基线分为需求基线（客户基线）、设计发放基线和产品基线。

基线的定义分为三层：①顶层性能——顶层需求提供系统和下层产品研发的

基础，用于评估顶层性能和更改建议引起的接口影响，包括功能基线、需求基线；②部件层性能——单个产品研发、试验和审核的基础，用于评估部件层性能和更改建议引起的影响，包括分配基线、性能基线和需求基线；③部件层设计——制造单元的建造和接受的基础，用于评估更改建议引起的设计影响，包括产品基线、设计发放基线、生产基线。项目产品实现中的常见基线见表4-3。

表4-3 项目产品实现中的常见基线

基线名称	功能	主要内容	建立的阶段
功能基线 需求基线	顶层性能	● 产品研发目标 ● 产品主要能力 ● 主要接口 ● 支援约束 ● 用户技能约束 ● 规则的约束	概念阶段
分配基线 性能基线 需求基线	部件层性能	● 详细性能 ● 必需的接口安全 ● 强制性的验证 ● 功能描述 ● 试验规范	定义阶段
产品基线 设计发放基线 生产基线	部件层设计	● 详细设计信息 ➢ 图样 ➢ 数字化图形文件 ➢ 软件清单 ➢ 验收准则	建造阶段

（2）基线的建立与维护。基线的建立过程大致如下。①在产品结构的适当层次上选择配置组成项，用文件标识对配置组成项进行控制和维护。②确定配置组成文件的类型。定义配置组成项的性能、功能和物理属性，包括内部和外部接口，每个配置组成项用构件组成文件描述。配置组成文件是产品研发、材料采购、零部件装配、确定检查和试验项目及系统维护的基础。③对每个配置组成文件，包括相关配置组成项的后勤保障计划，确定适当的配置组成控制权限。④发布配置组成项和配置组成文件的标识号。⑤发放配置组成文件。⑥打开基线文件库，选择配置组成文件。⑦在特定层级建立基线，并对其配置组成文件进行控制和维护。

基线的建立是一个不断迭代的过程。随着时间的流逝和设计成熟度的提升，设计里程碑（或阶段）的结束意味着一条内部的或正式的基线生成。在基线生成时，配置组成基线文件中就含有了验证要求，如验证计划、试验大纲、验证方法等。产品生命周期中的相关基线文件如图4-5所示。

第 4 章 123
项目管理的核心工具

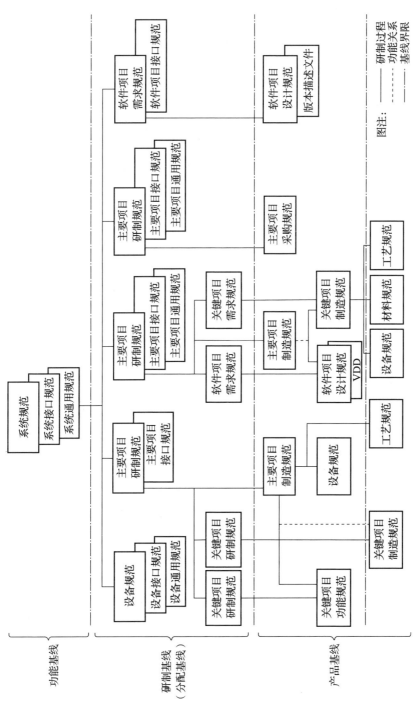

图 4-5 产品生命周期中的相关基线文件

基线的维护是一个动态的过程。当一个产品的更改被提出并被批准后，由一组特定的基线定义文件构成的新的当前基线就建立起来了。任何与该基线有关的任务，如单元的制造任务，都基于基线的产品定义（即当前的基线）信息，并用特定的版本标识。这样，老的当前基线被新的当前基线所替代，基线在"滚动"中得到维护。

（3）基线管理的基本原理。基线既是定义项目产品的关键要素，也是项目管理的要素。项目管理的基准体系包括需求基线、技术基线、成本基线、进度基线及风险基线等，这些基线都与项目产品的基线密切相关。需求基线确定之后，就开始编制工程项目的定义文件，称为"项目设计要求和目标"（Design Requirements & Objectives，DR&O）文件，这就是技术基线。技术基线的建立标志着产品配置的确认和制造技术状态的基本确定。对设计制定自制/外购（Make/Buy）决策是指根据费用、进度、质量等要求确定哪些项目由自己制造，哪些项目外购。对整个项目进行费用估算和生产能力评估，作为计划和进度安排的基础。

从原理上讲，基线管理就是新产品研制的"门禁管理"。没有门禁管理，就没有配置基线管理，也就没有新产品研制的控制基准。我国不少企业在研制新产品时仍然采取"算总账"模式，即不控制研制过程，直到设计定型开会时才"算总账"。届时召集一批人，为应付"设计定型"程序审查而"走过场"。基线管理对新产品研制的影响如图 4-6 所示。

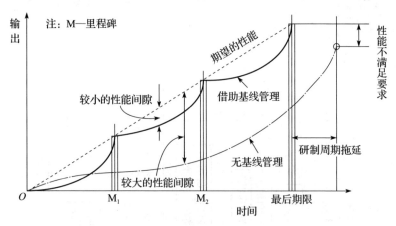

图 4-6　基线管理对新产品研制的影响

图 4-6 中的虚线表示无基线管理的情况。实践表明，没有建立基线，或者虽然设置了基线但基线定义不合理、基线管理不到位，都将造成产品研制周期的拖延及研制成本的增加，遗留大量难以解决的设计缺陷，达不到产品研制的目标。

门禁管理连接了基线与里程碑。按系统工程的观点，任何一个新产品的研制都应该分解成一系列的阶段来定义最优行动。新产品研制是从一个阶段到下一个阶段的过程，阶段之间存在"门槛"，即某一基线由"门岗"把守（通过评审）。每个"门槛"由阶段、任务、交付、门岗和准则等要素组成。在一个阶段的工作完成（交付）后，通过"门岗"——质量控制检查点（或评审会议）对交付的文件进行评审，判断研制进程是应当前进到下一个阶段还是被拒绝放行。项目实施过程的转阶段原理如图 4-7 所示。

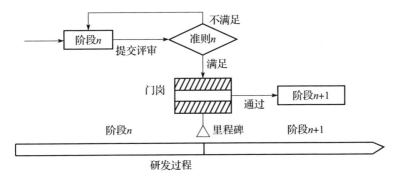

图 4-7　项目实施过程的转阶段原理

（4）基线与里程碑的关系。简单地说，基线是已批准的产品属性，里程碑是项目实现产品必须经过的状态序列，这里的状态可以理解为某种基线，因此基线与里程碑有一定的联系。基线的定义与维护用于表示产品应具有的属性或阶段状态，没有什么时间应达到这种要求的含义；而里程碑则是在状态的基础上增加了一个开始或结束的时间节点的描述，表示管理上的一个关键性事件的诞生。

基线生成与项目里程碑设定密切相关。设计里程碑（或阶段）的结束意味着一个内部的或正式的基线的生成。同样地，不同基线的生成对应着完成性能验证、完成生产定型、完成集成试验等里程碑事件的设置。

4.1.4　数字化工程项目实施的工艺管理

1. 工艺、工艺技术与工艺创新

工艺是指使各种原材料、半成品成为产品的方法和过程。工艺技术是指在工程实践中对设计进行物化的过程和方法，是产品实现的重要手段，是制造能力的核心和关键，是制造业生存和发展的核心技术。工艺工作贯穿于项目的全过程，尽管不同阶段工艺工作的重点和要求不同，但工艺工作本身一般都包括工艺技术准备、工艺性审查、工艺设计、工艺评审、工装设计、工装定型。工艺创新是指采用现代科学技术，创造新的工艺原理、方法、手段、生产模式与管理方法，提高制造能力和效益的创造性实践活动。

2. 工艺管理体系

工艺管理就是科学地策划、组织、指导、控制各项工艺工作的全过程。工艺管理贯穿于产品制造的全过程，不仅包括对制造技术工作实施科学系统的管理，还应包括处理制造过程中人与人之间的生产关系方面的问题，并且随着工艺技术和社会生产力的发展而发展。工艺管理的概念已由以传统的生产工艺管理为主，扩展和延伸到整个产品制造过程的系统工程管理，即把人、机、原材料与自动化、信息化、计算机化的制造技术用过程管理的方法集成起来，对产品设计、工艺技术准备和生产制造全过程实施科学系统的管理。实施工艺管理应从产品的开发初期就组建开发团队，使设计与工艺密切配合进行工作。

工艺管理体系是对全部工艺活动进行策划、组织和有效控制的管理体系。工艺管理贯穿于型号产品的预先研究、方案论证、研究设计、产品研制、试验验证、设计定型、生产定型和批量生产过程，贯穿于各生产阶段的生产技术准备、物资采购、生产制造、质量检验、销售服务全过程。工艺管理体系是在主管工艺技术的领导和总工艺师的领导下，由以工艺部门为主体的若干部门建立的。工艺创新以技术中心为核心，有计划地开展工艺技术预先研究、工艺技术攻关、技术改造、先进设备和技术引进、技术革新与合理化建议等工作。

3. 工艺管理的流程、内容与目标

工艺管理的基本流程如图 4-8 所示。

现代工艺管理的内容大致可分为三大类：第一类是综合性工艺管理；第二类是工艺技术准备管理；第三类是制造过程工艺控制管理。

（1）综合性工艺管理。综合性工艺管理的主要内容包括：①编制工艺发展规划；②编制技术改造规划；③组织制定贯彻工艺标准和工艺管理的规章制度，明确各类有关人员和有关部门的工艺责任和权限，参与工艺纪律的考核和督促检查；④组织开展工艺技术研究、技术改造和合理化建议活动；⑤开展工艺情报信息的收集、整理、分析和研究，及时掌握国内外工艺技术和工艺管理的发展动态，并不断提出有利于企业工艺工作发展的新思想、新建议。

（2）工艺技术准备管理。工艺技术准备管理的主要内容包括：①产品设计的工艺性审查；②确定工艺方案、工艺路线设计，编制工艺规程；③编制材料消耗工艺定额；④专用工艺装备的设计制造及生产验证，通用工艺装备标准的制定；⑤各种必要的技术验证和总结工作，包括工艺验证、工艺标准验证、工时定额验证等，确保产品投产后的制造过程正常进行，质量稳定。

第 4 章　127
项目管理的核心工具

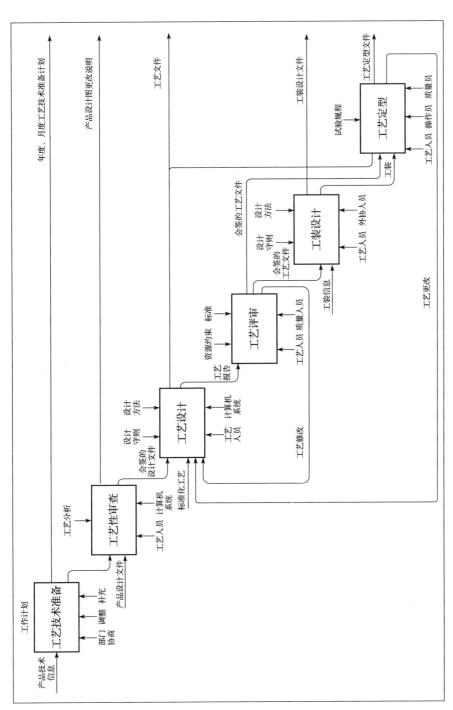

图 4-8　工艺管理的基本流程

（3）制造过程工艺控制管理。制造过程工艺控制管理的主要内容包括：①科学地分析产品零部件的工艺流程，合理地规定投产批次和数量；②监督和指导工艺文件正确实施；③及时发现和纠正工艺设计上的差错，不断总结工艺实施过程中的各种先进经验并加以实施和推广，以求工艺过程的最优化；④确定工艺质量控制点，规定有关管理和控制的技术内容，进行工序质量重点控制；⑤配合生产部门搞好文明生产和定置管理，按工艺要求，保证毛坯、原材料、半成品、工位器具、工艺装备等准时供应。

（4）其他工艺管理内容。现代工艺管理水平与质量也与业务流程再造和企业文化密切相关，企业管理者应将企业文化作为工艺管理的重要内容。

开展工艺管理要实现的主要目标包括：①保证各项工艺管理指令信息的科学性、正确性、可操作性、有效性；②保证工艺工作的总体策划、目标实现（包括工艺技术、工艺装备、工艺队伍、工艺管理）等各项工作协调、同步发展；③保证工艺研究、攻关、开发、试验等科研活动有序进行，推动工艺专业发展和工艺技术水平提高；④保证产品研制生产过程中工艺的快速反应，优化工艺，降低成本，提高质量；⑤保证生产工艺布局的合理性、工艺流程的高效性；⑥保证工艺管理体制、机制、机构运行良好，健全规章制度和管理模式，适应企业发展、市场竞争和生产力发展；⑦保证工艺队伍适应研制生产任务要求，工艺师系统有效运行。

4. 工艺管理的技术方法

工艺管理的主要技术方法有计算机辅助工艺过程设计、计算机辅助数控编程和加工过程仿真、计算机辅助工装设计以及实施柔性制造技术和先进的生产管理。工艺管理的其他技术方法有并行工程理论、物料清单（BOM）、作业成本管理（Activity-Based Costing Management，ABCM）、模拟仿真、模糊推理、质量功能配置（QFD）、要素分层法、IDEF0（集成定义）方法与IDEF1x方法、项目活动排序技术、成本基准计划技术、变更控制技术、质量控制的数理统计方法、专家判断法等。

4.2　项目范围管理

4.2.1　项目范围管理的定义

项目范围管理是指对项目包括什么与不包括什么进行定义和控制的过程，即对项目从立项到完成所涉及的交付物实现及相应工作内容进行的管理和控制。项目范围管理的内容包括范围定义、范围规划、范围分解与确认、范围变更控制、范围验收等。

项目范围的界定应紧密结合项目交付物范围及必须开展的项目工作范围，以保证最终交付一个或一系列满足特别要求的产品。项目交付物范围（Product-scope）是客户对项目最终产品或服务所期望包含的功能和特征的总和。产品范围的界定就是对产品要求的度量，产品范围的完成是以产品要求来衡量的。项目工作范围（Work-scope）包括项目的最终产品或服务，以及实现该产品或服务所需要做的各项具体工作。项目工作范围的界定在一定程度上是产生项目计划的基础，项目工作范围的完成是以项目计划来衡量的。

确定了项目工作范围也就明确了项目的工作边界。确定项目工作范围对项目管理可以产生如下作用：①提高进度、资源和成本估算的准确性。②确定进度测量和控制的基准。项目范围是项目计划的基础，项目范围的确定为项目进度计划和控制确定了基准。③有助于清楚地分派任务。确定项目范围也就确定了项目的具体工作任务，为进一步分派任务打下了基础。

1. 项目范围定义的依据

项目范围定义是把项目产出物进一步分解为较小的、更易管理的单元，以及分解和定义项目全部工作的一种项目管理活动。项目范围定义的依据有以下几个方面：①项目章程；②需求建议书；③组织过程资产。

2. 项目范围定义的方法

项目范围定义是一项非常严密的分析、推理和决策工作，因此需要采用一系列的逻辑推理方法和分析识别技术。项目范围定义的关键技术方法主要包括：①专家判断；②相关方分析；③方案识别；④成果分析；⑤成本效益分析。

3. 项目范围定义的结果

项目范围说明书详细地说明了项目的可交付成果和为提交这些可交付成果而必须开展的工作。它可以帮助项目相关方就项目范围达成共识，为项目实施提供基础。项目范围定义的内容包括：①项目合理性说明，即解释为何要进行这一项目，为以后权衡各种利弊关系提供依据；②项目成果的简要描述；③可交付成果清单；④项目目标的实现程度；⑤项目范围管理计划，包括如何管理变更的请求、范围稳定性评价等。

4.2.2 项目范围管理规划

项目范围管理规划是以项目章程、相关方的要求等为依据，确定项目范围并编写项目范围说明书的过程。项目范围的综述包括开展项目的理由、项目目标、项目产出物等。项目范围管理计划主要是有关项目范围管理规划的内容、方法和要求等方面的规定，是一种计划工具和指南。

1. 项目范围管理规划的内容

项目范围管理规划主要包括两方面内容：一是在何时开展何种项目范围管理工作，二是用何种方法开展这些项目范围管理工作。前者是对项目范围管理工作的全面计划安排，后者是对项目范围管理方法的规定和要求。

（1）项目范围管理规划的制定。制定项目范围管理规划的根本任务是生成一份项目范围管理规划（又叫计划或指南等），它规定了人们应该如何确定项目范围，如何制定详细的项目范围说明书（Project Scope Statement），如何确定和分解项目工作分解结构（Work Breakdown Structure，WBS），以及如何确认和控制项目范围等。

（2）项目范围管理规划的内容。项目范围管理规划包括根据项目章程、项目管理计划及初步项目范围说明书编制详细项目范围说明书的过程和方法，根据详细的项目范围说明书制定项目工作分解结构的过程和方法，确认和验收项目产出物和项目可交付物的过程和方法，控制项目范围变更的过程和方法等。

（3）项目范围管理规划的编制。编制项目范围管理规划主要是拟定和给出项目范围管理的计划和安排，这是整个项目范围管理中的一项很重要的工作。

2. 项目范围管理规划编制的依据

项目范围管理规划编制的主要依据有两个：一是初始项目范围决策的结果，二是其他有关项目范围管理的信息。前者主要是项目相关利益主体对项目产出物和工作质量的规定与要求，后者主要是项目相关利益主体对于项目管理方面的规定和要求。

4.2.3　项目范围的分解

项目范围分解可以把项目工作分成较小的、更便于管理的多项工作，分解每下降一个层次意味着对项目工作更详细的说明。

1. 项目范围分解的依据

项目范围分解的依据包括：①项目范围说明书。它可以帮助项目相关方就项目范围达成共识，为项目实施提供基础。②需求文件。它详细描述了项目的目标、范围、需求等信息。③组织过程资产。可能影响范围分解的组织过程资产主要包括用于创建工作分解结构的政策、程序和模板，以往项目的项目档案、历史资料等。

2. 项目范围分解的内容

项目范围分解是根据项目的构成特点以及总目标与限制条件，对项目结构进行适当的分解。按照最终产品和服务结构以及法律和环境要求，对一个工程项目可从功能和子功能的角度,制定工程分解结构(Engineering Breakdown Structure, EBS),然后展开过程责任分工。一般的复杂项目可先制定项目分解结构(Project Breakdown Structure)或项目产品分解结构(Product Breakdown Structure),再进一步开展项目工作分解结构(WBS)工作。项目范围分解主要应用过程化分解方法,如项目实施过程分解、管理工作过程分解、专业工作实施过程分解等。实施结构化分解方法后,形成目标分解结构(Objective Breakdown Structure)、组织分解结构(Organization Breakdown Structure)、资源分解结构(Resources Breakdown Structure)、风险分解结构(Risks Breakdown Structure)、成本分解结构(Cost Breakdown Structure)、合同分解结构(Contract Breakdown Structure)等。项目范围分解可以将项目工作化繁为简、各个击破。

3. WBS 的表达形式与分解方法

WBS 是指将一个项目分解成易于管理的几个部分或几个细目,以便找出完成项目工作范围所需的所有工作要素。它是一种在项目全范围内分解和定义各层次工作包的方法。WBS 按照项目发展的规律,依据一定的原则和规定,进行系统化的、相互关联和协调的层次分解,结构层次越往下层,项目组成部分的定义越详细。WBS 最后构成一份层次清晰、可以供组织项目实施参考的具体工作依据。

WBS 通常是一种面向"成果"的"树",其底层是细化后的"可交付成果"的细部。WBS 的呈现形式主要有三种:①树状层次结构,如图 4-9 所示;②锯齿状列表的形式,类似于计算机中的"资源管理器"或书籍的目录结构,如图 4-10 所示;③矩阵式图表,如图 4-11 所示。

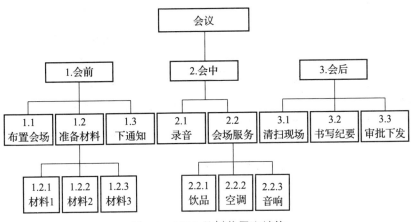

图 4-9　WBS 的树状层次结构

```
1.准备建议书
  1.1考察竞争情况
  1.2估计市场潜力
2.做研究
  2.1文献综述
  2.2采访专家
  2.3采访项目经理
3.写文字内容
  3.1写第一稿
  3.2修改
  3.3交给出版商
  3.4批准编辑好的稿子
4.开发说明图表
  4.1草稿
  4.2终稿
  4.3待印刷的复印件
5.索引
  5.1列出词汇表
  5.2主控文档
```

 描述整个项目：			
主要任务	第一层子任务	第二层子任务	……

图 4-10　WBS 的锯齿状列表　　　　　图 4-11　WBS 的矩阵式图表

WBS 的典型分解方式主要有：①按项目产品维分解；②按项目过程维（项目生命周期过程）分解；③按项目需求维分解；④按项目组织维（承担项目不同地域的单位）分解。

项目的 PBS/WBS 各层级作用如图 4-12 所示。

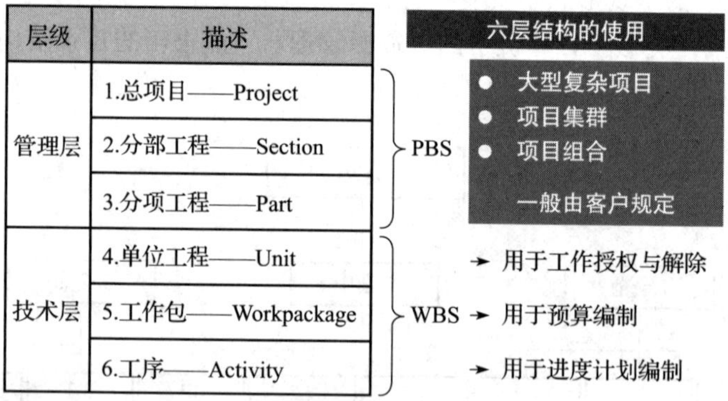

层级	描述		六层结构的使用
管理层	1.总项目——Project	PBS	大型复杂项目 项目集群 项目组合 一般由客户规定
	2.分部工程——Section		
	3.分项工程——Part		
技术层	4.单位工程——Unit	WBS	用于工作授权与解除
	5.工作包——Workpackage		用于预算编制
	6.工序——Activity		用于进度计划编制

图 4-12　项目的 PBS/WBS 各层级作用

通常在确定结构分解的详细程度时要综合考虑如下几方面因素：①项目承担者的角色；②工程的规模和复杂程度；③风险程度；④承发包方式和承（分）包商或工程小组的数量；⑤项目实施的不同阶段；⑥对项目计划和实施状况报告的结构、详细程度和深度要求。

4. 编制 WBS 的注意事项

规范、清晰、不遗漏、不重复、层级合理等是编制 WBS 的基本要求，同时还应注意：①名称：每个分解要素都应有独特名称。②形式：同一层级只能有一种分类方式。③程度：100% 分解，大小均衡，易于分配和执行。④编号：每个分解要素都应有独一无二的阿拉伯数字或加特定符号的编号。⑤结构：编码体系。编码通常不超过 6 位数，具体单位可能会有自己的编码定义。

5. 项目范围分解的结果和表达形式

项目范围分解的结果形成 WBS 图。WBS 确定了项目的整个范围。也就是说，WBS 以外的工作不在项目范围之内。在项目范围说明的基础上，WBS 有助于加深对项目范围的理解。范围分解的主要结果是：① WBS 图。② WBS 词典，包括编码，工作包描述（内容），成本预算，时间安排，质量标准或要求，责任人、部门或外部单位（委托项目），资源配置情况，以及其他属性。

4.2.4 项目范围确认与控制

项目范围确认是指项目利益相关者（项目业主/客户、项目发起人、项目委托人、项目组织等），对项目范围的正式认可和接受的工作过程。WBS 核检表能够实现项目范围确认。项目范围确认的对象是项目范围定义所生成的主要文件。项目范围确认的依据包括项目定义、项目范围定义的各种依据、项目施工的结果以及有关项目所要提供产出物的文件等。

1. 项目范围确认的依据

项目范围确认的依据包括：①项目范围说明书；② WBS 图；③ WBS 词典；④需求文件；⑤确认的可交付成果，即已经完成并经实施质量控制过程检验合格的可交付成果。

2. 项目范围确认的主要方法和工具

项目范围确认的主要方法和工具是项目范围核检表和 WBS 核检表。前者从整体上对项目范围进行核检，如核检目标是否明确，目标因素是否合理，约束和假定条件是否符合实际等；后者主要以 WBS 图为依据，检查项目交付物描述是否清楚，工作包分解是否到位，层次分解结构是否合理等。

3. 项目范围确认工作的成果

项目范围确认工作的最后应形成正式的项目确认文件，表明项目范围已被项目的所有相关方确认，同时这也是项目沟通管理中的正式文件之一。

4. 以责任分配矩阵明确相关方责任

项目的目标和结果使项目的相关方尽量满意——这是实现系统与环境、人与社会和谐统一，实现双赢、多赢与共赢的哲学理念，是系统科学方法论的体现。把WBS与组织分解结构（OBS）相结合编制项目管理责任分配矩阵，是正确处理系统与要素、整体与局部的关系，实现"千斤重担众人挑，人人肩上有指标"，把目标层层落实的通用、具体有效方法。项目管理责任分配矩阵如图4-13所示。

图例： ▲负责 ●辅助 △承包		责任者（个人或组织）					
工作分解结构							
任务编码	任务名称						
项目负责人审核意见：				签名：		日期：	

图4-13　项目管理责任分配矩阵

项目管理责任分配矩阵的作用如下：①任务落实。有且只能有一个人对一项任务负责。②人员落实。避免将责任分配到一个组织、一个部门、一个小组，应具体分配到人。③组织落实。提供组织上的保障，人员、流程和使用的技术/工具应协调一致。责任分配的目的是保证"事事有人管"，且一件事只能有一个人负责，其他人可以支持、参与或不参与，也可增加审核、批准等职责（角色），实现"戴红花或打板子要找对人"。

5. 项目范围变更控制

项目范围变更控制是指当项目范围正在发生或已经发生变化时，对其采取纠正措施的过程。在进行项目范围变更控制时，必须同时考虑到对其他因素或方面的控制，特别是对进度、费用和质量的集成控制。

在进行项目范围控制时，必须同时考虑对其他因素或方面的控制，特别是对时间、成本和质量的控制。项目范围控制的方法主要有：①给出项目范围变更控制的基本控制程序、控制方法和控制责任，文档化工作系统、变动跟踪监督系统以及项目变更请求的审批授权系统，项目实施情况的度量、偏差的系统分析方法，项目配置管理系统的方法、过程、要素、相关方的协调。②再编项目计划的方法

(滚动作业计划、追加计划等调整法)。③项目三角形法(主要因素的相互影响分析、纠偏、补救)。

项目范围变更控制的内容包括：①分析和确定影响项目范围变更的因素和环境条件；②管理和控制能够引起项目范围变更的因素和条件；③分析和确认各方面提出项目变更要求的合理性和可行性；④分析和确认项目范围变更是否已实际发生，以及这些变更的内容和风险；⑤当项目范围变更发生时，对其进行管理和控制，设法使这些变更朝有益的方向发展，努力消除项目范围变更的不利影响。

4.2.5 项目范围的验收

1. 项目范围验收

项目范围验收主要关注的是对工作结果的认可，需要审查可交付成果和工作结果，以确保它们都已经正确、圆满地完成，即项目范围验收是项目相关方最终认可和接受项目范围界定工作的过程。项目范围验收工作包括两方面的内容：一是审核项目范围界定工作的结果，二是检查项目或者项目各个阶段所完成的可交付成果。

2. 项目范围验收的依据与基准

项目范围验收的依据主要包括：①完成的工作成果；②有关的项目文件；③第三方评估报告；④WBS。项目范围验收的基准主要包括：①项目范围说明书；②WBS图；③WBS词典。

3. 项目范围验收的工具与技术

(1) 项目范围检查表。内容包括：①目标是否完整；②衡量标准是否科学有效；③约束条件是否合理；④假设条件是否合理；⑤项目的风险是否可以接受；⑥对项目取得成功的把握；⑦项目范围的界定；⑧项目收益。

(2) 项目WBS检查表。内容包括：①目标描述是否明确；②产出物是否明确；③是否以WBS为基础；④工作包是否形成了项目成果服务；⑤目标的层次描述是否清楚；⑥层次划分；⑦是否有可度量的数量、质量和时间目标；⑧考核指标是否合理。

(3) 雷达图。雷达图也是一个有效的项目范围审核工具，它通过坐标直观地反映工作成果与目标业绩之间的差距。

4. 项目范围验收结果

项目范围验收结果主要包括：①验收的可交付成果；②请求的变更；③推荐的纠正措施。

4.3 项目进度管理

4.3.1 项目进度管理的概念

进度指进展的程度，也指进行工作先后快慢的计划。在生产方面，进度管理就是严格按照生产进度计划要求，掌握作业标准（通常包括劳动定额、质量标准、材料消耗定额等）与工序能力（通常是指一台设备或一个工作地）的平衡。在项目方面，项目进度管理是指在项目实施过程中，对各阶段的进展程度和项目最终完成期限所进行的管理。项目进度管理可以使项目在有效的时间内完成总体目标。

4.3.2 项目进度管理的内容

项目进度管理包括活动定义、活动排序、工时估算、编制进度计划、进度控制，其过程如图4-14所示，其中编制进度计划是基础，进度控制是重点。项目进度管理通过对项目定期、定点或不定期的进度控制，发现项目过程中存在的问题并给予解决，从而保证项目如期完工。

图 4-14　项目进度管理基本过程

1. 活动定义

活动定义是指为完成项目产品（可交付成果）而必须完成的各项具体的活动内容。活动定义需要以很多信息资料作为参考，典型的信息资料如项目需求建议书、项目章程、项目目标、项目约束和假设、项目可交付成果等。活动定义应当把项目整体活动进行分解并注明其原因，将每项具体岗位工作落实到相关责任单位或者责任人，以实现整个项目的完工。

2. 活动排序

活动排序确定各活动之间的依赖关系，并形成文档。活动排序是基于WBS的工作包进行的工作关系描述。工作关系分为逻辑关系和组织关系，在编制进度计划时，应首先满足逻辑关系的要求。典型的工作搭接关系包括四种：①完成-开始（Finish-Start, FS）关系，表示必须等活动A结束了，活动B才能开始，两者之间呈强依存关系；②开始－开始（Start-Start，SS）关系，表示活动 A 和活动 B 可以同时开始，但不要求同时结束，两者之间呈弱依存关系；③结束－结束（Finish-Finish，FF）关系，表示活动 A 和活动 B 可以不同时开始，但必须同时结束，两者之间也呈弱依存关系；④开始－完成（Start-Finish，SF）关系，表示前一活动 A 必须在后一活动 B 结束前开始，两者从开始到结束存在约束关系。

以完成－开始关系为例，其表达方式如图 4-15 所示。其中搭接标识可用两种方式表示：① FST，即 Finish Start Time；② FTS，即 Finish To Start。

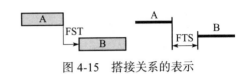

图 4-15　搭接关系的表示

3. 工时估算

工时又称"人时"，一种定义为工作时间的计量单位，如一个工人劳动一小时称一个工时，是企业计算工人劳动时间、制定劳动定额、编制各项计划、衡量劳动生产率发展水平的重要计量单位。工时的另一种定义为工作时间的简称。工时估算要考虑视野环境因素和组织过程资产两大项，包含约束条件、资源状况、资源日历参数等。

工时估算主要依赖如下数据基础：①工作详细列表；②项目约束和限制条件；③资源需求；④资源能力；⑤历史信息。确定工时的主要方法有：①专家判断。主要依赖于历史的经验和信息，当然其工时估算的结果也具有一定的不确定性和风险。②类比估算。类比估算意味着以先前类似项目的实际工作时间来推测估算当前各项目的实际工作时间。在项目的一些详细信息有限的情况下，这是一种最为常用的方法。类比估算也可以说是专家判断的一种形式。③计划评审技术（三参数估计法）。估算工作执行的三个时间，乐观时间 a、悲观时间 b、正常时间 m，则期望时间 $t=(a+4m+b)/6$。

4. 编制进度计划的基本问题

（1）工程项目劳动组织——逻辑关系的安排。

（2）工程活动劳动效率——劳动定额的研究。

（3）劳动方式——工法的研究，如高效率工法、生态工法。

（4）逻辑关系的安排及搭接时距的确定。

5. 工程活动持续时间的确定

（1）能定量化的工程活动。有确定的工作范围和工作量，又可以确定劳动效率的工程活动，可以比较精确地计算持续时间，包括确定工程范围、计算工作量、确定劳动组合和资源投入量等。

（2）确定劳动效率。劳动效率可以用单位时间完成的工程数量（即产量定额）或单位工程量的工时消耗量（即工时定额）表示。我国有通用的劳动定额标准，在具体工程中使用时应考虑前述各种情况并加以适当调整。

（3）非定量化的工作。有些工程活动的持续时间无法通过定量计算得到，因为其工作量和生产效率无法定量化。特别是有些工程活动由其他分包商、供应商承担，则在给他们下达任务、确定分包合同时，应研究他们的能力并认真协商，以确定工程活动持续时间，并以书面（合同）的形式确定下来。

（4）持续时间不确定的情况。有些活动的持续时间不能确定，这通常是由于：工作量不确定；工作性质不确定，劳动效率也会有很大的变化；环境的变化，如气候的影响。估算这些活动的持续时间应进行风险分析，考虑分析因素的影响。

4.3.3 项目进度管理的方法

1. 时差的概念与含义

（1）总时差。总时差是作业的最晚结束时间（LF）与最早结束时间（EF）之差，是不影响整个工期作业的机动时间。一旦某作业占用了一些时差，相关作业的总时差就会减少。总时差可以这样理解：A项工作安排在周一到周五内完成，而工作A的持续时间只有3天，可以周一到周三做，也可以周三到周五做，还剩余2天就是这项工作的机动时间，称为总时差。总时差为零的工作是关键工作，构成关键路径；总时差小于零说明已经不能如期完工，需要实施相应的调整、优化。总时差的图示与计算如图4-16所示。

（2）自由时差（FF）。自由时差是一项工作不影响后续工作的最早开工时间，它是可机动使用的时间。自由时差的图示与计算如图4-17所示。

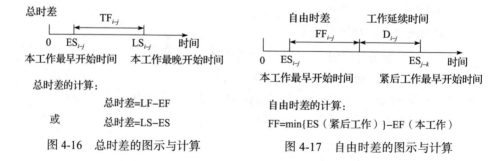

图4-16 总时差的图示与计算　　　图4-17 自由时差的图示与计算

2. 网络时间参数计算步骤与方法

（1）计算工作最早开始时间和最早完成时间。一项工作的最早开始时间应从网络计划的起始节点开始顺着箭线方向依次逐项计算,等于该项工作的各项紧前工作最早完成时间中的最大值。对于网络计划起始节点的最早开始时间,如无特别规定,令其值为零。一项工作的最早完成时间就等于该工作的最早开始时间与该工作的持续时间之和。

(2)确定网络计划的计划工期。未规定要求工期,计划工期即是终点节点的最晚完成时间;规定了要求工期,则计划工期必须小于或等于要求工期。

(3)计算工作最晚完成时间和最晚开始时间。一项工作的最晚完成时间应从网络计划的终点节点开始,逆着箭线方向依次往前逐项计算;网络计划的终点节点所代表工作的最晚完成时间即为计划工期,其他工作的最晚完成时间则等于该工作各个紧后工作的最晚开始时间中的最小值。一项工作的最晚开始时间等于该项工作的最晚完成时间减去该工作的持续时间。

(4)计算工作总时差。一项工作的总时差等于该工作的最晚完成时间与最早完成时间之差,也等于该项工作最晚开始时间与最早开始时间之差。

(5)确定关键工作及关键路径。关键工作是网络中总时差最小的工作。由关键工作构成的线路为关键路径。当 $T_p = T_c$ 时,TF = 0,其中,T_p 为计划工期,T_c 为计算工期;当 $T_p > T_c$ 时,TF > 0;当 $T_p < T_c$ 时,TF < 0。

(6)计算工作的自由时差。如果 TF = 0,那么 FF = 0;由 FF = min{ES(紧后工作)}-EF(本工作)可知,FF 不会大于 TF。

网络时间参数的计算应注意以下几个方面:①遇有搭接关系(特殊情况没有标注的实际都是 FS0)时,应同时考虑所有的搭接,分别对其计算,然后选择合理数值。②在搭接网络中,计算工期取所有工作最早完成时间的最大值,而该最大值不一定是在网络终点节点的工作。③在搭接网络中,按正常程序计算某些工作的完成时间有可能超过工期,这就违背了最晚时间的意义。因此应取工期为该工作的最晚完成时间。④最晚时间是指在不影响工期的前提下,该工作必须开始和完成的时间,若超过这一时间才开始或完成,就一定会影响工期。

3. 编制网络计划图

网络计划技术是以网络图的形式制订计划,求得计划的最优方案,并据以组织和控制生产,以达到预定目标的一种科学管理方法。网络计划图可以准确地反映项目管理内在逻辑关系的优点。网络计划图分为双代号网络图和单代号网络图。

(1)双代号网络图(Arrow Diagramming Method,ADM)。这是一种用箭线表示工作、节点表示工作相互关系的网络图方法。参考示例如图 4-18 所示。这种技术也被称为双代号网络(Activity-On-Arrow Network,AOA)。华罗庚教授推广统筹法就用了双代号网络,双代号网络图一般仅使用结束到开始关系表示活动,因此为了表示所有工作之间的逻辑关系，往往还需要引入虚工作加以表示。

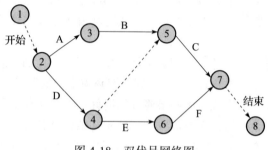

图 4-18　双代号网络图

（2）单代号网络图（Precedence Diagramming Method，PDM）。这是一种用节点表示工作、箭线表示工作关系的项目网络图。参考示例见图 4-19。这种技术也被称为单代号网络（Activity-On-Node Network，AON）。这是大多数项目管理软件包所使用的方法。

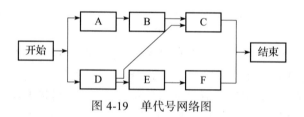

图 4-19　单代号网络图

（3）网络计划图的绘制原则。主要包括：①正确表达工作之间的逻辑关系；②网络计划图中不允许出现循环线路；③网络计划图中不允许出现编号相同的工作；④网络计划图中不允许出现双向箭线或线段；⑤在单目标网络图中有多项工作同时开始或同时结束时，加虚拟开始节点或虚拟结束节点。符合绘制原则和搭接关系的双代号网络计划图和单代号网络计划图分别如图 4-20 和图 4-21 所示。

工作名称	A	B	C	D
紧后工作	H	HF	FG	G

4. 项目进度跟踪报告

项目进度跟踪报告用简单的表格形式跟踪需要报告的信息。在此以某公司的规范报表为例，见表 4-4 项目进度跟踪报告示例。通过项目进度跟踪报告，可以及时发现项目进度出现的偏差。

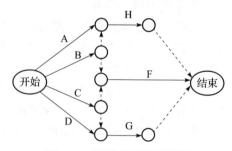

图 4-20　双代号网络计划图

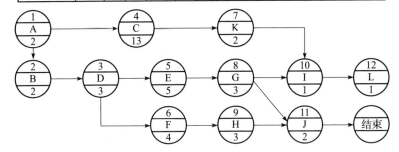

图 4-21 单代号网络计划图

表 4-4 项目进度跟踪报告示例

项目内部进度报告			
姓名：	项目名称：	本周结束日期：	
关键问题		是	否
超过目标日期了吗？			
估算有问题吗？			
质量有问题吗？			
评审有问题吗？			
对跟踪项目的解释：			
下一周任务计划：			
问题和办法：			
完成人：	日期：	评审人：	日期：

5. 因果分析图法

因果分析图法又称鱼刺图、树枝图，是一种逐步深入研究寻找影响产品质量原因的方法。由于项目管理过程的各个阶段所遇见的问题各不相同，产生问题的因素也千差万别，在分析其原因时应该按照由大到小、由粗到细的规律，按部就班地找出解决问题的关键办法。

如果项目进度出现失控，必须分析原因并采取措施进行调整。采取的措施如下：①明确问题，如延期问题、超预算问题；②查找产生问题的原因，为从系统角度充分认识各方面原因，可以采用头脑风暴法进行原因分析；③分析各个原因对问题产生的影响程度；④画出带箭头的因果分析图。有效项目进度控制的关键是尽可能早地、果断地将主要精力放在出现问题的活动上，通过使用技术和工具达到良好的管理效果，保证项目的顺利进行。

4.3.4 项目进度控制与优化

1. 项目进度控制

项目进度控制是指按照项目进度检查计划对项目实施过程中的每一个检查点进行检查，评价实际进度是否符合项目进度计划的要求，对出现的偏差分析原因并采取补救措施或调整、修改原计划，直至项目竣工和交付使用。

项目进度控制可以实现如期完成项目的目标。项目进度控制的原则包括：①项目进度目标的分解原则；②项目进度目标分级控制原则；③协调控制原则。项目进度控制的内容主要包括：①将项目进度计划与实际情况对比以确定进度是否存在偏差；②分析影响项目进度的原因并采取措施，以确保项目朝有利方向进行；③实施项目进度控制要与项目其他类型控制紧密结合，项目其他类型控制主要包括成本控制、质量控制等。项目进度控制流程如图 4-22 所示。

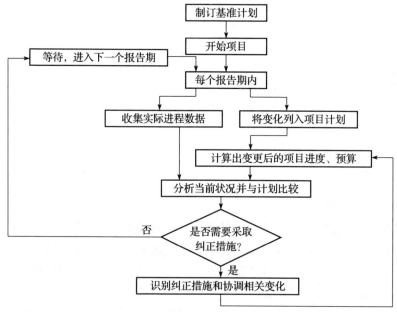

图 4-22　项目进度控制流程

2. 进度优化

没有区别就没有管理。项目进度计划编制完成后，需要对其进行审核和分析，以区分主次。工期计划的分析如图 4-23 所示。

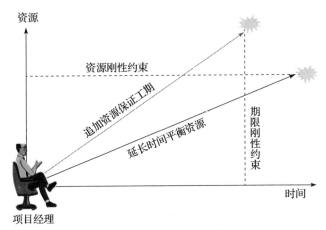

图 4-23 工期计划的分析

工期优化一般分为两种情况：期限刚性计划和资源刚性计划，其工期优化的分析与调整策略如图 4-24 所示。

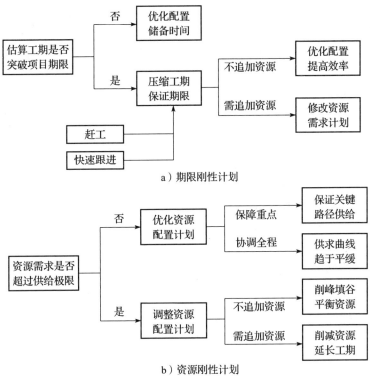

图 4-24 工期优化的分析与调整策略

在工期绩效跟踪考核的基础上对项目进度实施有效的控制，可以基于时空置换有效区来设定控制策略，如图4-25所示。相应的进度变更控制程序如图4-26所示。

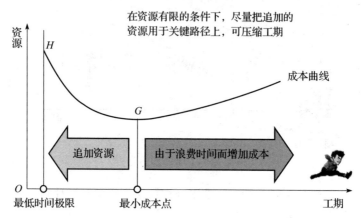

图4-25　基于时空置换有效区的控制策略

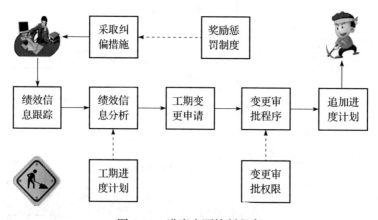

图4-26　进度变更控制程序

3. 组织措施

组织措施主要包括：①建立进度控制目标体系，明确建设工程现场监理组织机构中进度控制人员及其职责分工；②建立项目进度报告制度及进行进度信息沟通；③建立项目进度计划审核制度；④建立项目进度控制检查制度和分析制度；⑤建立项目进度协调会议制度，即每周的工地例会制度；⑥建立图纸审查、项目变更和设计变更等管理制度。

4. 技术措施

技术措施主要包括：①审查承包商提交的项目总进度计划是否满足施工合同的工期要求，重点从施工管理、施工措施，以及人力、材料、机具的配置方面审查施工进度计划的可行性，提出审查意见，使承包商能在合理的状态下施工；②编制进度控制工作细则，指导监理人员实施进度控制；③采用网络计划技术及其他科学、适用的计划方法，并结合电子计算机对项目进度实施动态控制，如督促承包商按时报送月进度计划和周施工计划，对建设项目关键节点进行控制。

5. 经济措施

经济措施主要包括：①及时办理工程预付款及工程进度款支付手续；②对应急赶工支付一定的赶工费用；③对工期提前给予奖励；④对工程延误收取误期损失赔偿金；⑤加强索赔管理，公正地处理索赔。

6. 合同措施

合同措施主要包括：①推行建设管理模式（Construction Management，CM）等先进的承发包管理模式；②加强合同管理，保证合同进度目标的实现；③严格控制合同变更；④加强风险管理。

4.4 项目资源管理

4.4.1 项目资源管理的相关概念与分类

1. 资源与项目资源

资源是指一切可被人类开发和利用的物质、能量和信息的总称，分为自然资源和社会资源两部分。投入资源才能确保项目管理工作的正常进行，对所需资源进行合理的分配、调动，才能高效地完成项目目标管理工作。项目过程中所需的资源可分为三种：①无形资源，指植根于组织历史，伴随组织的成长而积累起来的，以独特的方式存在并且不易被竞争对手了解和模仿的资产，如组织、社会关系等；②智力资源，指经过一定的专业技能培育以后，能够从事脑力劳动并带来一定经济或社会效益的个人或群体，如知识产权、劳动技能等；③物化资源，如仪器设备、原材料等。

2. 资源管理与项目资源管理的含义

资源管理是对人、财、物、时间、信息、基础设施以及组织文化等进行有效的计划、组织、协调和控制，同时在这个过程中，管理人员要主动形成自己的观点并通过技术手段使资源得到最有效的开发和利用。对于任何项目和组织，资源都是有限的，项目管理过程要识别资源需求、发现和整合资源，并通过系统化的管理使资源效能最大化。

项目资源管理是指为了降低项目成本，而对项目所需的人力、材料、机械、技术、资金等资源所进行的计划、组织、指挥、协调和控制等活动。在项目资源管理中，项目经理要善于发现和整合资源，通过合理有效的计划系统争取资源，然后进行资源优化与平衡，使其在项目中发挥最大作用。为了实现项目/项目群的目标，项目/项目群经理和管理团队要识别、获取、维持、保护、优化（动态、有效）运用各种所需资源。

3. 项目资源管理的分类

在项目管理中，对所使用的资源进行分类的方法很多，常见的有以下三种分类方法。

1）根据会计学原理对项目所需要的资源进行分类，可分为：①劳动力成本（人力资源）；②材料成本及诸如分包、借款等其他"生产成本"。

2）根据项目所需要的资源的可得性进行分类，主要可分为：①可以持续使用的资源，如固定的劳动力；②消耗性资源，如各种材料或计算机的机时；③双重限制资源。资源在项目各个阶段的使用数量是有限制的，总体的使用量也是有限制的。资金就是典型的双重限制资源。

3）根据项目进行中所需要的资源的特点进行分类，可分为：①没有限制的资源。例如，没有经过培训的劳动力或者通用设备。②价格非常昂贵或者在整个项目的工期内不可能完全得到的资源。例如，项目实施过程中使用的特殊试验设备，每天只能进行4小时的工作；或者某些技术专家同时负责很多个项目的技术工作。

4. 项目资源管理的主要内容

项目资源管理的主要内容包括：①规划资源管理，制订资源管理计划；②确定所需资源的种类、标准、质量；③组建采办和管理资源的组织机构，确定资源管理工作规范；④采办项目所需的各类资源；⑤制定资源采办的规则、流程，做好资源使用规划与优化利用；⑥规范、高效地做好各类资源的购、运、收、存、发、用、回收、处理环节的管理工作；⑦资源使用总结管理。

5. 资源在项目计划中的影响

资源是项目实施的基础，没有资源，一切都是空谈。资源对项目的进度计划、费用计划等有着直接的影响，这是因为项目的每一个活动、每一项工作都需要用到物质资源与非物质资源。项目中的各活动在资金、时间、人力等资源方面往往存在既共享又竞争的关系,在多项目并行实施的过程中,项目之间在资金、时间、人力等资源方面也存在既共享又竞争的关系。资源配置合理与否直接影响各项目的进度和完工质量,关系着项目的成败。

最初制订项目进度计划往往不考虑资源在需要的时候是不是可用的,因此,忽视资源限制的影响就会产生严重问题。为避免这一问题,首先需要重新调整项目的进度计划,使所有的任务都与可用资源一致。然后,必须检查其他项目的资源需求并解决存在的冲突。如果不这样做,缺乏资源的情况是不会"不治而愈"的。到了没有时间修改原定进度计划的时候,资源缺乏就会变成一块"拦路石"。实施项目的过程中最好有资源的储备。在很多情况下,项目进行过程中需要更多的资源,有必要时需要调整项目预算和进度表。

4.4.2 项目资源计划

项目资源包括项目实施中需要的人力、设备、材料、能源及各种设施等。项目资源计划是指识别和分析项目的资源需求,从而确定项目所需投入的资源(人力、设备、材料)种类、数量和投入时间,并制订项目资源计划安排的项目费用管理的活动。可见,项目资源计划必然是与费用估计、时间估计相对应的,是项目费用估计、项目时间估计的基础。

1. 编制项目资源计划的依据

编制项目资源计划的依据涉及项目范围、项目时间、项目质量等各个方面的计划与要求文件,以及各种相关支持细节文件与资料等,主要包括:①项目工作分解结构(WBS);②项目工作进度计划;③项目范围说明书;④资源安排和供给情况的描述;⑤组织过程资产。

2. 编制项目资源计划的方法和工具

编制项目资源计划的方法和工具主要包括:①专家判断法,是指由项目管理专家根据经验判断确定和编制项目资源计划的方法。它包括专家小组法和德尔菲法等方法。②项目管理软件法,是指使用现成的项目管理软件编制项目资源计划的方法。③资料统计法,是指使用历史项目的统计数据资料计算和确定项目资源计划的方法。④标准计算法,是指使用国家或民间统一的标准定额和工程量计算规则去制订项目资源计划的方法。⑤自下而上估算法。⑥编制项目资源计划的工具,包括资源矩阵、资源数据表、资源甘特图、资源负荷图或资源需求曲线和资源累计需求曲线。

3. 项目资源计划的输出结果

项目资源计划的结果主要是制订项目资源的需求计划，对各种资源的需求及需求计划加以描述。资源需求的安排一般应分解到具体的工作上。项目资源计划的主要表现形式如下：①项目资源计划需求数据表，通过各种表格描述各种资源的需求量；②资源负荷图，直观描述在项目执行期间各种资源需求量的直方图。

4.4.3 项目人力资源管理

项目人力资源管理虽然属于人力资源管理的范畴，但是它管理的对象是项目所需的人力资源。项目人力资源管理的主要内容包括项目人力资源的规划、计划安排、招聘获得、合理配置、绩效评估、奖惩激励、团队建设、人力资源开发和项目团队管控等。项目人力资源管理的根本目的是为项目获得和配备人力资源，激励和充分发挥项目人力资源的主观能动性，建设和管理项目团队以实现既定的项目目标和提高项目效益。项目人力资源管理工作的主要内容如图 4-27 所示。

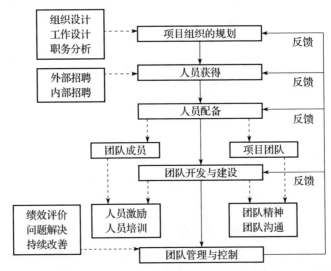

图 4-27　项目人力资源管理工作的主要内容

1. 项目人力资源规划

项目人力资源规划包括项目的组织规划和人力资源计划两方面的内容，是项目人力资源管理的首要任务。项目组织规划是根据项目工作分解结构（WBS）和设计项目团队的组织分解结构（OBS）来进行的工作，包括项目组织设计、项目组织岗位分析和项目岗位的工作设计。

（1）项目组织规划。项目组织规划就是根据项目目标及工作内容的要求确定项目组织中角色、权限和职责的过程。项目人力资源管理计划的首要任务是制定组织规划。组织规划的主要内容包括组织结构选择、确定各单位的分工协作及报告关系、确定集权与分权程度及权力分配。

（2）人力资源计划。编写人力资源需求计划一般需遵循以下原则：目标性原则、人尽其才原则、专业化原则、灵活性原则。

2. 项目人员的获得与配备

项目人员的获得与配备是项目人力资源管理的第二项任务，它是指项目组织根据项目人力资源规划通过组织内外招聘或其他方式获得项目所需人力资源，并根据所获人力资源的技能、素质、经验、知识等进行工作安排和配备，从而构建一个成功的项目团队的工作。

人员配备就是根据项目计划的要求，确定项目整个生命周期内各个阶段所需要的各类人员的数量和技能，并通过招聘或其他方式获得项目所需人力资源，从而构建一个项目组织或团队的过程。人员配备包括：①选择项目经理；②工作分析；③选配人员；④制订项目人力资源需求计划与累计负荷图，开展项目团队建设与管理，开展绩效考评与激励。

3. 项目人力资源的开发与建设

项目人力资源的开发与建设是指在项目实施的过程中使用培训和激励等方式，不断提升项目团队成员的能力，改善团队成员间的合作关系，为实现项目目标而开展的对项目团队的持续改善性活动。这方面的工作包括项目人力资源的培训、项目团队的绩效评估、项目人力资源的激励与项目人力资源创造性和积极性的发挥等。它的目的是使项目人力资源能够得到充分开发和使用。

4. 项目团队的管理与控制

项目团队的管理与控制是指在项目实施过程中对项目团队进行的监督、管理与控制的工作，其目的是不断总结经验教训并解决组织中存在的各种问题。项目团队的管理与控制的工作包括项目团队及其成员的工作绩效跟踪评价、绩效评价结果的反馈、项目团队冲突的解决以及项目人力资源计划变更管理等。

4.4.4 项目物化资源管理

项目物化资源主要包括在不同项目或项目的不同阶段重复使用的资源（如大型试验设施）、可用性有时间期限要求的资源（如特殊物资）、随着时间的推移和项目进展而逐步被消耗掉的资源。

物资主要是指工程项目，特别是型号研制上用的电气、电子与机电元器件，原材料及主要辅料，标准紧固件等实物。物资管理又称采购供应管理，是指企业在生产过程中对本企业所需物资的采购、使用、储备等行为进行计划、组织和控制。物资管理的目的是通过对物资进行有效管理，以降低企业生产成本，加速资金周转，进而促进企业盈利，提升企业的市场竞争能力。对项目用物资采取各种管理措施可以使其性能、质量、可靠性、进度及成本满足项目的研制要求。

1. 物资管理的任务

企业进行物资管理必须严格遵守法规，健全物资管理制度和手续，严格按照制度进行物资的验收与发放，减少物资损失，杜绝浪费。物资管理的主要任务有以下五项：①按时、按质、按量地供应企业所需的各种物资，保证企业生产经营的顺利进行；②做好物资的供应计划，在保证产品质量的前提下，尽可能地降低采购及运输费用；③做好物资的合理使用，提高物资利用率，降低物耗成本；④加强仓库管理，科学合理地控制库存，减少流动资金的占用；⑤采用新材料、新工艺和新装备，创新物资管理模式，降低企业物资管理成本。

2. 物化资源管理的主要工作内容

物化资源管理的主要工作内容包括以下几个方面。

（1）后勤管理。后勤管理包括后勤策划、实施与最终产品支持，它是开发用于确保最终产品可支持且可持续的产品和服务的综合方法。

（2）供应链管理。有些项目是复杂的系统工程，无法由一个企业单独完成，一些特殊行业的复杂项目应根据产品配套关系建立物资供应链条，从供应链的视角来看，这就是系统的供应链。

（3）物资信息管理。物资信息管理要求开展重要物资的信息管理工作，建立健全型号涉及单位的物资信息管理机制，根据统一要求开展物资信息化系统建设和应用工作，确保型号物资信息管理准确、及时、全面、有效。物资信息主要包括采购信息、质量信息、配套信息、物资部定期发布的风险物资清单，以及引进物资出口控制信息、停产信息、采购周期信息等。

3. 物资供应计划管理

物资供应计划是企业在计划期内，为保证生产经营正常进行确定所需各种物资的计划。它是企业进行物资采购和物资供应的依据，是保证企业生产经营正常进行的重要保证。

（1）物资供应计划的主要内容。①确定各类物资需求量；②确定计划期初、期末库存量；③进行综合平衡，确定计划期物资采购量。

1）确定各类物资需求量。物资需求量是指企业在计划期内为满足生产经营活动的各方面需要而消耗的物资数量。物资需求量应该按照物资类别及规格分别计算，直接计算如下：

$$物资需求量 = 计划产量 \times 物资消耗定额 + 物资合理损耗$$

2）确定计划期初、期末库存量。

$$期初库存量 = 编制计划时实际库存量 + 期初前到货量 - 期初前消耗量$$

$$期末库存量 = 期初库存量 + 本期采购量 - 本期需求量$$

3）进行综合平衡，确定计划期物资采购量。确定各类物资的需求量和期初、期末库存量之后，就要对每一类物资进行需求和供给平衡并编制物资平衡表，然后根据物资平衡表得出各类物资的采购量，编制物资供应计划。

$$物资采购量 = 物资需求量 + 期末库存量 - 期初库存量 - 企业内部可利用的其他资源$$

（2）物资供应计划的编制及执行。瞬息万变的市场要求企业应该综合各部门的信息编制物资供应计划，做到内容精准、科学，并具有可操作性。其具体要求有以下几个方面：①物资部门组织人员对物资市场进行调研，掌握物资供应动态，并开展清查查库工作，核实库存；②生产部门根据生产能力、生产任务、用户需求、物资消耗和储备等因素，估算所需物资的数量、种类，提交物资需求清单；③财务部门负责提供流动资金的详细信息，以资金净流量约束物资供应计划的规模。

4. 物资采购管理

物资采购是企业组织生产、经营的首要环节，没有物资采购，就没有企业的正常生产经营。如果企业不能保质、适量、适价、及时地进行物资采购，将会影响企业再生产的顺利进行和企业的经营效益，甚至威胁到企业的生存和发展。因此，企业应当积极地采取措施做好物资采购工作。物资采购的原则包括遵纪守法原则、以需订购原则、择优选购原则、市场动态原则。企业一般采用合同订购的方式批量购进物资，但在社会货源充足的情况下，也经常选择市场选购。企业的物资采购方式还包括集中采购、分散采购、集中采购与分散采购相结合、联合采购。

5. 物资存储管理

俗语说："手中有粮，心中不慌。"过去人们认为"物资储备越多越好"。在物资相对紧缺的时代，充足的物资储备为扩大化再生产提供了动力和保障。但对于现代企业来说，过多的库存使企业承担了巨额的仓储费用，并占用了大量资金，严重降低了企业的竞争力。正如露华浓（Revlon）的前总裁迈克尔·C.伯杰拉克所说："每个管理上的失误最后都会变成库存。"因此，对于每一个现代企业来说，要想生存、发展，必须做好物资存储管理工作。

物资存储管理是对物资的储存、保管等业务进行有计划的组织、监督和调节。物资存储管理需要保质、保量、及时、安全地供应生产所需要的各种物资，密切配合物资的进、销、调、运等经营活动，对保证物资供应、物资流通具有重要意义。企业应该做好物资存储管理。物资存储管理就是管理企业物资的接运、交接、验收、保管保养、出库、发放、回收等方面的工作。物资存储管理作业流程如图4-28所示。

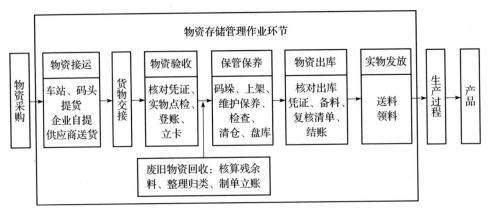

图4-28　物资存储管理作业流程

企业为了顺利地做好物资存储管理工作，应该具备以下条件：①仓库的布局要合理，仓库的设置应该与物资的运输、产品的流向相适应，保证物资的合理流向；②建立必要的仓库设施，如库房、货架、装卸搬运工具、计量检验设备、消防设施等；③由具有仓库管理方面知识和经验的专业人员对仓库进行管理，并建立相应的管理制度。

6. 设备的选购

设备的选购需要遵循生产上适用、技术上先进、经济上合理的原则，包括新设备从企业外部经过选择、购买、运输、安装、调试，进入企业的生产过程。设备的正确选购是企业设备综合管理的首要环节。企业设备选购不当往往会造成严重的资源浪费，因此，为了使有限的资源发挥最大的技术经济效益，企业必须合理地选购设备。设备选购的具体要求有以下几个方面：先进性、生产性、可靠性、可维修性、耐受性、适应性、经济性、环保性。

4.4.5 项目资源平衡与优化

成功的项目管理既是一门艺术，又是一门科学。它是考虑在时间、费用和质量平衡的基础上，尽可能少地使用资源。许多项目都是独一无二的活动，事前的计划编制并没有一个统一的标准。对于项目经理而言，处理好时间、费用、质量、人力资源、沟通、采购等目标之间的关系不是一件容易的事。项目经理在编制计划的时候就应当充分利用已经掌握的信息和资源，采用综合平衡的方法，制订出合理、有指导意义的综合计划。

1. 综合平衡的内容

项目资源综合平衡的基本原则包括系统性原则、合理性原则、重要性原则、满意性原则。在项目的整个实施过程中，项目资源平衡与优化管理的基本工作主要包括：①项目资源平衡与优化管理计划的编制；②项目资源平衡与优化的管理；③项目资源平衡与优化管理的实施与考核。

2. 综合平衡的方法

在对项目资源进行综合平衡时，需要考虑时间、质量、费用等重要约束条件之间的相互关系，在不同的前提和假设下，处理的方法也有所不同。

（1）质量不变的情况。质量固定时，费用可以看作时间的函数。需要注意的是，在目标时间内完成项目所需的费用往往比预算费用高，主要是因为在目标时间内为了完成工作而额外消耗了资源或加班，造成费用的逐步提高。

（2）费用保持不变的情况。费用固定时，质量可以作为时间的函数，质量水平的高低往往决定着是否改变项目的时间计划。如果费用固定，项目就必须有一份经过仔细推敲和研究的合同，合同对要求达到的质量水平必须有清晰的规定，对于包含什么、不包含什么必须陈述清楚。

（3）时间保持不变的情况。时间固定时，费用会随着质量要求的改变而改变。在计划费用的情况下，如果质量已经能够保持在计划的90%的水平，为了保证项目按时完成，承包商可能会要求降低质量。这样做的潜在影响就是，质量的降低意味着在客户方面信誉的下降，也会对企业以后的商业行为产生影响。

（4）质量、费用、时间三个要素均有变化的情况。常见的情形是质量、费用和时间都不固定，此时需要做的工作就是在不同的质量水平上进行费用和时间的平衡。可以通过费用变更来达到计划的时间和质量要求，但最终费用方案的选择取决于项目执行方愿意承担的风险大小。平衡分析在项目全生命周期的任何时点上都是必需的。

4.5 项目成本管理

4.5.1 项目成本构成分析

项目成本管理是项目管理知识体系中最重要的组成部分之一,因为人们开展项目的根本目的就是以最小的成本获得最大的价值,而成本和项目价值的管理都属于现代项目成本管理的范畴。

1. 项目成本的定义

项目成本的英文是"Project Cost",并且英文中的"Cost"本身既有"花费了多少"(成本)的意思,又有"价值是多少"(价值)的意思。由于英文的"Cost"本身包含"成本"和"价值"两个方面的意思,因此,项目成本管理应该包含项目价值和成本管理两方面的含义。项目成本的定义有狭义和广义之分。其中,狭义的项目成本是指为实现项目目标而开展的各种项目活动中消耗资源所形成的费用;广义的项目成本是指项目价值的大小。项目价值中不仅包含狭义的项目成本,而且还包含所涉及的税金及承包商利润等方面的内容。

2. 项目成本管理的定义

狭义的项目成本管理是指为保证项目实际发生的成本不超过项目预算而开展的项目成本估算、项目预算和项目预算控制等方面的管理活动。广义的项目成本管理是指为实现项目价值最大化所开展的各种项目成本管理活动和工作。狭义的项目成本管理也是为确保在既定项目预算内按时、按质地实现项目目标所开展的一种项目管理专门工作,广义的项目成本管理应该涉及项目成本、项目功能和项目价值三个方面的项目管理工作。

实际上,项目成本管理首先考虑的是开展各种项目活动所需资源的成本管理,其次是在项目成本管理的同时考虑项目的价值,包括顾客使用项目产出物的成本等方面的价值。例如,降低项目建设的投入,其代价可能是项目价值或顾客使用成本的增加。这种广义的项目成本管理在某些地方也被称为项目全生命周期成本管理方法或项目全生命周期成本核算(Life Cycle Costing,LCC)方法。共同使用项目全生命周期成本核算和价值工程技术可以压缩项目成本和项目时间、改进项目质量和项目绩效。由此可见,现代项目成本管理的范畴已经不仅仅是项目费用的管理,而是有了很大的拓展。

3. 项目成本管理的内容

项目成本管理的主要目的是在批准的预算条件下确保项目保质、按期完成。其主要内容包括基于资源计划的费用估算、费用预算与成本控制等,成本管理涉及费用目标、费用计划和费用控制。项目成本管理的基本原则包括：①成本管理最低化原则；②目标管理原则；③动态控制原则；④成本管理有效化原则。

在工程生命周期过程中涉及对费用进行匡算、估算、概算、预算、结算、决算、清算。项目成本管理工作内容如图 4-29 所示。

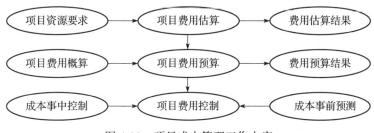

图 4-29　项目成本管理工作内容

4. 现代项目成本管理的理论与方法及知识体系模型

（1）现代项目成本管理的理论与方法。这主要是指 20 世纪 80 年代以后发展起来的现代项目成本管理的思想、理论和方法，主要包括如下几种：①全过程项目成本管理的理论与方法；②全生命周期项目成本管理的理论与方法；③全面项目成本管理的理论与方法。

（2）现代项目成本管理的知识体系模型。现代项目成本管理除了上述主流学派的重要理论和方法外，还有独立的项目成本管理知识体系，这种知识体系也被称为项目成本管理的方法论，如图 4-30 所示。在项目全生命周期进行成本管理，主要内容包括：①项目全要素成本管理方法。②项目全风险成本管理方法。③项目全团队成本管理方法。④项目全生命周期成本管理方法。

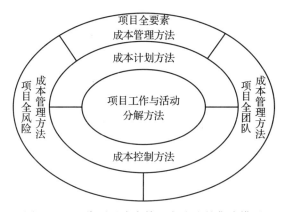

图 4-30　现代项目成本管理方法论的集成模型

4.5.2 项目费用估算

项目费用估算是指根据项目的资源需求和计划以及各种项目资源的价格信息，估算和确定项目各种活动的成本和整个项目总成本的项目成本管理工作。

1. 项目成本的构成

项目成本的构成是指项目总成本或者项目工作包成本的构成成分。项目成本通常是由一系列项目成本细目构成的，项目成本的构成有很多种聚类方法，按照项目不同工作的成本，可以将项目成本分成如下几个部分以便进行项目成本管理：①项目定义与决策工作成本；②项目设计与计划工作成本；③项目采购与获得工作成本；④项目实施与作业成本。

2. 项目成本的影响因素

项目成本的影响因素有许多，而且不同应用领域中的项目的成本影响因素也不同，但是最为重要的影响因素包括如下几个方面：①项目所需资源的数量和价格；②项目所需资源的投入时间；③项目所需资源的质量要求。

根据上述分析，在项目费用估算中必须考虑项目所需资源的价格、投入时间和质量要求，只有这样才能做出正确的项目费用估算。

3. 项目费用估算的依据

项目费用估算主要包括以下几个方面。

（1）工作分解结构（WBS）。

（2）资源需求计划，即资源计划安排的结果。

（3）资源价格信息。为了计算项目各项工作费用，必须知道各种资源的单位价格，包括工时费、单位体积材料的费用等。

（4）工作持续时间。工作持续时间将直接影响项目工作经费的估算，因为它将直接影响分配给工作的资源数量。

（5）组织过程资产。需要考虑的组织过程资产主要包括：①历史信息。同类项目的历史信息是项目执行过程中可供参考的最有价值的资料之一，包括项目文件、共用的项目费用估计数据库及项目工作组的知识等。②会计信息。会计信息给出了各种费用信息项的代码结构，这对将估算的项目费用与正确的会计科目相对应很有帮助。

4. 项目费用估算的方法

项目费用估算的方法主要包括：①类比估算法；②参数估计法；③自上而下估算；④自下而上估算；⑤准备金分析法；⑥项目管理软件；⑦储备分析；⑧标

准定额法；⑨工料清单法。

5. 费用科目

费用科目主要包括：①人工成本（各种劳力的成本）；②物料成本（消耗和占用的物料资源费用）；③顾问费用（各种咨询和专家服务费用）；④设备费用（折旧、租赁费用等）；⑤不可预见费（为预防项目变更的管理储备）；⑥其他费用（如保险、分包商的法定利润等）。

6. 项目费用估算的结果

项目费用估算的结果主要包括：①项目成本估算文件；②相关支持细节文件；③项目成本管理计划；④成本变更的请求。

4.5.3 项目费用预算

1. 项目费用预算概述

项目费用预算主要是将全部估算费用分配给各个项目工作包，建立费用基线来度量和控制项目的执行。

项目费用预算主要有两个特征：一是其与费用估算相比具有权威性，各项目小组能够拥有的资源数量得到项目领导者的确认，并将其以正式的文件形式下达；二是项目费用预算具有约束性和控制性，它是一种控制机制或是一种比较标准，可以作为度量资源实际用量和计划用量之间差异的基线标准。

项目费用预算与估算有下列区别：①费用估算是费用预算的输入信息，而费用预算是会计账目的输入信息；②费用估算信息由战术和运营管理层的经理使用，而费用预算信息由战略经理使用；③费用估算是一项工作，而费用预算是一个要遵守的计划；④费用估算可以看成是费用预算的一个组成部分；⑤费用估算是通过分析得来的，而费用预算是通过计划得来的；⑥费用估算关注个别活动或相关活动组，而费用预算关注整个项目；⑦费用估算与费用预算之间的关系就如同时间估算与时间计划之间的关系；⑧费用估算是一个概况，而费用预算是一个具体的过程。

2. 项目费用预算（成本预算）的内容

项目成本预算的依据主要包括：①项目成本估算文件；②项目工作结构分解；③项目工期进度计划。项目成本预算的主要工作是编制项目成本预算的"S"曲线，如图4-31所示。项目成本预算的结果包括两个因素：一是项目成本预算额的多少；二是项目预算的投入时间。需要特别注意的是，项目成本预算并不是越低越好，因为成本预算过低会造成预备金或管理储备不足，从而导致企业无法应对项目实施过程中出现的各种突发事件，最终造成项目不必要的损失。

项目成本预算的方法主要包括：①常规的项目成本预算方法；②专门的项目成本预算方法；③项目成本预算中的其他方法。项目成本预算必须很好地完成如下工作：①确定项目预算中的风险储备；②确定项目成本的总预算；③确定项目活动的预算；④确定项目各项活动预算的投入时间；⑤确定项目成本预算的"S"曲线，如图4-31所示。

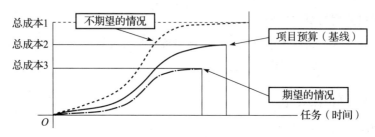

图4-31 项目成本预算的"S"曲线

3. 项目费用预算的结果

项目费用预算的主要结果是编制费用基线，它将作为度量和监控项目实施过程中费用支出的依据。通常费用与时间的关系是一条"S"形曲线。一个大的项目可能需要多个费用曲线以反映项目执行过程中的不同方面，比如花费计划和费用流预测就是度量项目支出的一条费用线。项目费用预算结果的主要表示形式有：

（1）费用负荷图。费用负荷图用柱状图的形式描述项目生命周期内费用的需求情况，该图能够清晰直观地反映项目执行期间内每一时间段对费用的需求情况，如图4-32所示。

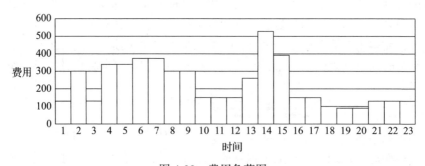

图4-32 费用负荷图

（2）费用累积曲线。费用累积曲线反映了项目生命周期内任一时刻项目总费用支出的计划情况，是项目费用控制和整体进度控制的基础，如图4-33所示。

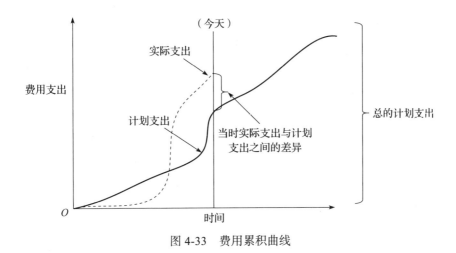

图 4-33　费用累积曲线

（3）费用管理计划（更新）。如果批准的变更请求是费用预算过程所致，并且将影响费用的管理，则应更新项目管理计划中的费用管理计划。

（4）请求的变更。费用预算过程可以产生影响费用管理计划或项目管理计划其他组成部分的变更请求。项目相关方通过实施整体变更控制过程对请求的变更进行处理和审查。

4.5.4　项目费用控制

1. 项目费用控制概述

项目费用控制是指随着项目的发展，根据项目实际成本的发生情况不断修正原先的费用估算，并对项目的最终成本进行预测。项目费用控制涉及对可能引起项目费用变化的影响因素的控制（事前控制）、项目实施过程中的费用控制（事中控制）和项目实际成本发生以后的控制（事后控制）这三个方面的工作。项目费用全面控制最根本的任务是控制项目各方面的变动和变更，以及项目费用的事前、事中和事后控制。

项目费用控制的具体工作包括：①监测项目的成本变动，发现项目费用控制中的偏差，找到这些偏差产生的原因，采取各种纠偏措施防止项目费用超过预算，确保实际发生的项目费用和项目变更都能有据可查；②防止不正当或未经授权的项目变更费用被列入项目费用预算，以及采取相应的成本变动管理措施等。有效控制项目费用的关键是经常性地收集项目的实际费用，进行费用计划值（目标值）和实际值的动态比较分析并进行费用预测，尽早发现项目费用出现的偏差和问题，以便在情况变坏之前及时采取纠正措施，包括经济、技术、合同、组织管理等综合措施，以尽可能好地实现项目的费用目标。

2. 项目费用控制的依据和方法

项目费用控制的主要依据包括：①项目成本基准计划；②项目成本执行情况报告；③项目变更请求；④项目成本管理计划；⑤项目各项工作的费用预算。

项目成本控制的基本方法可以分为两类：一类是分析和预测项目成本及其他要素发展变化的方法，另一类是控制项目成本和各种要素发展变化的方法。项目成本控制方法包括如下几种：①项目变更控制系统的方法；②项目成本实际情况的度量方法；③项目成本的预测和附加计划法。

3. 项目费用控制的结果

开展项目费用控制的直接结果是带来了项目成本的节约和项目经济效益的提高，间接结果是生成了一系列项目成本控制文件。这些文件主要包括如下几项：①项目成本估算文件的更新；②项目成本预算文件的更新；③项目活动方法改进文件；④项目成本的预测文件；⑤应吸取的经验教训。

4.5.5 挣值分析法

1. 挣值管理的概念

挣值管理又称挣值分析法（Earned Value Analysis，EVA），是评价项目成本实际开销和进度情况的一种方法，也称赢得值或盈余值分析法。它通过测量和计算计划工作成本得到计划实施进度和投资的偏差，从而达到衡量项目成本情况的目的。它是目前国际上通用的较成熟的项目投资和进度控制方法之一，能全面衡量工程进度、成本状况、资源和项目绩效。与传统的管理方法相比，挣值分析法有三个优点：①用货币量代替工程量来衡量工程的进度；②用三个基本值计划工作预算费用（Budgeted Cost of Work Scheduled，BCWS）、已完成工作的实际费用（Actual Cost of Work Performed，ACWP）、已完成工作预算费用（Budgeted Cost of Work Performed，BCWP），而不是一个基本值来表示项目的实施状态，并以此来预测项目可能的完工时间和完工时可能的成本；③在每一个工序完成前就可以分析其偏差，并且可对其发展趋势进行预测，为项目管理人员在后续工作中采取正确的措施提供依据。挣值分析本质上是一种项目控制方法，其分析过程基于成本计划与实际费用的使用。

2. 挣值分析法的三个主要参数

（1）计划值（Plan Value，PV）。计划值又称项目计划工作预算费用（BCWS），即根据经批准的进度计划来计算截至某一点应当完成的工作所需投入资金的累积值,又称"已完成投资额"。BCWS 曲线是综合进度计划和费用后得出的。它是将项目计划消耗的资源在计划的周期内按时段(通常是月)进行分配,然后逐时段累加,即可生成项目的 BCWS 曲线。这条曲线是项目控制的基准曲线。

$$BCWS = 计划工作量 \times 概算单价$$

(2)实际成本(Actual Cost,AC)。实际成本又称项目已完成工作的实际费用(ACWP),即到某个时点已完成工作量实际花费的总金额(直接和间接成本的总额)。ACWP 的含义是已完成工作实际上消耗的费用,又称消耗投资额。逐项记录实际消耗的费用,然后将其累加,即可生成 ACWP 曲线。

(3)挣值(Earned Value,EV)。挣值又称项目已完成工作预算费用(BCWP),也称计划投资额,实际上是已完成工作的价值,也可以理解为产出。挣值反映了项目的实际进度。按规定时段统计已完成工作量,并将已完成工作量的值乘以概算单价并累加后,即可生成项目的 BCWP 曲线。BCWP 是用概算单价来计算已完成工作量所取得的实际进展的值。它是测量项目实际进展所取得的绩效的尺度。

$$BCWP = 已完成工作量 \times 概算单价$$

挣值分析法主要是通过上述三个基本值来实现对项目进度与投资的偏差分析。这三个值实际上是关于时间的函数,在不同的检查点可以分别得到不同的项目费用值,再将这组数值反映在坐标系上,即得到 BCWS-BCWP-ACWP 曲线(挣值原理曲线),如图 4-34 所示。它说明了挣值和计划值、已完工的实际成本之间的关系,并可以直观地反映投资偏差和进度偏差。

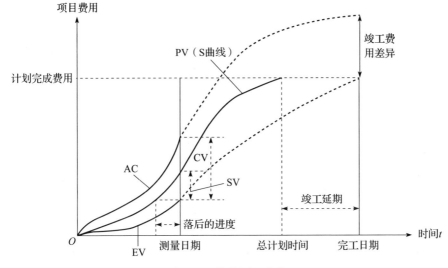

图 4-34 挣值原理曲线

3. 挣值法的评价指标分析

（1）两个差异分析变量。综合使用挣值法的三个主要参数可以提供评价项目工作绩效的尺度。最常用的尺度包括如下两个差异分析变量：

1）项目投资偏差（Cost Variance，CV），是指在某个检查点上 BCWP 与 ACWP 之间的差异。

$$CV = BCWP - ACWP$$

若 CV＞0，表示实际消耗人工（或费用）低于概算值，即有节余或效率较高；若 CV＝0，说明按时结算，计划成本与实际成本一致；若 CV＜0，表示执行效果不佳，实际消耗人工（或费用）超过概算值，即超支。

2）项目进度偏差（Schedule Variance，SV）是指在某个检查点上 BCWP 与 BCWS 之间的差异。

$$SV = BCWP - BCWS$$

若 SV＞0，说明进度超前；若 SV＝0，说明进度与计划一致；若 SV＜0，说明进度滞后，需要采取措施。

（2）两个指数变量。CV 和 SV 这两个差异分析变量可以转化为效率指示器，反映任何项目工作项的成本与进度计划绩效：

1）项目投资绩效指数（Cost Performance Index，CPI）。由 CPI＝BCWP/ACWP 可知，若 CPI＞1，则成本费用小于预算；若 CPI＝1，则成本费用等于预算；若 CPI＜1，则成本费用大于预算，此时需要采取措施。

2）项目进度绩效指数（Schedule Performance Index，SPI）。由 SPI＝BCWP/BCWS 可知，若 SPI＞1，说明进度超前；若 SPI＝1，说明进度与计划一致；若 SPI＜1，说明进度滞后，此时需要采取措施。

CPI 和 SPI 结合起来有四种情况：投资超支且项目工期拖延、投资超支但工期提前、投资节余但工期拖延、投资节约且工期提前。在应用上应当结合项目里程碑等关键节点进行分析，并给出项目出现状况的原因及后续对策。

（3）完工估算。通过挣值法的三个参数和评价指标的计算，还可以得到项目完工时的预测成本和预测时间等指标。假定项目保持目前的状态，接受项目报告时的完工成本的预测公式由两部分组成：项目的实际支出和项目未来成本的预测值。项目完工时的预测成本或者完工估算（Estimate At Completion，EAC），即预测项目最终成本，可以由如下计算得出：

$$EAC = ACWP + (BAC - BCWP)/CPI$$

式中，BAC（Budget At Completion）为项目的总预算。

假定项目以目前的趋势继续保持，整个项目期间项目完工时间预测公式都由两部分组成：到报告日期已经消耗的时间加上预计到项目完工还需要的时间。其计算公式如下：

$$项目完工时间预测（ETTC）= ATE +(OD-ATE \times SPI)/SPI$$

式中，ATE 是项目实际所花费时间；OD 是项目最初估算工期。

完工差异（Variance At Completion，VAC）计算公式如下：

$$VAC = BAC - EAC$$

在项目的实际操作过程中，最理想的状态是 BCWP、BCWS、ACWP 三条曲线靠得很紧密且平稳上升，这预示着项目和人们所期待的差不多，在朝着良好的方向发展。如果三条曲线的离散度很大，则表示项目实施过程中有重大的隐患或者已经发生了严重问题，应该做进一步的原因分析。

4.6 项目质量与可靠性管理

4.6.1 项目质量管理概述

1. 项目质量管理的定义

质量是反映实体满足明确和隐含需要的能力的特性总和。质量通常指产品质量；广义的质量还包括工作质量。产品质量是指产品的使用价值及属性；而工作质量则是产品质量的保证，它反映了与产品质量直接有关的工作对产品质量的保证程度。从项目作为一次性的活动来看，项目质量由工作分解结构反映出的项目范围内所有阶段、子项目、项目工作单元的质量构成，即项目的工作质量；从项目作为一项最终产品来看，项目质量体现在其性能或者使用价值上，即项目的产品质量。

质量管理是指确定质量方针、目标和职责，并在质量体系中通过诸如质量策划、质量保证、质量控制和质量改进促进实施的全部管理职能的所有活动。它是企业全面管理职能（财务、人事、行政、安全等）的一个中心环节。项目质量管理是为了保障项目产出物能够满足项目业主/顾客以及项目其他利益相关者的需要，所开展的对项目产出物质量和项目工作质量的全面管理工作。项目质量管理的理念主要包括：①以顾客满意为中心；②质量不是靠检验获得的；③质量管理必须坚持"三全管理"；④质量管理必须坚持"PDCA 循环"。

2. 项目质量管理的特点

项目质量管理与一般产品的质量管理相比，既存在共同点，也存在不同点。

其共同点是管理的原理及方法基本相同；其不同点是项目质量管理是由项目的特点所决定的。这主要体现在四个方面：①复杂性；②动态性；③不可逆性；④系统性。

3. 项目质量管理的内容

项目质量管理工作涉及众多的内容，主要有质量策划、质量保证和质量控制、质量改进三个方面的工作，如图 4-35 所示。

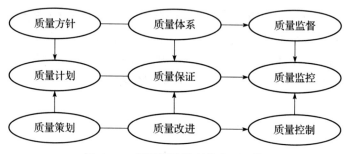

图 4-35　项目质量管理的主要工作

4.6.2　项目质量策划

1. 项目质量策划概述

项目质量策划是围绕项目进行质量目标策划、运行过程策划、确定相关资源等活动的过程。项目质量策划的结果包括以下几个方面：①明确项目质量目标；②明确为达到项目质量目标应采取的措施，包括必要的作业过程；③明确应提供的必要条件，包括人员、设备等资源条件；④明确项目参与各方、部门或岗位的质量职责。

项目质量策划的主要依据如下：①项目的质量方针和质量目标；②范围描述；③产品描述；④法律、标准和规则；⑤其他过程的输出。

项目质量策划的内容包括质量目标策划、运行过程策划、确定相关资源、编制质量保证程序、设置分级质量控制点、质量文件等。

2. 项目质量策划的编制方法

（1）项目经济质量计划方法。这种经济质量计划方法最初用于产品或服务日常运营的质量计划，要求在制订项目产出物质量计划时必须考虑项目产出物质量的成本和收益问题，必须通过计划安排使得项目产出物质量收益大于成本。这种方法如图 4-36 所示。

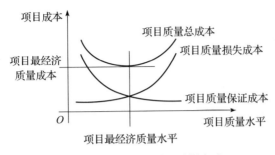

图 4-36　项目经济质量计划方法

（2）项目产出物质量标杆计划方法。这种方法利用其他历史项目的实际或计划质量结果作为新项目产出物质量计划的参照或比照目标（标杆），通过比较既定标杆制订出新项目产出物质量计划。这是项目产出物质量计划中最常用且有效的方法之一。

（3）项目工作质量计划的实验设计法。这种方法主要适用于那些独特性很强的原始创新性项目工作质量计划的编制。因为这种项目的工作质量没有具体的标准和依据可以参照，所以人们需要采用实验的方法逐步识别和认识项目工作质量，然后据此逐步编制和修订项目工作质量计划。

（4）项目工作质量计划的流程图法。这是一种使用描述项目工作流程和项目工作的相互关系的图表编制项目工作质量计划的方法。人们可以利用项目工作流程图分析和确定项目实施过程和项目工作质量形成的过程，然后编制项目工作质量计划。

项目质量策划的输出主要包括：①质量管理计划；②具体操作说明；③检查表格。

3. 项目质量策划的实施、检查与调整

项目质量策划的影响因素有很多，如设计的变更、意外情况的发生、周围环境的变化等，均会对项目质量计划起到阻碍、限制作用，所以必须不断加强对质量计划执行情况的检查、调整。

1）在项目总体目标不变的前提下，应对原质量计划和实际情况进行比较分析，并制定相应的技术保证措施，对原计划做出适当的调整，以确保项目质量总目标的圆满实现，满足顾客对项目产品或服务的质量要求。

2）当完成项目某一阶段的工作或项目全部工作之后，应及时总结该项目质量计划工作成功的经验和失败的教训，加强项目间的工作交流，以便于开展下一阶段或其他类似项目的质量管理工作。项目质量计划工作在项目质量管理中具有非常重要的地位，并起到指导作用。

4.6.3 项目质量保证

1. 质量保证概述

质量保证是指为了提供足够的信任表明实体能够满足质量要求，而在质量体系中实施并根据需要进行证实的全部有计划和有系统的活动。这表明质量保证的主要目的是提供质量信任。

质量保证的主要依据如下：①项目质量管理计划；②项目质量衡量标准；③项目过程改进计划；④项目质量的度量结果；⑤认可的变更请求；⑥各种预防、纠正和补救措施；⑦项目质量管理工作的说明；⑧项目质量核检清单。

质量保证包括以下三项内容：

（1）质量保证体系。项目质量保证体系是质量体系的一部分，每个组织中只能有唯一的质量体系，但可能有多个质量保证体系。一般来说，建立质量保证体系包括机构设立、责任确定、管理手册编制和质量保证大纲编制等工作。

（2）质量保证大纲。项目承（研）制单位应依据项目的特点制定相应的质量保证大纲，质量保证大纲的编制因项目不同而不同。另外，为保证项目质量目标的实现，承制单位应编制年度质量计划以实行目标管理。

（3）质量保证标准。项目质量产生于项目的计划、设计、研制、生产和使用的全过程。为使项目质量达到标准，确保质量合格，全国质量管理和质量保证标准化技术委员会组织制定了质量管理和质量保证系列国家标准。

2. 质量保证的方法与结果

质量保证主要采用下列方法：①质量计划和质量控制的工具和技术；②质量审核；③过程分析。项目质量保证的结果主要是项目质量改进与提供的建议，它能保证项目活动的效率与效果，一般包括如下几个方面的内容：①质量体系运行状况及改进意见；②目前存在的项目质量问题及其结果；③产生项目质量问题的原因分析；④项目质量改进或提高的目标；⑤进行项目质量改进或提高的方法和步骤；⑥项目质量改进或提高的成果确认方法。

4.6.4 项目质量控制

1. 质量控制概述

项目质量控制活动包括不断监控过程、识别和消除产生问题的原因、利用统计过程控制来减小可变性和增加过程的效率。项目质量控制与项目质量保证在概念上的最大区别在于，项目质量保证是一种事前从项目质量管理组织、程序、方法和资源等方面为项目质量保驾护航的工作，而项目质量控制是事中对项目产品和工作质量进行监督与管理的工作。项目质量保证使用的是一种预防性、保证性和提高性的质量管理工作和方法，而项目质量控制使用的是一种即时性、过程性、纠偏性和把关性的质量管理工作和方法。

质量控制的依据主要包括：①项目质量计划和项目质量管理计划；②项目质量管理工作说明与项目质量工作核检清单；③项目产品质量控制标准和项目产品质量检验方法；④各种可行的项目质量控制、纠正和补救的措施；⑤项目环境发展变化和项目工作绩效方面的信息；⑥项目变更请求及其对项目质量控制影响的信息。

2. 质量控制的内容与过程

项目质量控制的内容包括技术措施和管理措施两个方面。技术措施是指建立一套技术方法和程序来保证项目从设计开发、试制试验、生产定型和装备使用的每一步都符合设计的技术标准。管理措施则要保证质量管理机构的有效运行、资源配置的最优化、技术方案的切实实施等。

项目的质量控制过程是一个复杂的系统工程。从项目质量的形成过程可知，要想控制项目的质量，应该按照项目进程依次控制各阶段的工作质量。按照建筑工程施工质量形成过程分类，项目质量控制可分为三类，包括：①施工准备阶段的质量控制，主要是在工程施工阶段前对影响整个工程的因素进行控制，为施工阶段做好充分的准备工作；②施工过程阶段的质量控制，主要是对在施工过程中所投入的各生产要素的质量进行控制，还包括施工人员在施工和管理过程中的质量控制，根据施工过程中影响项目工程的各个因素、各个环节及生产要素进行质量控制；③竣工验收的质量控制，主要是在施工完成后对工程项目使用价值的质量进行有效的控制。

3. 质量控制的方法与输出

现代质量控制的方法应用了数理统计的基本原理，在项目质量控制的各个阶段起着很重要的作用。常用的数理统计的方法有统计表分析、帕累托分析、因果分析、趋势分析、直方图、散点图和质量控制图等。

质量控制的输出主要包括：①质量改进措施；②预防措施；③请求的变更；④缺陷的补救；⑤可接受的决定；⑥完成检查表。

4.6.5 项目质量改进

质量改进是项目质量管理一个十分重要的环节，也是改进质量体系、促进质量体系有效运行的重要措施和手段。项目质量改进工作主要包括质量改进的组织、质量改进的策划、质量改进的测量、质量改进的评审。

1. 项目质量改进的概念

质量改进是质量管理的一部分，致力于增强满足质量要求的能力。就项目而言，任何一个组织在实际的项目实施过程中，都要对项目实施过程和管理进行或多或少的改进，这些改进可以称为质量改进。项目质量改进是项目永恒的追求、永恒的目标、永恒的活动，而不是暂时的。

项目质量改进的特征主要包括：①项目质量改进的范围广泛；②项目质量改进的方向明确；③项目质量改进应确保有效性和效率；④项目质量改进是一个持续改进的过程。

2. 项目质量改进的目标

（1）项目总体质量改进目标。项目总体质量改进目标是针对总体项目而言的，主要包括：①项目质量应达到的质量水平、项目一次验收合格率、优良品率、工期履约率和顾客满意率；②项目质量损失应降低到的水平；③项目质量管理应达到的水平。

（2）项目具体质量改进目标。项目具体质量改进目标是根据项目总体质量目标分解而来的，主要包括：①顾客需求引起的质量改进目标；②项目特征引起的质量改进目标；③项目过程特征引起的质量改进目标；④过程控制特征引起的质量改进目标。

3. 项目质量改进需要的环境条件

项目质量改进需要具备适当的环境条件，也就是说，环境条件应有利于项目质量改进的进行。这种环境条件既可以是精神因素和物质因素的组合，也可以是组织内外部环境的综合。项目质量改进需要的环境条件包括：①组织管理者的领导和支持；②明确质量改进的目标；③有效开展QC小组的活动；④行为准则；⑤交流和合作；⑥适当的奖励措施；⑦定期的教育和培训；⑧组织措施为质量改进提供相应的人力、物力和财力。

4. 项目质量改进的方法

项目质量改进的方法包括：①统计过程控制（Statistical Process Control，SPC）；②测量系统分析（Measurement Systems Analysis，MSA）；③失效模式和效果分析（Failure Mode and Effects Analysis，FMEA）；④产品质量先期策划（Advanced Product Quality Planning，APQP）；⑤生产件批准程序（Production Part Approval Process，PPAP）。

5. 项目质量改进的过程

一个完整的项目质量改进过程如图 4-37 所示。从图中可以清楚地看出，项目质量改进可以从两个层面进行：第一个层面是对工作过程的改进，即通过采用新的工作程序减少和回避不合理的工作过程，提高整个项目工作的效率。第一个层面工作的结果将会不同程度地改变原有的项目质量计划。第二个层面是对工作方式的改进，针对具体的问题并根据环境的变化调整工序的具体做法、重新进行施工，以满足项目的要求。

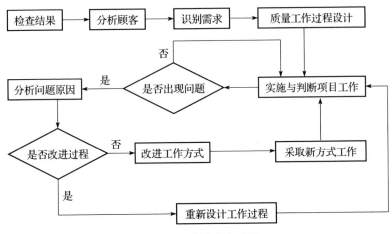

图 4-37 质量改进过程

常见的项目质量改进形式有：①修改项目质量标准或项目质量计划；②项目工程返工；③项目过程的调整；④调整资源配置。

4.6.6 项目可靠性管理

1. 项目可靠性概述

可靠性是产品正常工作的能力，也是衡量产品质量的一个指标。产品的可靠性是系统最基本的价值目标之一，它不仅是一个系统重要的质量指标，而且关系到整个系统研制的成败。项目在系统工程中把控制系统可靠性的活动归结为可靠性工程。项目可靠性的研究包括可靠性、维修性、保障性、可用性等内容。项目可靠性是指产品在规定的条件下和规定的时间内完成规定功能的能力。可靠性的概率度量称为可靠度。维修性是指可修产品在规定的条件下和规定的时间内，按照规定的程序和方法进行维修时完成维修的能力。维修性的概率度量称为维修度。可用性是指产品在规定的条件下，在任意时刻需要开始执行任务时处于可工作或可使用状态的程度，其概率度量也称为可用度。可用性综合反映了产品的可靠性和维修性所达到的水平，也称为广义可靠性。

2. 项目可靠性模型的建立

项目可靠性模型是指为预计或估算产品的可靠性所建立的可靠性框图和数学模型。可靠性框图是指在建模时,对于一个或一个以上的功能模式,用方框表示各组成部分的故障或它们的组合如何导致产品故障的逻辑图。数学模型是在可靠性框图的基础上建立的,以便进行可靠性预计、分配和定量评估。

工程项目可靠性模型可分为基本可靠性模型、任务可靠性模型等。其中,基本可靠性是产品在规定条件下维持无故障状态的持续时间或概率。任务可靠性是产品在规定的任务剖面内完成规定功能的能力。可根据实际需要选择以上两种模型,将产品的结构或任务剖面的逻辑关系绘制为可靠性框图并建立相应的数学模型。

3. 项目可靠性预计与分配

项目可靠性预计是为了估计产品在给定工作条件下的可靠性而进行的工作,它根据组成系统的元件、部件和分系统的可靠性来推测系统的可靠性。项目可靠性预计是一个由局部到整体、由小到大、由下到上的过程。

项目可靠性分配就是根据系统设计任务书中规定的可靠性指标,按一定的方法分配给组成该系统的分系统、设备和元器件,并将它们写入相应的系统设计任务书或合同中。

项目可靠性分配的目的是使各级设计人员明确可靠性设计要求,根据要求估计所需的人力、时间和资源,并研究实现这个要求的可能性和办法。项目可靠性分配主要适用于方案论证初步设计阶段,且应尽早进行,反复迭代。

4. 可靠性工程管理的基本方法

项目可靠性工程管理的基本方法主要包括故障模式影响分析、危害性分析和故障树分析法等。

1)故障模式影响分析(FMEA)是指在设计过程中,通过对产品各组成单元潜在故障模式及其对产品功能的影响进行分析,并把每一种潜在故障模式按其严重程度进行分类,提出可以采取的预防改进措施,以提高产品可靠性的一种设计分析法。

2)危害性分析(FMECA)是在 FMEA 的基础上再增加一层任务,即判断这种故障模式对产品功能的影响的致命程度有多大,并对其进行分析量化。

3)故障树分析法(FTA)就是在系统设计过程中,通过对可能造成系统故障的各种因素(包括硬件、软件、环境、人为因素等)进行分析并画出逻辑框图(即故障树),从而确定系统故障的各种可能组合方式及发生概率以计算系统故障概率,进而采取相应的纠正措施以提高系统可靠性的一种设计分析方法。

4.7 项目集成管理

4.7.1 项目集成管理概述

1. 项目集成管理的内涵

项目集成管理是一项系统性、综合性和全局性的项目管理工作。它是根据项目全过程各项活动、各专项管理(项目范围、进度、成本、质量等)和项目各相关方的要求等方面的配置关系所开展的一项集成性的项目管理工作。集成管理的内涵远高于一般意义上的项目"整合""综合"或"整体"管理,集成管理是一种为确保项目各方面特有的配置关系而开展的有机集成、协调与统一的全局性的项目管理工作。开展项目集成管理的目的是按项目自身的配置关系集成管理项目各项活动、各个专项、各个要素和各个方面的要求;核心工作在于分析和找出项目各方面的配置关系,然后做好各方面的关联、协调、统一等集成工作,进而保证项目成功实施并让项目创造更大的价值,均衡收益,让相关方满意。

项目集成管理的作用机制主要包括:①项目集成计划的集成管理作用机制;②项目变更的再次集成管理机制;③其他方面的项目集成管理机制。

2. 项目集成管理的基本特征

1)项目集成管理是基于项目特定配置关系的系统性和全局性的管理活动。这里的"配置关系"是指项目自身的目标与要求、项目产出物与项目工作、项目资源与创造的价值等各方面的相互匹配关系。项目集成管理既不同于基于平衡思想的综合管理,也不同于基于妥协思想的整合管理。

2)项目集成管理是依据项目的多目标属性和项目实施受多种要素的影响而建立一个有机的系统来实施管理,集成、统筹和协调各项要求、活动与资源,在一个集成化的系统层面上合理规划各项目标、管理各个要素、组织各项活动,实施全面优化的系统管理。

3)项目集成管理是从全局出发统筹安排协调整个项目的各个方面,以期实现项目的全局最优。项目集成管理要求统一管理项目的内部和外部资源、统一计划安排项目的各项业务与管理活动、统一应对项目风险、统一考虑各相关方的诉求,并实现项目的集成变更控制。

3. 集成管理的核心思想

集成管理的核心思想是强调运用集成的思想和观念指导管理实践,实现各种资源要素的全方位优化，促进整个管理活动效益的提高。集成管理运用科学的创造性思维，从新的角度和层面来看待各种资源要素，提高各管理要素的融合度。

集成管理的支撑体系由整合增效战略、协同旋进策略、虚拟策略以及泛系统策略组成。整合增效是目的，是基本行为指向；协同旋进是过程，强调运用协作理念，使集成要素间优势互补，取得和谐发展；虚拟是手段，通过虚拟的组织和生产经营管理模式来集成各种生产要素，并对各要素进行管理；泛系统是集成管理的观念指导，把组织看作边界模糊的泛系统并且以泛系统的观念看待所有的生产要素和各种资源，从全方位的视角看待资源优化，进而寻求目标的最优化。其中，整合增效是集成管理的出发点和归宿，贯穿集成管理全过程。

4. 建设工程集成化管理

建设工程集成化管理是指将集成的理念和工程项目管理的实践相结合，运用系统工程原理，从建设工程全局的角度出发，综合考虑建设工程全生命期内各阶段的要求和相互之间的衔接、项目管理中的各要素以及项目执行过程中各参与方之间的动态影响，为实现项目各参与方相互协调和整体优化而采用的一种高科技、高效率的项目管理模式。建设工程集成化管理包括了项目全生命期（策划决策、建设实施、运营维护）的集成、全方位（政府主管部门、行业协会、业主、设计单位、承包单位以及监理、咨询单位等）的集成及项目全要素（费用、质量、进度、安全及环保等）的集成。

建设工程全生命期集成化管理的主要任务是明确各阶段之间的动态衔接，理顺项目实施过程中各阶段的交叉与重叠，提高建设项目整体效益。建设工程全方位集成化管理的目的在于明确建设工程项目管理的实施主体，要求各管理主体在履行各自传统职责的同时，与其他管理主体协同工作，实现对建设工程全要素的集成管理，即合理缩短工期、提高质量水平、保证建设与使用安全及提高环保效益。

5. 项目集成管理过程

项目集成管理涉及项目的多个方面，概括起来讲包含项目全过程集成管理、项目全要素集成管理和项目全团队集成管理。参照系统工程三维结构分析模型描述项目集成管理内容及集成关系如图4-38所示。

项目集成管理的关键过程包括：①编制集成计划；②实施集成计划；③开展集成控制并实现变更的集成管理；④实施集成化的收尾与验收。

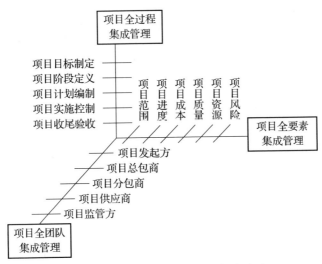

图 4-38 项目集成管理内容及集成关系

4.7.2 项目要素集成管理

1. 项目进度、质量与成本三要素集成管理方法

项目三要素集成管理方法使用项目三角形进行项目三要素的集成管理与控制，是一种系统优化的方法，如图 4-39 所示。项目三角形是由项目进度、质量与成本三个要素构成的一个三角形，三角形中项目质量是最重要或要确保的首要管理因素（见图 4-39a），也有人将项目进度作为要确保的首要管理要素（见图 4-39b）。人们通过调整项目管理三角形的另外两条边，实施集成计划安排。

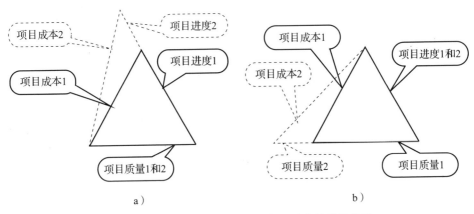

图 4-39 项目进度、质量与成本三要素的配置关系

2. 项目范围、进度、质量与成本四要素集成管理方法

因为项目质量、范围、成本和进度要素在多数情况下是直接关联和互相作用的，所以项目四要素集成管理方法是一种重要的要素集成管理应用。实际上项目四要素中任何一个项目要素的变动都可能会对其他三个要素造成影响或引起其他要素的关联变动。项目四要素集成管理使用项目三角形及其内切圆所构成的模型表达四要素间相互关联与影响的关系，如图 4-40 所示，并以此对它们进行有效的集成计划与管理控制。

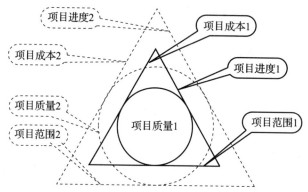

图 4-40　项目范围、进度、质量与成本四要素的配置关系

3. 项目全要素集成管理方法

实际上每个项目都会有很多个项目要素，因为人们很难做到全要素的集成管理，所以退而求其次产生了项目三要素、四要素等集成管理方法，但真正的项目集成管理应该是对项目全要素的集成管理。同样，人们可以根据项目其他要素同首要要素的配置关系找出对项目全要素的管理方法，最终按它开展项目的全要素集成管理。

项目全要素集成管理方法不是一种工程性的技术方法，因为它并不是基于数学或科学函数关系的项目集成管理方法。实际上人们很难找到具体项目全要素之间的严格科学函数关系，但是仍然可以使用类似项目三角形等的方法，通过使用项目多边形辅助开展多要素集成管理，这种方法如图 4-41 所示。

只要对构成项目多边形中的任何一条边做出调整，另外几条边及多边形的内切圆都会受到影响。人们可以将项目多边形作为辅助手段进行项目集成计划和项目变更方案的优化分析与集成管理。采用项目多边形集成管理方法实际上是一种分布集成的方法，即首先确定项目多边形的首要要素，然后通过逐步改变其他要素，分析和找出项目各要素的配置关系，最终根据这种配置关系集成计划、管理和控制这些项目要素。

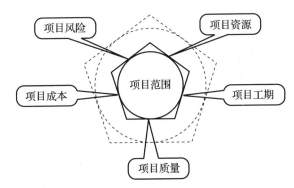

图 4-41　项目范围、质量、成本、资源和风险等多要素的配置关系

4. 项目分步集成方法

项目要素集成管理的技术方法中一种重要方法是分步集成，如图 4-42 所示。由图可知，可以按照分步集成的方法找出项目质量、范围、进度和成本四个要素之间的配置关系，然后按照项目各要素间的配置关系开展项目集成管理。

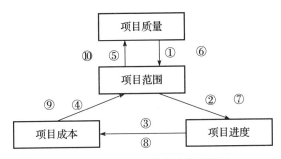

图 4-42　项目四要素分步集成方法

项目四要素分步集成方法的步骤如下：①确定项目质量为首要要素，这是因为多数情况下项目质量是第一位的；②根据项目质量要求确定项目范围（步骤①），这是因为项目产出物和项目工作的范围都是根据项目质量确定的；③根据项目范围确定项目进度（步骤②），这是因为项目进度是根据项目工作和项目活动的分解确定的；④根据项目进度确定项目成本（步骤③），这是因为项目成本是根据项目进度中所给出的项目资源需求计划确定的，如果此时的项目对成本的需求过高或过低，人们就需要调整项目范围（步骤④）；⑤需根据新的项目范围调整项目质量（步骤⑤），这是因为项目范围变动之后需要重新调整项目质量；⑥以此类推，按照图中⑥⑦⑧⑨⑩的顺序，人们就能够找出项目全要素的配置关系，最后就可以按照既定的配置关系开展项目集成管理。

4.7.3 项目集成计划

1. 项目集成计划的概念

项目集成计划是项目管理中最为重要的计划,也被称为项目主计划。这是因为项目集成计划是一种全面集成、综合和协调了项目各方面影响、要求和专项计划的整体计划,它是指导整个项目实施和管理的根本依据、安排和方案。项目集成计划是人们根据项目各种限制因素、假设条件、项目各相关利益主体的要求以及项目各专项计划的限制条件等编制的项目整体管理计划,它是整个项目实施和管理的总体计划与安排,是用于指导项目实施和管理的集成性、综合性、全局性的计划。

2. 项目集成计划的主要作用

项目集成计划的作用有很多,但是其主要作用有如下几个方面:①指导项目的集成实施;②开展项目的集成管理;③进行项目绩效的监控;④提供项目相关利益主体沟通的基础;⑤记录项目制约和项目假设条件;⑥激励项目团队士气。

3. 项目集成计划的编制

项目集成计划的编制涉及编制所需信息和依据的收集、项目集成计划的编制、编制方法和编制结果三个方面的内容。具体分述如下:①项目集成计划编制所需信息和依据的收集工作;②项目集成计划的编制工作;③项目集成计划编制方法和编制结果。

4. 项目集成计划的实施

项目集成计划编制工作完成以后,就可以实施项目集成计划了。项目集成划实施中,项目集成管理工作主要包括两方面:一是项目集成计划实施的组织;二是项目集成计划实施的控制。这些工作的相互关系如图4-43所示。

(1)项目集成计划实施的组织。项目集成计划实施的组织是指采取项目集成管理的方法组织项目集成计划的实施,全面完成项目集成计划的工作并最终生成项目产出物。

(2)项目集成计划实施的控制。项目集成计划实施的控制是指对项目集成计划实施过程和工作的全面监督和控制。项目集成计划实施控制的工作内容和方法分述如下。

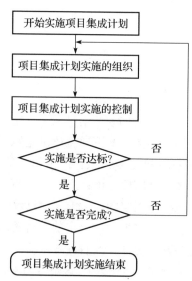

图 4-43 项目集成计划实施的组织与控制循环

1）项目集成计划实施控制的工作内容。项目集成计划实施控制的工作内容不仅包括对项目实施中各种业务工作自始至终的监督与控制，而且涉及对项目各个实施阶段项目管理过程的监控。项目集成计划实施管理过程的五项工作的相互关系如图 4-44 所示。

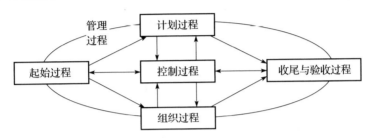

图 4-44　项目集成计划实施管理过程的五项工作的相互关系

项目集成计划实施控制的工作不仅包括对项目业务工作的控制，而且涉及对项目集成计划实施管理工作的控制，即包括对项目或项目阶段的起始过程、组织过程、计划过程和收尾与验收过程的控制，这种控制贯穿于项目集成计划实施工作的全过程。

2）项目集成计划实施控制的工作方法。项目集成计划实施控制的工作方法主要涉及四个方面的内容：一是制定控制所用的控制标准；二是度量项目集成计划实施的实际情况；三是分析和发现项目集成计划实施的偏差；四是采取相应的纠偏措施或进行项目变更。项目集成计划实施控制工作方法如图 4-45 所示。

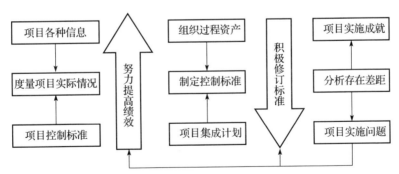

图 4-45　项目集成计划实施控制工作方法

4.7.4　项目变更集成管理与控制

项目变更集成管理也被称为项目变更总体控制，是贯穿项目集成计划实施全过程的工作之一。这是因为一旦项目的某个方面或要素发生变化，人们就需要进行项目集成计划的变更,此时就必须开展项目变更集成管理工作。

1. 项目变更集成管理的作用和内容

很少有较大的项目会完全按照项目集成计划一成不变地实施,因此项目变更和项目变更集成管理是必不可少的。

(1)项目变更集成管理的具体作用。主要包括:在进行项目变更时努力保持原有项目绩效度量基线的完整性,保证项目产出物变更、项目工作变更以及项目资源配置变更的一致性,即项目需要变更时,必须同时变更项目产出物、项目工作及其计划;统一和协调好项目各相关利益主体提出的变更请求,这是因为任何人提出的项目变更请求都会直接影响到项目其他相关利益主体的利益,所以要对项目变更请求进行全面协调和统一控制。

(2)项目变更集成管理的内容。主要包括:①项目变更集成管理的基本内容就是分析和找出基于客观需要的项目变更和主观要求的项目变更,分析这些项目变更对项目各方面配置关系的影响,再次制订项目后续的计划和安排以及各种项目变更优化方案,集成管理各种项目变更的实施与控制;②项目变更集成管理的主要内容包括项目变更方案的集成计划、项目变更方案实施的集成控制、项目变更合同的集成修订等方面的工作。

2. 项目变更集成管理方法

项目变更集成管理是依据各种所需信息和使用必要的项目变更集成管理的方法与工具来完成的。

项目变更集成管理需要一系列方法与工具,主要包括:①项目变更集成控制系统。这是由项目变更内容、方案与文件的正式申报、审批程序及办法所构成的一种集成管理的控制系统。这种系统中应该包括项目变更方案的书面审批程序、项目变更实施的跟踪控制方法、审批项目变更的权限规定等。②项目变更配置管理方法。人们需要按照项目变更后各方面的配置关系,使用项目配置管理方法开展项目变更集成管理,这方面的主要内容包括:项目各方面合理配置关系的识别、项目各方面合理配置关系的确认、根据项目各方面合理配置关系开展项目变更的集成管理。项目变更配置管理方法的示意如图 4-46 所示。

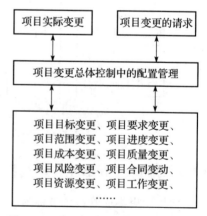

图 4-46 项目变更配置管理方法示意图

运用项目变更配置管理方法人们就能对项目某个方面的变更进行全面配置和控制。例如，当项目目标发生变更时，人们就必须对项目产出物、项目工作进行合理的配置管理；当项目某相关利益主体的要求发生变更时，人们就必须重新配置项目所有相关利益主体的目标和要求；当项目产出物发生变更时，人们就必须对项目工作和项目资源进行合理的配置管理；当项目时间发生变更时，人们就必须对项目范围、成本、质量、资源、风险、合同等各方面进行合理配置与集成管理。

3. 项目变更的总体控制过程

项目的性质决定了项目工作是一项具有探索性和创造性的复杂劳动。由于客观情况的变化，项目变更常常在所难免且牵一发而动全身，因此必须慎重对待且严格管理项目变更。实施项目变更的总体控制要考虑原有计划、项目执行状态报告、变更请求等信息，并严格实施项目变更的总体控制过程（见图4-47），包括评估变更、从系统集成管理的角度分析是否接受变更请求、制订后续集成控制计划、汇总信息并总结形成项目集成管理经验等。

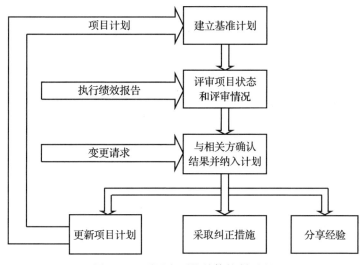

图4-47 项目变更的总体控制过程

拓展思考

1. WBS 的主要呈现形式与主要分解方式有哪些？
2. 项目进度管理包括哪些内容？
3. 简单分析一下项目中费用与成本的关系，以及项目费用管理的重点是什么。

第 5 章 | Chapter 5 |

项目管理的关键技能

本章导读

朱熹:"有不为,知所择也;惟能有不为,是以可以有为。无所不为者,安能有所为耶?"

彼得·德鲁克:"建立目标是一种平衡,即在企业成果与遵循人们所相信的原则之间的平衡,在企业当前需要与长远需要之间的平衡,在期望的结果与可用的资源之间的平衡。"

我们正处于一个技术颠覆时代,在任何行业做任何事情都需要具有创新思维和数据驱动的决策意识,并要关注环境与可持续发展。只有学会高效整合与利用资源,管控风险,不断总结和提炼知识,才能与趋势同行。

5.1 项目信息管理

5.1.1 项目信息管理概述

1. 信息与项目信息管理的定义

信息是指与客观事物相联系,反映客观事物的运动状态,通过一定的物质载体被发出、传递和感受,对接受对象的思维产生影响并用来指导接受对象的行为的一种描述。从本质上说,信息是反映现实世界的运动、发展和变化的状态及规律的信号与消息。信息是物质、事物、现象的属性、状态、关系、效用,借助某种方式描记、排布的信号、符号及语义的序列集合。简言之,信息被定义为事物属性标识的集合。

信息是物质存在的一种方式，一般指数据、消息中包含的意义。它可以使消息中所述的事件的不确定性减少。信息具有客观性、时效性、相对性、存储性、传递性、共享性等特征。信息管理是指反映管理活动过程，并对管理决策、实施、控制活动起作用的，用文字、数据、图表、声像等形式描述的信息资料。科学有效的管理活动要求信息管理具备准确性、及时性、可靠性和适用性，能真实地记录管理活动过程，及时地反映管理活动，并及时、可靠、合理地控制管理活动过程。

项目信息管理就是对项目信息进行收集、整理、分发、交换、查询、利用、存储、更新管理，使项目信息管理准确、及时、可靠、适用。项目信息管理的目的是有计划地组织信息沟通，以保证项目相关方能及时、准确地获得所需的信息，并利用信息进行项目实施和控制。现代电子计算机技术、网络与通信技术、多媒体技术、电子商务的发展，为科学、高效、规范、有序地进行项目信息管理提供了全新的发展机遇，项目管理正朝着信息化方向发展。

2. 信息整理

信息整理是指将项目组织收集到的原始信息根据项目管理的需要和要求，运用一定的方法、技术、设备对其进行分析、加工处理，从中获取可利用或可存储的真实可靠的信息资料。对原始信息的加工整理包括判断、分析、计算、分类、归档等操作。

3. 信息查询

信息查询是项目管理信息传递的一个重要环节。根据查询需求的不同，信息查询可以分为文献查询、事实查询、数据查询等。信息查询和信息整理的排序方式密切相关。把信息按照一定的编排方式有序排列存储，就形成了信息查询工具。根据存储载体、信息的编排组织和查询技术手段的不同，查询工具可分为手工查询工具和计算机信息查询系统。

4. 项目信息管理要求

在项目信息的沟通管理中，首先要保证信息的沟通是一个保密的受控过程，其次要遵循信息沟通的基本原则，即保证对信息进行双向、互动、闭环管理。为了使系统信息能及时、准确地产生、收集、传递、处理和保存，应正确分析信息的种类并制订沟通管理计划，明确信息收集、传递和处理的方式、格式和渠道。

在项目信息的文件管理上，应当确保技术和管理文件配套、编制技术文件计划、明确技术和管理文件的审批、规范文件的分发、明确归档要求等。项目信息文件管理应遵循下列要求：①全面；②准确；③及时；④完整；⑤有效；⑥保密，即各种技术、管理信息无论是口头形式、书面形式还是网络形式，都必须遵守有关的保密规定。

5. 项目信息种类与信息沟通形式

项目研制过程中沟通的信息主要有以下几类：技术类信息、计划类信息、质量类信息、经费类信息、专题类信息和综合管理类信息。项目内的信息沟通大致可分为三种形式，即书面沟通、口头沟通和网络沟通。

6. 项目中的信息流

项目实施过程中产生的主要信息流包括：①工作流；②物流；③资金流；④计划与控制信息流。信息流对项目管理有特别重要的意义。信息流将项目的工作流、物流、资金流与项目环境结合起来，它反映并控制和指挥着工作流、物流和资金流。

7. 项目信息管理的内容

项目信息管理是指对项目信息的收集、整理、处理、存储、传递与应用等一系列工作的总称。项目信息管理把项目信息作为管理对象进行管理，其目的是根据项目信息的特点有计划地组织信息沟通，以保证决策者能及时、准确地获得相应的信息。项目信息管理的内容主要包括项目信息收集、项目信息传递以及项目信息归档和利用。

5.1.2 项目信息管理系统

1. 项目信息管理系统概述

项目管理中，信息、信息流和信息处理各方面的总和称为项目信息管理系统。项目信息管理系统是沟通各种信息管理职能和管理组织，使其协调一致的信息处理系统。建立项目信息管理系统并使其顺利地运行是项目管理者的责任，也是完成项目管理任务的前提。

项目信息管理系统具有一般信息的特性，它的总体模式如图5-1所示。国际上对建设工程项目信息管理系统的定位是处理项目信息的人－机系统。它通过收集、存储及分析项目实施过程中的有关数据，辅助工程项目的管理人员和决策者进行规划、决策和检查，其核心是对项目目标的控制，即对工程项目中的投资、进度、质量目标的规划与控制。

2. 项目信息管理系统的构建

工程项目信息管理系统应包括投资控制、进度控制、质量控制及合同管理四个子系统。例如,投资控制子系统应实现的功能包括:①投资分配分析、项目概算和预算;②投资分配与项目概算的对比分析;③项目概算与项目预算的对比分析;④合同价与投资分配、概算、预算的对比分析;⑤实际投资与概算、预算、合同价的对比分析;⑥项目投资变化趋势预测;⑦项目结算与预算、合同价的对比分析;⑧项目投资的各类数据查询;⑨提供各种项目投资报表。

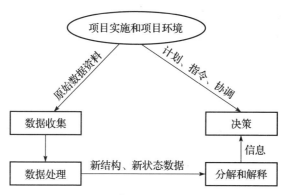

图 5-1　项目信息管理系统总体模式

项目信息管理系统的建立要明确以下基本问题:①管理者的信息需求;②信息的收集和加工;③编制索引和存储;④信息的使用和传递渠道。

项目信息管理系统的开发步骤包括:①系统规划;②系统分析;③系统设计;④系统实施;⑤系统评价。

项目信息管理系统的信息沟通主要包括:①项目参加者之间的信息沟通;②各项目管理职能之间的信息沟通;③项目实施过程的信息沟通。

构建项目信息管理系统,不仅应建立一套先进、适用的项目信息管理系统软件和性能可靠的计算机硬件平台,更为重要的是建立一整套与计算机的工作方式相适应、科学合理的项目信息管理系统组织体系。项目信息管理系统的构建主要包括:①建立完善的信息管理系统组织体系;②加强项目信息管理系统的教育培训;③开发和引进项目信息管理系统软件;④建立项目信息管理系统的硬件平台。

目前大型项目信息管理系统的典型配置是通过采用合理的分布计算模式,如客户-服务器(Client/Server)、浏览器/服务器(Browser/Server)体系结构和先进的网络架构,提高信息处理和传递的效率。目前在大型项目中使用 Web 技术建立基于 Browser/Server 体系结构的 Intranet 网络平台是一个十分有效的信息管理解决方案,它可以十分方便地连接到 Internet。

5.1.3 计算机辅助项目信息管理

1. 计算机在项目信息管理中的作用

计算机的广泛应用是项目管理走向现代化的主要标志之一。在许多承包企业、工程项目管理公司，计算机已广泛应用于项目管理的可行性研究、计划、实施控制等各个阶段，应用于成本管理、合同管理、进度控制、风险管理、工程经济分析、文档管理、索赔管理等各个方面。

计算机已成为项目管理日常工作和辅助决策中不可缺少的工具。它在项目管理中的作用如下：①可以大量地储存信息，大量、快速地处理和传输信息，使项目信息管理系统能够高速、有效地运行；②能够进行复杂的计算工作，如网络计划分析、资源和成本的优化、线性规划等；③能使一些现代化的管理手段和方法在项目中卓有成效地应用，如预测和决策方法、模拟技术等；④能提高项目管理效率、降低管理费用、减少管理人员数目，使管理人员有更多的时间从事更有价值且非计算机能够替代的工作；⑤计算机网络技术的应用使人们能够同时对多项目进行计划、优化和控制，对远程项目及时进行监控。

2. 计算机辅助项目信息管理的基础工作

为了达到计算机辅助项目信息管理的要求，必须逐步实现管理工作的程序化、管理业务的标准化、报表文件的统一化、数据资料的完善化与代码化。

5.2 项目采购管理

采购是选择和获取资源的行为，项目采购就是一个从项目组织之外获取资源（实物、服务）的过程。采购活动的输入是项目所需资源及其相关约束，采购活动的输出是在合适的时间为项目获得合适的资源。采购管理与资源管理密切相关。采购过程的实施需要用形式合适的合同来规范，采购又与合同直接相关，因此合同管理是工程项目管理的一项重要内容。

5.2.1 项目采购管理概述

1. 项目采购的概念

项目采购是指从项目组织外部获得货物和服务（合称产品）的过程。项目采购中的买卖双方各有目的，并在既定的市场中相互作用。卖方在项目采购中称为承包商、承约商，常常又叫作供应商。承包商/卖方一般把他们所承担的提供货物或服务的工作当成一个项目来管理。这种管理具有以下特点：①买方成为用户，即成为一个主要的相关方；②卖方的项目管理组织必须关心项目管理的全过程，而不仅仅是项目采购过程；③分包合同的条款和条件构成了许多过程的关键依据。

2. 采购管理的原则

为了保证项目既定目标的实现，合理使用项目资金和提高资金的使用效率，项目实施组织在采购产品过程中应遵循以下四个原则：①凡是为项目所采购的货物和服务，应注意节约和效率，充分体现成本效益原则；②采购的货物和服务应当质量良好、符合项目的要求；③所采购的货物应及时送达，服务应及时提供，采购时间应与整个项目实施进度相适应；④公平竞争原则，即应给符合条件的承包商提供均等的机会，这不仅符合市场经济运行原则，而且也会进一步提高项目实施质量、促使报价降低，因而对项目的费用控制更为有利。

3. 项目采购的角色与来源

在项目采购管理过程中，项目实施组织的角色既可能是采购合同中的买方，也可能是卖方。项目采购管理可以被视为项目相关利益主体中的买方在采购项目所需产品过程中的管理活动。

（1）项目采购的角色。项目采购管理主要涉及以下四个相关利益主体，可以作为不同的买方和卖方，包括：①项目业主/客户；②项目实施组织；③项目供应商；④项目分包商和专业咨询服务专家。

（2）项目采购资源的来源。一个项目采购所需资源的来源主要包括：①项目业主/客户；②外部劳务市场；③分包商和咨询专家；④物料和设备供应商。

为了在项目实施过程中适时、适量地得到合乎质量要求的各种资源，任何一个项目实施组织都必须认真与物料和设备供应商合作，这也是节约项目成本和提高项目收益的方法之一。

4. 采购管理的过程

项目采购管理是一项复杂的工作，只有遵循一定的采购程序，才能保证采购工作有条不紊地进行。这些采购程序包括：

（1）做好准备工作。准备工作主要包括：①根据项目设计的需要，确定所需采购的货物或服务的品种类型、性能规格、质量要求和数量等；②了解市场情况，熟悉所需采购产品的市场（包括国际和国内两个市场）、价格和供求情况；③了解有关货物或服务的保险、损失赔偿的法律法规及通行惯例；④如果有必要到国际市场上采购，还需要了解有关国家的汇率情况、国际贸易的支付方法等信息；⑤如果项目自有资金不足，需要以贷款或者融资租赁的方式采购一些大型设备，那么还需要了解国家的利率政策、出口信贷政策以及融资租赁的条件等。

（2）编制采购计划。编制采购计划是指确定需要从项目组织外部采购哪些货物和服务以满足项目实施需要的过程。在这个过程中要明确：①项目需要在什么时间投入什么产品；②需要采购哪些产品；③何时采购；④怎样采购；⑤采购多少。根据对这几个问题的回答，编制出详细可行的项目采购计划。

（3）制订项目采购工作计划。项目采购工作计划是一个以项目采购计划为依据的有关项目具体采购工作安排的细化文件，描述了有关项目采购工作的具体实施方案。项目采购工作计划确定各种产品的采购方式、何时招标、何时询价、何时订货、何时签订合同、何时提货、何时付款等具体安排，以确保项目所需的各种资源能够及时到位。

（4）询价。在确定了项目所需产品的采购方式之后，项目组织要根据采购方式的不同确定市场价格，获得投标方或供应商的报价单。

（5）选择产品供应商。完成询价工作之后，应当根据不同供应商的报价，按照事先制定的评价标准，从众多供应商中选择一个或多个作为项目所需产品的供应来源。

（6）合同管理。合同管理是指在选定采购产品的供应商之后，项目组织与各个供应商进行谈判以确定供货条件、明确合同条款、签订合同并监督合同履行等。

（7）合同收尾。合同收尾就是按照合同的规定和要求，对合同的提交结果进行核实和验收，并进行移交、付款以及解决未尽事项、结束合同的过程。

5.2.2　项目采购管理的方法

项目采购管理中有一些常用的方法，其中最主要的包括以下四种。

1."制造或购买"决策分析方法

"制造或购买"决策分析方法是最基本的项目采购管理决策分析技术方法之一，常用于分析和决定项目所需某种资源应该由买方自行生产还是从外部采购获得。这一方法的基本原理是：如果买方能够以较低成本生产出所需的某种资源，就不应该从外部购买；如果买方自己提供货物或服务的成本高于外部采购的成本，就应该从外部供应商或分包商处采购这些货物或服务。"制造或购买"决策分析方法还必须考虑项目组织的愿望和项目的时间限制等因素。这是因为如果在项目实施过程中急需某种产品，就会不过多考虑成本地尽快外购。

2.项目采购计划要素管理方法

项目采购计划要素管理方法涉及项目采购的六个方面，因此也被称为项目采购管理的六大因素法。

（1）项目采购什么。这一因素首先决定项目采购的对象，包括采购产品的名称、规格、化学或物理特性、产品材料、制造要求与方法、用途或使用说明、质量标准和特殊要求等。这一方法要求在决定采购何种产品时应保证采购的产品满足四个条件：一是适用性，即项目采购的产品要符合项目实际需要；二是通用性，即项目采购尽量采购通用的产品；三是可获得性，即在需要时能及时得到所采购的产品；四是经济性，即在保质保量的前提下采购成本最低。

（2）项目何时采购。项目何时采购这一因素要求买方应该计划和安排好采购的时间和周期。这是因为项目过早采购会增加库存量和库存成本，而项目过迟采购会因库存量不足而造成项目停工待料。由于从订货、采购合同洽谈与签署到产品入库必须经过一段时间间隔，因此在决定何时采购时需要从所采购产品投入项目使用之日起，按照倒推和给出合理提前时间的办法，确定采购订货的时间和采购作业的时间。

（3）项目如何采购。项目如何采购主要是指在项目采购过程中使用何种方式采购，以及项目采购的政策和交易合同条件等。这方面的主要管理工作包括确定是否采用分批交货的方式、确定采用何种产品供给与运输方式、确定项目采购产品的具体交货方式和地点等。

（4）项目采购多少。项目采购多少是有关项目采购数量的管理。项目所需产品的采购数量一定要适当，这是因为采购数量过多或过少都会使项目成本上升，所以必须对此进行管理。项目所需产品的采购数量必须由项目实际情况决定，一般项目的采购数量可以使用经济订货模型等方法，但是智力密集型软件开发项目或科研项目很难使用经济订货模型来决定应该采购多少。

（5）项目向谁采购。项目向谁采购是有关选择供应商或承包商的管理问题，也是项目采购管理中的一个重要因素。项目资源的买方必须建立合理的供应商或承包商评价标准和选择程序，以做出向谁采购的科学决策。一般在决定向谁采购时，应考虑供应商或承包商的技术、质量、组织等方面的能力和财务信用状况等条件。

（6）项目以何种价格采购。项目资源的买方应当注意不能无差别地按照最低价格原则采购项目所需产品，必须同时考虑采购质量和交货期等因素。项目采购合同价格的高低受多方面因素的影响，包括市场供求关系、产品提供方的成本、合同计价方法、产品的采购条件（如交货日期、付款方法、采购数量等）、卖方的成本控制水平、国家或地方政府政策的影响、物价波动和通货膨胀的影响、采购人员的价值判断和议价能力等。在确定项目采购价格时，必须同时考虑这些因素的综合影响。

3. 项目采购合同谈判方法

项目采购合同谈判方法在项目采购管理过程中是一种非常关键的技术方法。项目资源的买卖双方不仅要在项目采购合同谈判中达成一致意见并签署采购合同，而且为使双方尽量获得最大的利益和减少日后的纠纷，还需要运用各种谈判技术和方法认真地进行采购合同条款的谈判。项目采购合同谈判是双方进行利益分配和履约与合作的基础性工作。

（1）项目采购合同谈判的阶段划分。项目采购管理中的合同谈判一般分为如下几个阶段：①项目采购合同初步洽谈阶段；②项目采购合同实质性谈判阶段；③项目采购合同签约阶段。

（2）项目采购合同谈判的基本内容。在项目采购合同谈判中双方需要针对合同条件逐条进行协商，包括合同的标的、数量和质量、价格和支付办法、履约的要求、验收、违约责任等。

4. 项目合同谈判方法

项目合同谈判是一种对人际关系和专业技能有高度要求的事情，这是因为项目合同谈判本质上是组织或个人之间的讨价还价，在这个过程中涉及个人和组织的需求、动机、行为以及大量的心理因素。

买方在项目采购管理的合同谈判中使用的，有助于获得有利的谈判地位或在谈判中获得实际利益的基本原则和技术方法，包括：①努力将谈判地点选在自己组织所在地；②尽量让卖方（如供应商）在谈判中多发言；③谈判发言必须经充分准备，不能杂乱无章；④在谈判发生争论时，发言不要冲动；⑤项目合同谈判中，双方要相互顾全体面；⑥一定要避免过早摊牌；⑦要满足项目合同谈判对手感情上的需求。

5.2.3 项目采购计划的编制

1. 采购计划编制的依据

项目采购计划编制的依据主要包括：①企业环境因素；②组织过程资产；③范围说明书；④工作分解结构；⑤工作分解结构说明；⑥项目管理计划。

2. 采购计划编制的过程

在项目采购计划编制过程中需要开展的主要工作和具体活动如下。

（1）对各种相关信息进行加工处理。在项目采购计划的编制中，首先需要对收集到的各种相关信息进行必要的加工和处理，以找出制订计划所需的各种支持信息。有时项目组织还要聘请各类专家顾问或专业技术人员对收集到的信息进行必要的加工和处理。

（2）"制造或购买"的决策分析。在加工处理完相关信息以后，项目资源的买方要进行"制造或购买"的决策分析，以决定需要从外部采购哪些资源（货物或服务）和自己可以生产或提供哪些资源。在制订项目采购计划的整个过程中，对项目所需的各种资源都应该开展这一决策分析。

（3）项目采购要素的计划安排。在进行了"制造或购买"的决策以后，还必须按照项目采购计划要素管理方法确定项目采购计划的六大因素，即计划和安排好采购什么、何时采购、向谁采购、如何采购、采购多少和以什么价格采购。这是项目采购计划工作的核心内容。

3. 采购计划编制的方法和工具

（1）自制或外购选择决策分析。利用平衡点分析法进行自制或外购选择决策分析是一种被普遍采用的管理技术，不仅可以用来确定某种具体的产品是否可由实施组织自己生产出来，而且很节省成本。

（2）短期租赁或长期租赁分析。选择短期还是长期租赁通常出于财务上的考虑，通常根据项目对某租赁品的预计使用时间、租金高低来分析短期与长期租赁的成本平衡点。

（3）采购专家的介入。采购专家是具有专门知识或经过训练的单位和个人。咨询公司、行业团体、有发展前景的承包商以及项目实施组织内部的其他单位（例如有专门从事采购的职能部门——合同部）都可能具备关于采购的专业知识。项目组织可以聘请采购专家作为顾问，甚至邀请他们直接参与采购过程。

（4）经济采购批量分析。根据采购管理的目的，通过合理控制进货批量和进货时间使存货的总成本最低，这个批量就称作经济采购批量或经济批量。根据经济采购批量，可以容易地找出最适宜的进货时间。

4. 采购计划编制的结果

采购计划编制的结果主要包括：①采购管理计划；②工程说明；③自制或外购决策；④变更请求的处理。

5.2.4 项目采购计划的实施

通常项目的采购方式可分为招标采购方式和非招标采购方式两大类。前者包括公开招标采购和邀请招标采购，后者包括国际或国内询价采购（通常称为"货比三家"）、直接采购（或称直接签订合同）和自营工程。一般来说，招标采购具有平等性、竞争性和开放性的基本特征，要求本着公开、公平、公正和诚实守信的原则进行。

1. 项目采购方式

正确选择采购方式有助于提高项目采购的效率和质量。根据采购项目的规模、资金、对象等因素的不同，工程项目采购可以分为招标和非招标两种方式。

（1）招标采购。招标采购是由需方提出招标条件和合同条件，由多个供应商同时投标报价。通过招标，需方能够获得更为合理的价格和条件更为优惠的供应。

（2）非招标采购。非招标采购主要是询价采购、直接采购等。询价采购就是根据几家供应商所提供的报价来进行比较的一种采购方式，适用于在项目采购时即可直接取得货物的现货采购，或价值较小、属于标准规格的水平采购。

项目采购可选择的方式是多种多样的，不同的采购方式分别适用于不同规模的项目采购、不同性质及要求的采购对象。在项目实施过程中，应当根据管理的需要采用最适合的采购方式，有时还需要在同一项目中组合使用多种不同的采购方式，以提高采购的效率和质量。

2. 招标采购的实施

招标采购一般适用于大型机器设备、建设工程的采购，它又可分为公开招标采购和邀请招标采购。公开招标采购是一种无限竞争性招标方式，可以为所有合格的投标者提供一个公平竞争的机会。

（1）招标投标的一般程序。一般程序包括：①招标准备阶段；②投标准备阶段；③开标评标阶段；④决标签约阶段。

（2）招标投标活动应遵循的基本原则。招标投标行为是市场经济的产物，并随着市场的发展而发展，因此必须遵循市场经济活动的基本原则。各国法律及国际惯例普遍规定，招标投标活动必须遵循"公开、公平、公正"的"三公"原则。我国也制定了《中华人民共和国招标投标法》等法律法规。

3. 非招标采购的实施

非招标采购主要包括：①国际和国内询价采购；②直接采购（或称为直接签订合同）；③自营工程。

4. 供应商的选择方法

选择供应商首先要解决的问题就是在总包和分包之间做出选择。在选择总包的情况下，完成整个任务（经常包括设计工作）的责任被交给供应商。在分包中，任务被分成了几个部分，分别包给不同的供应商，由委托人负责协调。分包通常能够节约开支，但是也存在一些缺点，其主要问题在于委托人必须对独立合同之间的相互协调有相当大的把握。表5-1列出了总包和分包的优点和缺点。

表 5-1 总包和分包的优点和缺点

类型	优点	缺点
总包	在项目执行过程中受到委托人的干涉比较有限 不要求委托人具有相似项目的经验 委托人只需付出有限的努力	对项目的成本/价格结构缺乏了解 只对所用的原料（质量和数量）存在有限的影响
分包	委托人对项目的成本/价格结构有深入了解 能够更好地对供应商和所用原料加以控制 通常项目总成本较低	要求委托人对相关知识有深入的了解并且经验丰富 项目的协调和监控需要付出较多的时间和努力 沟通问题造成的风险可能会对项目活动造成延误

选择供应商是采购流程和其前期活动中最重要的步骤之一。选择供应商应当以需求说明书为基础，确定提出报价单的供应商所要满足的资格预审要求，并将合适的潜在供应商列入初始竞标者名单（竞标者大名单）。

5.2.5 项目合同管理

合同是一个契约，是平等主体的自然人、法人、其他经济组织之间设立、变更、终止民事法律关系的协议。项目合同是指项目业主或其代理人与项目承包人或供应商为完成某一确定的项目所指向的目标或项目规定的内容，明确相互的权利义务关系而达成的协议。项目合同具有以下特点：①合同是当事人协商一致的协议，是双方或多方的民事法律行为；②合同的主体是自然人、法人和其他经济组织等民事主体；③合同的内容是有关设立、变更和终止民事权利义务关系的约定，通过合同条款具体体现出来；④合同须依法成立，只有依法成立的合同才具有法律约束力。

项目合同是企业或承包商之间签订的具有法律效力的经济合同，是项目采购的主要实现形式。项目合同管理是指有关部门依法对项目合同订立、履行、变更、终止等行为进行管理，以及对利用合同发生的违法行为进行监督、检查等一系列有组织活动的总称。

1. 项目合同管理概述

项目合同管理主要应考虑：①订货合同任务与要求；②计划与合同。

工程项目订货合同由被授权单位与承制单位订立，并按照规定程序和权限报有关主管部门批准。项目订货合同通常按年度订立，也可以一次签约，分年度执行。

2. 项目采购合同管理的内容

（1）采购合同的实施。合同管理的主要内容是为实施项目采购计划而开展的合同的实施管理。项目组织应根据合同规定，监督和控制供应商或承包商的货物与服务供应工作。

（2）报告供应的实施情况。项目组织需要跟踪评价供应商或承包商的工作，这也被称为资源供应绩效报告管理。这项工作产生的供应绩效报告书能够为项目管理者提供有关供应商或承包商如何有效达成合同目标的信息。

（3）采购质量控制。采购质量控制是保证项目所使用的资源符合质量要求的重要手段。采购或承发包合同中一般都对交付物的检查和验收进行了规定。

（4）合同变更的控制。在采购合同的实施过程中，合同双方很可能由于各种因素需要对合同条款进行变更。一般合同中都有对合同变更控制办法的规定，此外，国家有关法律也对合同变更制定了一些法定程序。

（5）合同纠纷的处理。合同双方的争议和经济纠纷常常是由合同变更引起的。一般情况下，合同纠纷的处理原则是：如果合同中有处理争议的条款，那么就按照合同条款中的办法处理；如果没有此类条款，那么双方可以请约定的第三方进行调解；如果双方对第三方的调解不能达成一致，那么就应通过仲裁或诉讼来解决。

（6）项目组织内部对变更的认可。项目采购或承发包合同一旦发生变更，项目组织就必须让所有需要知道的组织内部人员了解这种变更，以及这种变更对整个项目所带来的影响，以确保合同的变更得到组织内部人员的认可，进而不会影响项目组织的士气和整个项目工作。采购合同变更的控制系统应该与全项目变更控制系统相结合。

（7）支付系统管理。对供应商或承包商的支付通常是由项目组织的可支付账户控制系统管理的。在有较大采购需求的项目中，项目组织可以开发自己的支付控制系统。项目组织通常应根据合同的规定，按照供应商或承包商提交的发货单或完工单对供应商或承包商进行付款活动，并严格管理这些支付活动。

3. 解决合同纠纷的途径

合同纠纷是指因合同的生效、解释、履行、变更、终止等行为而引起的合同当事人的所有争议。合同纠纷主要表现在争议主体对于导致合同法律关系产生、变更与消灭的法律事实以及法律关系的内容有着不同的观点与看法。合同纠纷的范围涵盖了一项合同从成立到终止的整个过程。

合同履行中发生纠纷时，通常有如下几个具体的解决途径：①协商。协商是指双方通过谈判达成解决争执的协议,即合同当事人在保持友好的基础上,通过相互协商解决纠纷,这是最佳的解决方式。②调解。调解是指在第三者参与下经调解后达成协议。上级机关应在平等的基础上分清是非进行调解,而不能进行行政干预。当事人还可以要求合同管理机关、仲裁机构、法庭等进行调解。③仲裁。仲裁是指仲裁委员会对合同争执所进行的裁决。合同当事人协商不成、不愿调解的,可根据合同中规定的仲裁条款或双方在纠纷发生后达成的仲裁协议向仲裁机构申请仲裁。④诉讼。诉讼是指依法定诉讼程序所进行的解决案件的全部活动。如果合同中没有订立仲裁条款,事后也没有达成仲裁协议,合同当事人可以将合同纠纷起诉到法院,寻求司法解决。

4. 项目合同终结管理

在项目采购合同双方履行全部义务后,项目合同即可进入终结阶段,同时项目采购管理也进入了项目合同终结管理的阶段。项目合同终结需要进行一系列项目管理工作,包括但不限于:①项目合同文件的处置;②项目计划文件的更新;③项目的实施情况和成果的总结。

项目合同终结管理的主要任务包括:①开展合同全面审计;②合同的终结归档;③整理项目合同的文件。这些项目合同的主文件和支持细节文件都应该经过整理并建立索引记录,以便日后使用。整理过的项目合同文件应该包含在最终的项目整体文档记录中。

5.3 项目风险管理

5.3.1 项目风险概述

项目是一次性、创新性和独特性的临时活动,在达成目标的过程中,内部、外部存在许多关系和变数,各种各样的不确定性就构成了风险。项目都是有风险的,因为在项目实施过程中存在着很多的不确定性。项目风险是指由于项目所处的环境和条件存在不确定性和不稳定性,以及项目团队不能准确预见或控制的因素的影响,项目的最终实施结果与相关方的期望值产生偏离并可能造成损失。

1. 项目风险产生的原因

所有影响项目目标实现的客观不确定性事件或因素的集合就是项目风险。项目风险产生的原因可能包括:①项目环境条件的发展变化,因为项目本身的复杂性导致的各种不确定性;②信息本身的滞后性,即事件的信息总比该事件的发生滞后;③人的认识能力存在限制,即人们很难获得事物的完备信息;④项目信息资源和沟通管理的问题，因为信息资源不足、管理不善都会大大增加项目的不确定性；⑤人的不稳定性。在项目实施与项目管理中，人是最不稳定的一个因素。

2. 对风险的认识状态

通常人们对事物的认识可以划分成三种不同的状态，相应地，对项目风险的认识状态也可以分成三种：①完全没有相应信息，即不可预见的风险；②拥有不完备信息，即由于风险信息本身不足或对风险信息掌握不足，难以准确预测的风险；③拥有完备信息，即完全掌握风险信息，可准确预测的风险。

人类总是在鉴别和对比中认识事物。从客观角度分析，项目风险可横向分为系统风险与非系统风险；从主观角度分析，项目风险可在纵向分为三个层次。项目风险的分类如图 5-2 所示。一般而言，系统风险对项目的危害性要大于非系统风险，而项目经理对非系统风险的责任大于系统风险。

	系统风险（外）	非系统风险（内）	
难以预见	（1）难以预见的系统风险	（2）难以预见的非系统风险	认识风险
难以预防	（3）难以预防的系统风险	（4）难以预防的非系统风险	决策风险
难以应对	（5）难以应对的系统风险	（6）难以控制的非系统风险	控制风险

图 5-2　项目风险的分类

3. 项目风险的主要特征

（1）随机性。风险事件的发生都是随机/偶然的。

（2）相对性。风险造成的后果在项目不同阶段产生的影响或因管理团队不同而不同。

（3）渐进性。大部分风险不是突然发生的，而是随着环境、条件和自身固有的规律逐渐发展和变化的。

（4）阶段性。绝大多数项目风险的发展一般分三个阶段：一是潜在风险阶段；

二是风险发生阶段;三是造成后果阶段。

(5)突变性。项目及其环境的发展变化有时是渐进的,有时是突变的。当项目及其环境发生突变时,项目风险的性质和后果也会随之发生突变。无预警信息的风险多数表现出项目风险的突变性。

4. 项目风险分析的内容

项目风险分析首先要识别风险,然后量化风险,最后考虑规避策略。项目风险分析要回答的主要问题包括:①项目到底有什么样的风险?②这些风险造成损失的概率有多大?③若发生损失,需要付出多大的代价?④如果出现最不利的情况,最大的损失是什么?⑤如何才能减少或消除这些可能的损失?⑥如果改用其他方案,是否会带来新风险?

5. 风险管理的目标

风险管理的理想目标是规避所有的系统风险,消灭所有的非系统风险。但由于项目本身的特性,这个理想目标是很难达到的。我们可以通过良好的风险管控将风险管理理想目标分解为四个可行的阶段性目标:①尽早识别项目的各种风险;②尽力避免风险事件的发生;③尽量降低风险造成的损失;④尽量总结风险带来的教训。

6. 风险管理实施步骤

项目风险管理是由风险规划、识别、分析、量化、应对、监控等环节组成的,通过计划、组织、协调、控制等过程,综合、合理地运用各种科学方法,在对项目进行风险管理规划的前提下,对风险进行识别、评估和量化,提出应对计划,随时监控项目的进展和风险的动态,妥善处理风险事件造成的不利后果。项目风险管理实施步骤如图 5-3 所示。

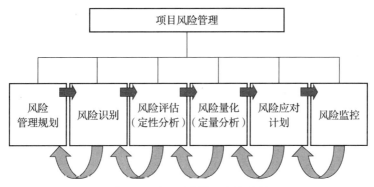

图 5-3 项目风险管理实施步骤

7. 项目风险管理的意义

作为项目全方位管理的重要一环，项目风险管理对保证项目的成功实施具有重要的意义：①风险分析可以加深对项目和风险的认识与理解，权衡各方案的利弊，了解风险对项目的影响，以便减少或分散风险；②全面考虑和检查所有应掌握的信息、数据和资料，明确项目的所有前提和假设；③风险分析不但可以提高各种项目计划的可信度，还有利于改善项目执行组织内部和外部之间的沟通；④使编制的应对计划更有针对性；⑤能够将应对风险后果的各种方式更加灵活地组合起来，使项目管理更加主动；⑥有利于抓住并利用机会；⑦为以后的规划和设计工作提供反馈，以便在规划和设计阶段采取措施防止和避免风险损失；⑧即使无法避免风险，也应明确项目究竟能够承受多大程度的损失或损害；⑨为项目施工、运营提供合同形式的选择和为制订应对计划提供依据；⑩通过深入研究和了解，使决策更有把握、更符合项目的方针和目标，从总体上减少项目风险，保证项目目标的实现；⑪可推动项目执行组织和管理人员积累有关风险的资料和数据，以便改进将来的项目管理。

5.3.2 项目风险管理规划

风险管理规划是规划和设计如何进行项目风险管理的过程，包括确定项目组织及成员风险管理的行动方案及方式，选择合适的风险管理方法，为风险管理活动提供充足的资源和时间，并确立风险度量的基础等。风险管理规划应在项目规划过程的早期完成，它对于能否成功进行项目风险管理、完成项目目标至关重要。

1. 风险管理规划的目的与依据

风险管理规划对风险管理的详细过程和方案做出计划。其主要目的包括：①确定并记录项目的风险管理策略；②确定执行项目风险管理策略的具体方法；③为准备充足的资源做出计划。

风险管理规划的依据主要包括：①项目规划中包含或涉及的有关内容，如项目目标、项目规模、项目相关方情况、项目复杂程度、所需资源、项目时间段、约束条件及假设前提等；②项目组织及成员所经历和积累的风险管理经验及实践；③决策者、责任方及其授权情况；④项目相关方对项目风险的敏感程度及可承受能力；⑤可获取的数据及管理系统情况；⑥风险管理模板，以便使风险管理标准化、程序化。

2. 项目风险管理规划的方法和工具

项目风险管理规划一般以规划会议的方式制定，参会者包括项目经理、项目团队成员和相关方、组织中负责风险管理规划和应对活动的人员以及其他相关人员。规划会议的内容包括：①确定实施风险管理活动的总体计划；②确定用于风险管理的成本种类和进度活动，并将其分别纳入项目的预算和进度计划中；③建立或评审风险应急储备的使用方法；④分配风险管理职责；⑤根据具体项目的需要来"剪裁"组织中有关风险类别和术语定义等的通用模板，如风险级别、不同风险的概率、对不同目标的影响以及概率影响矩阵。如果组织中缺乏可供风险管理其他步骤使用的模板，会议也可能需要制定这些模板。这些活动的输出将汇总在风险管理计划中。

3. 项目风险管理规划的结果

项目风险管理规划的结果是形成风险管理计划。风险管理计划描述将如何安排与实施项目风险管理，它是项目管理计划的子计划。风险管理计划包括以下内容：①方法。确定风险管理使用的方法、工具和数据资源，这些内容可随着项目阶段及风险度量情况做适当的调整。②角色与职责。明确风险管理活动中领导者、支持者及参与者的角色定位、任务分工及各自的责任。③预算。分配资源并估算风险管理所需费用，将其纳入项目费用基准。④周期。界定项目生命周期中风险管理过程的各运行阶段、过程评价、控制和变更的周期或频率。⑤类型级别及说明。定义并说明风险度量和风险量化的类型级别。⑥基准。明确定义由谁以何种方式采取风险应对行动。⑦修改相关方承受度。可在风险管理规划过程中对相关方的承受度进行修改，以使其适用于具体项目。⑧汇报形式。规定风险管理过程中应汇报或沟通的内容、范围、渠道及方式。具体应包括项目团队内部相互之间的、项目外部与投资方之间的及其他相关方之间的汇报与沟通。⑨跟踪。规定如何以文档的方式记录项目过程中的风险及风险管理的过程。风险管理文档可以用于对当前项目的管理、经验教训的总结及日后项目的指导。

5.3.3 项目风险识别

项目风险识别是一项贯穿项目全过程的项目风险管理工作，其目标是识别和确定项目究竟存在哪些风险、这些风险有哪些基本特性以及这些风险影响项目的哪些方面等。

1. 项目风险识别的目的和依据

项目风险识别的根本任务是识别项目究竟存在哪些风险以及这些风险有哪些特性。项目风险识别还包括风险原因的识别，即识别和确认项目风险是由项目的什么因素造成的。人们不仅要全面识别项目风险可能带来的各种损失，还要识别项目风险所带来的各种机遇。这种机遇是一种正面影响和获得额外收益的可能性，可以将项目风险转化成组织的实际收益。

项目风险识别的依据主要包括：①风险管理计划；②活动费用估算；③活动持续时间估算；④项目范围说明书；⑤工作分解结构；⑥相关方清单；⑦其他项目管理计划；⑧环境因素；⑨组织过程资产。

2. 项目风险识别的工具和技术

项目风险识别首先需要对制订的项目计划、项目假设条件和约束因素，与当前项目具有可比性的已有项目的文档及其他信息进行综合会审，然后在会审的基础上运用头脑风暴法、面谈法和德尔菲法等信息收集技术获取新的信息资源，并对其进行综合评审。项目风险识别的工具和技术包括：①文件审查；②信息收集技术；③核对表分析；④假设分析；⑤图解技术；⑥SWOT分析；⑦专家判断；⑧情景分析法。

3. 项目风险识别的内容与过程

项目风险识别是项目风险管理的首要工作，主要内容包括识别并确定项目有哪些潜在的风险、引起项目风险的主要影响因素和项目风险可能引起的后果。

项目风险识别过程如图5-4所示。

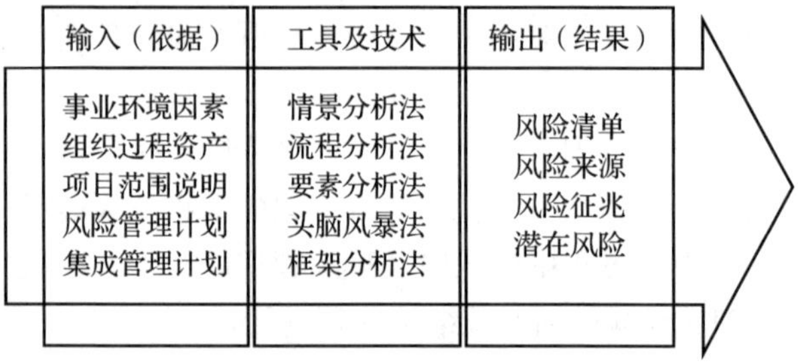

输入（依据）	工具及技术	输出（结果）
事业环境因素 组织过程资产 项目范围说明 风险管理计划 集成管理计划	情景分析法 流程分析法 要素分析法 头脑风暴法 框架分析法	风险清单 风险来源 风险征兆 潜在风险

图5-4 项目风险识别过程

项目风险识别过程主要包括：①识别并确定项目有哪些潜在的风险。识别出项目的各种风险，并将其汇总成项目风险清单（项目风险注册表）。②识别引起项目风险的主要影响因素。全面分析引起项目风险的主要影响因素及其对项目风险的影响方式、影响方向、影响力度等。③识别项目风险可能引起的后果。其根本目的是找到降低项目风险以及消除或减少项目风险不利后果的方法。

4. 项目风险识别的成果

项目风险识别的成果主要包括：①识别出的各种项目风险。识别并列出项目风险清单，尽可能使其易于理解和详尽。②潜在的项目风险。潜在的项目风险是一些相对独立而且无法被明确识别的项目风险，对发生可能性较高或者一旦发生则损失相对较大的潜在项目风险，应该进行严密跟踪和严格度量。③项目风险征兆（阈值）。这是指那些指示项目风险发展变化的现象或标志，所以它们又被称为项目风险的触发器。若项目风险征兆较多，要识别和区分主要和次要的项目风险征兆，并且说明发生项目风险征兆和发生项目风险的时间及因果关系。

5.3.4 项目风险评估

1. 项目风险评估的工作内容

风险分析包括定性分析和定量分析两个部分。其中，定性分析可采用头脑风暴法对项目的技术风险、市场风险、社会风险、自然风险、管理风险、政治风险等做出分析。风险分析进一步细化可采用项目风险因素分析法，如图5-5所示。

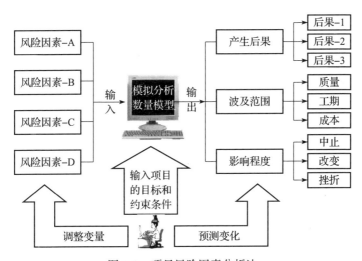

图 5-5　项目风险因素分析法

项目风险评估包括对项目风险发生可能性（概率大小）的评价和估量、对项目风险后果严重程度（损失大小）的评价和估量、对项目风险影响范围的评价和估量以及对项目风险发生时间的评价和估量等多个方面。项目风险评估的主要作用是根据评估结果制订项目风险应对措施以及进行项目风险控制。项目风险评估的主要工作有如下几个方面内容。

（1）项目风险发生可能性的评估。项目风险评估的首要任务是分析和估计项目风险发生概率的大小，即项目风险可能性的大小，这是项目风险评估中最为重要的工作之一。项目风险评估首先要分析、确定和评估项目风险可能性的大小。

（2）项目风险后果严重程度的度量。它是指评估项目风险可能带来的损失大小。即使项目风险的发生概率不大，一旦发生就会造成十分严重的后果，也必须对其进行严格的管理和控制。

（3）项目风险影响范围的评估。它是指分析和估计项目风险的影响，即评估项目风险可能会影响到项目哪些方面和哪些工作。这也是项目风险评估中一项十分重要的工作。

（4）项目风险发生时间的评估。它是指分析和估计项目风险时间进程，即评估项目风险可能在项目的哪个阶段或什么时间发生。项目管理与控制都必须根据项目风险的发生时间予以安排，一般对先发生的项目风险应该优先控制。

2. 影响项目风险评估的因素

项目风险评估受多种因素的影响，在项目风险评估与分析过程中必须对可能对项目风险度量效果产生重要影响的因素进行认真的分析。这些因素主要包括：

（1）项目的状态。项目风险大小取决于项目的状态和项目所处的阶段。在项目定义与决策阶段，开放性项目的风险最高，随着项目的逐步实施，项目所面临的不确定性逐步降低。

（2）项目的类型。项目实现和管理过程所涉及的环节和部分及其关系越复杂、项目相关利益主体的要求越高、项目团队越不熟悉项目的情况，项目所面临的项目风险就越高。

（3）数据的精确性。风险评估需要用到各种历史信息和各个方面的数据，其精确性决定了项目风险评估的精确度。另外，精确度也与人员的素质、能力和经验有关。

（4）项目风险管理计划的科学性。项目风险管理计划所规定的项目风险评估基本原则与基本方法直接决定着项目风险评估的效果，因此，科学严谨的项目风险管理计划是至关重要的。

（5）项目风险评估者的素质与能力。无论项目风险评估的方法与工具多么先进，都必须由人来使用，项目风险评估者的素质、责任心、能力与经验直接决定了项目风险评估结果的科学性和可靠性。注意，人们需要在项目风险评估中克服各种偏见。

3. 项目风险评估的方法

（1）风险损失期望值法。风险量化是衡量风险概率和风险对项目的影响程度的过程。风险量化的细化指标可设定为风险发生的可能性、风险后果的危害性、风险预测的把握性、风险发生的时间段、对风险的承受能力、风险可换取的收益。风险量化应当对风险发生造成损失的概率和损失值进行衡量，然后确定风险损失预期值。

$$风险损失期望值 = 风险概率 \times 风险损失值$$

其中，风险概率是属于（0，1）的一个"开区间"，风险损失值一般可定义为1～10级。在具体管控上可以依据风险概率与风险影响程度，应用概率和影响矩阵来进行分析和指导。

（2）模拟仿真法。模拟仿真法多数使用蒙特卡罗模拟或三角模拟等具体技术方法，通过系统仿真模拟项目风险事件发生时的各种条件和影响因素，然后使用计算机模拟仿真得出项目风险概率及其分布和损失大小的统计规律与结果。

（3）专家法。许多大型和复杂的项目管理都会邀请各方面专家运用自己的经验做出项目范围、项目工期、项目成本、项目质量等各方面项目风险的评估。项目专家的经验通常是一种比较可靠的思想型信息数据，很多项目风险评估仅仅要求专家给出高、中、低三种项目风险概率的估计结果和多种项目风险损失严重程度的估计数据。

（4）敏感性分析法。敏感性分析法要求在项目生命周期内，当项目的某个因素发生变化时，分析项目目标或相关收益指标等会发生怎样的和多大的变化，找到对项目目标和结果的影响最敏感（或最显著）的因素。

（5）风险矩阵分析法。风险矩阵分析法要求给出各种项目风险的概率和后果的组合，并规定哪些组合被评为高重要、中等重要或低重要的，然后人们根据组织的偏好使用描述性文字或数字表示这种风险矩阵分析的结果。

（6）风险位能。通常对一个具体的风险，若它发生时的损失为 R_H，发生的可能性为 E_W，则风险的期望值 R_W 为 $R_W = R_H E_W$。引用物理学中位能（势能）的概念，损失期望值越高的则风险位能也越高。项目风险可以用二维坐标上的等位能线（即损失期望值相等）来表示。项目风险位能线如图 5-6 所示，则项目中的任何一个风险都可以对应图上的一个表示其位能的点。

（7）ABC 分类法。按照风险位能的不同，项目风险可以进行以下分类：① A 类，是指高位能的，即损失期望值很大的风险，通常其发生的可能性很大，且

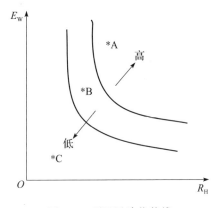

图 5-6　项目风险位能线

一旦发生损失也很大；②B类，是指中位能的，即损失期望值一般的风险，通常其发生的可能性不大且损失也不大，或发生可能性很大但损失极小，或损失比较大但发生可能性极小；③C类，是指低位能的，即损失期望值极小的风险，通常其发生的可能性极小，且即使发生损失也很小。在风险管理中A类是重点，B类要顾及，C类可以不考虑。在ABC分类之后，还可以进一步将风险项目划分为1～10级。

4. 项目不确定性的评估过程

不确定性是与风险紧密联系的概念。由于人们一般不能掌握将来活动或事件的全部信息，因此事先不能确定最终会产生什么样的后果，这种现象就叫不确定性。不确定性在项目中具体表现为说明或结构的不确定性、工作成效计量的不确定性、事件后果的不确定性。项目不确定性的评估过程如图5-7所示。

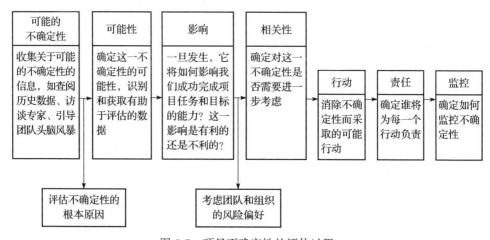

图5-7 项目不确定性的评估过程

5. 项目风险评估的成果

风险登记册是在风险识别过程中形成的项目风险评估的成果。风险评估后，应当根据风险评估结果对风险登记册进行更新，更新的内容包括：①项目风险的相对排序或优先级清单；②按照类别分类的风险；③需要在近期采取应对措施的风险清单；④需要进一步分析与应对的分析清单；⑤低优先级分析观察清单；⑥风险评估结果趋势。

5.3.5　项目风险应对

项目风险应对是指为增加项目目标实现机会、减少失败而制定方案、决定应采取何种对策的过程。项目风险应对在项目风险评估后进行，包括确认与指派相关个人或多人（简称"风险应对负责人"），对已得到认可并有资金支持的风险应对措施承担起职责。项目风险应对通常需要从几个备选方案中选择一项最佳的应对措施，主要依据包括风险管理计划和风险登记册。风险登记册提供的主要依据包括项目风险的相对等级或优先级清单、近期需要采取应对措施的风险清单、需要进一步分析和应对的风险清单、风险定性分析结果显示的趋势、根本原因、按照类别分类的风险以及较低优先级风险的观察清单。

1. 项目风险应对策略

风险应对机制由具有一定权威的领导机构、完备的信息系统和充足的资源储备三个部分组成。控制风险可从改变风险后果的性质、风险发生的概率或风险后果大小三个方面提出多种策略。这里介绍减轻、预防、转移、回避、自担和后备措施六种典型的风险应对策略。

（1）减轻风险。其目标是降低风险发生的可能性或减少后果的不利影响。根据帕累托原理，所有项目风险中只有一小部分对项目的威胁最大，要集中力量专攻威胁最大的几个风险。

（2）预防风险。风险预防通常采取有形手段，如有形的工程法，以工程技术为手段，采取防止风险因素出现，减少已存在的风险因素，将风险因素同人、财、物在时间和空间上隔离等具体措施。无形的风险预防手段包括教育和程序等措施。

（3）转移风险。合伙共担的目的不是降低风险发生的概率和减少不利后果的影响，而是借用合同或协议，当风险事故一旦发生时，将损失的一部分转移到项目以外的第三方身上。这需要遵循两个原则：一是必须让承担风险者得到相应的回报；二是对于各种具体风险，谁管理最有力就由谁分担。转移风险具体有四种方式：出售、发包、开脱责任合同、保险与担保。

（4）回避。回避是指当项目风险潜在威胁发生的可能性太大、不利后果的影响太严重，而又无其他策略可用时，主动放弃项目或改变项目目标与行动方案，从而规避风险的一种策略。

（5）自担。自担是指项目管理团队自愿接受风险事件的不利后果。当风险事件发生时，管理团队马上执行应急计划，这是主动自愿接受。被动接受风险是指当风险事件造成的损失数额不大，不影响项目大局时，管理团队将损失列为项目的一种费用。

（6）后备措施。有些风险要求事先制定后备措施，一旦项目实际进展情况与计划不同，就要动用后备措施。后备措施主要有费用、进度和技术三种，如预算应急费包括估价质量应急费、调整应急费、价格保护应急费、涨价应急费等。

2. 项目风险应对的成果

（1）风险登记册（更新）。风险登记册的内容包括：①已识别的风险、风险的描述、所影响的项目领域（如工作分解结构组成要素）及原因（如风险分解结构元素），以及它们如何影响项目目标的经验教训和知识库的更新；②风险负责人及分派给他们的职责；③风险评估过程的结果，包括项目风险优先级清单以及项目概率分析；④商定的应对措施；⑤实施选定的应对策略所需的具体行动；⑥风险发生的征兆和警示；⑦实施选定的应对策略所需的预算和进度活动；⑧在考虑相关方风险承受度水平的情况下，预留的时间、费用以及应急储备金。

（2）项目管理计划（更新）。

（3）与风险相关的合同决策。

5.3.6 项目风险监控

1. 项目风险监控概述

项目风险监控是指在整个项目过程中，根据项目风险管理计划、项目实际发生的风险与项目发展变化所开展的各种监督和控制活动。当人们认识了项目风险的原因、后果及其主要特性等内容以后，就可以开展监控了。当人们对项目风险一无所知时，它是不可控的。项目风险是发展和变化的，这种发展与变化也会随着人们的控制行为而发生变化。实际上，人们对项目风险的监控过程就是一个不断认识项目风险和不断修订项目风险监控决策与行为的过程。

项目风险监控的目标主要有：①努力及早识别项目的风险；②努力避免项目风险事件的发生；③积极消除项目风险事件的消极后果；④充分吸收项目风险管理中的经验教训。

项目风险监控的依据主要有：①项目风险管理计划；②实际项目风险发展变化情况；③项目风险管理计划。

2. 项目风险监控的步骤

风险监控通过风险控制系统实施，它是一套监控项目风险的制度性框架，也是一套安全保障体系，一般由信息跟踪及分析系统、临界预警指标、危机应急预案、责任制度、时间安排和操作规程等要素构成。项目风险监控流程如图5-8所示。

（1）信息跟踪及分析系统。它是指跟踪各个具体项目的风险监控结果，收集项目风险监控工作结果的信息并给予反馈，并根据反馈信息不断地修订和指导项目的风险监控工作。

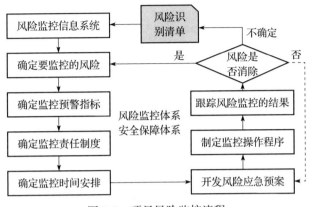

图 5-8 项目风险监控流程

（2）临界预警指标。项目具体实施中的预警指标可分三级。比如，黄色警报，代表一般性风险/危机/故障；橙色警报，代表非系统性风险/较严重的危机/较严重的故障；红色警报，代表系统性风险/严重危机/严重故障。

（3）危机应急预案。它是指事先找出能够监控项目风险的各种备选方案，然后对各方案做必要的可行性分析和评价，最终选定要采用的分析控制方案并编制项目风险监控方案文件。

（4）责任制度。它是指确定项目风险的监控责任，分配和落实体现项目具体风险监控责任的工作。所有需要监控风险的项目都必须落实到具体负责的人员，同时要规定他们所负的具体责任。

（5）时间安排。它是指对项目风险的监控制订相应的时间计划和安排，规定消除项目风险的时间限制。

（6）操作规程。它是指建立项目风险监控体制，即在项目开始之前要根据项目风险识别和评估报告所给出的信息，制定出整个项目风险监控的方针、程序以及管理体制。

5.3.7 项目风险综合管理

"变化是永远不变的主题"，现代项目管理的核心内容就是风险管理。只要项目尚未完成，就一定存在着不确定性因素，向不利方向变化就是威胁，向有利方向变化就是机遇。与风险管理密切相关的是问题管理，当潜在风险转变为实际问题后就进入了问题管理，需采取行动解决这些问题。项目计划中不应该存在问题，只能存在风险。随着项目时间的推移，项目风险发生的可能性与其影响程度的变化规律曲线如图 5-9 所示。

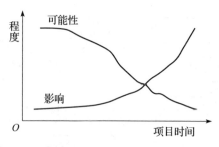

图 5-9 项目风险变化规律

实施风险管理也要有相应的组织。做好风险管控可以借鉴产品经理、系统工程师必须掌握的 3F 技术：故障模式影响与危害度分析（FMECA）、失效报告、分析和纠正措施系统（FRACAS）与故障树分析（FTA）。这样可以更有针对性地结合项目特点和要求，开展主动积极的风险管控。

1. 项目全生命周期风险管理集成系统分析

为了实现更高层次的风险管理系统集成，增强系统的风险管控能力，可以将风险登记表数据库和知识库系统方法相结合，形成基于决策支持系统（DSS）理论的工程项目全生命周期风险管理集成系统。

基于 DSS 理论的工程项目全生命周期风险管理集成系统的总体思路如下：①构建数据库，建立风险登记表数据库、风险管理报告模板数据库、风险应对措施数据库以及工程特征数据库；②系统的模型库，包括风险识别模型库、风险估计模型库、风险评价模型、风险监控模型库、风险应对决策模型库等；③会话生成系统，用于实现用户和系统之间的交互、提供各类分析模型选择的条件判断以及回答用户对系统输入和输出的请求指令；④模型子系统和数据库子系统，用于管理相应的模型库和数据库，实现对模型库和数据库的定期维护、查询、修改和更新。

2. 风险管理系统的信息模型

从风险管理过程的角度分析，集成系统将涉及对各项目参与方提供的项目不同阶段信息的处理。为了实现系统信息的共享必须建立统一的信息模型，项目全生命周期风险管理系统的信息模型如图 5-10 所示。

信息模型清晰地显示了信息在工程项目风险管理各个阶段的流动过程、信息接收，并提供了有关的项目相关方。该模型可作为项目全生命周期风险管理所需信息的载体，可定义系统的基本数据库，包括模型库和风险登记表数据库，以及相应的管理系统功能。

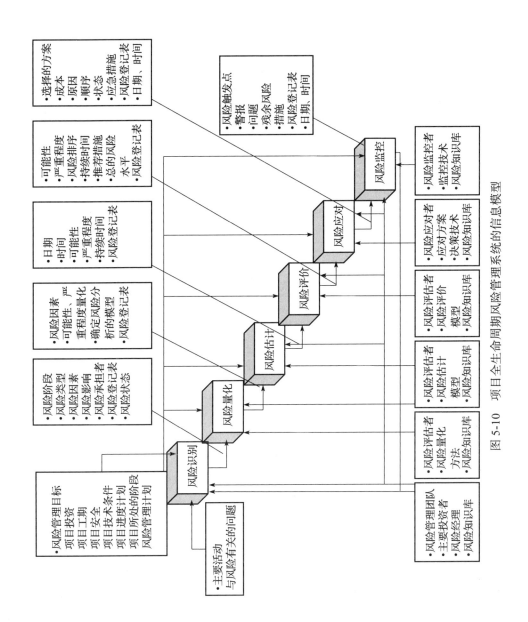

图 5-10 项目全生命周期风险管理系统的信息模型

3. 项目全生命周期风险管理集成系统设计

（1）系统的库结构设计及编码。

1）风险登记表数据库。它用于储存风险源的信息和状态，采用分层式风险分解结构来定义风险数据库的结构及编码。其字段及编码见表 5-2。

表 5-2　风险登记表数据库的字段及编码

风险源字段	风险阶段	风险类型	风险	风险源名称	发生可能性	影响程度	风险级别	受控状态	风险描述
R.1.1.1.1	决策	经济	国别	政治					
R.1.1.2.1	决策	经济	市场	销售量					
R.1.2.3.1	决策	成本	价格	原材料					
R.2.3.4.1	设计计划	质量	施工	人员					
R.2.4.5.1	设计计划	进度	现场	地质					
R.3.4.6.1	招标施工	进度	自然	天气					
R.3.5.7.1	招标施工	安全	技术	防火					
R.3.6.8.1	招标施工	环境	工艺	噪声					
R.4.3.9.1	竣工使用	质量	设计	缺陷					
R.4.1.2.1	竣工使用	经济	市场	销售量					

根据所采用风险量化方法的不同，表中风险源的发生可能性和影响程度具有不同的含义：用于评分方法时可以对应固定的数值；用于模糊推理模型时对应相应的模糊集合；用于模拟时对应最可能值、最小值和最大值或者相应的概率分布的特征值。

2）风险应对措施数据库。它包含针对各类风险所采取的风险应对措施的方案及其指标。其字段及编码见表 5-3。表中每一种风险都有相应的应对方案，各种应对方案的实施效果都会作为方案评价依据列入表中，以供相关的决策模型调用。

表 5-3　风险应对措施数据库的字段及编码

风险应对措施字段	风险阶段	风险类型	风险	应对方案类型	方案名称	可能性降低（%）	影响降低（%）	发生的成本（元）	应对方案描述
M.1.1.1.1.1	决策	经济	国别	规避	联营				
M.1.1.2.2.1	决策	经济	市场	转移	合同				
M.1.2.3.3.1	决策	成本	价格	缓解	应急费				
M.2.3.4.4.1	设计计划	质量	施工	自留	应急技术				

（续）

风险应对措施字段	风险阶段	风险类型	风险	应对方案类型	方案名称	可能性降低（%）	影响降低（%）	发生的成本（元）	应对方案描述
M.2.4.5.2.2	设计计划	进度	现场	转移	保险				
M.3.4.6.2.1	招标施工	进度	自然	转移	合同				
M.3.5.7.2.1	招标施工	安全	技术	转移	保险				
M.3.6.8.3.2	招标施工	环境	工艺	缓解	应急措施				
M.4.3.9.2.2	竣工使用	质量	设计	转移	保险				
M.4.3.9.2.1	竣工使用	经济	市场	利用	利用				

3）工程特征数据库。它采用工作分解结构（WBS）的编码方法来设计各阶段的工程特征数据库。根据工程项目各阶段特征的不同，相应地包括决策阶段工程数据库、设计计划阶段工程数据库、招标施工阶段工程数据库和竣工使用阶段工程数据库。表 5-4 是民用建筑工程特征数据库的字段及编码示例。

表 5-4　民用建筑工程特征数据库的字段及编码示例

工程特征字段	风险阶段	项目名称	活动名称	投资	时间	技术指标	经济指标	风险源编号	活动描述
C.1.1.1	决策	项目建议书	编制						
C.1.2.1	决策	可行性研究	编制						
C.1.2.2	决策	可行性研究	评估						
C.2.1.1	设计计划	设计准备	招标						
C.2.2.1	设计计划	初步设计	设计实施						
C.3.1.1	招标施工	施工准备	项目报建						
C.3.1.2	招标施工	施工准备	三通一平						
C.3.2.1	招标施工	施工	基础工程						
C.3.2.2	招标施工	施工	主体工程						
C.4.1.1	竣工使用	项目验收	自检						

4）风险管理报告模板数据库。它运用风险管理报告框架、临时报告以及总报告等不同类型的工程项目风险管理报告模板，供风险管理者快速地完成所要求的报告文档。

5）模型库编码及设计。它运用相应语言开发的各类风险管理技术和模型，对某个特定项目的风险分析，只需对模型的参数进行少量修改就可以运用该模型。模型库的分类及编码如图 5-11 所示。

图 5-11 模型库的分类及编码

（2）系统的功能设计及界面管理。工程项目全生命周期风险管理集成系统设计应考虑以下功能：①根据项目大小、项目团队的管理水平、工程特征的复杂程度，自动提取对应的风险管理过程和风险管理技术；②可以分析和评价项目不同阶段的风险源，并帮助选择相应的风险应对措施；③能够储存相关的风险源和风险应对的策略知识，方便风险管理人员对其进行查询和更新；④数据库和模型库维护方便，便于管理人员及时对其进行修改和完善；⑤能够进行风险跟踪、演示项目的风险状态、准确快速地计算风险数据并且做出风险反应的决策；⑥能够打印和输出美观的风险管理报告、图表和文档；⑦提高系统的实用性，使其易于实现人机交互、界面友好、便于操作；⑧充分考虑专家和需求方对待项目风险的态度，尽可能地发挥人的判断力在系统风险管理和决策中的作用，使系统具有高度的灵活性和智能性；⑨使各种模型能够相互验证，提高解决问题的综合能力。

以系统初始化阶段选择风险管理过程和风险分析模型的任务为例，系统的交互过程如下：首先，系统设计时考虑下列初始条件，如工程投资额、工期、合同类型。其次，根据初始条件三个参数的情况并依据表 5-5 的对应关系选取相应的项目风险管理过程。最后，对每一个过程选择风险管理过程开始引入的阶段和需要进行管理的目标风险源,这需要根据业主对待风险的态度和项目的进展情况而定。项目风险管理过程的条件选择见表 5-5。

表 5-5 项目风险管理过程的条件选择

工程投资额(P)(万元)			$P<3000$	$3000 \leqslant P<10000$	$P \geqslant 10000$
工程管理合同	工期(T)(年)	$T<1$	识别、估计、应对、监控	识别、估计、评价、应对、监控	全风险管理过程
		$T \geqslant 1$	识别、估计、评价、应对、监控	全风险管理过程	全风险管理过程
业主自建	工期(T)(年)	$T<1$	识别、估计、评价、应对、监控	识别、估计、评价、应对、监控	识别、估计、评价、应对、监控
		$T \geqslant 1$	识别、估计、评价、应对、监控	识别、估计、评价、应对、监控	识别、量化、估计、评价、应对、监控

5.4 工程项目 HSE 管理

5.4.1 项目 HSE 管理体系概述

1. HSE 管理体系相关内容

HSE 管理体系是英文"Health, Safety and Environment Management System"的简称,中文的意思就是健康—安全—环境管理体系。虽然 HSE 的理念产生、发展于石油化工行业,并且在该行业的不断运用中进行自我完善,但是它也同样适用于各种高风险性行业。HSE 管理体系是一系列管理体系的综合,它集安全管理、环境管理和健康管理于一身,并且有机地整合了程序、职责、过程。从功能层面来看,它把风险管理放在首位,通过对风险源的分析,制定出一系列有效的措施来控制、预防危害的发生,尽可能地减少事故的发生和影响。H 为健康,它不仅是指一个人的身体健康,还指心理的健康;S 为安全,它是指企业采取一定的方式来改变工作环境,减少不安全因素带来的隐患,从而可以保证生产任务安全进行;E 为环境,它与人类活动紧密相关,是各种自然环境及其产生影响的总和。

HSE 管理体系是系统的、先进的、具有高度自我完善与自我激励机制的管理体系。该体系有如下特点:① HSE 管理体系的基本思想是以人为本;② HSE 管理体系具有兼顾性;③ HSE 管理体系具有可持续发展的理念;④ HSE 管理体系重视风险管理。

工程项目具有高风险的特点,项目管理人员负有避免事故、关心员工、保护生态环境的责任。在工程项目中应用 HSE 管理体系,可以使以人为本思想得到很好的体现。HSE 管理体系将是我国建筑施工行业在管理上的一个发展趋势。HSE 管理体系可以使企业与环境、社会、员工和自然之间统一起来，有效促进和谐社会的建立。

HSE 管理体系建立与实施维护的基本要求主要包括：① HSE 管理体系应具有系统性；② HSE 管理体系应具有控制连续性；③ HSE 管理体系应具有适用性；④ HSE 管理体系应具有经济性。

2. HSE 管理体系的建立

（1）策划阶段（Plan）。策划阶段是在对国家有关法律、法规及技术标准的内容与要求进行分析的基础上，结合组织的生产与服务状况、资源状况及对生产与服务过程中危害因素的辨识、风险评价和风险控制的结果，确定组织的 HSE 承诺、方针及 HSE 过程所需的控制方法和准则、资源和信息等，并进行 HSE 管理体系的总体规划及文件开发策划工作。策划阶段具体分为系统决策、系统规划、系统分析和系统设计四个步骤。

（2）实施阶段（Do）。实施阶段主要是实施策划阶段的结果，它对应系统运行这一步骤。该阶段的主要内容是确保获得必要的资源和信息以支持过程的运行和监控，包括 HSE 管理体系文件实施前教育、培训和 HSE 管理体系运行过程监控两个环节。

（3）检查阶段（Check）。检查阶段主要包括：① HSE 管理体系监视和测量；② HSE 管理体系运行不符合控制。

（4）处置阶段（Action）。处置阶段主要包括以下两个步骤：

1）系统改进，包括：① HSE 管理体系运行不符合项数据分析；②制定纠正、预防措施；③评审纠正、预防措施；④验证纠正、预防措施；⑤ HSE 管理体系文件修订、优化；⑥ HSE 管理体系文件再批准与颁布。

2）系统完善，包括：①信息反馈；② HSE 管理体系评审及持续改进。

5.4.2 项目健康管理

世界卫生组织（WHO）给健康下的正式定义是："健康是指生理、心理及社会适应三个方面全部良好的一种状况，而不仅仅是指没有生病或者体质健壮。"健康管理是对个人及人群的各种健康威胁因素进行全面监测、分析、评估、预测以及预防，宗旨就是调动个人、集体和社会的积极性，有效地利用有限的物力资源来达到最好的健康效果。任何项目的成功都需要项目全体成员高效率地协作，因此，做好项目健康管理是项目管理的一个重要环节。

根据项目的特征与属性，项目健康管理的内容如下：

（1）管理体系文件。项目管理者应根据项目的规模及活动性质建立项目成员健康管理体系文件，可结合项目的实际情况确定体系中应包括的主要文件。例如，安全健康方针和目标、为实施健康管理体系所确定的关键岗位与职责、重大职业安全健康危害、重大危险清单以及相应的预防和控制措施等。

（2）能力和培训。该项内容目的是确保各级人员都能顺利地完成工作，贯彻"安全第一、预防为主"的方针，使项目成员树立"以人为本"的管理理念，确保他们能够意识到自身作业环境中存在的危险和可能遭受的伤害，具备胜任其任务的能力。项目管理者应认真选拔各岗位人员，对其技能和能力进行评估，确认其具备相应的技能和意识。培训内容应包括项目实施的特点和在实施中可能存在的危害，以及一旦发生事故，自救和救护的设备、手段和方法。通过培训，项目成员至少应了解可能存在的危害，如电伤害、机械伤害、粉尘危害、噪声危害、振动危害等。

（3）心理沟通。现在人们普遍存在由于长期精神紧张、压力过大、反复的心理刺激及复杂的恶劣情绪影响而形成的心理疲劳，若得不到及时疏导化解，久而久之会产生心理障碍、心理失控甚至心理危机，造成精神萎靡、精神恍惚甚至精神失常，引发多种身心疾患，积累到一定程度就会导致亚健康状态。心理沟通能够有效地排解项目成员的压力。除利用网络这个有效的沟通工具外，管理层还应该注意创造机会，做到面对面的沟通，及时了解项目成员的困难、问题和心理动向。这对于保证项目按时完工是非常必要的，能够起到不可估量的效果。

5.4.3 项目安全管理

项目安全管理就是在项目实施过程中，组织安全生产的全部管理活动。项目安全管理通过对项目实施安全状态的控制，减少或消除不安全的行为和状态，从而充分保证项目工期、质量和费用等目标得以实现。

1. 安全与安全管理的内涵

"无危为安，无损为全"，安全（Safety）即意味着没有危险且尽善尽美。一般对其进一步理解如下：①安全是指客观事物的危险程度能够为人们所普通接受的状态；②安全是指没有引起死亡、伤害、职业病或财产、设备的损坏、损失或环境危害的条件；③安全是指不因人、机、媒介的相互作用而导致系统损失、人员伤害、任务受影响或造成时间的损失；④安全与危险、危害、事故存在一定的联系，也与风险有一定的关系。

安全管理是通过管理这一手段和过程达到安全的最终目的。安全管理是管理科学的一个重要分支，它是为实现安全目标而进行的有关决策、计划、组织和控制等方面的活动。安全管理是企业管埋的一个重要组成部分。"安全寓于生产之中，安全与生产密不可分。安全促进生产，生产必须安全"。安全管理包括对人的安全管理和对物的安全管理两个主要方面，主要运用现代安全管理原理、方法和手段分析和研究各种不安全因素，从技术上、组织上和管理上采取有力的措施解决和消除各种不安全因素，防止事故的发生。

安全管理强调的是减少事故甚至消除事故，是指将安全生产与人机工程相结合，给从业人员创造最佳工作环境。风险管理的内容较安全管理更为广泛，风险管理的目标是尽可能地减少风险的经济损失。项目安全管理应以"安全第一、预防为主"为指导方针，切实预防事故、保障安全，同时也应考虑在实施过程中保护人的安全和健康、保护设施和设备不受意外损害、保护环境不受污染和破坏，也就是要在遵循HSE管理体系的总体要求下，保障项目工期、质量和费用等目标顺利实现。

2. 安全管理系统的内容

实施安全管理首先要关注安全管理要素，无论是产品还是工程项目，全生命周期总的系统安全目标都是一致的，但各个阶段的系统安全工作各不相同。我国安全专家提出了实现安全"三双手"和安全生产"五要素"。实现安全"三双手"是指：既看得见又摸得着的手——安全机器装备、工程设施等；看不见但摸得着的手——安全法规、制度等；既看不见又摸不着的手——安全文化、习俗等。其中安全文化是最重要的手。安全生产"五要素"是指安全文化、安全法规、安全责任、安全科技、安全投入。

安全管理系统的内容体系如图5-12所示。

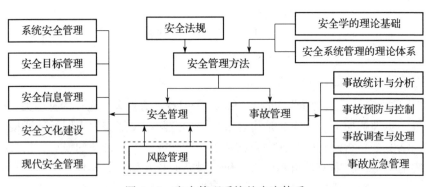

图5-12 安全管理系统的内容体系

3. 项目安全管理的措施

（1）加强安全文化建设。根据安全文化的理论与安全文化的形态体系，安全文化建设的层次架构模式可从安全生产观念文化、管理与法制文化、行为文化和物态文化四个方面设计。

（2）贯彻安全生产法规。根据我国立法体系的特点以及安全生产法规调整范围的不同，安全生产法律法规体系按层次由高到低由如下层次构成：国家根本法、国家基本法、安全生产与职业综合法规、专门安全法规、国务院行政法规、国家安全标准、地方安全法规等。

（3）探索并应用合适的安全生产管理模式。具体包括：①"以人为中心"的安全管理模式，以纠正人的不安全行为、控制人的误操作作为安全管理目标；②"以管理为中心"的安全管理模式，建立在"一切事故来源于管理缺陷"的认识基础上，加强事前预防控制，把管理重心前移；③事后型的安全管理模式，是一种被动的、以事故或灾难发生后"亡羊补牢"为特征的管理模式；④预防型的安全管理模式，是一种主动、积极地预防事故和灾难发生的对策，是现代安全管理和减灾对策的重要方法和模式。

4. 项目安全管理的基本原则

（1）管项目同时管安全。安全管理是项目管理的重要组成部分，安全与项目两者存在着密切的联系，存在着进行共同管理的基础。管项目同时管安全是各级有关人员的安全管理责任。

（2）坚持安全管理的目的性。安全管理是对项目中人、物、环境因素的管理，通过有效地控制人的不安全行为和物的不安全状态来减少和避免事故，以达到保护劳动者安全和健康的目的。安全管理必须明确目的，无明确目的的安全管理是一种盲目行为。

（3）贯彻预防为主的方针。安全管理的方针是"安全第一，预防为主"。安全管理不仅是指处理事故，更重要的是在项目活动中，针对项目的特点对生产要素采取管理措施，有效地控制不安全因素的发展和扩大，将可能发生的事故消灭在萌芽状态。

（4）坚持"四全"动态管理。安全管理与项目的所有人员有关，涉及项目活动的方方面面、项目的全过程及一切生产要素。因此，应坚持全员、全过程、全方位、全天候的"四全"动态管理。

（5）安全管理重在控制。安全管理的目的是预防、消灭事故，防止或消除事故危害，保护人员的安全与健康。安全管理有多项内容，但对生产因素状态的控制与安全管理目的直接相关，所以，对项目中人的不安全行为和物的不安全状态的控制是安全管理的重点。

（6）不断完善和提高。安全管理是一种动态管理。管理活动应适应不断变化的条件，消除新的危险因素；应不断地摸索新规律，总结管理、控制的办法与经验，指导新变化后的管理，从而使安全管理不断上升到新高度。

5.4.4 项目环境管理

项目是与环境相互联系的，项目的进行会对环境产生影响，其影响程度可能因项目的不同而不同。所以，在开展项目的同时，应考虑其对环境的影响。例如，在工程项目实施过程中，应考虑粉尘、噪声、水源污染、环境卫生等问题；在组织大型活动项目时，应考虑环境污染和环境卫生问题。

1. 项目环境管理的目的和内容

项目环境管理的主要目的包括：①采取多种措施预防污染；②不断改进管理，提高管理效果；③遵守有关法律法规。

项目环境管理的内容主要包括：

（1）实行环境保护目标责任制。环境保护目标责任制是指将环境保护目标以责任书的形式层层分解到有关部门和人员，并将其列入岗位责任制，形成环境保护自我监控体系。项目经理是环境保护的第一责任人，是项目环境保护自我监控体系的领导者和责任人。

（2）加强检查和监控工作。项目对环境的影响程度需要通过不断检查和监控加以了解。只有掌握了项目环境的具体状况，才能采取有针对性的措施。例如，在工程项目进行过程中，应加强对项目现场的粉尘、噪声、废气、污水等的监测和监控工作，并根据污染情况采取措施加以消除。

（3）进行综合治理。一方面要采取措施控制污染，另一方面应与外部的有关单位、人员及环保部门保持联系，加强沟通。要统筹考虑项目目标的实现与环境保护问题，使两者达到高度统一。

（4）严格执行相关法律法规和规定。国家、地区、行业和企业在环境保护方面颁布了相应法律法规和规定，项目管理者应掌握这些法律法规和规定，并在项目进行过程中严格执行。

（5）采取有效的技术措施。在制订项目计划时，必须提出有针对性的技术措施；在项目进行过程中，应按计划实施这些技术措施，并根据具体情况加以调整。

2. 工程项目全生命周期各过程与环境的协同管理

一方面，任何工程项目系统都处在一定的自然、经济、社会、政治等环境中，环境提供了工程项目发展必需的资源和实现系统目标的动力；另一方面，工程项目不可避免地会对环境产生影响，尤其是复杂的工程项目，对整个社会经济、生态等环境产生的影响更为重大。因此，项目在整个生命周期过程中必须考虑环境因素，在满足环境约束关系的前提下，既充分利用环境提供的机会，又要坚持可持续发展的原则，做到项目与资源、经济和社会发展的协调一致。

系统只有不断地与环境之间进行物质、能量和信息的交换，才可能变成一种动态的、稳定的有序结构，即形成普里高津（Prigogine）提出的耗散结构，不断降低熵值，提高系统的有序程度。

工程项目系统与环境的协调作用发生在系统的各个层次，但由于协同的要求和结果分布在工程项目生命周期的各个阶段内，每一阶段都将消耗一定的资源并对周围环境产生一定的影响，因此本书动态地看待工程项目系统与环境的关系，注重项目在全生命周期过程中与环境的交互作用。工程项目管理系统与环境的协同应当运用全生命周期分析方法，研究项目从立项、设计、施工、运营直至最终生命结束对工程项目环境的影响，总体上包括项目与政治环境、经济环境、市场环境、法律环境、自然环境、周边环境、上层政府部门组织和其他方面的协调。项目在各个阶段都应了解和遵守项目所在地国家、地方的政策、法规、制度，以及相应的技术标准、规则等。

工程项目生命周期的全过程就是项目系统目标的实现过程，工程项目通过与环境的交互作用、协同适应，逐步实现系统的综合目标，如图5-13所示。

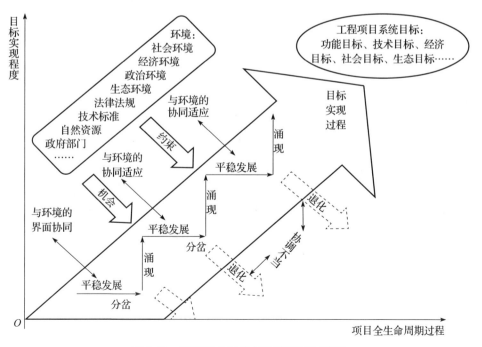

图 5-13　工程项目系统与环境的协同作用

项目各过程与环境各因素之间的协同作用是工程项目系统实现目标的主要动力，使系统在平稳发展的过程中，不断出现涌现现象。但当环境参数的干扰导致项目在实施过程中不当处理与环境的协调关系时，系统的功能耦合网可能会发生断裂，阻碍项目目标的实现，使其出现退化现象。工程项目系统正是在这种与环境的交互作用过程中，不断改变与环境的不协调状态，不断调整自身结构和行为以强化同环境的协同适应，从一个平稳状态过渡到另一个平稳状态，激发项目整体层次的涌现性。

5.5 工程项目知识管理

5.5.1 知识管理概述

对知识管理（Knowledge Management，KM）有这样的定义："知识管理应该是组织有意识采取的一种战略，它保证能够在最恰当的时间将最恰当的知识传递给最恰当的人。这样可以帮助人们共享信息，进而通过不同的方式付诸实践，最终达到提高组织业绩的目的。"知识管理活动不仅涉及对知识本身的管理，而且还包含越来越广阔的外延，涵盖个人、企业、学术社团、社会组织以及政府等关于知识创造、交流、共享和利用的各个领域。

1. 知识管理的目标

知识管理在 21 世纪是组织成功的"必要条件"而不是"充分条件"。知识管理是权变管理，没有绝对标准和最好的模板。知识管理无法单独成功，还要配合组织的其他构成条件。知识管理是将组织内的各种知识与人员进行有效整合，采用共享、转化及扩散等方式，使组织中的信息与知识通过获得、创造、分享、整合、记录、存取及更新达到不断创新的目的，并回馈到知识系统内，使个人与组织的知识得以永不间断地积累的活动。

知识管理创造价值的目标，是将企业的知识管理纳入企业的战略地图，将知识管理的潜在价值体现为无形资产，将知识管理的直接价值体现为财务收益。知识管理的有关理解如下：①在管理理念上，知识管理真正体现了以人为本的管理思想；②在管理对象上，知识管理以无形资产管理为主要对象，比以往任何管理形式都更加强调知识资产的重要性；③在管理内容上，遵循"知识积累——创造——应用——形成知识平台——再积累——再创造——再应用——形成新的知识平台"的循环过程；④在范围及重点上，知识管理包括显性知识管理和隐性知识管理，但以隐性知识管理为重点，并注重显性知识与隐性知识之间的共享与转换；⑤在目标和策略上，以知识管理创新为直接目标，以建立知识创新平台为基本策略，智力性和创新性是知识管理的标志性特点；⑥在组织结构上，与以往其他管理所采取的金字塔式的等级模式不同，知识管理采取开放的、扁平式的学习型组织管理模式。

知识管理相关的国家标准对国内长期存在的多种知识管理定义进行了统一，明确指出了知识管理实施的八项指导原则，具体包括领导作用、战略导向、业务驱动、文化融合、技术保障、知识创新、知识保护、持续改进等。

2. 知识管理的主要内容

知识管理的价值体现于无形资产的增加。企业通过知识管理增加了无形资产，而无形资产的增加直接为企业创造了更多的价值，又反过来推动知识管理更好地发展，这样就创建了一个可持续的、不断自我完善与发展的体系。知识管理是一种文化、一种工作方式、一种正确做事的技术。其主要内容一般包括：①规划项目的知识管理策略；②确定项目知识管理核心任务；③制定项目知识管理实施方案；④动态监控企业知识管理实施过程；⑤在实践中提升项目知识管理能力。

3. 知识管理框架模型

知识管理框架模型通过一致的语言来描述知识管理的完整过程，这对于认识知识管理具有重要意义。图 5-14 是一个典型的知识管理框架模型。

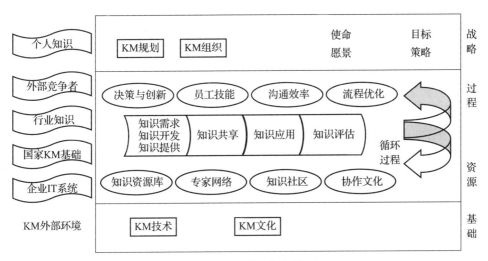

图 5-14　知识管理框架模型

该模型反映了知识管理的业务过程和知识转化流程，包括从知识开发（包括知识需求和知识提供）、知识共享、知识应用到知识评估的循环和持续改进的运作过程。知识管理的对象既包括显性的知识资源，也包括专家网络、知识社区和协作流程所包括的隐性知识。知识管理的目标包括战略层面的决策与创新、提高员工机能、提高沟通效率和优化管理流程。企业实践的知识管理与其所处的外部环境交互作用。这些环境包括企业内部的IT系统、国家与地区知识管理的基础设施、行业的知识现状、竞争者策略和个人的知识基础结构等。知识管理框架模型可以指导企业对知识管理的理解、实施、评估等活动。

5.5.2　企业知识管理

1. 企业知识管理的内涵

企业知识管理（Enterprise Knowledge Management，EKM）是指企业利用现代信息技术，开发企业知识资源、调动人力资源学习潜能，并建立与之相适应的组织模式，以推进企业现代化进程、提高企业核心竞争力和经济效益的过程。企业知识管理是以知识为核心的、不同于信息管理的、通过知识共享来实现的企业管理活动。

2. 企业知识管理的价值

21世纪企业的成功越来越依赖于企业所拥有知识的质量，利用所拥有的知识创造竞争优势和持续竞争优势对企业来说始终是一个挑战。企业实施知识管理的原因在于：①竞争；②客户导向；③工作流动性的挑战；④环境的不确定性；⑤全球化的影响。

5.5.3　项目知识管理

1. 项目知识管理的内涵

项目知识管理（Project Knowledge Management，PKM）是把知识作为项目团队最重要的资源，对知识资源的获取、共享、创新、应用等过程进行计划、组织、测评、控制和领导，以期达成增强项目团队核心竞争力目标的过程。项目知识管理的目标是努力将最恰当的知识在最恰当的时间传递给最恰当的人，使他们能够做出最好的决策，使应用取得最好的成效。

项目知识管理的理念认为知识是项目中最重要的资源，项目管理是知识密集型管理，充分挖掘、创造、收集、借鉴、整合、利用、传播各种有利于项目管理的知识，是项目管理成功的关键。因此，项目知识管理的重点是对知识员工和知识活动的管理。

2. 项目知识管理的特征

（1）项目具有明显的阶段性特点。项目的每个阶段都包含一系列工作，所有工作都是通过过程完成的。项目活动要突出关键知识，强调对经验教训的学习。

（2）不同参与主体和管理层级有不同的项目知识需求。大型项目涉及多个参与方，由于参与方各自的职责和利益不同，他们将收集的信息转换为知识为自己所用时的关注点也不相同。

（3）不同类型的项目有不同的知识管理重点。不同类型的项目需要采用不同的知识管理战略，同时不同项目的知识运用在不同场合中也有很大不同。例如，在房屋建筑项目和生产投资项目中显性知识的运用起重要作用，而研发项目以隐性知识为基础。

3. 项目知识管理的目标

（1）项目知识经验积累。企业通过项目案例库实现对所有项目过程文档和经验总结的积累，从而形成项目型企业的核心财富。

（2）项目的快速交付。企业通过提炼项目运作过程中的标准方法，提高项目的快速复制能力，使每个新的项目都站在一个较高的起点上并在已有经验的基础上运行，避免每个新项目都从"零"开始。

（3）人才培养和经验复制。项目管理人才和专业人才的缺乏是项目型企业发展普遍面临的瓶颈。知识管理可以系统地梳理专家经验，共享知识的学习，进而加速人才的培养，使企业和员工个人实现双赢。

4. 项目知识管理的必要性

1）项目是知识密集型活动，包括知识、知识员工、知识活动等各项要素。为了使各要素协调发挥作用，企业需要进行项目知识管理。

2）项目管理是对变化的管理，不仅需要大量的显性知识，还需要隐性知识。为了发挥这些知识的作用，企业需要进行知识管理。

3）项目是临时性、一次性的活动，项目中的知识容易流失。为了减少这种损失，保留"前车之鉴"，做到"前事不忘，后事之师"，企业需要进行项目知识管理。

5. 项目知识管理的可行性

（1）具备充分的理论根据。项目需要对知识、承载知识的人、项目的知识活动进行管理，这就是项目知识管理。目前，不仅中国有希望建立项目知识管理的呼声，国际项目管理界也十分重视项目的知识管理。如国际项目管理协会制定的《国际卓越项目管理评估模型》，其考核中很重要的一部分内容就是创新、学习和知识管理。在项目管理中实施知识管理并把其纳入现代项目管理知识体系之中是必要的，也是可行的。

（2）有坚实的实践基础。在实际的项目知识管理中，项目经理、公司人力资源部和项目专责人力资源经理具体负责知识管理工作，其工作内容如下：①在团队内部，收集、整理以往类似项目的管理资料；②对项目团队成员进行各种培训；③对相关方进行专题培训；④在工作中建立项目团队人员工作日志制度；⑤在合作方之间通过沟通会、协调会、现场会议等方式建立信息/知识收集、交换、积累机制；⑥建立团队、公司和远程工作的信息、知识收集、应用的通信和OA平台；⑦充分借鉴和运用项目团队之外的知识资源。

6. 项目知识管理的内容

按知识的属性，知识可分为隐性知识和显性知识。隐性知识代表了以个人经验为基础并涉及各种无形因素的知识，它存在于个人头脑和特定场景中，难以系统化和难以交流，因而具有一定的独占性和排他性。显性知识是指能够以正式的语言，通过书面记录、数字描述、技术文件和报告等明确表达与交流的知识，是对隐性知识一定程度的抽象和概括，也被称为编码型知识。项目知识同样可以分为隐性项目知识和显性项目知识。项目知识管理的内容包括项目隐性知识管理和项目显性知识管理，以及在此基础上对知识活动和知识员工的管理四个方面，如图5-15所示。

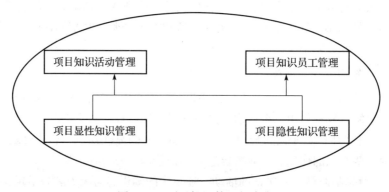

图 5-15　项目知识管理的内容

（1）项目隐性知识管理。项目隐性知识管理的核心是通过制度设计、激励、文化营造等手段克服障碍，以实现隐性知识在项目组织内部的共享。

（2）项目显性知识管理。项目显性知识是指可以客观捕捉、易于描述的、便于编码的项目知识，容易以具体的方式记录、存储及流通。如项目可行性研究报告书、项目管理手册、管理制度、程序、文件、记录等，多具有文字性、结构性与可视化的特征，均属于显性知识。项目显性知识管理的主要目标是确保项目组织中的显性知识能够得到井然有序的存储，在需要的时候可以方便快捷地被检索。显性知识管理的首要任务是建立组织的知识体系结构。

（3）项目知识活动管理。知识活动是指知识的获取（采集、挖掘、整理、审核、存储）、共享（交流、转移、集成、利用）、创新（扬弃、创造）等过程。知识是项目组织的重要资产，它的一个重要特征在于它一直处于动态变化中，并在动态变化中实现自身的增值和更新。项目知识活动管理主要包括以下内容：①获取项目管理所需要的知识；②组织知识的共享；③引导和实施知识的创新。

（4）项目知识员工管理。知识员工是知识的创造者和使用者，是知识活动的实际参与者。对知识员工的管理是否有效，直接决定了组织项目知识员工管理的效果。项目知识员工管理主要包括以下内容：①调查知识在员工中的分布情况，形成"员工知识地图"；②评估组织的知识差距，通过招聘新员工或进行培训加以解决；③设计员工的工作岗位，使知识活动与具体业务有机结合起来；④建立实践社区，为员工提供良好的交流与学习环境；⑤衡量员工的知识贡献，激励员工贡献知识；⑥把人力资源管理与知识管理结合起来；⑦启发与挖掘员工的隐性知识；⑧协助员工规划其职业生涯，为其提供实现职业规划所需要的知识。

7. 项目知识管理与信息管理的关系

项目知识管理与信息管理密切相关，但是知识管理不能等同于信息管理。两者的区别与联系如下：①信息和知识是两个不同的概念。信息是对过去的数据、资料的编码，是静态的概念；知识是用于解决问题的结构化信息，是认识世界的显性知识和隐性知识的总和，是一种产品，又是一个过程，强调应用和创新，是动态的概念。②项目信息管理是保证及时与恰当地生成、收集、传播、存储、检索和使用项目信息的过程管理。项目知识管理系统把项目信息管理作为项目沟通管理的重要组成部分。③项目知识管理并不是简单地对知识进行收集、整理和传播，而是利用组织智力或知识资产创造价值的过程。知识管理与项目组织中人的关系更为密切，它的实施在于建立激励团队成员积极参与知识共享的机制。④知识管理的实施离不开项目信息管理系统，并通过项目信息管理系统关联、协同其他系统。⑤知识管理是信息管理更深层次、更高级别的发展结果，最终"信息化"将演变到"知识化"。

5.5.4 项目知识管理的实施

1. 项目知识管理的重点

项目知识管理应重点从以下几个方面入手，以保证项目知识管理的有效实施。

（1）以信息集成推动知识集成。项目具有系统化、重复化的特点，且具有正式的工作流程、方法和标准，需要各个方面紧密配合。因此，项目环境下的知识集成应建立在信息集成的基础上，需要企业为项目知识的传播搭建方便快捷的共享和传播平台，如建立企业内联网作为企业内部的通信和协作平台。

（2）建立有利于知识共享的项目组织。项目组织的建立应有利于项目成员之间实现知识共享，在项目组织中形成良好的学习氛围。能否实现知识共享取决于许多因素，包括项目成员的相互关系、相互信任和互惠程度，对知识创造和知识提供的奖励，以及项目成员对知识的接受能力。

（3）在项目组织内部设置知识管理专职负责人。项目知识管理专职负责人的主要职责包括：①了解项目本身以及项目环境；②熟悉企业本身和企业环境；③理解项目组织和企业内部的信息需求；④建立一个促进学习、知识积累和信息共享的项目环境，使每个项目成员都认识到知识共享的益处。

（4）建立适当的知识管理评价指标体系。适当的知识管理一般情况下应具有下列指标：①大量采集知识的能力；②知识的创造能力；③知识的传播能力；④知识的共享程度；⑤知识的存储能力；⑥知识的使用能力；⑦对新知识的奖励以及对知识的共同愿景。

（5）将项目环境下的知识信息扩展到整个组织层面。一个组织可能有很多项目在同时进行，虽然各个项目产生的新工艺或新技巧在项目团队内部可以有效传播和应用，但很少能影响其他项目。这样带来的结果是，有可能某个项目正在烦恼的问题已经在另外一个项目上被顺利解决了，但组织的成员并不能了解其他项目成员所掌握的知识。解决这样的矛盾可以建立一个组织内部数据库检索机制，以实现整个组织层面的知识共享。

2. 项目知识管理内容及其关联

（1）项目知识管理活动流程及技术的实现。项目成员及组织应当研究如何开展知识管理活动，如何构建项目知识管理系统。

主要包括：①项目层知识管理活动。主要研究项目团队如何开展项目知识管理活动，包括项目知识共享、项目知识积累和跨项目知识转移三个方面。②组织层知识管理流程。主要研究长期性组织中项目知识管理流程及技术的实现。知识管理流程的研究主要从知识收集、知识集成、知识组织、知识存储等几方面展开。

（2）项目知识管理实施的保障。它是指组织为促进项目知识管理实施而采用的保障措施和手段。主要从三个方面来提高项目知识管理实施成效：①组织保障，包括建立知识管理战略、设置专职或兼职的知识管理机构、明确首席知识官

（CKO）的职位与地位；②基础设施建设，包括项目现场知识获取的便利性、网络资源的便利性、信息化水平、知识库的建设与应用、知识门户网站的建设与应用；③制度保障，包括建立标准化的工作流程、设立顾问制度、重视项目结束阶段的总结、为知识积累和贡献分配资源、建立知识共享的激励机制等。这些保障措施和手段为组织构建良好的项目知识管理外部环境提供了宏观指导。

（3）项目知识管理评估。知识管理评估是知识管理的有机组成部分，其作用如下：①可以帮助和指导组织总结从知识管理项目中得到的经验；②可以使领导层合理、准确地评价企业目标和知识管理项目；③加速员工显性知识与隐性知识之间的转化；④促进将更多的隐性知识转化为生产力，以加快企业知识创新的进程。

由于项目知识管理的实施具有复杂性，很难单独用定性或定量的方法来对其实施效果进行评估，所以一般都是使用定性与定量结合的评估方法，如平衡计分卡、知识管理评估工具等。知识管理评估工具可设置五个部分：知识管理流程、领导、文化、技术及评估。通过这五个部分，组织可以评估知识管理实施的强度。

5.5.5 项目知识管理方式

可以从显性知识和隐性知识两个维度来分析项目核心知识及其管理方式。

1. 项目显性知识管理方式

项目显性知识主要包括各种项目过程文档、产品信息、外部资料等。显性知识管理的主要目标是形成企业稳定的、可积累的知识分类体系，以便沉淀和获取知识。通过长期的业务运营和项目运作，很多项目型企业都积累了丰富的显性知识，那么应该如何管理这些知识呢？常用的项目显性知识管理方式主要有项目案例库和知识地图两种。

项目知识管理的重点在于如何积累各项目在建设经营过程中的成功模式，并逐步建立和形成产品模式的最佳实践，最终以项目案例库和知识地图的形式进行管理和展现。

（1）项目案例库。项目案例库的内容包括项目过程文档管理和项目中的经验总结。项目案例库的建立可以使项目成员在任何有需要的时候都可以很方便地找到之前的类似项目，为当前工作提供有参考价值的经验以及各种可复用的知识成果。

（2）知识地图。知识地图是一种帮助用户了解在什么地方能够找到什么知识的知识管理工具。知识地图是一种向导，它本身并不是一个知识的集合，而是关于知识的来源，即知识地图指向的是知识源。知识地图不仅能揭示知识的存储地，通常也能揭示知识之间的关系。知识地图的最终目标是帮助企业员工实现知识共享。

项目案例库和知识地图可以将丰富的项目知识转化成为可分享、可复用的知识资源，让各部门、各项目组的知识转移和分工协作更加容易，使项目成员可以参考更多成功项目的工作经验，降低项目运作的成本，提升项目运作的效率。

2. 项目隐性知识管理方式

项目型企业的隐性知识主要包括项目运作的经验、教训、技能、思维方式等。这些隐性知识虽然看不见、摸不着，但是相较显性知识可能对项目更有效、更有价值。隐性知识管理方式实际上就是使隐性知识显性化，主要有以下几种。

（1）任务后检视方法。任务后检视方法是一种结合了技术和人的因素的快速报告的方法或工具，是一个简单而有效的过程。团队用它来获取从过去的成功和失败中得到的经验教训，以便改进未来的表现。它为团队提供了一个反思项目、活动、事件或任务的机会，让团队成员以参与诊断和评估过程的形式来改善他们的学习过程，并同时提供关于团队表现的反馈。

（2）警示报告。警示报告是一种通过建立快速响应的机制和渠道，将经验教训、重要问题的解决方法在整个组织内部进行快速扩散的一种知识管理工具。组织中的不同团队在工作过程中经常会碰到一些实效性强、对其他团队也有重要参考价值的问题与疑惑，组织通过警示报告可以迅速将解决方案传递到可能有需要的团队那里，避免组织内部不同的团队间重复解决同样的问题，以及避免犯同样的错误。

（3）导师制。导师制是一种应用非常广泛的知识管理工具，类似以前"帮传带"的师徒关系。它是指为每位新员工有针对性地指定一位导师，这位导师通过正式或非正式的途径将自己的知识传授给新员工，使新员工在新的工作岗位上能够更好地适应和发展。

（4）员工黄页。员工黄页是一个特定的员工名单目录。查询该目录能够促进内部熟悉某个领域、某个知识点的员工与需要该知识的员工之间的交流，从而促进知识在组织内部的传播和共享。有需求的员工通过查询员工黄页的方式向大家询问谁能够帮助他。

（5）实践社团。实践社团是由一群专业工作者所组成的正式或非正式的团体。社团成员因为共同的兴趣或目标而聚集在一起，他们有着共同的关注点，在不断发展的基础上相互影响，增进在某一领域的知识和专业技术。

（6）内部演讲。内部演讲是组织内部一种非正式的交流与培训活动，是员工互相学习的渠道。其充分共享的工作氛围与环境有利于员工经验的交流与思想火花的碰撞，是一种有效的知识管理工具。内部演讲也是员工充分展示自我的舞台。

5.6 工程项目管理创新

5.6.1 数字化项目管理创新的背景

考虑到项目型组织和项目的特点，在大数据背景下项目型组织变革创新思维方式中，创新的重心不再仅仅是流程、知识或者技术创新，而是围绕数据和基于数据分析的发现。这就要求项目型组织必须重视项目管理创新中的数据问题。大数据之"大"主要体现在数据规模大、多源异构和动态性三个方面。

（1）从数据规模的角度看，项目型组织在项目管理创新中所能利用的数据规模之大超出了传统认知的范畴。数据规模大主要有以下三个原因：①项目型组织自成立开始就不断地积累着与项目相关的各种信息和数据；②随着相关制度的完善，大量与项目型组织及项目相关的数据通过政府信息平台得以公开；③遍布于媒体和网络中的各类相关数据和信息。所有这些信息加起来，就成为项目型组织的项目管理创新中待开发的无尽财富。

（2）从数据来源和结构的角度看，大数据具有多源异构特征。其多源性体现在项目管理创新涉及的数据不仅来自项目型组织和项目本身，还可能来自政府相关部门、其他组织和网络媒体。异构性一方面体现在数据的表现形式上，项目管理创新中的数据不仅以电子形式存在，还可能以纸质或音像制品等其他形式存在；另一方面，从可使用的角度看，数据不仅包括可以直接使用的结构化数据，还包括海量的需要进一步处理的半结构化数据和非结构化数据。

（3）从数据动态性的角度看，大数据已成为当前项目管理创新的基本背景。大数据之"大"对项目型组织开展项目管理创新有如下影响：①大数据的存在扩展了项目型组织可利用的资源和条件的范围，使项目型组织能够在更广阔的组织生态中开展创新工作；②大数据决定了项目管理创新是数据驱动的，大数据的存在使项目型组织开展的项目管理创新决策更为科学，数据分析的结果成为创新方案决策和评估创新绩效的核心依据；③大数据要求项目型组织在组织文化及工作流程等方面做出相应改变，以适应新背景下项目管理创新的要求。

5.6.2 项目管理创新的比较分析

传统模式的项目管理创新主要是基于工程实践、问题驱动的探索式创新。这种模式从特定的工程实践管理问题出发，借助组织知识和专家智慧，利用定性分析或定性与定量相结合的方法找到解决问题的途径，实现项目管理创新。近年来较有影响力的项目管理创新案例，如苏通大桥工程项目的综合集成管理、京沪高速铁路工程的标准化管理等，就是这类创新的典型代表。由于探索式创新往往针对一类特定的工程项目，因此该类工程项目能够在已有探索式创新的基础上，通过进行非本质性的修正，解决本工程面临的管理实践问题，从而形成传统模式的一种衍生模式，即借鉴式创新。但借鉴式创新往往重在形式而非本质，所以鲜有成功案例。例如，在京沪高速铁路工程的标准化管理创新取得成功后，大量高速铁路项目乃至公路项目竞相模仿，但从实际效果看并不如预期。

大数据下的项目管理创新与其传统模式有着本质不同。传统项目管理创新犹如"池塘捕鱼"，而大数据下的项目管理创新则如同"大海捕鱼"。此处的"池塘"和"大海"指的是创新的环境和条件，"鱼"代表的则是可能存在的项目管理创新选择，而"捕鱼"的过程即是实现项目管理创新的方法和路径。环境和条件的变化必然影响到项目管理创新可能的实现途径和结果。因此，从"池塘"到"大海"的变化决定着传统项目管理创新和大数据下的项目管理创新存在诸多本质性的区别。

1. 创新环境和条件的区别

传统项目管理创新的基本背景是"池塘"，意味着有限的生态，即创新是围绕着组织知识、专家智慧等项目型组织自身可能拥有的少数资源展开的，而资源的有限性限制了实现创新的手段和方法。大数据下的项目管理创新其基本背景是"大海"，这在某种程度上意味着资源的无限性。大数据下的项目管理创新不仅依赖项目型组织中的资源，还可借助更为广泛的组织生态中的资源，从而为创新提供了更为有利的条件。

2. 驱动因素、创新方式和路径的区别

传统项目管理创新是问题驱动的，项目型组织领导、管理专家等在"池塘"所提供的资源条件下，应用德尔菲法、头脑风暴法、决策树法等定性分析或定性与定量相结合的方法，自上而下地找到一种创新的方案。而大数据背景下，创新不仅可能是问题驱动的，也可能是基于数据的，更多情况下是二者的结合，即提出问题，然后借助数据解决问题。数据的共享性使得大数据背景下的项目管理创新可以被更广泛地参与。从创新路径来看，大数据背景下的项目管理创新不再仅仅是自上而下的，也可以是自下而上，甚至是网络化的协同方式。在大数据时代，数据是项目管理创新中最重要的因素，而数据分析方法则是创新的核心手段。

3. 创新结果及成功关键因素的区别

传统项目管理创新受创新背景、条件和手段的限制，可能获得的创新方案是有限的，并且最终创新方案能否获得成功，关键在于资源约束下专家知识的应用。大数据背景下的创新方案存在更多的可能性，创新方案在实践中能否成功，关键在于数据的可得性、数据分析结果及解读的准确性。基于以上分析,传统项目管理创新与基于大数据的项目管理创新的比较见表5-6。

表5-6 传统项目管理创新与基于大数据的项目管理创新的比较

创新模式	驱动因素	环境与条件	创新途径	成功关键因素
传统项目管理创新	问题驱动	组织内资源	德尔菲法、决策树法等	专家知识
基于大数据的项目管理创新	问题或(和)数据驱动	组织生态内的大数据	云计算、数据挖掘、统计分析等	数据的可得性、数据分析结果及解读的准确性

5.6.3 基于大数据的项目管理创新模型

大数据是项目管理创新的核心要素,而数据处理过程则是大数据问题的关键。相关领域的研究表明数据处理过程与创新过程存在一种耦合关系,围绕着创新过程中的数据问题可以建立基于大数据的项目管理创新模型,如图5-16所示。

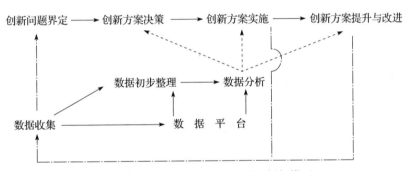

图5-16 基于大数据的项目管理创新模型

1. 数据获取与创新问题界定

在项目开始,项目型组织首先要确定是否需要进行项目管理创新。数据获取包括下列内容:①借助数字设计技术,将项目的主要技术数据以二维或三维方式呈现出来;②借助数据转换技术,将现有的其他形式的数据转化为电子化信息;③借助各类信息检索技术,如利用搜索引擎等搜集媒体上公开的相关数据。基于获得的这些数据,项目型组织评估是否需要进行创新以及能否创新。创新问题的界定通常包括两个阶段:首先应大致确定需要创新的范围或领域;其次借助初步的定性数据分析,明确界定创新问题。

2. 数据处理分析与创新方案决策

创新方案的形成和决策取决于数据处理和分析。项目型组织对获取的各类数据需要运用数据挖掘技术、统计分析等分析技术，找到项目管理创新问题范畴内各类数据之间的关联模型，通过数据分析发现可能导致创新成功或失败的关键因素，提炼出项目管理创新中的核心问题。

项目型组织可以通过数据共享平台在不同层面、不同维度上获得项目管理创新方案。具体包括下列方式：①由项目型组织领导或专家根据数据分析结果，自上而下地形成项目管理创新方案；②由项目型组织工作人员，根据数据分析结果，自下而上地形成项目管理创新方案；③由项目型组织外部人员利用网络渠道收集数据共享平台形成的方案，最终构成项目管理创新方案集。项目型组织根据数据处理分析的结果对备选项目创新管理方案进行再验证，包括形成方案的依据的合理性和科学性、预测方案实施成功的概率以及可能取得的效果，从而择优选择创新方案。

3. 动态数据与创新方案实施

创新方案应当在项目生命周期内实施。随着项目的进展，一方面，项目实施方面的数据不断积累，另一方面，创新方案实施绩效数据也在积累。这两类数据经过收集、处理成为数据共享平台的一部分，并为项目创新方案的实施绩效评价提供依据。动态数据的分析结果有助于项目创新方案的动态优化，进而确保方案随着项目的进展处于持续改进过程中。

4. 新一轮数据收集和分析过程与创新方案的提升

基于大数据的项目管理创新方案始终受到数据分析结果的检验，并且可以借助数据收集和分析应用于其他类似的项目中，进而可能避免借鉴式创新带来的困境。项目型组织通过对新项目的相关数据的收集和进一步分析，能够以恰当的方式对原有项目管理创新方案进行修正，从而在某种程度上实现项目管理创新方案的提升。

5.6.4 数字化环境下项目管理创新的实施

为使数字化环境下的项目管理创新在项目实践中具有可操作性，应注意以下几个方面。

（1）项目型组织应着手进行企业文化和决策机制方面的改革。项目型组织应当努力建立一种与大数据管理创新相适应的、广泛参与的企业文化，将以往基于组织领导者意图或专家知识的决策转化为数据驱动的决策，以数据分析结果作为决策和评价的基础。

（2）项目型组织应以信息化建设为中心，优化设计组织结构。项目型组织应当在传统的职能型或矩阵型组织结构中增加专门的信息部门用以收集、处理和分析数据，为项目管理创新及其他组织业务提供支持；同时加强信息部门与业务部

2. 创新项目生命周期的划分方法

项目的生命周期是由多个阶段组成的，划分每个阶段的标志都是一个重要的关口检查点。关口检查对于创新项目来说非常重要，它决定着创新项目能否进入下一个阶段，是控制创新项目风险的一个重要工具。

关口检查点为控制创新项目风险提供了一个有力的方法和工具。创新项目关口和阶段交替出现，只有通过一个关口才能进入下一个阶段，如图 5-18 所示。

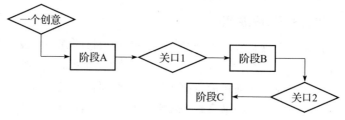

图 5-18　创新项目阶段与关口

创新项目通常是对现实的一个改变，这个改变可能会带来收益，也可能会带来危险。创新项目风险管理的关键是确定在何处设置关口检查点及其设置标准和通过条件。人们会力求创新项目生命周期的规范性及关口设置的科学性，但由于创新项目存在巨大的信息缺口，因此创新项目的生命周期管理必须是可以持续改进和优化的。

3. 生命周期不同阶段的风险控制要点

针对创新项目生命周期各阶段的风险控制工作内容有针对性地进行关口检查，其相应情况具体讨论如下。

（1）搜寻阶段。这一阶段是人们根据现有的知识和技术，通过对市场需求和期望变化的分析和对未来生活的预测，寻找创新驱动因素的过程。人们通过对这些驱动因素的研究，搜集各种创新信息和创新机遇。这一阶段的管理是非结构化和非程序化的，是创新项目管理过程中最难和最不易管理的阶段，因此创新项目管理应重视这一阶段。

（2）选择阶段。这是项目的决策阶段，该阶段通过对每个方案时间、资源和成本等各方面进行可行性分析，确定最佳项目方案。管理者要科学、合理地组织创新项目中的沟通交流，确保项目信息的合理收集和传递。创新项目成员通过信息沟通和分享，达到促进创新项目科学决策的目的。

（3）实施阶段。该阶段人们将选择的创新项目方案转化为创新结果。创新项目实施阶段中对创新项目范围、质量、进度和成本的集成管理是最为重要的，人们通过对这些要素的全面集成及对创新项目的资源配置，实现对创新项目不确定性和风险性的有效控制。管理者或组织在创新项目实施过程中应根据影响因素的变化，及时进行创新项目计划部分或者全部变更的管理。管理的宗旨是"趋利避害"，即增加项目风险收益并减少项目风险损失。

（4）获取阶段。获取阶段是将创新项目的成果运用到实际领域中从而取得回报的阶段。成果的应用将产生新增价值，创造更大的新增价值是创新项目获取阶段的主要内容。管理者要建立适合创新项目的管理模式，加强对创新项目成果的验收和归档工作。针对成果是否符合创新项目的要求及项目存在的问题或隐患，管理者应该制定有效的管理措施。管理者要重视团队人员内部分工，对创新项目的经验教训进行总结，并注意收集和积累各个阶段的知识和经验。

5.6.6 企业自主创新项目的过程管理

1. 企业自主创新项目的过程管理模型

企业自主创新项目的过程管理模型给出了以自主创新项目为核心的过程推动机制，如图 5-19 所示。企业的创新能力、创新的环境、组织文化等内部因素是企业开展自主创新活动的基础。企业也需要分析外部的创新环境，对创新项目进行企业层面的指导。该模型对创新项目的推动机制进行研究，内容包括创新项目的核心技术过程、贯穿始终的创新项目的过程管理，还有创新过程的项目与组织知识转化为核心的组织学习。企业内部的企业战略、组织、创新环境以及技术能力等会影响创新过程，而外部环境中的市场创新环境、客户需求、供应商的创新等也会对创新带来一定的推动或阻碍作用。

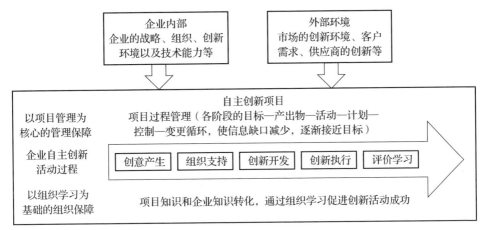

图 5-19 企业自主创新项目的过程管理模型

2. 企业自主创新项目的过程管理推动机制

企业自主创新对项目过程管理具有推动作用，这种推动机制主要体现在对各个阶段目标的确定、产出物设计、活动分解、计划决策、监督控制与变更决策，这是一种目标和学习导向的过程管理。图 5-20 中的模型进一步给出了企业自主创新项目过程管理的推动机制。

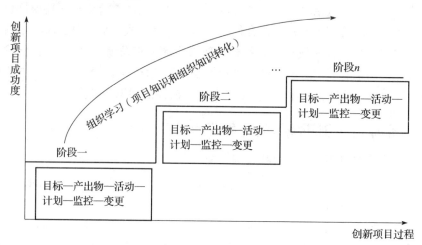

图 5-20　企业自主创新项目过程管理的推动机制

由于企业自主创新活动具有高度的不确定性，创新项目过程中的推动机制需要管理者不断地根据所获信息和所学知识去修订各个阶段最初制定的目标、产出物和初始决策，所以过程管理的核心是"变更管理"。变更管理包括对各种初始计划和决策、后续跟踪决策的变更管理，对一方面变更而引起其他因素变更所需的集成变更管理，以及通过不断调整计划和控制在各个阶段平衡创造性和效率。创新项目各阶段具体的推动及其作用机制主要体现在：

（1）创意产生阶段。该阶段的目标是围绕创新战略目标要求生成创意，产出物是高质量的创意。控制活动是检查是否有好的创意产生，并确保有促进创意产生的宽松空间和灵活环境。

（2）组织支持阶段。该阶段的主要目标是分析组织可利用的资源并进行创意筛选，选择可行的创新活动并提供资源保障。控制活动主要是评价组织的资源支持情况并解决资源短缺等问题。如果经评价不应进行创新，就需要进行变更管理，即返回到创意产生阶段。

（3）创新开发阶段。该阶段的目标就是保证研发活动的成功完成，开发出能为企业带来价值的创新成果。具体活动包括：制订集成计划，设立这个阶段的具体里程碑，采用"阶段门"等方法跟踪检查创新活动，对可能出现的偏差进行纠正，建立变更管理的计划。

（4）创新执行阶段。该阶段的目标就是实现创新成果的市场化、产业化，为企业带来收益。这个阶段的计划控制应该比较严格，可以按照项目管理中的计划控制方法进行时间、成本、质量、风险、变更的计划和控制。

（5）评价学习阶段。该阶段的目标是实现知识的转化，检验创新战略目标是否实现。具体活动包括：项目人员将项目资料进行整理，总结经验教训，评价创新项目效益和绩效，实行结果的反馈，实现隐性知识向显性知识的转化，同时对项目人员进行评价，做好奖励和效益分配等。

（6）日常运营阶段。该阶段的目标是开展创新成果的日常运营，从中获取收益。人们应当按照日常管理的方法，制订每月/每季/每年的日常运营计划和控制标准以及方法，若运营活动收益不佳，则进行变更，对创新产品进行重新设计和开发。

3. 项目知识与组织知识转化

企业自主创新项目的过程也是其项目知识与组织知识互相转化的过程。创新项目过程的知识来源于企业的知识库以及参与项目个人的知识积累。对于从知识库中无法得到的知识，人们就从外界，如竞争对手、供应商、咨询机构处学习，从而获得新知识，通过不断地学习提高，促进项目的开展。随着项目的进行，人们还需要对获得的新知识进行总结反馈，可以通过开展项目团队讨论并将讨论结果文档化，促进知识在项目团队中的转移。知识转化可以促进企业创新能力的提升。

拓展思考

1. 什么是项目采购管理的六大因素法？
2. 项目风险识别、评估、应对和控制的工作内容包括哪些？
3. HSE 管理的基本思想是以人为本，如何体现？

第 6 章 Chapter 6

项目管理的能力

本章导读

丹尼斯·洛克[一]："项目经理需要的基本能力是采用一切可能的方式，激发团队成员为项目工作的欲望。这也是项目经理的权威来源。"

现在企业都在讲"赋能"，这包括让团队成员及相关方具备相应的工作能力，需要良好的文化和正确的沟通，也需要领导者与团队具有较强的领导力和执行力。如果能善用项目管理，技术难度将不再是一个问题。

6.1 项目管理软技能

6.1.1 项目管理软技能概述

1. 项目管理软技能的内涵

简单来说，项目管理软技能就是对在"人"的管理方面的共性规律和经验有意识地进行总结和利用，将其转变成各种规则、制度和机制等。

项目管理者在日常工作中处处需要用到软技能，主要体现在以下方面：①进行团队建设以及团队成员相关工作时可以提高项目团队士气，说服成员接受加班或

㊀ 丹尼斯·洛克（Dennis Lock）是项目管理领域的专业作家，编写出版了 50 多本专业性图书，其中较为著名的有《项目管理》和《Gower 项目管理手册》等。他为英国和全球其他企业提供咨询服务，在企业项目管理方面，如国防系统、重型工业等诸多领域拥有丰富的实践经验。

工作挑战，说服欲离职成员完成关键工作后再走，鼓励、激励成员；②协调多部门配合工作时可以分派工作，协调各部门不同意见，协调、推动多部门成员之间的合作，寻求外部资源配合；③请求领导支持和帮助时，可以请求领导增加项目资源，当领导提出无法达到的项目目标时与之协商；④管理供应商时可以协调变更事宜，解决意见分歧；⑤协调客户关系时可以解决需求变更等矛盾，建设、维护客户关系，推动客户按时完成各项配合工作；⑥其他工作，包括商务交流或谈判、主持会议、方案讲解。

以上这些占了项目经理相当大比例的日常工作，它们在很大程度上决定了项目的成败。关于项目管理软技能的具体要素，本章按照项目相关方管理、项目沟通与冲突管理、项目文化管理、项目领导力和项目执行力模块来展开。

2. 项目管理软技能的特点

1）项目管理软技能可以顺应项目的特性。项目管理应当考虑执行项目时所在的地理位置、项目小组的人员结构、项目赞助人的性格特质、项目的利益相关者等各方面情况而选择合适的项目管理风格。

2）项目管理软技能重视直接用户、有关的行规惯例、环境以及企业文化。

6.1.2 项目管理软技能的价值分析

任何项目都包含五大不确定要素，它们决定了项目的成败。这五大不确定要素分别是：①项目范围；②项目持续时间；③项目质量；④资源数量；⑤资源质量。通过对五大不确定要素的交叉探讨可以发现，项目成功可采取的办法有多种，但前提是各种软技能风险在整个项目周期中没起任何作用。

软技能风险包括：①当需要项目赞助人在项目的关键时刻签字确认时，他却出差在外；②项目小组的成员本应开始进行某一项目时，却还因别的项目脱不开身；③项目小组成员在从事某项目的同时，还得为直接上司交办的其他任务花费时间，不能全力推进项目；④项目计划或预算中未将所需的差旅时间和开支包括在内；⑤为应对范围变更的要求而需要花费大量的资源和时间来进行商业和技术评估，间接影响到项目的进展；⑥项目小组成员在当前项目中增加了一些与该项目无关的活动，目的是避免另一个项目超时；⑦政府的有关规定变更导致项目范围变更，但项目的最后期限并不能因范围变更而推迟；⑧会计部门通常会在月底忙于账目结算，而客户培训却被安排在月底最后一周举行；⑨由于缺乏共同语言，与某一海外供应商/外包商的沟通时间比预期更长；⑩项目小组士气不高，因为项目的完成时限不可变更而时间过于紧张，人人都在为几乎无法企及的目标疲于奔命。

这些风险有可能存在个体上的差别，具体要看项目的"内容"是什么、工作

"对象"是谁、合作"伙伴"是谁以及工作"地点"在何处等。项目管理软技能可以最大限度地降低上述风险对项目的影响。

6.2 项目相关方管理

6.2.1 项目相关方概述

项目相关方特指与项目有一定关系的个人或群体,他(们)受项目的影响或能影响项目,其意见应当作为项目决策与管理时考虑的因素。项目相关方层次模型如图 6-1 所示。

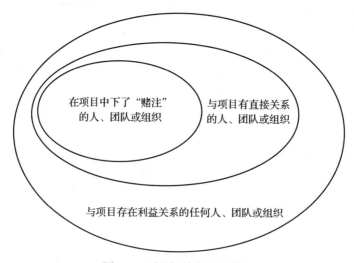

图 6-1 项目相关方层次模型

根据对项目的影响程度,项目相关方分为:①主要相关方,即那些与项目有合同关系的团体或个人,如业主方、承包方、设计方、供货方等;②次要相关方,即那些与项目有隐性契约,但并未正式参与到项目的交易中,受项目影响或能够影响项目的团体或个人,如政府、社会公众、环保部门等。

由于不同利益相关方拥有的信息不同、谈判地位不同,其对项目的控制权、掌握权不平衡,因而可以将其分为:①强相关方,即对项目控制权及掌控权较强的利益相关方;②弱相关方,即对项目控制权及掌控权较弱的利益相关方。

不同相关方在项目中的得益或受损状况不同,若得益大于受损,则为受益相关方;反之,则为受损相关方。只要对项目产生影响(正面或负面)的人、团队、组织都可以是项目的相关方。图 6-2 表示了项目相关方的关系。

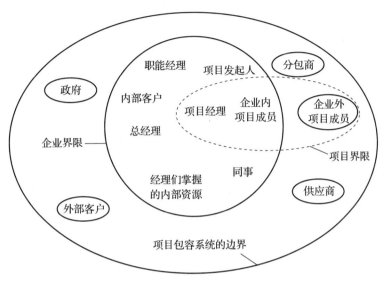

图 6-2 项目相关方的关系

以项目为界限,项目相关方可分为:①项目内部相关方,包括项目经理和项目成员;②项目外部相关方,包括项目发起人、总经理、职能经理、项目客户、分包商、供应商、政府等。

以企业为界限,项目相关方可分为:①项目内部相关方,包括项目发起人、项目经理、职能经理、总经理、内部客户以及项目内部成员等;②项目外部相关方,包括政府、分包商、供应商、外部客户、项目外部成员等。

总之,项目相关方是能影响项目决策、活动或结果的个人、团队或组织,以及会受或自认为会受项目决策、活动或结果影响的个人、团队或组织。

6.2.2 项目相关方的构成关系

相关方管理是实施组织变更的一个重要因素。为了明确项目要求和各相关方的期望,项目团队需要识别内部和外部、正面和负面、执行工作和提供建议的相关方。为了确保项目成功,项目经理应针对项目要求来管理各种相关方。

1. 项目主要相关方

项目中所涉及的主要相关方有以下几类:①发起人;②客户和用户;③卖方;④业务伙伴;⑤项目团队;⑥组织内的团体;⑦职能经理;⑧其他相关方。

2. 项目相关方对项目的影响

不同项目相关方的责权差别很大,当其参与项目时对项目进程也会产生不同的影响。依据对项目的影响，项目相关方可以分为三类：积极型、消极型、混合型。

1）积极型相关方，主要包括发起人、供应商、承包商、金融机构、主题专家、顾问等。此类相关方具有较高的合作意愿，是理想的支持项目目标和行为的相关方。

2）消极型相关方，主要包括竞争对手、周边群体、公共部门等。他们通常具有较高的影响力但不具备协作能力。

3）混合型相关方，包括客户和用户、项目团队成员。他们往往在整个项目生命周期中扮演着重要的角色，若能调动其积极性，满足其利益需求，则能推动项目的发展，为项目带来利益；若忽视其利益需求，则会为项目发展带来重大风险，可能阻碍项目进展甚至导致项目失败。

积极型相关方通常是项目成功结果的获益者，而消极型相关方往往从项目的成功中看到消极结果。项目经理忽视相关方会对项目的结果造成破坏性影响。积极型相关方帮助项目成功能够更好地实现其利益，如帮助项目取得必要的启动许可证。然而，由于需要进行更深入的环境评估，满足消极型相关方的利益可能会阻碍项目的绩效。而项目团队经常忽略消极型相关方的利益，其后果是无法使项目达到成功。

3. 项目相关利益主体之间的关系

项目相关利益主体之间的关系有利益一致和利益冲突两种情况，所以他们各自的要求和期望是不统一的。实际上，项目相关利益主体各自会有不同的目标，而有时这些目标会发生冲突。例如，工程项目业主希望"少花钱多办事"，而工程项目承包商希望"多挣钱少办事"，显然二者的利益有某种冲突。同样，一个企业信息管理系统开发项目中，项目业主、开发商和最终用户的利益也会有冲突。项目业主会要求在保障功能的前提下系统开发成本越低越好；开发商希望在完成任务的基础上能够获得更多的利润；最终用户则希望借助系统开发和使用能够提高工作效率或扩大自己的影响力等。

协调项目相关利益主体之间的关系主要应关注如下内容：①项目业主与项目实施组织之间的关系；②项目业主与项目团队之间的关系；③项目业主与其他相关利益主体之间的关系；④项目实施组织与其他相关利益主体之间的关系。

6.2.3 项目相关方管理过程

项目经理必须管理好项目相关方的期望，这可能是件难事，因为项目相关方的目标往往彼此相距甚远，甚至互相冲突。项目相关方管理过程主要为识别相关方、管理相关方期望、争取相关方利益的最大化。项目管理团队必须明确谁是项目的相关方,他们的需要和期望是什么,然后对这些期望进行管理和施加影响,以确保项目获得成功。

1. 项目相关方管理的基本过程

1)规划项目相关方管理,包括在项目生命周期中对相关方进行识别、分析、争取以及管理。

2)识别项目相关方,要求系统地定义和分析项目相关方,并制定相关方登记册。

3)争取项目相关方。项目管理团队要确保相关方参与到项目中来。

4)管理项目相关方期望。管理团队与其进行沟通,以满足项目相关方的要求以及解决他们的问题。

2. 项目相关方的需求分析

识别出项目相关方之后,就需要挖掘他们的期望并将其变为明确的需求。项目相关方对项目的需求包括多个方面,其中既有对项目成果与利益的需求、成就与价值的需求,也有思想与情感方面的需求。想要了解利益相关方的需求是什么、每一种需求的强度和迫切度如何、哪些项目利益相关方的需求需要首先得到满足等,就要通过一定的方法对项目利益相关方需求的重要性进行分析。

项目相关方的需求可以分为三类:第一类是"musts",即如果没有就不能满足项目相关方基本需求的东西;第二类是"wants",即项目相关方希望得到的、能够丰富其需求的东西;第三类是"nice-to-haves",即对利益相关方而言最好能得到、多多益善的东西。从理性上看,这三类需求对项目相关方的重要性是递减的,然而在项目的生命周期过程中,项目相关方表现出这三类需求的频率却常常是递增的。这是产生项目范围扩大、项目变更、项目冲突,使项目最终失控并失败的重要原因。

3. 项目相关方重要性分析

每一个项目都会有多个利益相关方,每一个项目利益相关方在项目中承担的任务和任务量是不同的,职责大小是不同的,对项目的贡献也是不同的。所以,项目经理需要对参与项目的各个利益相关方的重要性进行分析,确定哪些利益相关方是关键的,哪些利益相关方是次要的,重视关键利益相关方并对其加强管理。

项目经理的时间和精力是有限的,必须重点处理好与关键利益相关方之间的关系;同时,虽然有些利益相关方对项目的影响很小,但如果其需求得不到满足,也会给项目目标的实现造成巨大的阻碍,对这样的利益相关方也应给予高度重视。项目利益相关方重要性分析的目的在于识别出项目的关键利益相关方,并在此基础上对项目利益相关方的立场和态度进行分析。

4. 项目相关方支持程度分析

按照项目利益相关方对项目支持程度递减的顺序，项目利益相关方可以分为首倡者、内部支持者、较积极者、参与者、无所谓者、不积极者、反对者。为保证项目的顺利开展，项目管理者在充分利用首倡者和内部支持者的积极支持的同时，争取较积极者、参与者、无所谓者这些中间力量的参与，保证不积极者和反对者尽量不要反对。需要特别注意的是，项目利益相关方对项目的支持程度并不是一成不变的。随着项目的进展和对项目认识程度的加深，项目利益相关方对项目的支持程度会发生变化。项目支持程度分析可以以调查问卷和访谈研究的形式，从利益相关方的期望、资源的投入、项目的工作量、项目的重要度等角度进行分析，从而确定每一个利益相关方的支持程度。

5. 项目相关方综合分析

项目相关方综合分析是在对项目相关方进行重要性和支持程度分析的基础上，综合考虑相关方对项目的影响。项目相关方综合分析常用的方法是坐标格法，如图 6-3 所示。

坐标格法中，纵坐标表示项目利益相关方的重要性，分为高、中、低三个层次；横坐标表示项目利益相关方对项目的支持程度，分为不支持、中立、支持三个层次。据此，项目利益相关方对项目的综合影响可以分为九类，管理不同类型的利益相关方需要采取不同的策略：①对 A1、B1、A2 区域的利益相关方给予高度重视，充分沟通，加强管理，以便更好地发挥其作用；②对 C1、B2、A3、C2、B3 区域的利益相关方区别情况分别进行适度管理，可以通过项目文化建设和充分的沟通争取利益相关方的理解、支持和重视；③对 C3 区域的利益相关方则可相对忽视。项目相关方综合分析中，即使不是关键利益相关方，项目管理者也要考虑其对项目的影响，例如其提供的产品是否紧缺、是否有可替代性，以决定对其关注程度。

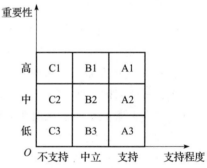

图 6-3 项目相关方综合分析坐标格法

6.2.4 项目相关方管理要点

项目相关方管理涉及相关方分析和相关方管理，相关方分析主要是识别不同的相关方及他们的影响和需求，而相关方管理是对不同的相关方及其需求进行分析、施加影响、实施监控。项目相关方管理应注意下列内容：①确立共同目标；

②明确各伙伴方的责权利；③建立完善的信息沟通网络；④维护和推动良好的合作伙伴关系；⑤实施相互协调的差异化管理策略。

1. 项目相关方管理循环与方法

项目相关方管理循环如图 6-4 所示。

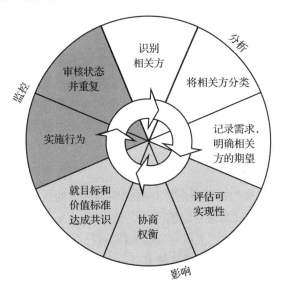

图 6-4　项目相关方管理循环

因为项目的特殊性，与相关方的沟通形式也是多样的。项目在管理上可按权力、影响力和利益水平之间的关系构建模型（见图 6-5），进而实施不同的管理策略。

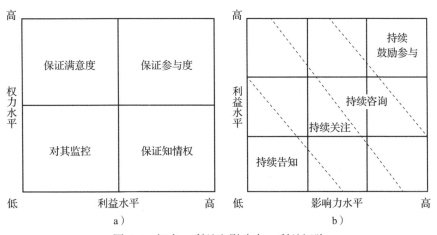

图 6-5　权力-利益和影响力-利益矩阵

2. 监测项目相关方满意度

项目管理中最大的信息缺口就是顾客或客户的偏好和需求与项目投资方的意愿和要求之间的，因此，良好的相关方管理是项目管理成功的基础。项目管理者必须慎重处理与相关方的关系，通过多种渠道和方式监测相关方的满意度，并不断以具体措施维护和提高相关方的支持力度，以确保项目成功。

3. 选择合适的项目利益相关方

选择项目利益相关方主要考虑以下两个因素：①项目利益相关方对依靠各方实现项目目标是否有强烈的意向，这是项目利益相关方合作的基础；②合作伙伴是否具有较强的合作能力。良好的合作伙伴应具有与项目相匹配的文化意识、经营理念，项目所需的优势资源、沟通协作、灵活处理问题的机制和能力，以及尊重伙伴、维系伙伴关系的能力。

4. 确立共同的目标

项目的目标必须被明确地提出，并得到项目各方的认可。项目的目标必须是具体的和可衡量的，需要满足一定的原则。SMART原则是一个用来判断目标优劣的有效标准，可以在此基础之上确定合作伙伴的评价标准。共同的目标可使各利益相关方在决策时将项目作为共同体来统筹考虑、系统分析，也有利于各利益相关方关系的稳定。各利益相关方通过协作配合实现子目标，进而实现项目的总目标。

5. 明确各项目相关方的责权利

项目是满足相关方需求的平台，这一平台的成功运转需要各相关方在其中承担相应角色的责任。只有将责任落实，项目才能得到有效开展，才能对各利益相关方在项目中的贡献进行评价。项目管理者要按规定的要求完成项目的任务和职责，必须明确完成任务所需要的权力。权力是行事的能力，是完成任务的重要保证。项目经理需要根据职责的要求以及完成任务的要求，对各利益相关方进行权力分配，并在项目章程、施工组织设计和合同中予以确定。项目经理需要对项目各相关方的工作进行科学准确的评价，将考核结果与项目相关方的利益挂钩，给予相关方物质和精神方面的激励，调动相关方的积极性增加其责任感，以便共同完成项目并实现项目目标。

6. 实施差异化管理策略

项目各相关方对项目的重要性、参与时间是不同的，其需求也是各种各样的。项目管理者只有采取满足相关方需求的措施，才能最大限度地获取相关方的支持，使项目相关方满意并促进项目的顺利实施。项目管理者对不同的相关方要实施符合其特点和要求的策略,并促使相关方相互协调,为项目的实施创造良好的外部环境。

6.3 项目沟通与冲突管理

6.3.1 项目沟通概述

从知识领域的角度来看,项目沟通管理包括沟通管理、信息管理、冲突管理三部分。沟通是为最优化使用资源、更顺利地实现项目目标的一种主动管理行为。信息是沟通的基础,而矛盾冲突是项目的一个基本属性,适时的信息管理和良好的沟通可以有效化解冲突、解决问题。

1. 沟通的基本原理

信息能及时、准确、完整地传递,必须遵循一定的沟通原理。沟通的基本原理主要包括真实性原理、渠道适当性原理、沟通主体共时性原理、信息传递完整性原理、时间性原理、连续性原理、目标性原理。

2. 沟通的基本模式

沟通过程的基本模式如图 6-6 所示。该模式表明,沟通过程必须有信息的发送者、接收者和传递渠道。

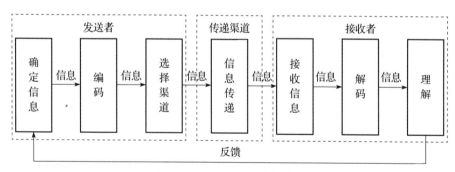

图 6-6 沟通过程的基本模式

沟通过程具体包括:①确定信息;②编码;③选择渠道;④信息传递;⑤接收信息;⑥解码;⑦理解;⑧反馈。

3. 项目沟通的原则

马斯洛认为成功的管理来自交流。项目经理需要花费 75%～90% 的工作时间对项目实施过程中口头、书面或其他方式的沟通进行管理,保证所有项目利益相关者都能进行有效沟通；保证信息传递的有效性、及时性、准确性、完整性；保证所有项目利益相关者能够及时了解项目的变化和变更情况，从而及时有效地解决问题，使项目目标顺利完成。

成功的项目经理首先要实现有效的沟通管理。项目沟通的原则包括：①准确性。在沟通过程中，必须保证所传递的信息有根据、准确无误。②及时性。项目具有时限性，必须保证沟通快捷、信息及时地传递。③完整性。必须保证沟通信息的完整性、沟通过程的完整性。④有效性。应以通俗易懂的方式进行信息的传递与交流，避免使用生僻的、过于专业的语言和符号。

4. 项目沟通的障碍

实施项目过程中，沟通障碍往往导致项目不能按期执行、信息传递渠道和反馈机制不通畅、接收者收到的信息发生偏差或失真等情况。

项目沟通的障碍主要包括：①个性障碍；②角色障碍；③职责范围不明确；④组织风气不正；⑤语义障碍；⑥知识水平障碍；⑦沟通渠道选择障碍；⑧选择性知觉障碍。总之，造成项目沟通障碍的因素有很多，项目管理应注意设法消除这些障碍，使项目组织能及时、准确、完整、顺畅地进行信息交流。

5. 项目沟通的渠道与类型

（1）沟通渠道。任何信息的传递和交流都有一定的沟通渠道。沟通渠道是信息传递和交流的路径，是沟通过程的重要组成部分。项目组织内的沟通渠道有正式与非正式之分。

1）正式沟通渠道。在正式沟通渠道中，发送者并不一定把信息直接传给接收者，而是借助一些中间人转发，这样沟通渠道就会表现为一定的网络结构。图6-7中所示是五种典型的沟通网络，包括链式、轮式、环式、全通道式和Y式沟通网络。图中的圈可看作一个成员或一个组织，箭头表示信息传递的方向。

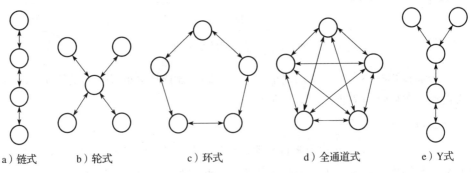

a）链式　　b）轮式　　c）环式　　d）全通道式　　e）Y式

图6-7　五种沟通渠道

2）非正式沟通渠道。除了正式沟通渠道外，组织中还存在着非正式沟通渠道。有些消息往往是通过非正式沟通渠道传播的，例如人们常说的"小道消息"中的"小道"就是指非正式沟通渠道，而小道消息无疑就是通过非正式沟通渠道传播的消息。非正式沟通渠道也有弥补正式沟通渠道不足之处的作用，因此，项目管理人员应注意发挥非正式沟通渠道的积极作用。非正式沟通渠道可分为四种形式，如图6-8所示。

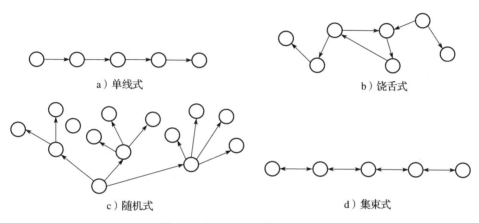

图6-8 非正式沟通渠道的形式

（2）沟通方式的类型。根据不同的分类标准，沟通可以分为不同的类型。几种常见的沟通类型包括：①正式沟通和非正式沟通；②上行沟通、下行沟通和平行交叉沟通；③斜向沟通、单向沟通和双向沟通；④书面沟通与口头沟通。

正式沟通是指通过组织明文规定的渠道进行信息的传递和交流。例如，组织规定的汇报制度、定期的或不定期的会议制度、按组织系统逐级向下传达上级的指示或逐级向上反映下级的情况等都属于正式沟通。非正式沟通是指在正式沟通渠道之外进行的信息传递和交流。

上行沟通是指将下级的意见、情况向上级反映。下行沟通是指上层领导把有关指示、意见、决议，以及组织目标、规章制度、工作程序等向下传达。平行沟通是指各平行组织之间的信息沟通。

斜向沟通是指信息在不同层次中的不同部门之间流动时的传递。单向沟通是指发送者和接收者之间不可互换角色，一方发送信息，另一方接收信息，双方不需要信息反馈，如命令、指示等。双向沟通是指发送者和接收者不断转换角色，双方以协商、讨论、谈判的方式交换信息，并在信息反馈之后不断商谈，直到满意为止。

书面沟通是指以文字、符号、图表等书面形式进行的信息交流和沟通，如文件、布告、信函、备忘录、记录等。口头沟通是指通过口头表达进行的信息传递和交流，是一种极为普遍和常见的沟通方式。

6.3.2 项目沟通管理过程

1. 项目沟通计划的制订与发布

项目沟通计划是对项目全过程的沟通工作、沟通方法、沟通渠道等各个方面的计划与安排。它用来确定项目相关方的信息与沟通需求，包括谁需要信息、需要何种信息、何时需要信息以及如何向他们传递信息等。项目沟通计划涉及的主要内容包括：①信息收集的方式和渠道；②信息的归档格式；③信息发布的方式和渠道；④信息发布与使用权限；⑤准备发布信息的详细说明；⑥信息发布的时间表；⑦更新和修订项目沟通计划的方法；⑧约束条件和假设前提。

在编制项目沟通计划时，需要考虑以下几个方面的问题：①项目利益相关者之间关系的多样性；②项目组织层次的特点；③沟通的内容要结合工作分解结构来确定。项目沟通信息的发布就是向项目利益相关方提供项目沟通计划，明确项目沟通的信息、渠道、方式、要求等。

2. 绩效报告

沟通管理的一个组成部分是绩效报告，有三种报告形式：定期报告、阶段评审报告和紧急报告。

（1）定期报告。它是指在某一特定的时间内将所完成的工作量向上级汇报，主要涉及项目成员周报和项目周报。定期报告主要描述以下几个方面的内容：①项目团队成员正在做什么工作；②与项目的基准计划比有何差距；③工作中有哪些困难需要解决；④解决问题的办法和渠道有哪些；⑤基于差异分析和趋势预测，可能有哪些潜在的问题；⑥纠正和改正建议。

（2）阶段评审报告。在项目进行到重要阶段或里程碑阶段时，就要进行项目阶段评审并形成项目阶段报告（Project Progress Report，PPR）。项目阶段评审有如下意义：①评审当前的项目情况，促使项目利益相关者对其工作负责；②提前发现问题，将问题解决在项目初期。项目阶段评审报告主要包括以下几个部分的内容：①报告期间取得的成果和达到的关键目标（里程碑）；②有关项目成本、进度和工作范围的情况，以及同各项基准计划的比较成果；③前期遗留问题若没有解决，应该说明原因；④报告期间发生的问题及存在的隐患，包括技术、进度和成本等方面的问题；⑤采取的改进措施；⑥下一个报告期内期望达到的目标。

（3）紧急报告。项目出现意外情况时需要进行紧急报告。紧急报告主要涉及问题状态报告和问题状态日志,其主要内容包括:①根据项目的执行情况和历史数据,写明当前发现的问题及其相关影响、需要如何解决这些问题(包括动用什么资源)、问题紧迫性(包括答复日期)等;②预测项目未来的执行情况和下一个报告期能达到的目标,尤其是对项目结束时间、成本和工作范围进行预测,做到未雨绸缪。

3. 沟通管理收尾

项目达到目标或因故终止后,要进行管理收尾。管理收尾是沟通管理的最后一步,其核心目的是与各项目利益相关方进行沟通,总结经验,吸取教训,将各类文件归档,从而实现对知识的积累。沟通管理收尾的内容包括:①项目记录收集;②对项目符合最终规范的保证;③对项目效果(成功经验或失败教训)的分析;④相关信息的存档(以备将来利用)。良好的项目档案能够为以后的项目节省时间和金钱,为项目审计等提供有价值的信息。

6.3.3 项目沟通管理内容

沟通是一项系统工程,所有项目利益相关方需要形成共识并建立相关机制,共同做好这项工作。在项目管理中,良好的沟通不仅需要出众的个人沟通技巧,还与企业沟通体系的建立密不可分。

1. 项目沟通计划的编制

项目沟通管理需要制订一份详细的沟通计划,用于确定和指导项目实施中的信息沟通工作。项目管理者要对项目实施过程中需要沟通的内容与工作进行科学合理的计划,要了解项目相关方的基本情况、他们对项目的期望、需要得到的项目信息及时间。因此,在项目实施过程中,项目管理者必须充分考虑需要沟通的对象与内容,以保证项目取得一定的阶段性成果,或者在项目受阻时及时汇报以得到支援。

2. 项目沟通计划的执行

项目沟通计划的执行方式包括:①定期会议沟通;②周期性文档沟通;③项目组成员内部沟通;④项目组成员与项目骨干业务人员的沟通。

做好这些沟通便于系统更好地客户化,对于保证项目实施过程中全员参与信息化有着相当重要的作用,能最大限度地减少项目实施阻力,将冲突化于无形。

3. 信息发布

项目沟通贯穿于项目的整个生命周期。例如,在项目的概念阶段识别客户需求、明确项目目标等需要沟通;在项目的计划阶段制订进度计划、质量计划等需要沟通；在项目的实施阶段对项目进行检查、协调等需要沟通；在项目的收尾阶段对项目进行评审、验收等也需要沟通。

信息发布就是项目组以有效规范的格式及时向项目利益相关方提供其所需要的信息。信息发布一方面需要满足沟通管理计划的要求，另一方面也需要对未列入沟通管理计划的临时信息做出应对。项目经理及项目组必须确定何人在何时需要何种信息以及传递信息的最佳方式，以保证信息发布取得最佳效果。

6.3.4 项目冲突管理

冲突就是工程项目中各因素在整合过程中出现不协调现象。冲突管理是项目管理者利用现有技术方法，对出现的不协调现象进行处理，或对可能出现的不协调现象进行预防的过程。由于组织结构不同，冲突的表现方式也有所不同。在常规的组织结构中，冲突或许可以避免；但在项目的组织结构中，冲突是变革的一部分，因此是无法避免的。在常规的组织结构中，冲突可能是由一些惹麻烦的和自私自利的人员引起的；但在项目的组织结构中，冲突一般是由系统结构和各个组件之间的关系所决定的。

1. 项目冲突的来源

（1）人力资源冲突。人力资源冲突是由于项目团队成员来自不同的职能部门所引起的有关人员支配方面的冲突。在矩阵型组织结构中，这种冲突尤为突出。由于职能经理和项目经理都具有项目团队成员的支配权，他们很可能就用人问题产生冲突。

（2）进度冲突。项目进度冲突体现在项目工作活动完成次序、所需时间与进度计划不一致所产生的冲突。这主要是由于项目经理和职能经理对同一工作的时间安排看法不一致。

（3）成本费用冲突。成本费用冲突一般是指在费用分配问题上产生的冲突。例如，由于经费紧张，项目经理缩减了各子项目的预算，而各子项目的负责人都希望获得充足的预算，这就可能导致成本费用冲突。

（4）技术冲突。技术冲突是指项目在技术性能要求、实现手段和相关技术问题上产生的冲突。例如，项目技术部门为了达到项目的技术性能要求，主张采用先进的新技术，而项目经理考虑到项目的成本进度和风险等因素，建议采用较为成熟的技术方法。

（5）项目优先权冲突。项目优先权冲突是指由于项目参与者对实现项目目标应该完成的工作活动的先后次序的看法不同而产生的冲突。项目优先权冲突可能发生在项目团队内部，也可能发生在项目团队与相关的职能部门之间。

（6）管理程序冲突。管理程序冲突是围绕项目管理问题而产生的冲突。管理程序冲突来自项目应如何管理、应如何完成项目任务、项目应配备哪些资源等方面的问题，包括项目经理的权力和责任之间、不同项目团队之间或项目团队与合作方之间的冲突等。

（7）成员个性冲突。项目团队成员个性冲突是指由于项目团队成员价值观不同、个性差异等所产生的冲突。相较其他冲突，个性冲突的强度是较小的，但也是最难解决的。

2. 项目冲突管理的基本原则

项目冲突管理的基本原则包括系统思考原则、对事不对人原则和双赢原则。

（1）系统思考原则。系统思考是指从全局出发，追求全局最优，通过收集信息，掌握事件的全貌，培养综合全局的思考能力，看清楚问题的本质，清楚了解冲突的前因后果。系统思考要求首先找出关键问题的症状，然后经过分析提出可能的解决方案，最后做出最终决策。系统思考的关键在于从全局出发来寻找冲突的"杠杆点"，即引起结构上发生重要而持久的改善的点。一旦找到最佳杠杆点，便能以最小而专注的行动创造最大的力量。

（2）对事不对人原则。无论处理什么样的冲突，坚持对事不对人原则都是办事的准绳。冲突协调人对待冲突双方一定要公正，偏袒一方只会使冲突激化，而且可能导致冲突移位，即冲突的一方很可能会把冲突移向协调人，使人际矛盾扩大，冲突趋于复杂。另外，解决冲突时应避免情绪化。例如，当员工对有些事情感到不满去领导处投诉甚至吵架时，领导首先应让其坐下，因为站着比坐着更容易情绪化；其次要仔细听其倾诉并不断地给予回应，对方在倾诉完后情绪一般会平稳下来；接着对其倾诉的内容认真做记录，这种姿态会让员工感到领导对其是非常重视的。只有在这种非情绪化的状态下，冲突才有可能得到合理的解决。

（3）双赢原则。冲突的结果无非是以下四种情况：赢/赢、输/赢、输/输、不赢/不赢，即冲突双方都得到不同程度的满足、一方牺牲以满足另一方、双方均无收获、双方各有损失或维持原状。只有双赢才是富有建设性的解决冲突之道。当然，在双方冲突不可调和的情况下，管理者只能采用强制的输赢策略，即利用强制力结束冲突。

3. 冲突管理的基本过程

冲突管理的基本过程包括认知、诊断、处理、效果和反馈五个阶段，如图6-9所示。

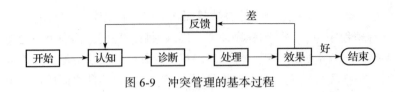

图 6-9 冲突管理的基本过程

（1）认知。认知的主要任务是开展调查研究，收集资料，了解冲突的外在表象、起因、走向和内部环境、条件等，为后续工作打下坚实的基础。

（2）诊断。如果没有实施有效的冲突诊断，就找不准冲突的内在原因，无论冲突管理的方法与手段如何高明，都将无济于事。诊断包括两种形式：①对问题的衡量；②对问题的分析。

（3）处理。处理环节是冲突管理实际干涉、调控冲突的行为活动环节。有两种常用的冲突处理方法：①过程法；②结构法。

（4）效果。效果环节是对冲突行为产生的客观结果和影响进行冲突管理的环节。对冲突效果进行管理主要是对冲突的结果和影响以及对冲突管理的成效进行评价、衡量，并将其反馈到冲突管理的各个环节。冲突管理主要有四种不同的组织效果评价方法：目标实现、系统资源、内部流程和组织战略。

（5）反馈。反馈主要是把冲突的结果与结果分析情况传递给冲突管理的各个环节，借以调整和修正各环节并纠正偏差的方式和方法。

4. 项目冲突的应对策略

项目经理依据经验来确定实际解决冲突的方式。项目经理从面向问题解决和面向组织/人际关系改善两个维度考虑解决冲突的侧重点，然后选择相应的方式。

（1）正视（主动协商）。这种方法是指发生冲突的各方面对面地会晤并尽力解决争端，既着眼解决问题，又能有效兼顾人际关系。

（2）妥协（折中）。妥协是指做出让步并寻求一种解决方案，即在解决问题与处理人际关系时采用折中的策略。

（3）缓和（调和斡旋）。这种方法是指努力排解冲突中的不良情绪，它强调意见一致的方面，淡化意见不同的方面，在谋求关系改善的基础上解决问题。

（4）竞争（强制或逼迫）。这种方法是指一方竭力将自己的方案强加于另一方，或项目的主导一方为了保证实现项目主要目标强力推行的一种解决矛盾与冲突的方法。项目主导方在保证项目顺利实施的同时，应当辅以其他方式或手段，谋求其他相关方的理解和认可。

（5）回避（撤出）。回避常常被当作一种临时性对待问题与冲突的方法。随着问题及其引发的冲突接连不断地产生，回避策略通过暂时的"不作为"让问题与冲突淡化，并通过"无视"暂时弱化相关方的不良情绪。

6.4 项目文化管理

6.4.1 企业文化与项目文化

1. 文化的内涵与发展

文化（Culture）是指在一定时期内的某个群体（如国家、民族、企业、家庭）所共享的思想、理念、行为、风俗、习惯以及代表人物等，同时也包括由整个群体集体意识所衍生出的各种活动。文化体现为人们在社会中展现出的行为，存在于人们生活和工作的各个层面，如民族、家庭、企业或项目团队等。

根据人类学家 E.B. 泰勒（E.B.Taylor）的看法，文化包括知识、信仰、艺术、道德、法律、风俗和其他内容，如个人作为一个社会成员所获得的能力和习惯。文化作为一个涵盖社会及人类总体行为的综合命题，不仅存在于学术研究领域，也是人们寻求政治改革和经济发展方略的重要依据。

20 世纪 80 年代西方管理理论的最大贡献之一就是发现了"企业中存在文化、文化中存在力量"这一新"定律"。1982 年，美国哈佛大学教授特伦斯·迪尔（Terrence E.Deal）和美国麦肯锡管理咨询公司顾问阿伦·肯尼迪（Allan A. Kennedy）在其合著的《公司文化》一书中向世人宣布："每个企业，事实上每个组织，都有一种文化。""我们希望能向读者灌输企业生活中的一条新定律：文化中存在力量。"从此，管理理论开创了又一新方向，即企业文化方向。这标志着企业文化理论的诞生，并掀起了世界范围内的企业文化研究热潮。越来越多的企业开始认识到企业成功与企业文化有紧密的关系，而且越来越多的企业开始积极主动地探索构建有自身特色的企业文化。

2. 企业文化的内涵

企业文化（Corporate Culture）或称组织文化（Organizational Culture）是一个由组织的价值观、信念、仪式、符号、处事方式等组成的、特有的文化形象。国外管理界把企业文化看作企业管理的核心因素和管理成功的根本保证。虽然西方企业文化不能成为我国企业文化建设的指导思想，但这绝不意味着对西方企业文化持全盘否定的态度。我们在坚持走社会主义市场经济道路的前提下，可以从西方企业文化中汲取一些有益的东西。

企业文化存在于企业的各个部门、机构和系统中。从狭义上说，企业文化是指企业在实践中形成的基本精神和凝聚力以及全体职工共同具有的价值观念和行为准则，这与组织文化概念完全一致。从广义上说，企业文化还应包括企业领导者的文化结构、文化素质，职工的文化心态和文化行为，企业文化建设的措施、组织、制度。企业文化是企业内部成员长期以来形成的价值标准、道德规范、工作态度、行为准则、企业精神。

3. 企业文化的要素

迪尔和肯尼迪把企业文化整个理论系统概述为五个要素，即企业环境、价值观、英雄人物、文化仪式和文化网络。具体内容如下：①企业环境包括企业的性质、经营方向、外部环境、社会形象、与外界的联系等方面，它往往决定着企业的行为。②价值观是企业内部成员对某个事件或某种行为的好与坏、善与恶、正确与错误、是否值得仿效的一致认识。统一的价值观使企业内部成员在判断自己行为时具有统一的标准，并以此来选择自己的行为。③英雄人物是企业文化的核心人物或企业文化的人格化，其作用在于作为一种活的"样板"，给企业中的其他员工提供可供仿效的榜样。④文化仪式是企业内的各种表彰、奖励活动、聚会及文娱活动等。可以把企业中发生的某些事情戏剧化和形象化，使人们通过这些生动的活动来领会企业文化的内涵，使企业文化做到"寓教于乐"。⑤文化网络是非正式的信息传递渠道，主要作用是传播文化信息。它是由某种非正式的组织、人群以及某一特定场合组成的，它所传递的信息往往能反映员工的愿望和心态。

4. 企业文化的分类

按照企业的任务和经营方式，企业文化可以分为以下几类：①硬汉型文化。它鼓励内部竞争和创新，鼓励冒险，具有竞争性较强、产品更新快的企业文化特点。②努力工作、尽情享受型文化。它把工作与娱乐并重，鼓励员工完成风险较小的工作，具有竞争性不强、产品比较稳定的企业文化特点。③赌注型文化。它在周密分析基础上具有孤注一掷的特点，以及投资大、见效慢的企业文化特点。④过程型文化。它着眼于如何做，但是缺少工作上的反馈，使员工难以衡量他们所做的工作，具有机关性较强、按部就班就可以完成任务的企业文化特点。

按照企业的状态和作风，企业文化可以分为以下几类：①有活力的企业文化。它重组织、追求革新、有明确的目标、面向外部、上下左右沟通良好、责任心强。②停滞型企业文化。它急功近利、无远大目标、带有利己倾向、自我保全、面向内部、行动迟缓、不负责任。③官僚型企业文化。它是例行公事，刻板的行为方式。

按照企业的性质和规模，企业文化可以分为以下几类：①温室型。它对外部环境不感兴趣，缺乏冒险精神，缺乏激励和约束。②拾穗者型。它的战略随环境变动而转移，组织结构缺乏秩序，职能比较分散，其价值体系的基础是尊重领导者。③菜园型。它力图维护在传统市场的统治地位，属于家长式经营，对工作人员的激励处于较低水平。④大型植物型。它不断适应环境的变化，员工的主动性、积极性受到激励。

按照企业对各种因素重视的程度，企业文化可以分为以下几类：①科层型。它是非个性化的管理作风，金字塔式的组织结构，注重对标准、规范和刻板程序的遵循，组织内部缺乏竞争，员工暗地里钩心斗角。垄断市场中的一些公司就属于此类。②职业经理型。它以工作为导向，有明确的标准、严格的奖惩制度，组织结构富于灵活性，内部竞争激烈。③技术型。它由技术专家掌权，具有家长式作风，着重依赖技术秘诀，属于职能制组织结构。

5. 项目文化的内涵

项目文化（Project Culture）是指在项目团队中项目成员共有的、与其工作和生活方式相关联的一系列相互协同的观念和信仰。项目文化作为企业文化的重要组成部分，代表企业的竞争软实力，也是企业文化从滋生、壮大到发挥作用的关键环节。项目文化是项目的生命源泉，是项目管理的强大推动力。良好的项目文化有利于凝聚人心，维持团结合作、积极进取的氛围，有助于顺利达到项目目标。

项目文化是项目管理的"形象大使"。对企业而言，项目文化是企业文化在项目管理上的延伸和体现。无论是企业的价值观、经营理念还是品牌建设，都与项目管理紧密联系在一起，最终都要体现在项目管理上。项目文化的内涵可以在以下几个方面深刻体现：①项目文化与项目所属企业的企业文化紧密相连；②项目是企业变革的主要方式，当新的环境提出挑战时，项目文化也必须做出改变；③项目文化是通过人的行为举止、政策、程序、宪章、计划、领导风格以及项目团队内个人和集体所起的作用反映出来的；④项目文化是一个整体，它是在项目团队共同的兴趣、相互的义务、合作、友谊和工作挑战中产生的一种社会交往方式。

目前，国内外对项目文化的研究与关注还比较薄弱，更多的是将项目文化等同于企业文化在项目层面上的简单延伸。事实上，项目文化是与建设项目相伴产生的一种客观现象，是对传统项目管理理论和实践的补充和完善，是随着项目的发展而动态变化的一种多元文化综合体。

6. 项目文化的特征

项目文化是随着项目的产生、发展及项目管理理论的不断成熟而发展起来的，它是在特定的文化背景和项目管理环境下形成的一种应用型文化或"阵地"文化。项目文化从属于企业文化，但又具有自己独特的内涵和特征。

（1）项目文化是显性文化。每个项目都有业主、监理、管理、作业等多个层次，多方行为主体各自履行项目建设的职责，但其行为都必须通过统一的管理制度、项目文化来约束、沟通和协调。项目文化是一种统一现场标志和制度的显性文化，具有统率项目多方行为主体的作用。

（2）项目文化是露天文化。与工业生产相比，大型项目由于经常户外作业，具有周期长、与社会联系密切的特点。项目实施现场是向社会公众展示企业形象的重要窗口，体现着企业的综合实力，能够放大企业的社会影响，因此具有十分明显的广告作用。

（3）项目文化是大众文化。项目是劳动密集的场所，成百上千的劳动者聚集在一起，各种作业队伍的人员素质、文化取向千差万别。要想完成项目，就要激发工人干劲，调节工人情绪，做好质量安全、文明施工管理，即依靠融合了作业层次的大众文化的力量来运筹。

上述三个特点又集中地体现了项目文化是"阵地"文化的特征。所以，项目文化建设是项目管理过程中不可缺少的重要内容，项目文化一定要纳入项目管理之中。过去曾经用"三位一体"来概括当下的项目管理，即"过程精品、标价分离、CI形象"。现在又把"三位一体"中的"CI形象"升级为"项目文化"，这样一来项目管理的"三位一体"就更加全面、更具有时代性。

7. 项目文化与企业文化的相互作用

企业的企业文化和项目文化是相互依赖、互相影响的。

（1）项目文化以企业文化为基础。项目团队是一个临时性组织，团队成员是根据项目需要从企业内部和职能部门抽调而来的。在长期的运作过程中，职能部门内部必然产生一种连续、一贯的行为模式。当来自不同部门的成员组成项目团队时，为了共同的项目目标，他们必须在新的组织中形成共同的价值观念和行为准则，也就是要形成与项目的组织结构相适应的独特的个性、风格，这就是项目文化。

（2）项目文化影响企业文化。项目经理要理解项目文化如何影响和为什么会影响企业文化，并同企业的专家和管理者合作，了解员工是否需要指导和培训，以确保项目文化不会对企业文化产生负面影响。

（3）项目文化与企业文化相互促进。项目文化可以达到无法比拟的管理效果，可以协调人际关系、增强组织凝聚力、培养集体精神，引导成员走向共同的目标。现代管理中如何凸显以人为本的管理理念及如何以精神力量对待人的价值、人的尊严，已经成为企业和项目文化建设研究的重点。在项目团队中形成先进的企业文化也是项目成功的标志之一。

6.4.2 项目文化结构

项目文化结构包括物质层、行为层、精神层和制度层四个层面，如图6-10所示。

1. 项目文化的物质层

项目文化的物质层也叫物质文化，由项目全体人员共同创造的产品和各种物质设施等构成，是以物质形态显现出来的表层项目文化。

图6-10 项目文化结构

2. 项目文化的行为层

项目文化的行为层也叫行为文化，是全体人员在经营管理、生产劳动和学习娱乐中产生的活动文化，是项目人员的工作作风、精神面貌和人际关系的动态体现，是团队精神和价值观的折射。项目行为文化可以从以下几方面来理解：①项目经理的行为是项目行为文化建设的重头戏，在其中起着导向作用。项目经理是项目的统帅，遇到困难应当临危不惧、沉着镇定、发挥自己丰富的想象力并集思广益，勇敢、顽强地去战胜困难，增强员工实现项目目标的信心和决心。②先进模范人物是项目的中坚力量，在项目行为文化建设中占有重要地位。他们集中体现了项目的价值，使项目的价值观"人格化"，成为员工学习的榜样。先进模范人物产生于员工内部，他们在各自的岗位上做出了突出的成绩和贡献，把他们作为员工的效仿对象，很有现实教育意义。③项目员工是项目文化的主体，员工群体行为体现着项目队伍的精神风貌和文明程度，因此，员工群体行为的培育和塑造是项目文化建设的重要组成部分。要想培育、塑造员工良好的群体行为，必须做好思想政治工作，加强纪律教育，鼓励员工学知识、学技术，引导员工把自己的工作与项目的奋斗目标联系起来，把项目工作看作实现自己人生价值的重要组成部分。

3. 项目文化的精神层

项目文化的精神层又叫精神文化。精神文化相对物质文化、行为文化来讲，是更深层次的文化现象。精神文化在整个项目文化系统中处于核心地位，是物质文化、行为文化的升华，属于上层建筑范畴。项目精神文化鲜明地反映出项目经理追求事业的主攻方向以及调动员工积极性的基本指导思想。项目的成功需要全体人员具有强烈的向心力和凝聚力,将全部的力量和智慧投入项目工作中。

4. 项目文化的制度层

项目文化的制度层也叫制度文化,包括项目组织机构和项目规章制度。项目制度文化是为了实现项目目标而对员工的行为给予一定限制的文化。它具有共性和强制性的行为规范要求。一定制度的建立会影响人们对新的价值观念的选择,制度文化也将成为新的精神文化的载体和基础。

6.4.3 项目团队文化

在现代企业中,层级组织日益被项目团队取代。项目团队作为一个任务单元,不仅可以高效地利用有限的人力资源,而且有助于加强员工间的交流与合作。对成功的项目团队来说,良好的团队文化是一个不可或缺的因素。

1. 项目团队文化的内涵

项目团队文化(Project Team Culture)是指通过共同的规范、信仰、价值观将团队成员联系在一起,使其对事物产生共同理解的系统。项目团队文化反映了项目团队的个性。与人的个性一样,项目团队文化能使人们预测项目团队成员的态度和行为,使其与其他团队区别开来。

2. 项目团队文化的内容

项目团队文化具体包括以下内容:①行为准则,是指项目团队成员进行交往时被观察到的行为准则,包括其使用的语言、表达敬意和态度时的具体做法;②群体规范,是指项目团队成员做事的一般行为标准;③主导性价值观,是类似产品质量、价格领导者等项目团队中的核心价值观;④团队风气,是指项目团队成员在与外部人员进行接触过程中所传达的项目团队内部的风气;⑤工作技巧,是指项目团队成员在执行任务时的特殊能力,即不凭借文字就能进行传播的处理主要问题的能力;⑥思维框架,是指项目团队成员共享的思维习惯、心智模式和语言模式。

3. 项目团队文化的功能

(1)项目团队文化为其成员提供了一种认同感。团队共同的理念和价值观陈述得越清楚,成员就越认同他们的团队,其作为团队中一个重要组成部分的感觉就越强烈。认同感激发了团队成员对团队的责任感,使成员有理由为团队做出贡献。

(2)项目团队文化有助于使团队的管理系统合法化。文化有助于澄清权力关系,说明人们为什么处于某一权力关系以及为什么要尊重他们的权力。

（3）项目团队文化澄清并加强了行为标准。文化有助于确定哪些行为是被允许的，哪些行为是不合时宜的。

（4）项目团队文化有助于在团队内建立社会秩序。如果成员没有相似的规范、信仰和价值观，团队将一片混乱。项目团队文化所表现的风气、规范及理念有利于行为的稳定性与可预测性，这对一个高效的团队是非常重要的。

6.4.4 高效项目团队文化的特征

1. 共同的项目愿景

简单地讲，项目愿景就是项目团队所要创造的价值。项目愿景的形式多种多样，一句标语、一个符号都是它的体现。

项目愿景有六个重要的性质：①能够相互沟通；②具有战略意识，同时考虑到项目的目标、约束、资源和机会；③具有挑战性，同时现实可行；④项目经理信任愿景；⑤具有激情，激情是形成有效愿景的重要因素；⑥项目愿景是他人灵感的源泉。

项目愿景具有以下重要作用：①激励成员付出最大的努力，将不同背景的专业人员结合起来，达成统一的愿望；②鼓励成员做最有利于项目的事情；③为成员提供了重点，增加了无形的沟通，有利于成员做出适当的判断；④培养团队成员的长期承诺意识，保证项目质量。

2. 优秀的团队领导

乔恩·卡岑巴赫（Jon Katzenbach）和道格拉斯·史密斯（Douglas Smith）于1993年提出了优秀的团队领导的六项原则：①优秀的团队领导总是帮助团队阐明目标与价值观，并且保证团队成员的行为过程不会偏离目标与价值观。②努力建立起每个团队成员以及整个团队的相互认同与信任。团队领导善于抓住机会展示团队是如何积极行动的，鼓励人们评价他人的能力与技术，并在团队成员为自己的目标努力时表示赞赏，以建立起团队责任与自治。③坚持不懈地强化团队中的综合技术水平。如果需要的技术与拥有的技术不一致，没有任何一个团队会获得成功。团队领导要经常评价团队成员的业绩，并指出其发展机会。④管理与外界的关系，排除团队前进道路上的障碍。团队领导对团队与外界之间的关系负责，要保护团队成员，避免无故的责难或可能降低团队工作质量的管理压力。⑤为他人创造机会。团队领导通过自己靠后站并让团队成员负起责任或学会如何执行新的任务，为每位团队成员创造发展机会。⑥团队领导也要做实际的工作。他们要主动承担困难的或别人厌恶的工作，表现出对团队负责的态度。团队领导通过这种做法用行动证明他们的确相信团队，并且准备为其尽最大的努力。

3. 有效的团队成员

在一个优秀的项目团队中，团队成员应做到：①愿意甚至坚持对自己的工作、对团队整体承担更大的责任；②真正地参与团队的管理，包括计划的制订与实施、激励、领导和控制；③普遍接受和认可学习新知识、开发新技能、改变观念这种意愿；④对团队及其目标有共同的远景规划，并能意识到竞争的重要性；⑤致力于整个团队的持续改进，不抵制变革，并在改革中起重要作用；⑥清楚管理过程，掌握人际关系技能，体谅和理解项目负责人的处境；⑦能够直言不讳、畅所欲言，敢于对现行制度和决策提出质疑；⑧相信其他成员能按时、优质地完成任务，不影响其他成员的工作；⑨主动与其他团队成员及项目经理进行明确且及时的沟通，并给予建设性的反馈；⑩承担及早发现潜在问题的责任，不会因问题的产生而指责其他成员、客户或项目经理；⑪尽力创造一个没有冲突、积极而有建设性的项目环境，把项目成功看得比个人成功更重要。

4. 充分的沟通

（1）制订沟通计划。沟通计划是确定项目相关方的信息交流和沟通的要求，识别项目相关方的信息需求并满足这些需求的手段，是项目获得成功的重要保证。

（2）信息处理和沟通实施。这是指对项目实施过程中产生的信息进行合理的收集、存储、检索、分析和分发，以改善项目生命周期内的决策和沟通，对突发的信息需求及时采取应对措施，建立和保持项目相关方之间正式或非正式的沟通网络，以保证项目信息畅通有效。

（3）执行情况报告。该报告描述项目各相关方在进展中所处的位置，描述项目进度实施情况和已经完成了计划中的哪些活动。预测报告描述了项目未来的发展和进度、费用等。执行情况报告应涉及项目范围、资源、费用、进度、质量、采购、风险等多个方面，可以是综合报告，也可以是强调某一方面的分项报告。

5. "一致与满意"的管理理念

具体来说，"一致与满意"的管理理念是指：①项目领导的职能是促进而非负责，是领导而非指挥；②项目决策应当由项目全体成员协商制定；③项目领导要授予团队成员一定的权力；④管理职能应由整个团队共同执行；⑤提倡 Y 理论，即认为人从根本上来讲是自我激励、喜欢工作的，只要把他放在适当的工作岗位，即使在没有高压的环境下，他也会勤奋工作；⑥适当发挥团队核心人员的影响力；⑦遵循参与式管理方式，即全体团队成员都参与管理；⑧团队成员能够自我激励。

6.4.5 项目文化建设与管理

1. 项目文化建设的目的

（1）提升企业形象。项目文化建设以培育和提炼企业精神、项目团队精神、企业哲学、企业核心价值观和企业经营管理理念为重点，使企业个性更加鲜明，视觉识别系统日趋健全，管理制度日臻完善，文化活动更具品位，企业形象进一步提升。

（2）增强项目凝聚力。项目文化建设工作要与项目各项管理工作有机结合。在项目管理过程中，项目文化建设通过开展项目团队精神文明创建活动，陶冶团队成员情操，激发团队成员热情，增强团队成员对项目的认同感、归属感、荣誉感，从而增强项目凝聚力。

（3）提高项目管理水平。项目管理不仅是项目过程的管理，而且全面和真实地反映了企业的所有管理工作和管理文化。项目文化建设要求大力实行项目精细化管理，加强项目成本控制，加强安全和质量管理，加强风险管理，努力规避经营风险，要有一种精益求精的理念、做事的态度和精神，使企业的各种制度、程序和要求成为每个员工遵循的惯例，从而使项目管理成效达到最佳。

（4）促进项目成员全面发展。项目文化建设通过培育企业精神和项目团队精神，用共同的核心价值观、企业理念、职业道德规范员工的行为，提高员工的责任意识、竞争意识、创新意识；建立健全全员技术、业务、文化培训制度，有计划、有组织、有针对性地对员工进行培训，更新知识，提高员工技能，把培育高素质员工队伍落到实处，进而促进员工队伍的全面发展。

2. 项目文化建设的意义

（1）端正项目员工工作态度的需要。项目员工的工作态度和项目团队的活力决定着项目的结果，只有让员工端正工作态度，整个项目团队才会有活力。项目团队的领导要做的第一件事就是让员工对所做的工作充满热情、真正喜欢上这份工作，这比任何激励方式都更有效。

（2）实现项目目标的需要。项目目标是形成项目团队精神的核心动力，要实现项目目标，必须增强项目团队的整合力和个体的驱动力。具体方法如下：①从思想上整合，增强团队凝聚力；②从行动上整合，优化项目管理；③从价值上整合，激发项目活力。

（3）培养项目成员自豪感的需要。项目成员都希望拥有一个光荣的团队，而一个光荣的团队往往有自己独特的标志。如果缺少这种标志，或者这种标志遭到破坏，员工作为项目成员的自豪感就会荡然无存。项目成员的自豪感正是他们愿意为项目团队奉献的精神动力。

3. 项目文化建设的关键问题

项目管理组织的一次性特征以及项目文化的特点决定了项目文化建设必须解决好以下五个问题。

（1）认识问题。项目文化建设要走出"可有可无"、"仅是企业徽标、服装、设置宣传栏、工地宣传、标语、口号"、"应付检查，做给领导看"、反映企业视觉形象等误区。企业要真正把项目文化建设看成对外展示企业愿景、价值观和品牌内涵的机会，看成对员工言行的规范，树立企业诚信形象，使员工开拓进取，形成项目团队精神。

（2）全员参与问题。企业要把文化建设的核心内涵和主要内容寓于项目管理的全过程，使项目文化建设潜移默化深入各相关方并向周边延伸，达到"立足项目，内外互动"的效果。企业要克服"上热下凉""大项目热火朝天，小项目无动于衷"等问题，真正使项目文化成为项目的"全员文化"。

（3）开拓进取问题。每个项目、每个实体的价值和功用都是不相同的，但都是员工管理智慧、劳动文化的结晶。项目从开工到竣工的过程无一不是一次次开拓与进取的过程。项目团队成员包括项目经理必须团结一心、攻坚克难、创新进取。

（4）教育培训问题。教育培训要有针对性，无论是工作前还是工作中的培训，都应把引导员工的文化及价值导向作为重点，把培训与文化管理结合起来。

（5）文化创新问题。文化建设要摆脱传统条件下实践脱节的理论方法，使项目文化实现由概念化、形式化向项目文化创新的新型经营管理方式和方法的转变，使项目管理模式实现由物的管理、人的管理向人本管理的飞跃，使其随着企业项目管理质量的提高而逐步发展，随着项目文化的创新而不断深化。

4. 项目文化建设的内容

根据项目文化结构，项目文化建设包括物质文化建设、行为文化建设、精神文化建设和制度文化建设四个层次。

（1）项目物质文化建设。项目物质文化建设的具体内容分为项目活动环境建设、项目技术设备文化建设和项目产品文化建设三个方面。

（2）项目行为文化建设。项目行为文化建设应该围绕项目经理行为文化建设、项目模范人物行为文化建设和项目普通人员行为文化建设三个方面进行。

（3）项目精神文化建设。项目精神文化建设主要包括经营哲学、价值观、项目精神、道德标准等方面的内容。

（4）项目制度文化建设。项目制度文化建设主要包括组织结构、领导体制和管理制度三个方面的内容。

5. 项目文化管理的原则

（1）项目文化管理与组织管理相统一的原则。项目文化管理属于组织管理活动的一部分，因此必须做到两者相统一。

（2）领导者示范原则。项目领导者示范要求领导者自觉更新观念，修正自己的价值取向，使之与客观环境及组织的发展相适应，真正成为组织文化的体现者和倡导者。

（3）强化主体意识和群体参与的原则。项目的组织文化是一种群体文化。广大员工只有积极参与，才能产生责任感和归属感，组织文化所提倡的价值观才容易被广大员工所认同。

（4）循序渐进的原则。不同组织的管理水平、队伍素质和内外环境的差异决定了组织文化内容的不同，管理只能从实际出发，循序渐进地推进项目文化的建设。

（5）发展变化的原则。项目文化既有相对稳定的特点，又处于不断发展变化的状态，要坚持项目文化与内外环境相适应。如果项目的外部环境发生了较大变化，必须诊断组织文化，修正组织价值观。

6. 团队文化氛围的建立

建立良好的团队文化氛围应做到以下几点：①让团队成员始终了解项目的状态，包括好的和坏的消息；②鼓励成员沟通思想、分享机会和利益并分担问题，这对新成员尤其重要；③为项目组成员举办一些社会活动，但不宜太多，不应干扰他们的个人生活；④培养一种非正式而又具有组织纪律性的工作关系，包括名字的使用、在项目利益相关者之间建立关系网、使所有利益相关者彼此相互尊重；⑤项目领导应当建议、促进并推动形成这样的环境，即成员能够感受到支持、鼓励和嘉奖；⑥让项目团队成员参与对竞争对手的研究，特别是在项目建议的提交阶段；⑦鼓励高层经理视察项目，为成员创造更多向上级介绍项目情况的机会；⑧注意转变态度以应对文化方面的变化。

7. 团队文化氛围的保持

管理者和团队领导为保持团队文化氛围应做到：①为企业设计一种计划、组织和控制团队管理体系的可持续和严格的方法，并付诸实施；②定期地检查团队的绩效，回顾其所做的工作，以确定工作进展程度；③编制和保持有关权力和责任的详细描述的责任分配表，使团队成员理解他们个人在集体中的作用；④在做出影响团队的决策时，给予团队成员应有的权力；⑤项目经理应当采用尽可能多的管理策略，鼓励成员参与团队管理，如采用头脑风暴法和其他方法；⑥向团队成员定期反馈信息；⑦团队领导应为团队提供充足的资源以保证工作的顺利完成。管理者和团队领导必须识别与人相关的文化因素，并对这些因素加以利用。

8. 数字化对项目文化的影响

一般文化建设需要很长时间的积累与磨合，与之不同的是，项目文化建设强调在工程项目的建设周期内，以工程项目为核心，由各参与方共同塑造和完善，形成以项目共同利益为目标的一种信任、合作的组织气氛，是特定工程建设项目独有的思想观念、行为方式、工作水平、成员素质和价值观念的体现。

数字化管理平台对项目文化的改变主要表现在以下几个方面。

（1）信息共享透明化。建设工程数字化管理平台为工程项目的利益相关方都提供接口，各方的工作进度和成效可以清晰地体现在数字化平台上，提高与工程项目有关信息的透明度。

（2）成员关系合作化。项目成员以数字化管理平台为纽带可以建立相互协作的动态联盟，形成工作和生活的连接，使项目各参与方从彼此怀疑和敌对的态度转变为平等、信任、合作的关系，使项目成员结为一体从而形成可以影响各参与方工作方式及互动关系的一种共识系统。

（3）价值观念具体化。电子化和网络化的工作方式和工作环境使得项目价值观和文化理念的表示更加具体化、生动化和鲜明化，会增加项目成员对项目文化理念认知的深度和准确性，由此推动项目成员为实现目标共同努力。

（4）形成积极的学习氛围。数字化管理平台大大提高了建设工程的数字化、集成化程度，是引领建筑业信息技术走向更高层次的新技术。数字化管理平台的应用要求工程项目各参与方必须积极学习新知识和新技能，以适应先进管理方式对传统项目管理方式改变的要求，推动工程项目成员形成积极的、向上的文化学习氛围。

表 6-1 反映了传统的项目文化和基于数字化平台的项目文化的区别。

表 6-1 传统的项目文化和基于数字化平台的项目文化的区别

方面	传统的项目文化	基于数字化平台的项目文化
相互关系	怀疑、不信任甚至敌对	相互信任、合作
人际沟通	彼此之间自我防范	形成项目成员生活和工作的连接
资源共享	有限共享	信息透明，最大限度地获取项目信息
冲突处理	寻求法律手段	寻求共同解决
学习氛围	完成本职工作	积极学习新知识和新技能

6.5 项目领导力

6.5.1 项目领导力概述

1. 领导力的内涵

领导力（Leadership）是指领导在管辖的范围内，充分利用人力和客观条件，以最小的成本办成所需完成的事，并提高整个团体的办事效率。领导力可以被形容为一系列行为的组合，并且这些行为将会激励人们跟随领导达到目标，而不仅是简单的服从。

领导力主要包括以下四个方面：①自我管理能力，如自我管理和自我控制等；②人际关系能力，如沟通、协调和团队运作等；③组织领导能力，如团队建设、团队激励、团队管理与控制等；④商业管理能力，如管理规划、工作计划、绩效评估、成本管理和创新思维。

2. 领导力的分类

领导力实质上就是领导者的影响力，即领导者用以影响被领导者的能力，一般包括权力性领导力和非权力性领导力。权力性领导力是指由组织赋予的，在领导者实行之前就获得了的要求被领导者服从的影响力，其核心就是权力；非权力性领导力是指领导者通过自身良好的综合素质和行为表现建立领导威信，从情理上影响下属，使下属团结在自己周围的一种凝聚力。对领导者来讲，权力性领导力和非权力性领导力相辅相成、不可或缺。权力性领导力是由外界赋予的，而非权力性领导力是由领导者自身因素产生的。非权力性领导力更加持久，常常能发挥权力性领导力所不能达到的作用。非权力性领导力越大，越有助于权力性领导力的发挥。

3. 领导者与管理者的区别

（1）真诚。真诚是领导者区别于管理者的最重要的特征之一。一个管理者可能为了完成任务而采用不同的方式，有时甚至不择手段。但对一个领导者来讲，真诚是一种美德和一种原则，更是获得追随者的一种能力。

（2）前瞻性。领导者区别于管理者的第二个重要品质是前瞻性。一个管理者的重要职责是组织、维持秩序、履行和落实，而一个优秀的领导者需要具备视野和眼光。领导者的前瞻性具体表现在：①对未来趋向的把握；②辨别企业方向的技能；③看到事务本质的能力；④可以在变化无穷的环境中做出战略选择的决策力。

（3）综合能力。领导者区别于管理者的第三个重要品质是综合能力。在现代管理中，领导者要有专业技能、人际沟通和事务分析等方面的综合能力，这种能力随着领导者职位的不同不断发生变化，与一般管理者的能力表现出差异。在日趋复杂的组织中，领导者的人际交流能力、激发他人热情的能力、组织团队共同学习进步的能力，都是不可或缺的。

（4）感染力。领导者区别于管理者的第四个重要品质是感染力。与冷静理性的管理者不同，领导者通常表现出极大热情，能够深深感染周围的每个人。具体表现在：①充满活力，对未来充满理想和信念；②面对挑战不会因为畏惧而踌躇不前；③拥有热情和乐观上进的态度。

6.5.2 项目各阶段领导力

1. 项目的领导力

在项目的背景下，领导力可以定义为项目领导者为实现项目目标而寻求个体参与的能力。

在项目管理过程中，项目经理不可能依靠方法论解决所有问题。当面对大量复杂的矛盾、冲突时，良好的沟通能力与组织影响力可以有效地推动项目的进展，化解项目运作中的各种冲突，将冲突控制在"可控""有益"的范围内，避免资源的内部消耗。

项目管理领导力的关键因素源自项目管理者的七个习惯：①积极的态度。积极的态度可以使一个领导者有超前的意识和远见，可以让领导者能够提出明确的项目目标和有效的项目建议。②逆向思维。策划、构思要从最后一步（即项目的结果）开始思考，运用逆向思维分析到底要达到什么目标，以及为了达到目标要做些什么。③主次分明。分清主次，明白什么是项目远景，什么是项目结果。④理解他人。沟通是双向的，不是领导者个人的单向意志。只有学会理解别人，才能被别人理解。⑤利益共享。"领导"的结果是实现双赢、利益共享。⑥协同合作。领导者要善于协同，集中大家的智慧来实现目标。⑦充实自我。领导者可以留一定的时间给自己，发展自己的个人兴趣和爱好，充实自己。

2. 项目生命周期不同阶段领导力的表现与要求

按项目阶段划分的项目领导力职责见表 6-2。

表 6-2 按项目阶段划分的项目领导力职责

项目领导力 职责类别	项目领导力的不同表现			
	概念阶段	规划阶段	实施阶段	结束阶段
项目优先权	使项目与组织目标一致	了解并响应客户需求	授权工作	审计项目

(续)

项目领导力职责类别	项目领导力的不同表现			
	概念阶段	规划阶段	实施阶段	结束阶段
项目细节	风险分析	监督细节计划的制订	监控工作进展	终止项目
项目整合	判断并选择项目	项目计划整合	在多项目间协调工作	总结并分享项目经验
人力资源	选择关键的项目参与者	选择剩余的项目参与者	监督工作绩效表现	重新分派人员
人际关系	确定团队运行方式	制订沟通计划	领导团队	赞赏并奖励参与者
项目宣传	赢得管理高层的支持	激励所有的项目参与者	保持团队士气	庆祝项目完成
项目承诺	对项目做出承诺	确保关键利益相关方的认可	确保客户接受项目成果	监督项目收尾

总的来说，项目领导者有三类重要职责：①决定任务的优先级，并保证能按照其优先级顺序开展工作；②对项目的细节了如指掌，能做出与情境变化有关的决策；③监控项目的整个进展过程，并与上级和客户进行有效沟通。

（1）在项目概念阶段，项目领导力具体体现为：①判断并选择项目，使项目与组织目标一致；②风险分析；③选择关键的项目参与者，确定团队运行方式；④对项目做出承诺，赢得管理高层的支持。

（2）在项目规划阶段，项目领导力具体体现如下：①了解并响应客户需求；②项目计划整合，监督细节计划的制订；③选择剩余的项目参与者；④激励所有的项目参与者；⑤确保关键利益相关方的认可。

（3）在项目实施阶段，项目领导力具体体现如下：①授权工作；②监控工作进展；③在多项目间协调工作；④监督工作绩效表现；⑤领导团队；⑥保持团队士气；⑦确保客户接受项目成果。

（4）在项目结束阶段，项目领导力具体体现如下：①做好审计项目；②终止项目；③总结并分享项目经验；④重新分派人员；⑤赞赏并奖励参与者；⑥庆祝项目完成；⑦监督项目收尾。

3. 管理者向领导者的跨越

管理者实现向领导者的跨越，应该从以下几个方面努力：①树立清晰的团队目标。目标是一个团队前进的旗帜，如果没有清晰的目标，团队的发展就会迷失方向。②建立便捷的沟通平台。团队应定期或不定期地组织一些活动，增进团队成员之间的友谊。团队成员之间应该形成良好的气氛，不论在工作上还是在生活上都保持一种"一人有难多人帮"的氛围。③重视提升团队智慧。俗话说，"一个人的能力永远也超越不了一个团队的智慧。"团队领导者可以通过定期工作总结，建立团队信息库，开展各种形式的信息交流、培训、革新等方式，对团队的经验进行总结，提升团队智慧。④授权。授权必须针对清晰的、具体的、成员能力能达到的任务。

6.5.3 项目经理的领导力塑造

1. 项目经理及其领导力

项目的一次性、唯一性决定了项目团队的临时性和变动性。项目经理作为项目团队的关键人物，其作用和地位的重要性以及对项目成员和整个项目成败的影响力，都是毋庸置疑的。

项目经理是一个具有挑战性的角色。具体体现在以下方面：①项目经理需要在复杂的跨学科、跨部门、跨组织的环境下进行管理与领导，有很多利益相关方参与项目的运作；②相较职能经理，项目经理责重权轻，没有稳定的权力基础，即存在"权力差距"，其对团队成员缺乏有效的奖惩权，项目所需资源需要通过"借调"得到；③在矩阵型组织中，团队成员面临"双头领导、令出多门"的两难局面，这也是项目经理的困境。

2. 项目经理的领导力素养

概括来说，项目经理的领导力素养可以分为四类：认识自我的能力、自我管理的能力、认识环境的能力及影响他人的能力。

（1）认识自我的能力。这种能力具体包括：①认识自我情绪的能力。这种能力大致可分为四个由低到高的级别：不注意自己的情绪；能注意到自己的情绪；知道自己为什么产生情绪；能够预料情绪产生的影响。②自信心。这是指充分相信个人能够完成一项任务的能力，可以分为五个由低到高的级别：经常犹豫不定，无条件服从权威人物；自信地表达自己，独立工作；相信个人能力，勇于打破规则；勇于表现自我，挑战权威；欢迎他人建设性的批评。③分析性思考能力。这是指通过将问题分解至可操作的具体步骤来理解一种状态或一个问题的能力。这种能力由低到高也可以分为五个级别：能感知问题，不能分解问题；能分解问题，不能感知优先级和重要度；能感知问题的优先级和重要度；能识别复杂的因果关系，提出应对计划；能选出问题的最优解决方案。④概念性思维能力。这是指运用创新的、归纳性或概念性推理的方法识别多个事件或任务的模式或内在联系的能力。这种能力由低到高也可以分为五个级别：不能识别当前情况与历史经验的明显关联和相似性；可用直觉或经验识别当前问题；可识别当前问题与经验的相似性；可把复杂情况简单化并清楚地表达出来；在复杂信息中识别有价值的内在联系。

（2）自我管理的能力。这种能力具体包括：①自我控制能力，是指保持对破坏性的情绪和刺激的控制。这种能力从程度上可分为四个级别：受到外界刺激时失去控制；能适当控制情绪和感情；冷静地做出反应；劝导他人冷静。②主动性，是指一种行为偏好，具备主动性的经理人往往提前考虑到所需采取的措施。这种能力分为五个级别：等待被告知，不能发现和把握机遇；识别眼前形势并马上行动；在危机中迅速果断地采取行动；事前预控，创造机会或避免问题；采取长期性的措施来创造机会或避免问题。③信息获取能力，是指在周围环境中发现或收集一些相关的人或事方面的信息。这种能力按能力高低也分为五个级别：被动接受信息；主动获取信息；信息挖掘，分析问题发生的根源；信息筛选，获取最有价值的信息；建立平台，获取稳定的、持续性的信息。④创新能力，是指通过尝试一些新事物来改进个人和团队的表现。由于每个项目通常都不一样，人们在参考以往经验的同时必须尝试一些新的方法、措施，一成不变地照搬是不可行的。项目经理可以利用自己团队成员的经验，用创新性的思维去尝试新的方法和措施。

（3）认识环境的能力。这种能力主要包括：①以客户为导向的能力，是指理解客户的需求，始终把达到或超越客户期望作为工作的目标；②感情移入的能力，是指愿意并且能够理解他人感受的能力；③认识组织的能力，是指了解并利用组织内部的权力关系来更好工作的能力。

（4）影响他人的能力。这种能力从具体表现来看，可能主要包括：①以员工发展为导向的能力，主要是指关心团队成员个人的发展、个人工作的积极性和学习情况的能力；②影响力，是指正面说服、激励他人，使之信服并向着组织目标努力工作的能力；③求变能力，是指项目经理激励和警示团队适应变化的需求，更好地完成工作的能力。

3. 项目经理领导力塑造的主要内容

（1）项目经理自身品德的塑造。我国有句古话叫作"以德服人"，可见项目经理自身的品德是构成其非权力性领导力的主要元素之一，能否塑造好的品德将直接影响项目经理非权力性影响力的培养。项目经理必须无私。从激励角度讲，项目经理要想使部属保持高忠诚度，从而获得一系列的成功，必须让其分享胜利成果。项目经理要宠辱不惊。由于工程项目投资额巨大，项目建设周期长，技术要求及实施过程复杂，项目实施地域广阔，项目不可预见因素多、风险大、一体化要求程度高，参与方众多，对国民经济和环境影响较大，因此项目实施难度大、协调困难。项目经理作为项目团队的核心，要顶住压力并稳定团队的积极性，这显得异常重要。

（2）项目经理选人用人能力的培养。人才无疑是项目经理所掌握的最重要的、最具能动性的资源。对项目经理来讲，发现人才、用好人才是其领导力的体现。目前管理领域面临项目管理人才的匮乏，所以项目经理能否为各领域选好人、用好人直接关系到项目的成败。项目经理要量才而用，做到人尽其才。项目经理用人时还要"教人"，也就是指导、影响下属完成一定的工作，而采用什么样的措施去指导与影响下属也需要一定的技巧。项目经理要以身作则，以自己的行为来影响员工的行为。

（3）项目经理决策能力的培养。管理是一个决策过程。作为管理人员，项目经理要培养决策能力。决策能力的培养首先必须明确项目管理所要达到的目标，也就是项目管理要达到一种什么状态才是成功的。项目经理经常需要决策，即从若干方案中做出优选。这种优选需要明确项目的本质，充分识别项目风险，把各项工作按优先次序排序。项目经理会同时有许多工作需要处理，为了使管理工作更为有效，项目经理需要分析各项工作的本质，找到各项工作的优先次序从而可以分阶段、有步骤地对其予以处理。

（4）项目经理协调能力的培养。项目经理不仅是项目团队内部的黏结剂，负责协调内部人员的关系；也是项目团队与外部组织的接口，起着连接项目团队与外部组织的作用。因此，项目经理不仅在项目团队内部，也要在与外部各个组织的交往中展现其协调能力。项目经理协调项目利益相关方的能力对于项目的顺利实施尤为重要。项目经理在项目管理的协调过程中要善于发现对他方无害而对己方有利的入口，寻找自己的"低处"，进而得以协调有关冲突，解决问题。

（5）项目经理运用权力能力的培养。在项目管理领域中许多人倡导"积极主动"的管理理念，也就是项目经理要多做事、早做事，不应有所懈怠。然而，项目经理如果运用自己的权力，过多地干涉组织成员的工作，不仅不利于项目的进展，反而会导致员工满意度下降。这是因为这种过度干涉容易使员工分心，或者因为领导不熟悉工作细节而导致指挥错误。一旦工作没有做好，就会导致"领导批评员工，员工埋怨领导"的尴尬局面，给组织带来不愉快的气氛。如今的项目具有投资规模大型化、专业技术复杂化、组织间接口协调困难化的特点，项目经理不可能，也没有必要精通各个专业领域。项目经理的职能主要是宏观控制、总体协调，并非具体的技术工作。项目经理想要正确运用权力，就要认识清楚自己的职能，不要为了显示自己"博学"，更不要犯"越俎代庖"的错误，只有充分调动成员的工作积极性，使其做好分工协作才是最重要的。

6.5.4 提升领导力参考模型

1. 项目领导力的基本构成要素

简单地理解，领导力就是使人们心甘情愿地追随。要做到有领导力，高级项目经理需要善于倾听、决断、授权和褒扬，并将其做到极致。领导力的关键要素如图6-11所示。

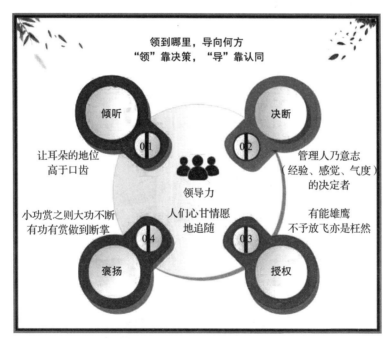

图6-11 领导力的关键要素

麦克斯·帝普雷（Max Depree）曾说："领导者的第一要务是充分认清现实，最后一件任务是说声谢谢，在这中间，领导者必须成为一个仆人。"这就是一个高明的领导者扮演的角色。

领导力有三个层级，如图6-12所示。领导者应清醒地认识到，其有权力并不见得就有领导力，关键在于个人的综合素养和人格魅力。领导力往往表现为如何激励追随者共同超越自我，达成更高目标，它也是一种领导者和追随者之间的人际关系。

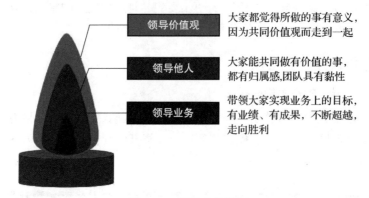

图 6-12　领导力的层级

领导力的层级模型，一方面告诉人们，在发展个人的领导力和强化组织的领导力时，应更有针对性地制定有效的措施；另一方面也提示人们，在特定的情境或事件的不同发展阶段，应采用合适的领导力展现方式。

为确保项目成功，项目经理必须不断发展和提升自己的领导力。项目领导力的基本构成要素如图 6-13 所示。

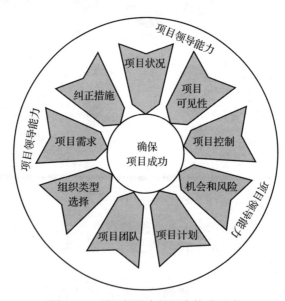

图 6-13　项目领导力的基本构成要素

高级项目经理要把一颗颗俊美的"珍珠"（团队成员）穿成珍珠"项链"，就需要领导力这根"线"具有足够的强度和长度。成为一个好的领导者的四要素是：①逻辑思维能力强；②表达能力好；③整合能力强；④协调能力优秀。

领导者可以通过相应角色的成功扮演，达成目标并创造价值。具体做法包括：①当个好"猎头"，组织规划、选人、团队建设；②当个好"会长"，有计划地开会、善于开会、开好会；③当个好"调度"，对计划进行协调控制和对资源进行调度平衡；④当个好"家长"，既有"权"更有"威"，受成员拥戴。

2. 典型的领导力模型

介绍领导力的书很多，但真正成为领袖的人却很少。那么是什么造就了一位领袖？领袖们往往可以激励他人挑战自我，做他们觉得自己做不到的事情。关于领导力的最重要的职场技能都与人文学科有关，如分析问题的能力、人与人之间沟通的能力和写作能力。

关于领导力模型，国内有代表性的是五力模型，如图6-14所示；国外有代表性的是吉姆·库泽斯（Jim Kouzes）领导力模型，如图6-15所示。

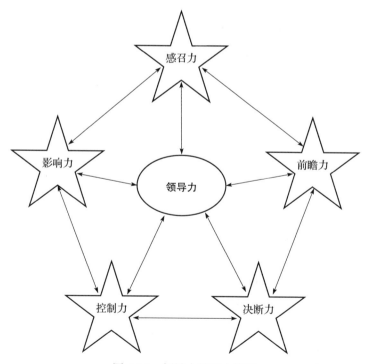

图6-14　领导力的五力模型

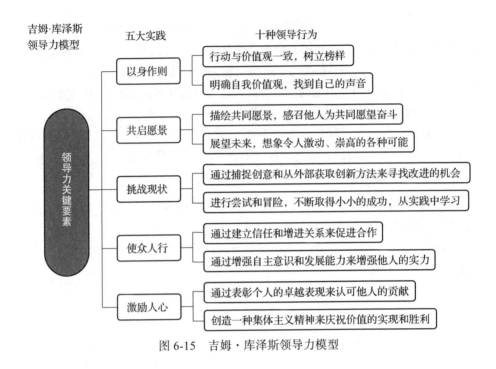

图 6-15 吉姆·库泽斯领导力模型

6.6 项目执行力

结果是干出来的，不是想出来的，项目要想获得结果，就得有执行力。执行是目标与结果之间的重要一环，有效执行是实现预定目标的决定性因素。

《毛泽东选集》第 1 卷指出：我们不但要提出任务，而且要解决完成任务的方法问题。我们的任务是过河，但是没有桥或没有船就不能过。不解决桥或船的问题，过河就是一句空话。不解决方法问题，任务也只是瞎说一顿。《毛泽东文集》第 8 卷指出：我的经验历来如此，凡是忧愁没有办法的时候，就去调查研究，一经调查研究，办法就出来了，问题就解决了。打仗也是这样，凡是没有办法的时候，就去调查研究。如果不是这样做，则官越大，真理越少。大官如此，小官也是如此。

6.6.1 项目执行力的内涵与关键因素

1. 关于执行力的基本认知

简单地理解，执行力 = 想干 + 能干 + 干好。执行力差往往是因为想得太多、做得太少。执行力包括组织执行力、团队执行力和个人执行力，这三者既有包含关系，也有牵制关系。只有三者都到位，企业才可以实现基业长青。没有执行力，就没有竞争力。没有执行力就是纸上谈兵,即没有实际行动,把事情推给明天。明日复明日,明日何其多?没有执行力的团队,再好的点子也无法带来成功。

2. 有效执行需要正确的理念支持

"三分战略,七分执行。"对个人来说,执行力是领导力的一部分;对公司来说,执行力是企业成败的关键。没有执行力,再好的战略和决策都实现不了。

某些失败项目的实践表明,项目之所以失败是因为项目的计划未得到有效执行,或很多计划未能按预期得到落实,或项目管理组织没有足够的能力落实计划。执行就是将计划落到实处,是一个实现目标的过程。项目的计划和计划的执行是不可分割的,编制计划的目的就是使之得以落实,以实现项目的目标。计划是一切工作开展的路径,执行就是落实计划。因此,项目的执行是项目计划的一个内在组成部分。

项目执行力是指项目管理组织、人员落实项目计划的能力。项目执行力是可以提高的,也是可以度量的。按照"复杂问题简单化"的思路,大体上可以用这样的一个公式来表达和呈现执行力:高执行力 = 好的战略方向 + 好的绩效管理 + 好的激励机制 + 好的领导力。

3. 项目执行力的特点

(1)系统性。工程管理体现出来的思想是多方面的,其中最基本的是系统思想。项目执行与项目管理相辅相成,因此也应该以系统的方法来看待项目执行力。例如,工程总承包项目的过程相当复杂,尤其应该以系统论来支撑执行力。在很大程度上"项目"与"系统"是一致的,如二者都有明确的目标、一定的限制条件、需要制订计划实现目标并在实施过程中根据信息反馈进行控制等。在工程管理领域,项目执行力的系统性体现在将工程项目作为一个系统来管理,也就是运用系统科学的方法,通过信息反馈与调控,对工程项目进行全面综合管理,包括计划、组织、指挥、协调、控制,以实现项目的目标。以工程总承包项目为例,其系统过程如图6-16所示。

(2)控制性。在工程管理领域,项目执行力的控制性体现在运用适当的方法对项目进行动态控制,即使项目处于可控、在控的状态并顺利地完成项目。项目控制最合适的方法就是以质量管理专家戴明博士首先提出的PDCA循环(戴明环)来阐述工程项目执行力的控制性。PDCA循环是全面质量管理所应遵循的科学程序。它的实施需要搜集大量数据资料,并综合运用各种管理技术和方法。全面质量管理活动的全部过程就是质量计划的制订和组织实现的过程,这个过程就是按照PDCA循环周而复始地运转的。PDCA循环作为全面质量管理体系运转的基本方法,适用于项目管理的全部活动。

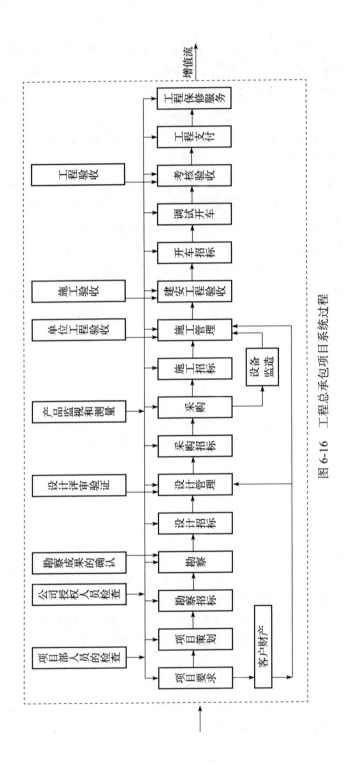

图 6-16 工程总承包项目系统过程

（3）信息性。在工程管理领域中，项目执行力的信息性是指在项目执行过程中，各方应该及时反馈信息，以确保信息流能快速流转。由于目前通信条件及办公条件发达，在研究工程项目执行力的时候一般不对执行力的信息性予以重点研究，但实际上工程公司仍需在信息的控制上做出更多的努力，以适应时代的发展。

4. 项目执行力的主要影响因素

项目执行力是指从开始立项到结束，项目在完成使命和执行战略目标的过程中，运用各种资源和机制实现各项目标的综合能力。项目的成功实现需要多方面因素的有力促成。项目的执行过程由多项相互衔接的步骤组成，包括项目战略制定、目标分解、资源分配、检查控制、绩效反馈等。项目执行力的主要影响因素如下：①项目计划缺乏可操作性；②项目管理人员缺乏执行意识；③项目管理人员缺乏执行素质和能力；④项目缺乏有效的执行机制；⑤项目经理不称职。

5. 项目执行力的关键影响因素

项目是在一定约束条件下具有特定目标的一次性任务。一个项目必须具备四项基本构成条件：①一个系统的有机整体；②明确的目标；③明确的起点和终点；④具有资源条件的保障和约束。项目执行力包括如下关键影响因素。

（1）项目管理中的"六流"因素。它包括三个相对"实"的流程管控，即人员流、物料流、过程流；同时还包括三个相对"虚"的流程管控，即技术流、资金流、信息流。

（2）项目经理与主要管理者的因素。项目主管容易犯的错也是影响项目执行力的一些关键因素，例如：只重视自己努力做事；认为每个人都会自动自发；不知道也不会给出有效的激励；忽视考核，讨厌考核；不会当裁判；喜欢聪明人，团队同质性高；爱护下属，忘了上级；作为主管，忘了需要保持虚心学习的专业精神。

6.6.2 项目执行力的系统提升

1. 基本理论参考

（1）萨盖定律。英国心理学家萨盖（P.Seqal）提出，戴一块手表的人知道准确的时间，戴两块手表的人便不敢确定准确的时间了。两块手表并不能告诉一个人更准确的时间，反而会让看表的人失去对准确时间的信心。萨盖定律告诉人们，在工程总承包项目中，人们应理顺各方面的指令体系，否则项目团队会感到无所适从。

（2）木桶法则。一个木桶盛水的多少，并不取决于桶壁上最长的那块木块，而恰恰取决于桶壁上最短的那块。要使木桶多盛水（即提高水桶的整体效应），需要的不是去增加最长的那块木板的长度，而是下功夫依次补齐木桶上最短的木板，这就是管理上有名的"木桶法则"。

"木桶法则"应用到工程总承包项目执行力的研究中，可以启发人们思考许多问题，比如项目团队精神建设的重要性。在一个项目团队里，决定这个团队战斗力强弱的不是能力最强、表现最好的人，而恰恰是能力最弱、表现最差的落后者。项目管理也是如此，要提高项目的执行力，就必须狠抓薄弱环节，否则项目的整体工作就会受到影响。人们常说"取长补短"，即取长的目的是补短，只取长而不补短，就很难提高工作的整体效应。

（3）公平理论。公平理论是研究工资报酬分配的合理性、公平性对员工工作积极性影响的理论。该理论认为，员工对收入的满意程度能够影响其工作的积极性，而员工对收入的满意程度取决于一个社会比较过程，即一个人不仅关心自己的绝对收入的多少，而且关心自己相对收入的多少。每个人都会把自己付出的劳动和所得的报酬与他人付出的劳动和所得的报酬进行社会比较，也会把自己现在付出的劳动和所得的报酬与自己过去付出的劳动和所得的报酬进行历史比较。员工个人需要保持一种分配上的公平感。如果当他发现自己的收支比例与他人的收支比例相等，或现在的收支比例与过去的收支比例相等时，他就会认为公平、合理，从而心情舒畅、努力工作；如果当他发现自己的收支比例与他人的收支比例不相等，或现在的收支比例与过去的收支比例不相等时，他就会产生不公平感、内心不满，工作积极性随之降低。

在项目管理的过程中重视公平的激励作用，必定会极大地提高整个项目的效益。可以从亚当斯（J.S.Adams）的公平理论中得出重要的启示：首先，影响激励效果的不仅有报酬的绝对值，还有报酬的相对值；其次，在激励时应力求公平，使人们基本满意，即使有主观判断的误差，也不致造成严重的不公平感；最后，在激励过程中应注意对被激励者心理的引导，使其树立正确的公平观，即要认识到绝对的公平是不存在的，不要盲目攀比，不要按酬付劳，因为按酬付劳是造成恶性循环的公平问题的主要原因。这些都是一个出色的项目管理人员应该具备的。

2. 提高项目执行力的途径

（1）建立执行流程。执行是一种暴露现实并根据现实采取行动的系统化的方式，应建立一套系统化的流程，包括对方法和目标的严密讨论、质疑和坚持不懈的跟进。执行的核心在于三个流程，即人员流程（在计划和实施之间建立联系）、战略流程（将人员与实施结合起来）和实施流程（在计划和人员之间建立联系）。

（2）有效的执行机制。它包括：建立与有效执行相适应的机构；选择具有执行能力的项目经理和项目管理人员；配置项目计划执行所需要的资源；落实项目管理机构和人员的责任；提高项目管理人员的执行意识和执行能力；建立合理的执行流程。

（3）让执行成为项目经理的主要工作。项目经理是决定项目执行力的关键人物。对于一个项目来说，要想建立执行文化，项目经理必须全身心地投入项目的实施过程中；融入项目实施中，要学会执行；亲自运营项目执行流程；优选项目管理人员；提高项目管理人员的素质和能力；确定项目实施方向；引导项目实施，并在实施过程中落实各项计划。项目经理在项目实施中应注意的基本行为包括：了解项目团队和员工；坚持以事实为基础；明确目标和实现目标的先后顺序；跟进；对良好执行者给予奖励；提高员工的能力和素质；了解自己。

（4）建立项目执行文化。建立项目执行文化可以使项目成为执行型项目，使执行成为项目文化中的一部分，从而促使项目所有管理者的行为水平得到改进。

6.6.3　项目执行力的评价与管理

1. 项目执行力的评价

项目在实施过程中可以不断对项目执行力进行评价，从而不断改进项目的执行状态，最终实现项目目标。

（1）项目执行力评价指标。项目执行力评价指标包括两个方面：一是对项目执行力要素的评价；二是对执行效果的评价。执行力要素主要包括计划、组织和控制的有效性。执行效果反映了项目的执行力状态，根据执行效果可以评价项目执行力。执行效果主要包括项目计划的落实情况和阶段目标实现状况等，具体可以根据项目特点设定执行效果指标体系。

（2）项目执行力的评价过程。该过程主要包括：①设定执行力评价指标体系；②确定执行力评价标准；③选择执行力评价方法，可以采用综合评价、层次分析、模糊评判等方法评价项目执行力；④评价项目执行力。

（3）项目执行力评价指标原则。该原则主要包括：①一致性，是指目标及指标的统一，并且目标的实现是通过指标来具体反映的；②整体性，是指标体系全面系统地反映目标所能容纳的指标的相同整体，不可以漏掉能够充分展现指标体系目标的实质性的指标；③独立性，是各个体系指标在相同层次中体现的唯一性，它们不能互相叠加、互相融合，也不能存在因果关系，体系指标之间不能是线性关系，不允许体系指标间存在互为正数和互为倒数的关系；④客观性，是指标体系的设计要求应从施工企业项目团队的实际情况入手，做到一切从实际出发，让每种评价指标均具备一定的现实意义。

2. 项目执行力的管理

（1）执行力管理的关键事项。项目执行力的总体效果可以从项目的结果定义、责任承诺、结果跟踪、即时奖励四个方面来加以管理，整个过程将"结果"二字贯穿始终。项目组织从上到下、从领导层到具体的操作人员，都将结果放在最重要的位置。强调执行力的背后逻辑其实是一句话："我不相信你对我说的话，你要做给我看，我只相信结果"。

项目的顺利完成是完成结果的成功，是执行力的到位。项目成员不以任何理由和借口推脱，不为自己找任何理由说完不成，而是为了完成工作结果想方设法排除困难和阻碍因素，完成工作要求的结果。项目团队里的任何成员都应以结果为要求和动力，以达到结果为成功标准之一，一个接一个工作地达成结果，最终才会取得项目的成功。

（2）执行力管理的注意事项。结果定义是指每个人对自己要做的事情必须知道取得怎样的结果才是成功的。比如，项目经理的任务就是要对项目实行全面的管理，具体体现在对项目目标要有全局的观点，并制订计划，报告项目进展，控制反馈，组建团队，在不确定的环境下对不确定性问题进行决策，在必要的时候进行谈判及解决冲突。保质保量地完成项目是对一个项目经理最大的肯定。因此，结果定义就是要把成功的结果作为成员的工作动机和工作目标。正确的工作动机和目标是成功的开始。结果定义系统是指在组织层面上确定目标并将计划和任务层层分解，在员工层面上对分配的任务做结果定义。

责任承诺是指项目团队中的每个人对要做的事情，除了有正确的结果目标，还要有明确的责任，只有具备强烈的责任意识，才能有效率地完成工作。项目组织需要在日常的培训中增加培养员工责任意识的课程，使员工对工作有强烈的责任感。根据项目周期的特点，项目团队将各阶段项目的任务进行明确并落实到具体相关责任人头上。

结果跟踪是指当每个员工为达成结果努力时，项目组织需要对员工工作情况进行监督、跟踪，能够及时了解员工的工作程度、速度和效果，及时发现工作过程中的不足和出现的问题，同时要明确是工作思想动力不足，还是工作思路和方法不对，或是分工合作出了问题，并及时纠正。

即时奖励是指项目组织应建立奖励制度，只有按照制度执行，才能起到激励员工的作用。项目经理应当以身作则，率先做到以结果为根本，将执行力放在第一位，只有这样才能给员工带好头，才能打造出执行力强的整体。任何想法、计划、目标都不能只停留在口头、停留在脑袋里，那样离成功永远很遥远，必须去做、去执行，才会有真正的实际效果。

（3）做好执行力管理。做好执行力管理可以重点考虑：①领导的重视与组织。领导要将制度放在重要的位置，让制度深入人心，定期进行检查、督导，以确保制度能够很好地运行下去。领导需要率先执行，给其他人员带头，而不能只是下达命令让别人执行。②加强考核，发挥考核的监督和督促作用。工作的每一个环节都要严格执行，可以采取按月考评、按季度考评，让制度不流于形式。③践行项目管理"将复杂问题简单化"的具体操作流程。流程越是简单，越能够更好地执行，督导和考核也更具有针对性，管理也能更简明高效。④将"重结果"作为项目团队内部的文化，形成良好的氛围。任何提高都是先有思想上的改变，才有行为上的改变。只有使员工在头脑里形成加强执行力、向工作要结果的理念，才能真正提高工作效率。⑤与时俱进，根据实际情况，合理科学地修正和完善相应制度。⑥考虑员工的实际情况，保障员工合法权益。不能把员工当作机器，而不考虑员工也需要生活、需要休息。制度要想很好地执行下去，必须具有可操作性，既能与现实情况相符合，又能够真正激发员工的积极性。⑦明确标准需要与实际情况符合。工作标准不能定得过高，以致员工付出很大努力后还达不到，这样会挫伤员工的工作热情与工作积极性。制度不能只停留在书面和理论层面上，不能让制度空洞且言而无物、流于形式。

拓展思考

1. 我们常说要"一视同仁"，请问对项目相关方管理也应这样做吗？
2. 谈谈项目文化的内涵，数字化对项目文化有哪些影响？
3. 项目经理的领导力素养包括哪些？

第 7 章 | Chapter 7

成功的数字化工程项目管理

本章导读

《道德经》："天下难事，必作于易。"处事之道，应深通技巧、讲究方法，这样才能达到事半功倍的效果。

爱因斯坦："成功＝艰苦劳动＋正确的方法＋少说空话。"

一个企业的成功其实是各种因素聚焦在一起所发挥出来的效果。成功的企业一定是做对了事情，用对了人，找对了行业。成功要素不仅要可视化、可量化、可优化，形成踏实有效的做法，还应有更高的价值追求。学习能力是成功的基础。

7.1 成功项目管理及其通用做法

7.1.1 成功项目管理的内涵

1. 对项目成功的认识

项目管理的目的是让项目成功并创造价值，项目成功与项目管理成功有着必然的联系。对项目成功的认识可以用图 7-1 所示的项目成功的层级来表示。

2. 定义成功

成功属于可以在人们的脑海中描绘出图画的一类词语。人们在脑海中描绘了何种画面来定义成功呢？是不是巨额的财产收益、公众的赏识、晋升到高级管理层，或得到梦寐以求的事物后那种内在的个人情感？

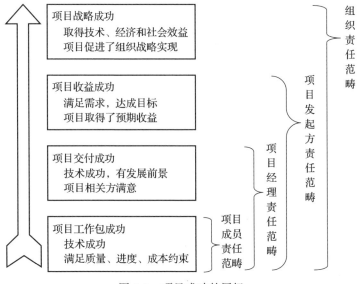

图 7-1　项目成功的层级

人们对成功的一种解释为"达到目标，或获得财富、名誉、地位等"。成功的近义词有胜利、成就、功绩、繁荣、造诣、实现等。在项目环境中，应该引出下列问题：①你所经历的项目中，有多少符合你所描述的成功？②你的描述包括对利润的衡量吗？③你对成功的描述中出现过"客户"一词吗？

事实上，是否成功取决于衡量者，即对成功的理解取决于是谁建立了衡量标准并进行衡量。大多数项目传统上包括一些相同的要素，即客户、发起人、项目经理、项目团队、人力资源经理等，其中的每一个人或每一个团体对成功的定义都各不相同。而相反，他们通常会很快地说出他们对失败的看法，并指出导致失败的原因。

IPMA 对成功项目管理的基本界定是"项目的利益相关方对项目管理成果认可和欣赏"。项目管理的关键是明确每个人对项目失败或成功所起到的作用，这就是在项目启动时识别相关方的重要意义。当检验获得成功的每一个关键步骤时，我们应注意那些可以避免失败并促进成功的行动。

3. 重视关键因素

如何管理项目决定了项目成功概率的大小。事先制订科学的工作计划并在执行过程中进行有效控制是成功项目管理的基本做法，"凡事预则立，不预则废"是成功项目管理的基本理念，项目管理者将时间花在计划的编制上是值得的。

在这样的理念的指导下，莫里斯（Morris）提出，成功的项目管理需要考虑以下七个方面的影响：

1）发起人的权益，即业主对项目收益和进度的期望。
2）外部环境，包括政治、经济、社会、技术、法律、自然等环境。
3）组织内部对项目的态度。
4）项目的定义。
5）参与项目工作的人。
6）用于管理项目的管理体系。
7）项目的组织结构。

在业界，相关的行业或企业也有基于实际项目管理经验给出的关于成功的判断标准。例如，波音公司总结出使项目最终获得成功的五个主要因素：①方法切实可行，目标合理；②管理过程严格科学；③实施过程的有效分析；④在项目实施过程中，周围环境能够提供必需的支持，同时项目资源充足；⑤客户、供应商、管理层和团队成员对项目有相应的承诺。

7.1.2 成功项目管理的通用做法

1. 成功项目管理的基本原理

对项目成功的态度和看法是实施项目管理的基础，对成功项目管理的基本原理的运用是项目成功的关键。成功项目管理的基本原理主要包括：

1）结构化分解。
2）目标导向，关注整体收益。
3）通过分解结构对结果和资源进行平衡。
4）协商合作协议，据此组织项目。
5）清晰、简单的计划结构与报告流程。

2. 成功项目管理及其基本步骤

成功的项目管理与项目的成功相关联，但两者并不完全等同。成功项目管理的基本步骤如下：

1）分析项目及项目环境，包括现有的决策和文档。
2）在项目需求的基础上建立项目管理的概念，与利益相关方共同探讨计划，并与客户达成项目管理协议。
3）制订项目管理的计划，确定项目管理团队、方法、技术和工具。

4）计划综合的管理程序，包括环境管理，排除不融洽的因素。

5）实施并控制项目计划和变更，报告项目管理的进展及执行情况。

6）汇集成果和相应的情况说明，与利益相关方沟通。

7）评估项目管理的成功和失败并总结经验，为未来的项目提供参考。

  成熟的组织和项目管理专家对成功项目管理所表现的特征有较为一致的看法。一般地，成功项目管理的特点包括：项目管理与公司战略紧密结合；加强对企业经营环境及市场需求的分析；加强风险预测和管理；实行项目目标管理；项目实施过程中强调沟通与协作；采用灵活的组织形式；从过分强调技术转变为对人员的开发与培养；有完善的项目管理过程文档；灵活运用各种项目管理方法和工具。

3. 成功项目管理的 20 条经验

1）定义项目成功的标准。

2）识别项目的驱动、约束和自由程度。

3）定义产品发布标准。

4）沟通承诺。

5）制订一个计划（思考、沟通、权衡、提问与倾听）。

6）把任务分解成大小合适的子任务（管理颗粒度）。

7）为通用的大任务开发计划工作表。

8）计划过程中，在质量控制活动后应该有修改工作。

9）为过程改进安排时间。

10）管理项目的风险。

11）根据工作计划而不是日历来做估计。

12）不要为人员安排超过他们 80% 的时间。

13）将培训时间放到计划中。

14）记录估算和如何达到估算。

15）记录如何使用估算工具。

16）遵循学习曲线。

17）考虑意外缓冲。

18）记录实际情况与估算情况。

19）只有当任务 100% 完成时，才认为该任务完成。

20）公开、公正地跟踪项目状态。

4. 个人层面有效的项目管理做法

基于上面的分析，提出个人层面有效的项目管理做法以供参考，见表 7-1。

表 7-1　个人层面有效的项目管理做法

应尽量避免的不好做法	应提倡的良好做法
✗ 凡事亲力亲为	✓ 打造坚实团队
✗ 同意任何方案	✓ 理解真实需求
✗ 不需要启动会	✓ 举行一个正式的启动仪式
✗ 坚持最初设定愿景	✓ 停下来做现实性检查
✗ 履行已启动的工作	✓ 终止没有价值的项目
✗ 急于投入行动	✓ 制订合理的计划
✗ 需要时建流程	✓ 制订配置计划
✗ 关注团队内部	✓ 管理所有利益相关方
✗ 需要时调整目标	✓ 根据基线做测评
✗ 采取都能做的态度	✓ 客观地对待危机
✗ 优化职能运营	✓ 优化项目运营
✗ 管理每件事	✓ 管理好接口
✗ 达成项目基本目标	✓ 多角度识别成功指标
✗ 项目结束急于散场	✓ 及时总结传承经验（教训）

7.2　数字化转型成功的关键要素

7.2.1　定位项目，明确目标

1. 准确定位项目及其管理程序

项目成功的主要因素之一是让项目涉及的每一个人都接受同一个制度——使用一套相同的程序和步骤。这大大方便了信息共享，特别是当实施的项目跨越不同的地区和国家时。理想情况下，同一项目使用相同的计算机软件进行数据记录和计划。这样做的最终结果是在团队内建立一种通用的"语言"，提高交流效率，节省沟通时间。因此，在项目开始时，涉及此项目的所有人都应当遵守相同的程序和步骤，并使用标准的文件编辑格式。

2. 清晰定义项目阶段和转阶段条件与程序

项目中的每个阶段都是通向成功的关键一步，它们以符合逻辑的方式相互依靠，紧密联系。程序可分为许多可定义的阶段，每两个阶段之间矗立着决策之门，4.1.3 节提到的门禁管理就是一种体现。项目需要在生命周期中不同阶段的适当时间做出决策，项目经理及团队要适时地询问自己："我们现在在哪？"然后决定关上一扇门或打开一扇门，规划和执行继续前行的步骤。

3. 降低失败的可能性

在组织中，当项目失败时人们会提出许多原因，而项目失败往往是几个原因门、外界的配合与合作，尽可能完整地获取数据和信息；以信息化建设为中心重新组织工作流程，实现从业务部门、项目型组织到组织生态等不同层次的数据过程的贯通。

（3）项目型组织还应该改善当前的人力资源管理。人力资源管理应当增加在数据分析方面专业人才的积累，并且在大数据应用方面突出多专业的配合。

5.6.5 项目生命周期的管理创新

1. 创新项目生命周期的原理

为了对创新项目进行有效的管理和控制，创新项目的管理者或组织一般会将创新项目划分为几个不同的阶段，同时对每个阶段的工作内容进行明确的定义，这些阶段综合起来称为创新项目的生命周期。创新项目由于不确定性程度大、收益与风险并存，更需要严格的项目管理流程，这样才能保证创新项目的结果有效地满足组织的需要，否则就会出现偏离目标的失控现象。

依据创新项目的业务特点，严格规范的项目生命周期是创新项目管理的一个有力工具。例如，新药研发项目就遵循非常严格的项目生命周期，只有如此才能够在治疗效果、安全性、配方稳定性等各方面获得可靠的保证。新药研发的项目生命周期如图 5-17 所示，包括四个阶段：药源的发现和筛选、临床前研究、临床研究、申报后研究（对药物的新用途、新人群、长期作用和受试者对不同剂量的反应进行进一步研究）。

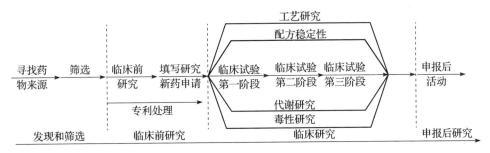

图 5-17 新药研发的项目生命周期

由于严格划分阶段，新药研发不通过前一阶段就不能够进入下一阶段，因此保证了新药的治疗效果和安全性。相反，若违背项目的生命周期则可能导致研发失败，甚至造成严重后果。对创新项目进行管理时，要不断规范各种类型创新项目的生命周期，并在实施的过程中严格执行，只有这样才能达到创新项目收益与风险的平衡，不至于为了实现项目收益而导致更大风险。

联合作用的结果。项目管理过程中应注意避免如下一些情形:

1) 项目开始时对目标定义不当。
2) 未能建立起一个真正具有交叉功能的项目团队。
3) 未制定清晰的管理流程,程序表不充分。
4) 没有预测问题发展,计划与管理不当。
5) 出现太多未能及时控制的变化。
6) 角色与责任不明确,管理者不负责任。
7) 没有有效的信息管理。
8) 缺乏系统的领导力。

7.2.2 聚焦成功,强化管理

1. 对成功有重大影响的两个关键步骤——相关方管理和风险管理

项目任何相关方都有可能随时提出变更,也可能会出于自身利益的考量而设置项目前进的障碍。项目管理者还应时刻记住相关方也是项目成功的评判者,所以在项目实施中应始终关注相关方的期望,协调相关方使其积极参与,管理相关方满意程度。

由于风险是项目固有的,并且事物是运动的,项目的实施也是处在变化的环境中的,不确定性事件和不确定性因素到处存在,因此,项目管理必须做好风险管理。

2. 关注客户"契约"

项目经理必须学会把自己与客户的关系转变为一种契约。这种契约虽不是各方签署的一个正式文件,但它通常是以某种方式记录下双方各自责任的非正式协议,其内容集中于获得双方所协定的成果。项目的成功非常依赖于客户对将使用的项目实施程序的了解和认可。如果客户接受项目程序并将其与他们的工作方式结合起来,项目将避免许多潜在的障碍。

3. 实施总结,及时规避可能导致失败的主要因素

项目失败不可怕,可怕的是不知道为什么失败。为确保项目成功,应该避免以下容易导致项目失败的关键因素。

(1) 较大的范围变更。项目变更一般在所难免,但可以做好集成控制。项目范围一旦出现了较大的变更,会对进度、成本、风险等方面产生直接影响,如不做好系统评估和相关方确认,将会埋下极大隐患。

(2) 没有良好的风险管理。每个项目都是独特的,都存在不确定性。如果项目管理团队，特别是项目经理没有积极主动的风险防范意识，没有采取风险管控措施，项目可能会因某种风险的失控而直接失败。

（3）资源管理不规范。项目的实施需要多种资源，而资源又是有限的，因此管理需要对资源进行匹配与合理使用。如果没有良好的资源需求分析和资源供给使用负荷确认，就会极大地影响项目进度和质量，也会引起项目成本的变化。

（4）沟通不力。项目团队如果不执行规范的沟通机制而是临时安排任务，会极大地干扰每个人的任务执行，更会破坏项目的整体执行节奏。外部相关方沟通不畅，可能是因为项目经理产生职业倦怠而忽略识别相关方。忽视相关方管理、缺乏良好而富有成效的沟通，都可能直接导致项目失败。

（5）缺乏有效的监督与控制。计划的执行需要检查和监督，结果的获得需要利用奖惩等控制措施来保障。项目经理应该如实记录任务的开始日期、工作完成进度和剩余工时的估计，通过有效的监督方式来推动项目的良性进展。

7.3 数字化工程的价值创造

7.3.1 数字化环境下企业商务管理面临的变化

在数字化环境下开展商务活动，企业面临与以往截然不同的经营环境。身处全新的经营环境，受到数字化相关技术的影响，企业商务活动主体的行为特征、产品属性以及产品的创造过程等都发生了巨大的变化，如图 7-2 所示。从企业运营管理的角度分析这些变化，借助数字化技术提升效率、创造价值，将成为企业运营管理创新、参与未来竞争和获得发展的基础。

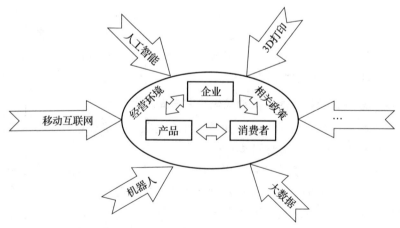

图 7-2　数字化环境下企业商务管理面临的变化

1. 数字化环境下企业商务活动环境的变化

传统上企业的商务活动是在实体环境中进行的,其中的时间、空间、连接等要素都相对稳定,企业通常只能在特定的时间点为特定范围内的某些消费者提供服务。正因如此,类似选址、布局这样的问题在运营管理中就显得特别重要。随着数字化程度的提升,企业商务活动环境发生了巨大的变化,建立在数字化基础上的虚拟环境所占比例越来越大。实体环境与虚拟环境的不断融合丰富了商业实践,带来了更多创新机遇。

为便于理解虚拟环境,表7-2从时间、空间、连接要素出发,对实体环境与虚拟环境进行了比较。从时间要素看,数字化环境下外部变化加速进行,企业很难保持自己的竞争优势,而消费者却因数字化技术而拥有了更多的闲暇时间,可以按照自身特点发展兴趣、开发潜能。因此,时间维度的扩展使消费者对产品/服务的需求更趋个性化。

表7-2 从时间、空间、连接要素对实体环境与虚拟环境的比较

要素	实体环境	虚拟环境
时间	流程相对稳定;在特定时间窗口提供产品/服务;竞争速度较慢	产品生命周期缩短;随时满足消费者需求;竞争速度加快
空间	存在实体店面;提供有限产品;服务有限对象	不需要实体店面;提供更多产品选择;服务全球消费者
连接	供应链成员相对稳定;产品以相对孤立的状态存在,消费者连接程度有限	与不同成员连接形成生态圈;产品与消费者之间以多种方式互联

从空间要素看,数字化技术将实体店面转移到虚拟的网络空间,商品种类的展示不再受到物理空间的限制,企业可以更好地满足长尾需求。而对于消费者,由于可以利用互联网,地理位置不再成为限制其消费的因素。例如,各大电商的出现极大地便利了消费者的购物行为,也改变了他们的购物习惯。

从连接要素看,企业之间、产品之间、消费者之间、产品/消费者与企业之间的连接都远比过去丰富。虚拟空间中,供应链成员之间的交互更加频繁,企业更容易接触到新的交易伙伴。越来越多的智能互联产品使产品之间、产品与企业之间、企业之间的联系日益密切。对于消费者而言,在传统的线下关系中他们只能维持有限的社会关系网络,而虚拟空间中的社交成本大幅下降,使得虚拟空间中的连接数量远大于现实生活中的连接数量。丰富的连接创造了商业价值,推动了以生态圈为代表的创新商务模式的涌现。

综上,相对实体环境,虚拟环境中时间、空间、连接要素都发生了质的变化。然而，这两个环境是并存而非对立的，只是在不同行业中实体环境与虚拟环境的比例有所差别。虚拟环境的出现扩展了企业传统运营管理模式的范畴，企业需要在优化运营管理模式时考虑到这些变化；更为重要的是，这些变化能够带来机会、创造价值、创新运营管理模式。

2. 数字化环境下商务活动主体的行为变化

数字化改变了商务环境的时间、空间和连接要素，也改变了商务活动主体的行为。下面探讨数字化环境下企业行为的变化，见表7-3。

表7-3 数字化环境下企业行为的变化

方面	传统企业	数字化环境下的企业
目标	明确、直接且相对单一：实现利润最大化	多元化，不再仅关注部分业务单元的盈利，而是以整体生态系统健康发展为目标
向市场提供	产品→产品-服务包	产品-服务包→数据-服务-产品包
竞争与合作	以竞争为主，聚焦自己的竞争优势	以合作为主，选择合作企业，共同为消费者创造价值

传统企业聚焦于自己的竞争优势与其他企业竞争，以实现利润最大化为目标。在数字化环境下，它们需要以为消费者创造价值为最终目标，将与其他企业的竞争关系转变为合作共生关系。在这个过程中，企业的目标变得更为多元化，为消费者提供综合的数据-服务-产品包。此时企业创造价值越来越多地依托于其所处的生态系统。

3. 数字化环境下产品的变化

无论什么时代，企业总是通过为消费者提供产品来创造价值。因此，商务管理的核心仍然要围绕着企业所提供的产品展开。数字化在改变了经营环境以及参与者行为的同时，相应地也改变了产品这一商务管理核心要素。在以数字化为标志的新时代，产品的一个重要特征是智能化。借助大量的传感器、处理器、存储器等电子元器件，智能互联产品实现了对使用数据的实时抓取，这些数据被企业用于分析消费者的使用行为，或者用于智能互联产品的自主学习，以便为消费者提供更好的使用体验。配套的操作系统和应用软件使消费者能够在购买产品后，自行完成最后的定制环节，从而可以按照个性化需求控制和使用智能互联产品。

数字化环境下产品的另一重要特征是不断增强的连接性。事实上这种连接不是仅发生在产品之间，而是发生在所有事物之间，即所谓的万物互联，如图7-3所示。

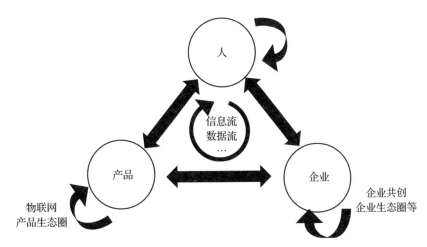

图 7-3　数字化环境下丰富的连接

例如，智能家居通过网络将音响、电视、照明、空调等不同产品连接起来，在各类智能互联产品之间进行数据的交互，共同为消费者提供一个无缝的使用场景。智能互联产品通过相互之间的连接，将看似不相关的活动主体连接起来，能够创造出更多的商业机会。例如，智能可穿戴设备的一项基本功能是帮助消费者了解身体的各项指标。进一步地，相关平台企业还可以利用消费者之间的连接构建基于智能可穿戴设备的社交网络（例如微信好友的运动排名等），为平台提供终端移动入口的新机遇。这些创造出来的新服务都是源于智能互联产品的连接性。智能互联产品的出现使得企业由过去提供"产品－服务包"发展为向消费者提供"数据－服务－产品包"，即企业通过分析相关数据发现甚至创造需求，随后设计相应的服务满足需求，最后以智能互联产品为工具，向消费者提供创新服务，创造价值。

4. 数字化环境下产品创造过程的变化

产品的创造过程也受到数字化进程的影响。具体表现在以下方面：越来越多的消费者参与到产品的设计中来；3D 打印等技术使产品的创造过程虚拟化；新兴的信息技术企业依托其对数据的处理能力，在许多行业的供应链中占据了一席之地，甚至作为领导者创造出新的商业模式和供应链结构；由于数据成为企业的核心资产，现有供应链中企业之间的关系被重新定义。如图 7-4 所示，数字化技术为企业创新产品带来更多机遇，供应链结构也变得日益复杂。数字化技术至少从两个方面影响企业的产品创造过程。一方面，企业获得了更多的消费端数据，既包括遍布于网络的消费者评价数据，也包括消费者在使用智能互联产品时产生的实时数据。通过对数据的分析，企业既能获得消费者作为整体的群体行为特征，又能在个体层面上更精准地刻画消费者行为，从而能设计出更加贴近用户需求的产品，而且对实时数据的分析使企业能更敏捷地对消费者的变化趋势做出响应。

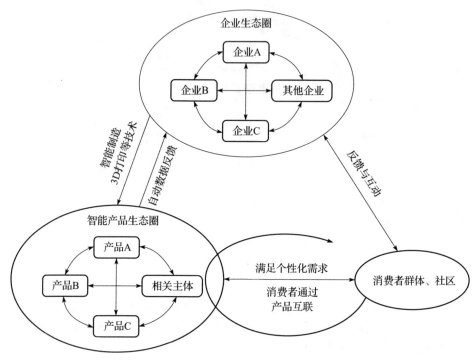

图 7-4 数字化环境下产品创造过程的变化

另一方面，企业的产品创造过程自身也受数字化技术影响。智能、自主的加工工厂不仅能够自动识别潜在的设备问题，而且能够通过智能设备之间的联网实现加工流程的自主优化。3D 打印技术更是彻底改变了产品的创造过程，使企业能以较低的成本实现产品的个性化生产，从而改变企业满足消费者需求的方式。更为深远的影响在于，企业通过将实物产品数字化，将管理的对象变为数字产品。随着产品创造过程的虚拟化，传统的采购、库存管理、产品定价等运营决策都将发生巨大的改变。

为了在激烈的市场竞争中立于不败之地，越来越多的企业利用基于大数据的商务分析来增强核心竞争力。然而，企业仅依靠自身的资源和能力是远远不够的，它们还需要整合不同的资源以实现合作共赢。在此背景下，传统"供应商—生产商—批发商—零售商"垂直供应链结构被颠覆，职能部门的界线被打破，来自不同行业、不同职能、不同地区的企业和个体形成基于互联网平台的错综复杂的"供应网"。在一个"网络化"的世界中，这种"跨界"的整合与集成给企业的运营管理带来了更大的风险，这使企业之间的协调运作变得尤为重要。同时，它也带来了新的研究问题。例如，在一个网络化的供应链中，创新企业对专利技术的不同授权形式各自会产生什么样的影响。

从运营管理的角度来看，数字化环境下的变化对传统方法提出了挑战。例如，经典的预测方法无法充分利用更丰富的多源异构数据，现有的生产流程优化方法没有考虑到智能设备的自主性和3D打印技术的影响，已有的供应链协调理论很少涉及生态圈等新的商业模式。企业必须适应这种变化，综合运用各种数字化相关技术，改进原有方法，优化流程，提高运营效率。同时，数字化环境改变了企业竞争的范式，企业应该主动迎接甚至引导变化，通过运营管理模式的创新实现价值的创新。

7.3.2 数字化表现：加快从提升效率到创造价值

当前各种新技术与商务应用正在深度融合，在融合过程中产生了大量数据，相应的数据分析手段在提高透明度、发现顾客需求、细分市场、辅助决策支持、创新商务模式/产品/服务等方面具有重要的潜在价值（Manyika et al., 2011）。然而，将数字化技术应用于企业的商务管理创新时，仅依赖技术分析发现关联关系是不够的，对背后商务机理的研究，即对因果关系的学习，具有更为重要的意义。例如，谷歌的流感趋势预测模型仅依赖搜索数据、关注相关关系，存在着过度拟合、算法演化等问题，导致该模型出现高估发病率等系统性误差（Lazer et al., 2014）。

为了更好地利用数据的潜在价值，需要将数据分析能力与商务机理结合，将从数据中获得的洞察转化为具体的商业流程（Henke et al., 2016）。为了说明因果关系在数字化环境下的商务决策中的重要性，Athey（2017）给出了一个经典例子。考虑到季节性或者特殊事件等因素，酒店的历史价格和入住率之间通常是正相关的，然而基于这一相关性得出的提升价格的决策，事实上却更有可能导致入住率下降。在大量经济或商务问题决策中，企业需要通过学习决策变量和结果变量之间的因果关系来制定干预性的决策或政策（Bottou et al., 2013）。对于企业而言，其核心价值是提供产品，为消费者创造价值，因此把数据转化为生产力不仅需要先进的分析技术和可视化工具，更需要创新商务模式，调和各相关方的利益，实现消费者价值。这正是数字化环境下开展企业商务管理研究的意义所在。

中国信息通信研究院发布的《中国数字经济发展与就业白皮书（2019年）》

显示，2018 年我国数字经济规模超过 31 万亿元，占国内生产总值的比重超过 1/3。目前我国在电商平台、云服务、共享经济等领域的商业实践都走在了世界前列，然而对于数字化环境下商务管理的系统性研究还有待加强。同时，国内庞大的市场规模和数据量也为我国开展数字化环境下的商务管理研究提供了优越的土壤。

一直以来，各种数字化技术对企业创新起着重要的推动作用。随着数字化进程不断加速，它对企业创新的影响也越发深入。随着信息技术等的发展和普及，数字化赋能企业不断提升效率，此时环境的变化以及企业的创新呈现线性的发展方式，如图 7-5 所示。当前各种跨学科的新技术共同推动了数据、连接和智能等要素的汇聚，正在重构整个商务系统的环境和结构，带来环境变化和企业创新的非线性发展。企业不仅要像过去一样继续利用技术赋能提升效率，更要借助大数据、云计算、人工智能、3D 打印等数字化程度更高的新技术来创新商务模式，为企业和消费者创造新价值，即所谓的"使能"创新。随着数字化程度的不断提升，企业的创新模式将从"赋能"向"使能"演进，在运营管理领域亦是如此。

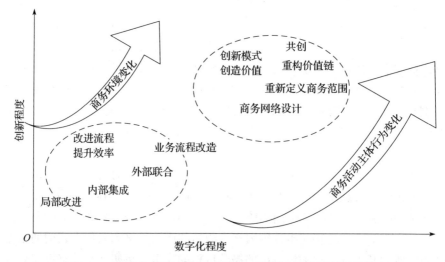

图 7-5　数字化环境下的运营管理：从提升效率到创造价值

7.3.3　数字化赋能：数字化环境下企业运营管理的效率提升

数字化的发展和普及增强了企业对运营管理各个环节的洞察力，使企业可以更好地制定运营管理决策、提高运营效率。企业运营管理决策的核心目标在于为顾客提供更有竞争力的产品。为实现该目标，企业必须了解顾客，理解顾客的需求,基于顾客需求进行有针对性的产品设计,进而对产品合理定价并制定与之适应的库存管理决策。当下商业环境中的运营管理决策不再是单个企业自身的事情,而是从供应链的视角做出的更为系统的考虑。这需要从需求预测、产品设计、定价和库存管理、供应链管理等运营管理中的关键环节出发,深入阐述、分析、探讨数字化如何带来企业运营管理效率的提升,如图 7-6 所示。

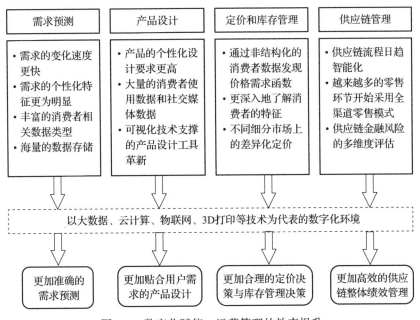

图 7-6　数字化赋能:运营管理的效率提升

1. 需求预测

需求预测是企业运营管理的基础。进入数字化时代,消费者需求与过去相比变化速度更快、个性化特征更为明显,同时,企业可以获取的数据类型和数据量也远比过去丰富。以亚马逊公司为例,除了交易数据以外,公司还可以记录用户浏览、购买、使用、评价等数据,甚至包括搜索关键词、页面停留时间等。这些行为特征往往是用户偏好及其个性化需求的直接表现,加上强大的数据分析能力,企业可以更加准确地预测用客的需求,为提高运营管理绩效打下良好的基础。例如,系统在推荐应用程序下载时考虑下载和浏览行为,基于"涉入理论",可以更好地了解用户需求、进行精准推荐(He et al., 2019)。进一步地,在将基于数据的预测结果应用于促销、订货等运营管理决策时,还需注意决策变量对结果变量的影响,直接基于历史数据的相关性挖掘很多时候并不能保证能得到优良的决策或预测表现（黎波，2020），需要学习决策变量和结果变量之间的因果关系，才能有效地制定干预性的决策。Bertsimas 和 Kallus（2019）将机器学习和运营管理问题整合，提出从预测分析到规范分析的方法。

2. 产品设计

数字化技术能够实现更加贴合用户需求、性能更佳、效率更高的产品设计。数字仿真、虚拟现实和增强现实等技术的发展，推动数字化技术作为设计工具，精确地模拟和仿真产品的各种物理参数，并通过可视化的模式加以展示，尤其是可以在不同参数、不同环境下模拟不同产品设计的性能差异，从而形成最佳性能的产品设计。例如，设计人员基于智能互联产品传回的用户使用数据，利用虚拟现实等可视化技术，能够模拟产品的真实使用环境，构造出实际产品的数字化映射模型。这些技术手段对于企业持续改进产品设计无疑具有重大意义。为了更好地顺应数字化时代消费者需求日益个性化的趋势，最大限度地实现个性化设计，许多企业开始利用云计算技术，将越来越多的功能转移到云服务器上，增强了与用户的互动设计，通过软件实现对客户端产品的定制。

3. 定价和库存管理

借助数字化技术，企业可以制定更加合理的定价和库存决策。在定价决策方面，企业通过从数据中学习，能够动态优化定价策略，更好地实现收益管理。例如，当历史数据或者需求分布信息有限时，企业可以通过数据采样进行动态定价（Cohen et al.，2018）。企业可以实现不同销售渠道或不同细分市场上的差异化定价。例如，京东经常为某些商品设定 Plus 用户专享的价格。更多的时候，为避免价格歧视，差异化定价可以通过利用数字化技术向不同细分市场推送不同优惠券来实现。现金返还机制也是差异化定价经常采用的方式，具有品牌劣势的商家倾向于使用该机制吸引价格敏感用户。在某些服务行业，企业结合用户的行为数据，甚至可以做到"一人一价"。例如，过去车辆的保险价格是基于地区、车辆类型、驾驶员类型等因素算出的；现在借助车辆上传感器传回的数据，保险公司可以实时收集用户的驾驶行为数据，从而更深入地了解用户的驾驶习惯，更合理地制定"一人一价"的保险价格。

在实际运营中，企业动态调整价格，特别是返利策略可能会带来额外的监控成本和管理成本（Hu et al.，2017）。用客户价格和等待时间的参考效应及损失厌恶也会影响企业的管理决策（Yang et al.，2018）。基于数字化技术，企业甚至可以在需求发生之前就做出相应的库存补货计划。Ulanoff（2014）介绍了亚马逊的一项专利技术：基于用户的搜索数据以及在商品页面的停留时间数据，通过深度学习算法，亚马逊能够在用户下订单之前就将货物准备好并运往相应的配送中心，从而降低运输成本和库存成本。通过分析潜在用户在商品展示网站的点击数据与线下的实际购买数据之间的关系，企业可以优化其库存管理策略，降低缺货成本和库存持有成本（Huang and Mieghem，2014）。

4. 供应链管理

数字化技术在企业的供应链管理创新中发挥了重要的作用。这既体现在供应链流程日趋智能化，又体现在供应链上下游之间的决策越来越多地依赖于数据分析做出。

1）制造业正在变得越来越智能。制造业越来越多地使用传感器和无线技术来收集生产环节中的各种数据（Kusiak，2017），再传递回智能设备以指导生产，工厂由集中控制转变为分散式自适应的智能网络控制。例如，一台机器检测出流水线上可能存在的故障时，可以直接关闭其他可能受损的设备，并引导维修人员解决问题（Porter and Heppelmann，2015）。数字化技术彻底改变了制造环节设备维护的模式，在降低成本的同时有效提高了设备的可靠性。类似地，数字化技术还可以用于监控和分析整个生产流程、发现能耗异常，从而在生产过程中实现实时优化。

2）在互联网时代，越来越多的供应链管理中的零售环节开始采用全渠道零售模式，即零售商通过线上及线下等多种渠道进行销售。商店引导消费者在进店时扫描在线购物应用程序，以便掌握消费者的在线标识信息；结账过程实时完成，消费者不需要排队等候；物流方面，依托在线零售商的先进物流，线下商店不需要考虑附属仓库的问题，相反，可以更频繁和灵活地补货，这在某种程度上扩大了实体店的空间。多渠道运营的企业不可避免地会遇到渠道与产品属性的匹配问题。对有些属性，消费者可以通过访问网站获得；而有些属性则涉及体验或个性化目标，消费者必须到线下门店才能得到。消费者的渠道选择、线上线下同价和不同价两种策略对消费者行为的影响（Chen et al.，2018）、消费者的导流问题（Wu et al.，2015）等，都是企业需要深入研究的关键问题。

3）在供应链风险和金融领域，数字化技术也发挥了重要作用。来自各个领域的大数据使企业提供的金融服务不再仅仅依据财务报表，而是基于多维度的数据来评估目标企业的信用，从而降低供应链金融风险。

7.3.4　数字化使能：数字化环境下企业运营管理的价值创新

数字化是当今经济的推动力，在未来经济中将发挥更大的推动作用（Chakravorti

et al., 2019）。数字化技术不仅可以提高效率，还有可能创造出新的商业模式，定义新的竞争范式，进而颠覆现有的企业运营管理流程，带来运营管理模式的创新。为应对数字化环境的变化，海尔的"人单合一"模式基于组织、竞争、制度和技术环境进行了颠覆性、系统性的持续动态变革，形成了互联网企业创新模式（Frynas et al., 2018）。在数字化时代，企业甚至比消费者更了解其自身的需求，并据此创造出新的需求。为了更好地满足消费者的需求，企业从单纯的产品设计转型为围绕"数据-服务-产品包"进行业务设计和商业模式设计，从传统垂直的线性供应链演进为虚拟化、动态化的网络供应链。企业的运营管理决策甚至突破了供应链的视角，需要从生态圈的视角做出全局考虑。数字化环境下企业实现运营管理价值创新的方式如图7-7所示。

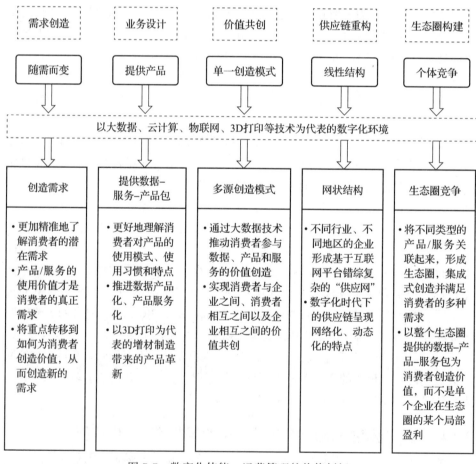

图 7-7　数字化使能：运营管理的价值创新

1. 数字化使能创新中的需求创造——从随需而变到创造需求

数字化环境下,企业能够更加精准地了解消费者的潜在需求,并通过自动化、智能化的工具提供支撑,将消费者的潜在需求转化为真实需求。传统意义的需求是指消费者购买的产品(或服务)的数量。然而,消费者购买产品的最终目的是获得产品的使用价值,即产品的使用价值才是消费者的真正需求。基于数字化技术,企业能够更深入、透彻地理解消费者的深层次需求,通过创造新的产品价值来创造新的需求。例如,在医疗服务行业的健康管理领域,身体健康异常和重大疾病风险主要是通过定期体检来监测的,而智能可穿戴设备可以通过持续采集个人的心率、脉率等体征数据实现实时的监测和分析,进而企业通过将产品创新和大数据技术相结合,创造了新的服务需求。

2. 数字化使能创新中的业务设计——从提供产品到提供"数据-服务-产品包"

随着数字化及相关技术的普及,近年来制造业服务化的趋势日渐加快,企业不再只是为客户提供产品,而是基于智能设备、互联网、云计算等提供以数据为基础的服务,产品成为实现服务的载体,企业转而提供"数据-服务-产品包"。在这一新型模式下,产品不再专属于特定客户,"数据-服务-产品包"在不同的时段由不同的客户使用,企业需要进行全新的业务设计。

以3D打印技术为代表的增材制造也在改变着企业提供产品的形态和模式:从产品生产形式而言,由大规模制造转向小批量、高度定制化制造;从生产组织方式而言,由集中式制造转向分布式制造;从产品形态而言,由提供实物产品转向提供数字产品+周边服务+通用材料。与传统的音乐、电子图书等数字产品不同,3D打印的数字产品本身并不具备使用功能,而必须通过3D打印成为实物产品之后才能真正具备使用价值,这在商业模式上形成了另外一种"数据-服务-产品包"的形式。以系统成本最小化为目标,Song和Zhang(2019)研究了基于3D打印技术的零部件供应。随着3D打印技术带来的更多商业创新,这一领域有待进一步研究。

3. 数字化使能创新中的价值共创——从单一创造模式到多源创造模式

数字化的另一个重要意义在于其推动了价值共创,包括消费者与企业之间、消费者相互之间以及企业相互之间的价值共创。数字化环境下传统制造业的价值共创主要体现在消费者、供应商、批发商和零售商通过智能终端、在线平台、虚拟设计环境等数字化平台共同参与产品的设计、生产、仓储和销售等环节,从而打破了传统的产品制造模式中企业与消费者之间、企业相互之间的壁垒。制造商通过数字化技术不断改进产品来更好地满足消费者的多样化、个性化需求。数字化技术不仅支持消费者更好地满足自身消费需求，而且使他们能够为其他消费者创造更大的价值（Benedict and Dellaert，2019）。在新兴数字经济业态中，价值共创在产品或服务中发挥着更大的作用，甚至有的业态的核心就是价值共创，离开价值共创，也就没有了产品或服务。

4. 数字化使能创新中的供应链重构——从线性结构到网状结构

在移动互联网、云计算、物联网、大数据、智能技术、3D打印等数字化技术的支持下，产品或服务的设计、生产、仓储、配送、售后服务等环节在全球范围的互联网虚拟供应链中完成，供应商、制造商、批发商和零售商可以参与到不同的供应链中，甚至在不同的供应链中承担不同的功能、发挥不同的作用。某个成员可能作为消费者出现在某些供应链中，而在另一些供应链中则承担供应商的角色。在这样的背景下，传统的"供应商－生产商－批发商－零售商"垂直供应链的线性结构被颠覆，来自不同行业、不同职能、不同地区的企业和个体形成基于互联网平台错综复杂的"供应网"。相较过去的供应链，数字化时代的供应链呈现网络化、动态化、虚拟化的特点。Wang等（2018）将网络供应链与垂直供应链进行比较，发现在某些情况下网络供应链优于垂直供应链，并能够增加所有供应链主体的利润。特别是在由不同的企业承担设计和制造功能之后，下游企业可以通过分散化改善经营绩效。

5. 数字化使能创新中的生态圈构建——从个体竞争到生态圈竞争

领先企业正在依托移动互联网、云计算等技术，将不同类型的产品/服务关联起来，形成网络化和动态化的生态圈，集成式创造并满足消费者的多种需求。生态圈中的成员可以是与以往供应链成员类似的上下游企业，也可以是在数字化环境下引入的与原来不相关的企业。例如，智能家居生态圈就是将路由器、电视、音箱等产品智能化，以整体无缝的形式为消费者提供服务。生态圈的形成也改变了企业以往的竞争模式，现在的竞争模式是以整个生态圈提供的"数据－服务－产品包"为消费者创造价值，而不是单个企业在生态圈的某个局部实现盈利。为了在生态圈竞争中获胜，企业必须思考诸如加入什么样的生态圈、在生态圈中扮演什么样的角色之类的问题。由于生态圈是一个新兴事物，相关的运营管理决策中存在许多新的问题，如生态圈内成员的竞争合作关系和分享机制（Guo and Wu，2018）、新加入企业与现有企业之间的竞争问题（Feng et al.，2018）、新环境中的委托－代理问题关于委托人的最优动态机制设计（Chen et al.，2019）等，这些问题都需要企业持续展开研究。

7.4 数字化转型的可持续发展

7.4.1 数字化转型的关键：企业业务综合集成

1. 推进企业业务综合集成是实现产业升级的重点

在德国工业 4.0、中国制造 2025 实施过程中，企业数字化转型是至关重要的，而实现企业业务综合集成是数字化转型战略的关键抓手。德国在其"工业 4.0"战略要点中明确指出，应引导企业实现"三项集成"，即纵向集成、横向集成、端到端集成。纵向集成是旨在实现企业内部不同信息技术系统、生产设施的全面集成而开展的不同层面的信息技术系统集成活动，其中，生产设施以数字化、智能化生产设备为主。横向集成是将处于不同制造阶段和进行不同商业计划的各种信息技术系统集成在一起，以供应链为主线，将企业间的物流、能源流、信息流相结合从而实现社会化协同生产。端对端集成是为了实现研发、生产、服务等产品全生命周期的所有工程活动，将全价值链上的不同企业进行集成，围绕客户需求开展紧密协作。

"中国制造 2025"明确提出要强化工业基础能力、提高综合集成水平、促进产业转型升级。信息化和工业化融合是实施"中国制造 2025"、建设制造强国的主线。作为企业数字化转型迈向高级阶段的重要标志，实现企业业务综合集成应引导企业打破各个层次的信息壁垒，通过实现管理与控制集成以及在此基础上的产品设计与制造集成、产供销集成和财务与业务集成，形成高度集成化、网络化的制造体系，推动研发、制造、销售、服务等流程的数字化和智能化水平提升，实现个性化、精益化、绿色化的生产模式，加快催生新模式、培育新业态，为数字化转型提供新动能。

2. 实现企业业务综合集成是扩大数字化转型效能的重要切入点和着力点

以国家标准 GB/T 23020—2013《工业企业信息化和工业化融合评估规范》为基础，工业企业可通过评估其数字化转型的基础建设、单项应用、综合集成、协同与创新水平与能力，以及竞争力、经济和社会效益，确定其所处的发展阶段，即起步建设（初级阶段）、单项覆盖（中级阶段）、集成提升（高级阶段）或创新突破（卓越阶段），如图 7-8 所示。处在起步建设阶段的企业，由于数字化转型刚刚起步，应当将重心放在基础设施建设上；处在单项覆盖阶段的企业，在主要的单项业务中基本实现了信息技术的应用；处在集成提升阶段的企业，已具有一定的跨部门、跨业务环节的集成运作能力；处在创新突破阶段的企业，能够有效实现跨企业的业务融合、协同与创新。其中，处于集成提升阶段和创新突破阶段的企业均已基本实现业务综合集成。

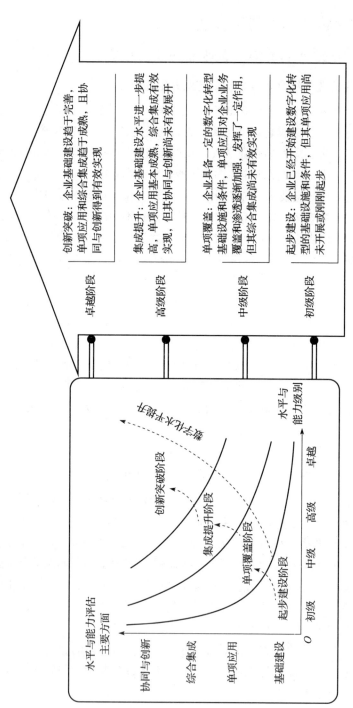

图 7-8 企业数字化转型的发展阶段

从实践的角度来看，企业业务综合集成水平的提升能够加快推动企业数字化转型效能与效益的充分实现。按照《工业企业信息化和工业化融合评估规范》，企业业务综合集成涉及产品、企业管理、价值链三个维度，主要包括产品设计与制造集成、产供销集成、经营管理与生产控制集成三个方面。产品设计与制造集成是指企业通过推动信息通信技术在产品需求识别、产品设计、工艺设计、生产制造、售后服务、回收处理等产品全生命周期各环节的深度应用，实现产品全生命周期一体化管控，持续提高产品创新能力，加快产品升级换代，扩大新产品供给，快速满足市场多样性需求。产供销集成是指企业通过供应链关键环节的集成互联，实现信息流、物流、资金流的统一管理，支持企业产供销集成运作，建立精准采购、定制生产、精准配送等生产模式，提升企业按照客户订单进行精细化、柔性化生产和组织的能力，提高企业的按期交货率和库存资金周转率。经营管理与生产控制集成是指企业通过打通生产管理层与底层设备层之间的信息双向传输通道，推动生产管控形成闭环，从而加强对生产资源的管控与配置能力，提升生产资源利用效率。

7.4.2 企业管理的数字化升级

1. 创新管理模式

（1）既自上而下，又自下而上。数字化转型涉及数字化愿景的设计、商业模式的创新、管理体系的重构，甚至需要挑战和颠覆现有的行业游戏规则，属于重大的战略层变革。数字化转型在数据平台、智能工厂、智慧门店等项目的建设上需要大笔投资，这些工作都需要企业高层管理团队自上而下全力推进。数字化转型需要企业对各项数字化技术（包括大数据、人工智能、云计算、区块链、物联网等）进行综合性应用。每种技术本身的成熟度不一样，不同企业千差万别，甚至同一种技术相对于某个企业在不同场景也存在成熟度差别。因此，如何利用数字化技术真正创造价值是一个非常复杂和考验智慧的问题。这就需要企业自下而上地发现可能的应用场景，鼓励熟悉应用场景的人进行探索和创新，以寻找合适的解决方案。

整合自上而下与自下而上两类变革的过程还包含三项整合工作。第一，有关战略节奏的问题，即快变革与慢变革的整合。自上而下的变革速度较快，有利于加速数字化转型进程并产生先行者优势，但也存在一定的风险，例如可能导致管理秩序混乱，甚至滋生组织政治行为。自下而上的变革因为始于实处也落于实处，更容易保证变革的效果，但速度较慢，而稳步变革可能丧失先机，同时可能陷入零敲碎打、缺少战略高度。第二，有关思维方式的问题，即系统思考与点式突破的整合。自上而下及中层推动的变革方式需要系统思考，自下而上的变革方式需要抓住关键场景的有限数字化制造连锁反应，即一个场景的数字化引发另一个场景的数字化，从而促进数字化转型，产生遍地开花的效果。第三，有关战略形成的问题。战略管理大师亨利·明茨伯格提出两种战略形成的方式：一种是深思熟虑的战略，另一种是自然涌现的战略。他强调："所有制定战略的过程都包含两个方面，既需要事先深思熟虑，也需要在摸索中逐步形成，只靠事前规划做出的战略妨碍了学习和修正，只靠自然形成的战略会阻碍有意识的控制。如果走极端，两种方法都行不通。学习必须与控制结合起来。"自上而下及中层推动的变革方式属于规划式战略，而自下而上的变革方式属于演化式战略。

（2）既进行技术变革，也进行管理变革。一波波数字化技术浪潮袭来尤其引人关注，很多企业争相引入新技术，这种心态是可以理解的，但企业必须明白，技术本身是不具有什么价值的。企业在引入技术时必须思考：这项技术对企业来说意味着什么，能为企业带来什么，能创造什么价值，以及如何实现技术与管理的结合。数字化转型的各种观点层出不穷，可以分成两个视角：一个是技术视角，另一个是管理视角。根据侧重点不同，数字化转型可以分成四类，如图7-9所示。

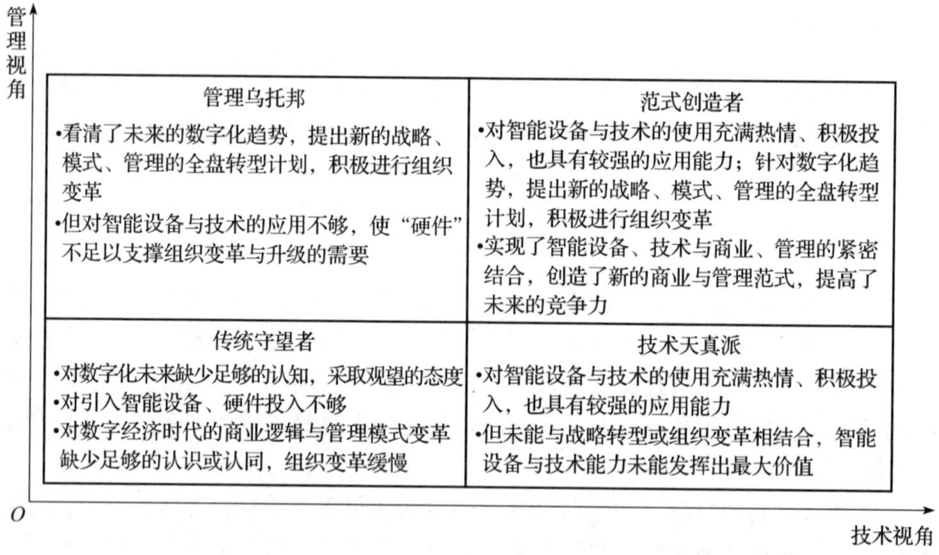

管理视角	管理乌托邦	范式创造者
	·看清了未来的数字化趋势，提出新的战略、模式、管理的全盘转型计划，积极进行组织变革 ·但对智能设备与技术的应用不够，使"硬件"不足以支撑组织变革与升级的需要	·对智能设备与技术的使用充满热情、积极投入，也具有较强的应用能力；针对数字化趋势，提出新的战略、模式、管理的全盘转型计划，积极进行组织变革 ·实现了智能设备、技术与商业、管理的紧密结合，创造了新的商业与管理范式，提高了未来的竞争力
	传统守望者	技术天真派
	·对数字化未来缺少足够的认知，采取观望的态度 ·对引入智能设备、硬件投入不够 ·对数字经济时代的商业逻辑与管理模式变革缺少足够的认识或认同，组织变革缓慢	·对智能设备与技术的使用充满热情、积极投入，也具有较强的应用能力 ·但未能与战略转型或组织变革相结合，智能设备与技术能力未能发挥出最大价值
O		技术视角

图7-9 从技术视角与管理视角解析各种数字化转型

相关研究表明，很多过去IT化浪潮中的IT项目以及现在的大数据项目、人工智能项目之所以会失败，是因为它们是由软件工程师、系统工程师主导实施的，未能与商业/管理紧密结合。这些项目不但未能达到预期的目的，还会造成巨大的成本损失。事实上,虽然"数据技术可以做什么"非常重要,但更重要的是"数据技术可以帮助企业创造什么价值、如何创造价值",这需要更多的商业/管理视角、行业经验、管理经验、结合能力等。

技术变革与管理变革,一个是硬实力,一个是软实力。按照"硬"和"软"的区分逻辑,数字化转型中还存在两项整合工作:一是硬件及空间的智能化与经营及管理的智能化的整合,二是企业组织形态升维与价值理念升维的整合。从更宏大的视角来看,科技与人文的整合将变得更加重要,必须思考数字化技术对人类意味着什么。

2. 塑造数据文化新体系

(1)数据文化的第一个内涵是能力。数据文化是企业文化的一种形态,欲知其实质,必须先知道什么是企业文化。一般认为,所谓企业文化,就是一种共享的思维模式和行为模式。但事实上,这只是企业文化深刻内涵的一部分。这种认识忽略了两个重要的维度,即企业文化不仅是一种思维模式和行为模式,还是一种情感模式和能力模式。企业数据文化塑造模型如图7-10所示。

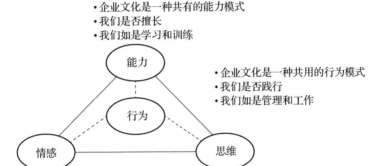

图7-10 企业数据文化塑造模型

情感和能力是两个非常重要的维度。企业可以提倡某种思维模式和行为模式,但是如果员工不喜欢这种思维模式和行为模式,那么企业就需要进行大量的说服教育工作,才可能促使员工改变思维模式和行为模式。改变员工的思维模式和行为模式是非常难的,这也是很多企业文化建设工作难见成效的原因。即使员工接受了某种思维模式和行为模式,企业文化的建设也不一定能获得成功。假设员工认可数据的价值,也接受了数据思维,并愿意采取相应的行动,但他们着手做事时发现并不具备数据分析相关的技能,那么企业文化还是无法落地。

情感、思维、行为与能力是塑造企业文化的四种力量,忽视其中任何一种力量,都会使企业文化塑造的效果大打折扣。任何一种力量都是有限的,只有当四种力量同时发挥作用时,它们才可以互相促进、转化,共同放大文化塑造的效果。如果员工喜欢利用数据,那么就更容易接受相应的思维模式和行为模式,也会更有动力提升数据分析的能力。如果员工的数据分析能力得到提升,进而提高了工作业绩,他就会更加喜欢这种模式,思维模式和行为模式也更容易固化下来。

有学者对数据文化给出了这样的定义:企业全员以共享的测量思维感知和响应变化,以共用的数据能力分析和解决问题,以共信的数据力量驱动和革新管理,从而建立以数据为基础的竞争优势。有人认为数据是可以分享的,这是不对的。数据具有隐私性、资产性,并不是可以随意在人和人之间进行分享的。数据不能分享,但可以共享。所谓共享,就是以共享思维搭建数据平台,设计数据共享机制,高效、科学地取用数据;以共享思维寻求通过机制、技术解决问题,而不是通过个人解决问题。

(2)数据文化的第二个内涵是价值导向。数据文化不是有什么数据就分析什么、会怎么分析就怎么分析、喜欢分析什么就分析什么,它的前提条件是满足客户需要。用户既包括外部客户,也包括内部客户,否则就是为了分析而分析,视手段为目的。

(3)数据文化的第三个内涵是循证决策。循证决策依据的是事实、证据、数据分析的结果。

(4)数据文化的第四个内涵是尊重、安全与利他。对待数据与对待金钱一样,不仅要用之有道,还要取之有道。要尊重他人的隐私和权利,要用数据为善,而不是作恶。

7.4.3 数字人才培养

1. 欧洲工业转型与数字化战略图景

在人工智能、机器人、云计算和区块链等技术冲击下,英国、德国、法国等老牌工业强国面临传统产业数字化转型及数字科技人力资源短缺的双重挑战。从"传统工业强国"转变为"数字化工业高地",维持全球工业领导者地位,成为欧洲国家的首要任务。自 2016 年欧盟委员会提出"欧洲工业数字化"(Digitising European Industry)战略以来,欧洲各国积极响应,围绕"数据战略""数字教育变革"等议题推出系列重要报告(见表 7-4),重点关注欧洲数字经济现状、数字人才供需状况及相关政策支持。

表 7-4 近年欧洲数字化战略关键报告（部分）

报告名称	发布时间	发布机构	主要内容
《面向数字型知识社会的教育行动》	2016 年 11 月	德国联邦经济和能源部	加强数字化能力培养，推动各领域数字教育（教学方法、教学形式）转型
《爱迪生数据科学框架》	2017 年 7 月	欧盟委员会	面向科学研究和产业需求，建立数据科学家职业标准（设计能力、知识体系、课程设置等）
《数字教育行动计划》	2018 年 1 月	欧盟委员会	注重数字化时代相关数字化能力培养，强调从初级教育到高等教育不同阶段的能力培养
《数据科学技能动态》	2019 年 5 月	英国皇家科学院	考察英国数据科学人才供需现状（数据分析师、数据工程师和数据科学家），提出能力培养和教育实践举措
《欧洲数据战略》	2020 年 2 月	欧盟委员会	抓住新一轮数字化转型契机，将欧洲打造成全球最具吸引力、最安全和最具活力的数据敏捷经济体，关注通用数据素养
《塑造欧洲的数字未来》	2020 年 2 月	欧盟委员会	实现欧洲数字化转型总体愿景，关注数字素养
《人工智能白皮书》	2020 年 2 月	欧盟委员会	基于工业基础优势和高质量数字基础设施，将欧洲打造成为数字经济及其应用创新的全球领导者，AI 赋能数字教育行动计划

总体来看，这些报告呈现以下趋势和特征：

（1）关注数字化在社会层面的泛在影响，提出面向未来的数字化愿景及全民数字教育。2020 年，欧盟委员会连续发布多份数字化战略报告，凸显了欧洲向数字化转型的迫切需求：《塑造欧洲的数字未来》强调欧洲在数字化时代掌握技术主权，将提高全民数字教育水平和数字化能力作为重点任务；《人工智能白皮书》关注数字化技术对教育的影响，强调利用数据和人工智能技术改进教育和培训系统；《欧洲数据战略》关注下一代数字化技术和基础设施开发，倡议加大数字化能力建设投资力度，支持欧洲单一数据空间的长效发展和运转。连续发布的数字化战略报告集中体现了欧洲在数字化时代的全新愿景：到 2030 年，欧盟在全球数字经济的市场份额至少与其经济实力相当，成为数字经济及应用创新的全球领导者。

（2）回应数字化技术对传统产业转型的影响，强调以数字化能力构建为核心的工程科技人才培养。培养具有全球竞争力的数字化人才是欧洲数字化战略的关键。2016 年，德国政府出台《面向数字型知识社会的教育行动》，强调在整个教育链中引入数字技能培训，推行改革培养计划和加强师资培训。2017 年，欧盟"2020 地平线研究与创新计划"推出《爱迪生数据科学框架》，如图 7-11 所示，界定了科学研究和工业实践领域数据科学家所需的从业技能。2018 年，首届欧洲教育峰会《数字教育行动计划》正式提出欧洲终身学习关键能力参考框架修订版，强调从初级教育到高等教育不同阶段数字化能力的培养。

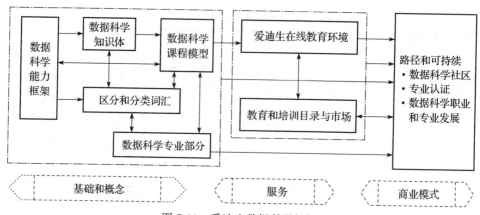

图 7-11 爱迪生数据科学框架

注：根据《爱迪生数据科学框架》整理。

2. 数据驱动的欧洲工程教育改革

欧洲数字化战略报告涉及的人才培养与能力建设信息和行动计划显示，在培养目标、培养模式、教育生态等维度的典型做法和实践经验如下。

（1）明晰人才培养标准：数字化能力框架。欧盟坚持以数字化能力为导向开展数字教育，进行人才培养和评价。数字化能力始于2007年欧盟21世纪技能框架，2013年"欧洲ICT从业者e能力框架（e-CF）"在ICT人才培养上发挥了奠基性作用。近年来，由于数字化技术创新突破、社会数字化进程加快、公民数字素养和工程科技人才数字化能力出现新变化，涌现出数据科学家、数字工程师等新职业，传统工程科技人才能力模型面对"数字孪生""赛博空间""工业互联网"等场景需做出调整甚至改革。由此，诸如"欧盟数字化能力框架"（DIGCOMP）、"爱迪生数据科学能力框架"（CF—DS）等能力模型的陆续推出，为培养适应数字情境的工程科技人才数字化能力提供了重要依据。数字化能力框架的传承和更新对欧洲工程教育产生了持续影响，为有针对性地培养关键领域人才指明了方向。爱迪生数据科学框架一经推出，就被广泛用于教育、培训、认证、招聘、管理等多种类型场景，为大学、企业、政府等培养人才提供了参考。

（2）创新人才培养模式：数字化学徒计划。如何结合数字化技术探索适应大数据和工业场景的新型培养模式，是欧洲当前亟须解决的问题。与美国围绕数据科学展开的智能前沿领域人才培养相比，欧盟更关注数字化背景下工程实践型人才培养，主张企业实训和学校教育同等重要，注重人才培养模式调整创新。为加强教学的实践性，欧盟启动"数字化学徒计划"，该计划依托于"伊拉斯谟+"项目，支持欧盟范围内的大学生深入数字化企业参加实习培训活动，培训内容涉及网络安全、大数据、量子技术、人工智能等前沿领域。欧盟致力于推广数字教育理念，营造培养数字人才的良好氛围，在数字课程开发、数字师资培训、数字平台设备、数字化实践、数字伦理准则等方面多措并举。图 7-12 所示的欧洲"数字化学徒计划"不仅关注企业实际业务培训实践，而且注重学徒计划系统设计，强调"数字环境→工程实践→应用开发"全链条人才培养。

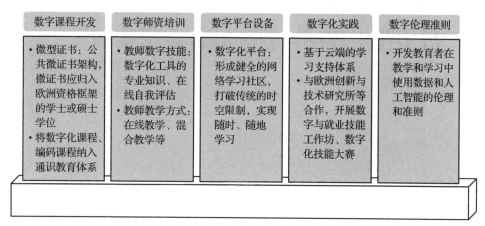

图 7-12　欧洲"数字化学徒计划"

注：根据欧盟网站资料整理。

（3）构建人才培养生态：多方利益主体协同。产业数字化转型与国家战略需要、行业技术发展、企业发展运作等的紧密联系，决定了数字人才培养生态的建设必须有多元组织参与。政府（中央政府、地方政府）、大学、企业、行业协会等组织在人才培养生态中各自肩负职责，为工程科技人才发展提供多方面支撑。大学联合企业、工会、行业协会进一步分析相关职业发展动向和标准，面向市场需求创新人才培养方案，筹建数据相关新专业，且联合企业共同设计数据科学项目。值得一提的是，除关注学生在校期间的培养外，学生毕业后的职业发展和能力提升同样应当得到关注。从社会系统角度来看，欧洲数字人才培养凸显了生态效应，政府、企业、行业协会、大学等利益主体共同参与培养工程科技人才。

拓展思考

1. 谈谈你对成功的认识和理解。
2. 项目成功与项目管理成功的关系是什么？
3. 成功的数字化工程项目能创造什么价值？

第 8 章 | Chapter 8

数字化工程项目管理综合应用实例

本章导读

刘向:"耳闻之不如目见之,目见之不如足践之,足践之不如手辨之。"因此可以有这样的认识:讨论无数遍,不如去实践。

大道相通,提取公因式,合并同类项,让世界更简明。项目管理通过可视化图表让我们更容易做到复杂问题简单化,在做正确的事情时,大胆实践正确的方法,这对获得正确的结果大有益处。

8.1 工程项目背景及需要解决的问题

8.1.1 工程项目背景

全球制造业都面临着严峻挑战。制造业要想突破困境,唯有自我革新,通过数字化转型的方式实现新的突破,带来业绩新增长。

在政策层面,国家政策指引和地方细则双轮驱动,加速促进制造业数字化转型。国家发布了《中国制造 2025》《工业互联网创新发展行动计划(2021—2023 年)》《关于深化制造业与互联网融合发展的指导意见》等相关政策,用于指引传统企业数字化转型。各地政府均出台了相应的补贴政策和行动计划,以推动地方企业加速数字化转型升级。

从行业发展来看,一些行业龙头企业在数字化转型方面已经走在行业前列,带动了行业加速数字化转型。例如,美的、海尔、三一重工不仅完成了自身的数字化转型，同时打造了工业互联网平台，为行业中的其他企业进行数字化赋能。美的工业互联网成果可以应用于 40 多个细分行业，服务超过 200 家行业领先企业的数字化转型。美的 2020 年发布了美擎平台，该平台由美云智数集合美的集团机器人、自动化、IoT 等工业能力联合打造，可以为制造业提供集知识、软件、硬件于一体的解决方案。

8.1.2 工程项目需要解决的问题

对传统制造企业而言，企业数字化转型的业务对象可以说覆盖了从市场销售、研发设计、生产制造、物料配送、售后服务、运营管理以及上下游供应链协同等业务全过程。总的来讲，企业层面的数字化转型的目标或方向可概括为以下几个维度。

（1）业务模式转型。消费升级及消费者个性化的需求驱动业务模式由以产品为中心向以客户为中心转型，从而产生了诸如 C2M 的生产模式。业务模式转型主要体现在：①数字化运营管理。如使用数字化的技术或工具代替人工经验判断，利用科学化的管理提升产品质量、提升生产效率、降低生产成本等。②协同研发。企业通过云计算、共享技术、仿真技术、数字孪生技术等实现协同研发设计，提升研发效率和研发质量。③个性化制造。企业通过综合应用工业互联网平台，实现需求预测、敏捷研发、柔性制造、精准交付，快速应对个性化和快速变化的客户需求，提升客户满意度和企业竞争力。④智能制造。企业通过高度自动化和信息化的融合，以数据为驱动，采用大数据、云计算技术和人工智能技术解决生产制造中的瓶颈问题。比如应用机器视觉进行质量检测，提升检测效率；通过对车间设备数据、生产数据进行采集和深度挖掘分析，发现生产效率低下和质量缺陷的根本原因，对其进行精准改善，从而提升设备综合效率（OEE）和产品质量。

（2）管理模式转型。通过工业互联网和物联网技术的发展和应用，制造业企业的管理模式逐渐从"经验驱动"向"数据驱动"转型。企业基于对人与物、物与物、人与人的连接，对生产全要素海量数据的采集、存储、计算和分析，对不同的业务场景建立专家知识库和业务机理模型，实现生产、运营决策向数据驱动的智能化转变。

（3）组织形式转型。随着业务模式和管理模式的转变，企业同时进行着组织形式的转型，以更好地支撑新的业务和管理模式。传统多层级组织架构向网状组织结构转变，使沟通方式变得更灵活、更高效，网状组织结构为成员提供了开放共享的沟通协作平台。

这里以 C 客户为例来重点分析制造业企业面临的痛点以及其需要通过数字化

转型来解决的问题。C客户成立于2001年，是一家集研发、生产、销售智能终端手机，计算机零组件，新能源汽车零组件，工业机器人及自动化系统集成的规模化制造企业。C客户拥有精密模具制造、高速精密冲压、精密塑胶成型以及精密连接器自动化生产设备开发所需全系列引进生产设备和实验测试仪器，为苹果、华为、OPPO等众多客户提供产品和服务。随着产品个性化程度越来越高、迭代速度越来越快，C客户在生产车间层面设备投入大，并且还存在大量外协订单，如何量化车间实际产能、客观量化设备OEE、识别生产瓶颈、消除资源浪费、有效提升资源适用效率和产能，是公司急需解决的重点问题。

C客户于2017年开始引入数字化转型一期项目，截至2021年年底完成了数字化转型二期项目建设。C客户实现了CNC车间、冲压车间的设备联网和业务数字化转型，重点解决了以下问题：①针对设备投入大但设备利用率较低的问题，公司通过数据客观真实量化设备的OEE，为工厂产能规划和设备投入决策提供依据；②识别设备的停机时间浪费以及进行停机原因分析，为设备利用率的改善提供指导和监控；③针对生产管理和设备利用率数据经人工统计而不及时、不准确，过程管理滞后的问题，实时监控生产进度，降低延期交货风险；④解决了产能评估不准确，手工排配生产计划工作量大、难度高，生产异常导致计划调整困难的问题；⑤解决了生产过程不透明，设备参数异常或长时间的停机而无法识别，管理不能及时响应导致大量产能浪费的问题。

8.1.3 项目重大里程碑

结合项目交期和项目目标以及对项目工作量的评估，制订的项目里程碑计划如图8-1所示。

图8-1 项目里程碑计划

8.2 工程项目相关方分析与目标设定

8.2.1 工程项目相关方识别

根据项目的目标要求与实施范围，工程项目内外部相关方识别具体如图8-2所示。

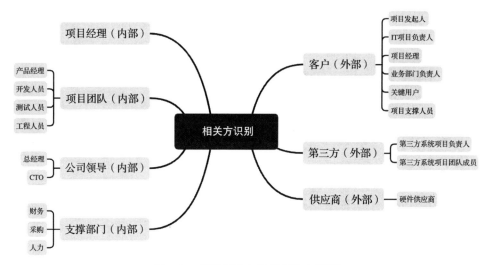

图 8-2 工程项目内外部相关方识别

8.2.2 工程项目相关方分析

根据相关方在项目上权力的大小和利益相关度的高低，项目相关方可以分为四类，分别为高利益 - 高权力、低利益 - 高权力、高利益 - 低权力、低利益 - 低权力。根据权力/利益分类、对项目的影响，以及不同利益相关方的期望，项目应当对相关方进行有侧重的管理。项目相关方分析见表 8-1。

8.2.3 工程项目目标设定

项目交付物：1 套 CNC 和冲压透明工厂系统。

项目工期目标：2020 年 3 月 1 日—2021 年 5 月 30 日，共计 15 个月。

项目费用目标：不超过 500 万。

综合指标提升：设备 OEE 提升 20%，设备 TEEP 提升 25%。

8.3 工程项目组织管理

8.3.1 项目组织架构

项目组织出甲方、乙方两个项目相关方组成，包括项目指导委员会、项目执行委员会、PMO、甲乙双方项目经理以及多个小组项目成员。项目组织架构如图 8-3 所示。

表 8-1 项目相关方分析

分类	相关方名称	权力/利益分类	对项目的影响	期望	管理
客户	项目发起人	高利益-高权力	决定者	最看重的项目要素是项目质量、项目范围和项目成本，在极端情况下的排序依次为范围>质量>成本	充分了解项目发起人的期望，及极端情况下项目要素的优先级，重大变更和关键节点信息汇报，邀请参加重要会议和汇报，方案评审汇报，月度总结等
客户	IT负责人	高利益-高权力	决定者	关注项目进度和项目范围，最终期望项目交付负责，期望项目按期交付	在项目组织中担任PMO，定期汇报项目进度，请参加重要会议和汇报，如里程碑节点汇报、月度总结等；邀请参加项目方案确认和评审以及技术架构评审
客户	项目经理	高利益-高权力	决定者	期望按规定时间完成规定项目任务，并成功完成项目验收	定期组织召开项目周会、项目专题会，定期输出项目进展报告
客户	业务部门负责人	高利益-低权力	促进者	期望数字化项目能够解决生产管理中的问题，能够对现状有所改善，提高部门业绩	详细了解业务部门业务痛点和期望，邀请参与方案讨论和评审
客户	关键用户	高利益-低权力	参与方	最终受益者或直接使用者，在项目中是执行者，期望系统操作便捷，可提升工作效率和工作满意度	项目过程中需要积极影响，充分发挥非正式沟通的优势，调动配合的积极性，项目事项随时告知，及时通报项目的进展和困难
客户	项目支撑人员	低利益-低权力	参与方	期望按流程办事，期望提交的资料准确，高效协同	做好沟通计划，提前沟通
外部 第三方	第三方负责人	低利益-低权力	参与方	期望以最小的投入满足项目需求，快速完成第三方项目任务	重要事项汇报和协调，可通过甲方来推动
外部 第三方	第三方团队成员	低利益-低权力	参与方	按时完成相关第三方项目任务	在不影响项目目的前提下，花最小的力气进行监督
供应商	硬件供应商	低利益-低权力	参与方	提供的产品能够满足项目要求，避免出现相关商务投诉问题	项目组在软硬件选型时，必要时可以要求供应商现场验证，开发多家供应商，进行方案对比

				期望	
内部	项目经理	项目经理	高利益-高权力	决定者	期望按规定时间完成规定项目任务，成功完成项目验收	定期组织召开项目周会、项目专题会，定期输出项目进展报告，严格把控项目变更，避免项目范围扩大
	项目团队成员	产品经理	低利益-低权力	参与方	产品方案能够满足客户预期，顺利完成项目支付	确保需求调研的质量，做好需求确认和解决方案的确认，项目事项的随时告知
		开发人员	低利益-低权力	参与方	按计划完成系统开发，系统漏洞较少，不要出现太多变更	严格把控需求评审和设计评审，及时通报项目进度以及过程问题
		测试人员	低利益-低权力	参与方	系统缺陷少，系统上线稳定性高	做好测试用例评审，提交测试报告，开发环境需做好单元测试，提供单元测试用例和报告
		工程人员	低利益-低权力	参与方	特别是硬件实施时，停机配合，保证有序停机，现场有效配合	根据车间生产任务，做好现场实施计划，并与车间负责人确认，项目事项随时告知，及时通报项目的进展和困难
	公司领导	总经理	高利益-高权力	决定者	关注项目进度和成本，期望项目快速支付并达到客户预期	重要事项积极汇报，如重要里程碑节点汇报、月度总结等，重大变更或风险需及时上报，做好需求资源和决策支持
		CTO	高利益-高权力	决定者	确保系统架构稳定和技术的先进性	需参与技术方案设计和评审，重要技术问题和系统缺陷需及时上报，寻求技术支持
	支撑人员	人力经理	低利益-低权力	参与方	确保项目人员稳定，满足项目人力需求	做好人力需求计划，通过项目团建增加团队的凝聚力和稳定性，提供技术和知识培训
		采购经理	低利益-低权力	参与方	确保采购的硬件功能和质量可以满足项目要求，同时确保采购的物品可以按期到货	做好硬件选型技术评审和供应商选择，充分评估供应商交货能力和交期确认，避免影响工程实施进度
		财务经理	低利益-低权力	参与方	按时完成项目收款和采购付款	提前告知项目收款与付款，与对方财务做好对接

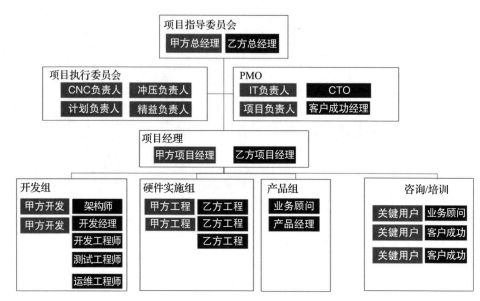

图 8-3　项目组织架构

8.3.2　项目组织的人员角色与职责

项目组织的人员角色与职责见表 8-2。

表 8-2　项目组织的人员角色与职责

角色	职责
项目指导委员会	负责项目业务愿景规划，设定优先级 批准项目总体方案、项目经费使用计划 批准项目总体实施进度计划，批准重大变更 任命或调整项目组的主要负责人 参加项目阶段汇报会议，审批项目重大业务决策，支持项目目标达成 对项目组核心人员进行必要的授权
项目执行委员会	向项目指导委员会汇报 负责管理并协调项目资源，协助项目经理对进度、成本和质量进行管控 协调业务流程的规范与统一 检查并签署项目交付文档 协调项目实施过程中的相互关系和重要事项
项目经理	向项目指导委员会汇报 负责项目全生命周期管理，包含对项目范围、进度、风险、变更、预算、资源等的管控 负责项目资源的协调和沟通 对项目组成员输出考核评价，对项目组成员进行任免

(续)

角色	职责
PMO	向项目指导委员会汇报 对项目执行团队提供项目管理的审计和指导 负责对项目经理的考核 对项目中出现的问题进行协调,协助项目经理进行资源协调 审核项目中出现的变更,对非重大变更做出决策
架构师	对项目经理负责,并负责项目整体技术相关的把控 参与需求调研、项目可行性分析、技术可行性分析和需求分析,完成项目的整体系统架构(应用架构、技术架构)的落地及执行过程中与架构相关的审核 参与开发过程中重大技术问题的解决
开发经理	负责项目的整体详细设计与系统分析,与各专业小组协调并落实开发、测试等子计划 负责根据实际情况向项目经理及时反馈软件实现过程中的问题并提出建议 负责软件安装调试、数据迁移、用户培训和上线切换等工作 负责相关技术文档标准规范的拟订、审核
业务顾问	负责需求调研 输出解决方案,配合产品经理完成产品设计
产品经理	参与需求调研 根据需求分析和解决方案完成产品功能设计 负责优化及跟进产品功能
开发工程师	协助开发经理完成开发子计划,并接受开发经理的工作安排与指导 负责开发系统代码,并修复系统过程中的缺陷
业务模块负责人	参与各模块业务需求的沟通,对业务需求进行把控和评审 负责配合产品经理进行现状流程的梳理,对未来业务蓝图进行把控和评审 负责各模块主数据/资源资料的质量审核 负责各模块相关外围设备(系统)集成的资源协调工作,保证项目中各系统对接工作的顺利开展
关键用户	协助产品经理进行业务需求沟通,负责业务需求的收集和整理 负责配合产品经理进行现状流程的梳理,支持业务蓝图的起草 负责各模块主数据、权限、相关资料的提供、整理和确认 参与业务方案、系统功能等项目内的培训,并负责对最终用户的培训 在项目过程中及时反馈问题,并协助业务顾问跟踪与解决问题

8.4 工程项目范围管理

8.4.1 项目实施内容

某项目实施主要包含三部分内容,具体如下:

1. 冲压工厂（一厂、二厂和三厂）设备联网和透明化工厂系统开发部署

1）通过对机床联网，实现对设备操作模式、设备运行状态（待机、运行、停机、故障）以及设备冲压次数的数据采集。

2）开发冲压透明工厂系统，实现设备管理、设备监控、零件管理、工单管理与排产、设备 OEE 分析、停机管理、停机分析、产量报表以及模具管理的数字化。

2. CNC 工厂（一厂、二厂和三厂）设备联网和透明化工厂系统开发部署

1）通过对机床联网，实现对设备操作模式、设备运行状态（运行、停机、热机、故障）以及设备运行参数（如加工程序、负载、主轴转速、进给倍率等）的数据采集。

2）开发 CNC 透明工厂系统，实现设备管理、设备监控、设备详情、零件管理、刀具管理、排产管理、生产报表、设备 OEE 分析、停机管理、停机分析的数字化。

3. 自动质量检测设备（检测工厂）设备联网和质量分析系统开发部署

1）通过对质量检测设备的联网，通过接口从第三方测试系统中获取每个产品的所有测试参数数据和测试结果数据（OK/NG）。

2）提供产品测试明细数据查询和产量数据统计。

3）提供实时质量控制 SPC 质量过程监控与报警。

4）提供一次良率（直通率）统计分析（产品良率趋势图、不良品数据统计直方图等）、不良排名分析等质量分析报表。

8.4.2 项目工作分解结构

项目工作分解采用基于过程的分解思路，工作分解结构（WBS）如图 8-4 所示。

8.5 工程项目进度管理

8.5.1 项目任务关系分析

项目任务关系分析应当依据项目任务包的内容范围以及任务约束和限制条件，采用类比估计法估计工作持续时间；依据任务包内容特性和强制性逻辑关系，以确保项目交期为原则，确定任务搭接关系。项目任务关系表见表 8-3。

第8章 数字化工程项目管理综合应用实例

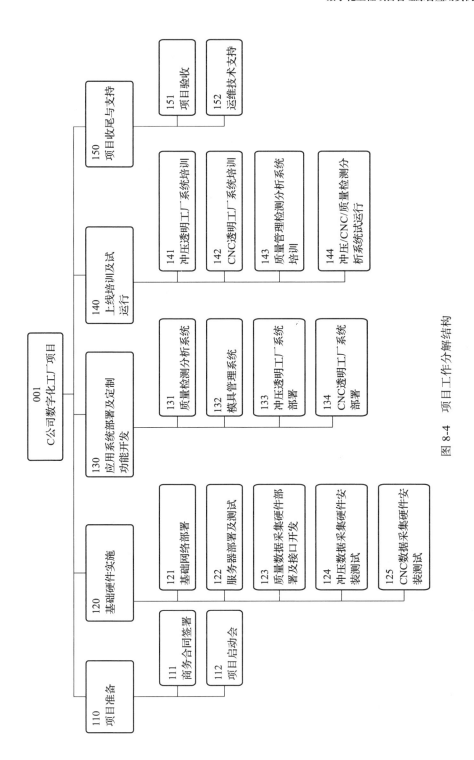

图 8-4 项目工作分解结构

表 8-3 项目任务关系表

编码	项目任务	周期（天）	紧前任务	搭接关系
111	商务合同签署	30	—	
112	项目启动会	5	111	FS
121	基础网络部署	43	112	FS
122	服务器部署及测试	2	121	FS
123	质量数据采集硬件部署及接口开发	16	121	FS
124	冲压数据采集硬件安装测试	29	121	FS
125	CNC 数据采集硬件安装测试	29	121	FS
131	质量检测分析系统	32	122/123	FS
132	模具管理系统	39	122	FS
133	冲压透明工厂系统部署	18	124/132	FS
134	CNC 透明工厂系统部署	7	125/133	FS
141	冲压透明工厂系统培训	5	133	FS
142	CNC 透明工厂系统培训	5	134	FS
143	质量管理检测分析系统培训	5	131	FS
144	冲压/CNC/质量检测分析系统试运行	35	141/142/143	FS
151	项目验收	15	144	FS
152	运维技术支持	15	151	FF

8.5.2 项目网络计划图

项目网络计划图（见图 8-5）是根据项目任务关系表绘制的，用来评估项目总工期、总时差和自由时差，找出项目关键路径。

8.5.3 项目计划甘特图

项目计划甘特图（见图 8-6）是根据网络计划图绘制的。

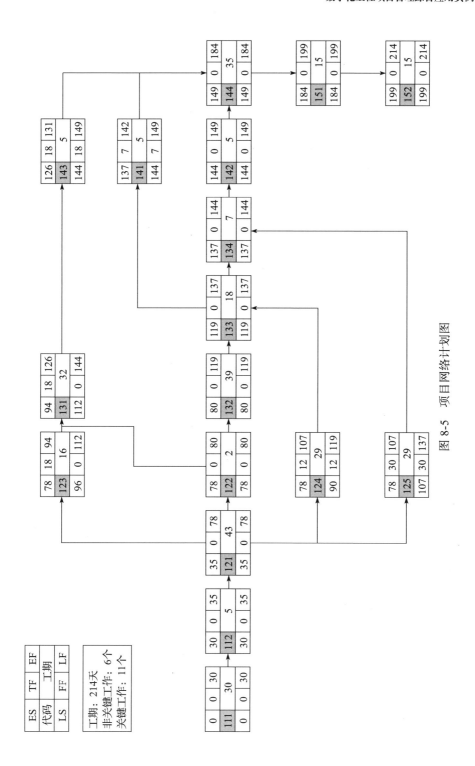

图 8-5 项目网络计划图

分类	阶段内容		周期 工作日	计划起止日期		任务状态	实际完成日期	备注
	阶段			起	止	Status		Remark
P1	项目准备阶段		35	2020/2/1	2020/3/20	Closed		
P2	基础硬件实施		58	2020/3/21	2020/6/10	Opening		
P2.1	网络部署		43	2020/3/21	2020/5/20	Opening		
P2.2	服务器部署及测试		2	2020/4/27	2020/4/28	Opening		
P2.3	质量数据采集硬件及接口		16	2020/3/21	2020/4/13	Opening		
P2.4	冲压设备硬件安装测试		29	2020/3/21	2020/4/30	Opening		
P2.5	CNC设备数控硬件安装测试		29	2020/5/1	2020/6/10	Opening		
P3	应用系统部署及定制功能开发		75	2020/3/18	2020/6/30	Opening		
P3.1	质量检测统计分析系统		32	2020/3/18	2020/4/30	Opening		
P3.2	模具管理系统		39	2020/4/7	2020/5/31	Opening		
P3.3	大数据平台		52	2020/4/20	2020/6/30	Opening		
P3.4	冲压数字化工厂软件部署		18	2020/5/21	2020/6/15	Opening		
P3.5	CNC数字化工厂软件部署		7	2020/6/11	2020/6/20	Opening		
P4	上线培训及试运行		51	2020/6/21	2020/8/31	Opening		
P5	项目收尾及运行支持		22	2020/9/1	2020/9/30	Opening		

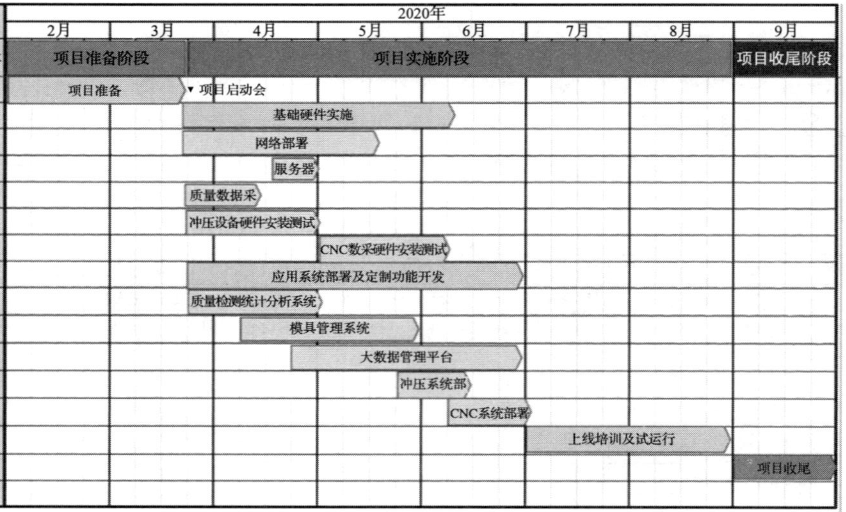

图 8-6 项目计划甘特图

8.6 工程项目资源管理

8.6.1 项目资源分析

项目资源分析应当对关键人员和主要材料进行识别,并对项目的资源需求进行如下统计分析(见表 8-4),以便在保证项目交期的情况下控制项目成本。

表 8-4 项目主要资源分析

资源类型	资源名称	资源数量	资源单价	单位	备注
人力资源	产品经理	2	2 500	元/(天·人)	
	架构师	1	3 000	元/(天·人)	
	业务顾问	1	2 500	元/(天·人)	
	开发工程师	8	2 000	元/(天·人)	
	测试工程师	2	1 500	元/(天·人)	
	硬件实施工程师	3	2 000	元/(天·人)	
	运维工程师	1	1 500	元/(天·人)	
	管理人员	3	2 000	元/(天·人)	
	项目交付人员	2	1 500	元/(天·人)	
材料资源	数采硬件	500	850	元/个	
	基础辅材	1	50 000	元/批	
	RFID 标签	20 000	8	元/个	
	RFID 读写器	400	600	元/个	
	手持 RFID 终端	4	6 000	元/个	

8.6.2 项目资源计划

项目资源计划应当依据项目 WBS 和以往的项目经验总结报告来制作,见表 8-5。

8.6.3 人力资源负荷分析

人力资源负荷分析应当根据项目资源计划和进度计划绘制人力资源负荷图,如图 8-7 所示。从图中可以看出,项目在第 13 周到第 16 周人力需求较高,并且都在关键路径上,因此,项目需要提前协调人力,避免影响项目关键路径进度。

表8-5 项目资源计划

编码	项目任务	周期(天)	管理人员 资源数量	管理人员 工作量(人·天)	产品经理 资源数量	产品经理 工作量(人·天)	业务顾问 资源数量	业务顾问 工作量(人·天)	架构师 资源数量	架构师 工作量(人·天)	开发工程师 资源数量	开发工程师 工作量(人·天)	测试工程师 资源数量	测试工程师 工作量(人·天)	硬件实施工程师 资源数量	硬件实施工程师 工作量(人·天)	运维工程师 资源数量	运维工程师 工作量(人·天)	交付人员 资源数量	交付人员 工作量(人·天)
111	商务合同签署	30	2	10															1	2
112	项目启动会	5	2	4	1	5														
121	基础网络部署	43	2	20											3	90				
122	服务器部署及测试	2	1	2					1	3										
123	质量数据采集硬件部署及接口开发	16	1	2	1	3					1	5			2	25	1	2		
124	冲压数据采集硬件安装测试	29	1	4	1	5					1	10			2	40				
125	CNC数据采集硬件安装测试	29	1	3											1	30				
131	质量检测分析系统	32	1	3	1	20	1	12	1	3	4	70	1	10			1	2	1	10
132	模具管理系统	39	1	7	1	20	1	7	1	8	3	60	1	20	2	20	1	5	1	15
133	冲压透明工厂系统部署	18	1	7	1	5	1	5	1	6	4	75	1	5			1	2		
134	CNC透明工厂系统部署	7	1	3	1	2	1	5	1	2	2	15	1	1			1	2	1	5
141	冲压透明工厂系统培训	5	1	3	1	2													1	2
142	CNC透明工厂系统培训	5	1	3	1	2													1	2
143	质量管理检测分析系统培训	5	1	3	1	10														
144	冲压/CNC/质量检测分析系统试运行	35	1	15	1	2									1	20			1	35
151	项目验收	15	3	10	2	20													1	10
152	运维技术支持	15	1	10	1	5													1	15
	合计	330	22	109	14	101	4	29	5	22	15	235	4	36	10	205	5	13	9	96

第 8 章　数字化工程项目管理综合应用实例

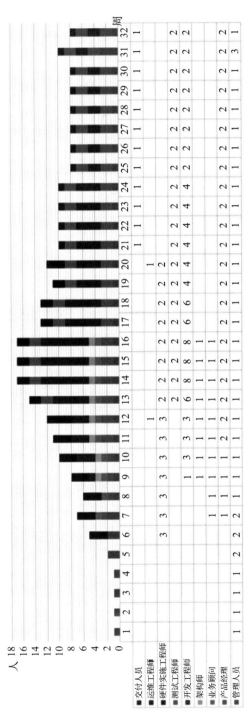

图 8-7　人力资源负荷图

8.7 工程项目费用管理

8.7.1 项目费用预算分析

项目应当基于项目计划甘特图和资源需求分析给出项目费用预算,见表8-6。

表8-6 项目费用预算

编码	项目任务	周期(天)	人力资源费用(元)	材料费用(元)	总费用(元)
111	商务合同签署	30	23 000		23 000
112	项目启动会	5	20 500		20 500
121	基础网络部署	43	229 000	50 000	279 000
122	服务器部署及测试	2	7 000		7 000
123	质量数据采集硬件部署及接口开发	16	71 500	123 000	194 500
124	冲压数据采集硬件安装测试	29	126 500	154 000	280 500
125	CNC数据采集硬件安装测试	29	66 000	148 000	214 000
131	质量检测分析系统	32	268 000		268 000
132	模具管理系统	39	325 500	424 000	749 500
133	冲压透明工厂系统部署	18	217 500		217 500
134	CNC透明工厂系统部署	7	58 000		58 000
141	冲压透明工厂系统培训	5	18 500		18 500
142	CNC透明工厂系统培训	5	14 000		14 000
143	质量管理检测分析系统培训	5	14 000		14 000
144	冲压/CNC/质量检测分析系统试运行	35	107 500		107 500
151	项目验收	15	85 000		85 000
152	运维技术支持	15	55 000		55 000
	合计	330	1 706 500	899 000	2 605 500

8.7.2 项目人力资源费用分析

项目应当基于项目预算总规划,给出关键资源人力费用分析,分别绘制资源费用累积曲线图(如图8-8所示)与人力资源费用负荷图(如图8-9所示)。

项目实施过程中运用挣值法分析工具开展进度与费用综合控制,以资源费用累积曲线作为控制项目计划实施的基准线,将每个时间节点实际发生的费用与累积曲线比较,用挣值法分析项目进度和成本,指导项目持续改进,以保证项目成本和进度的可控性。

挣值法分析是指将已完成工程对应的预算费用(BCWP)与已完成工程实际发生的费用(ACWP)和计划工作对应的预算费用(BCWS)进行比较,分别计算出成本偏差(CV)和进度偏差(SV),并通过对SV和CV的正负判断项目的进展情况(若SV>0表示进度超前,若CV>0表示费用节约,反之则表示进度滞后或费用超支),然后分析偏差原因,对项目完工费用采用EAC进行估算。

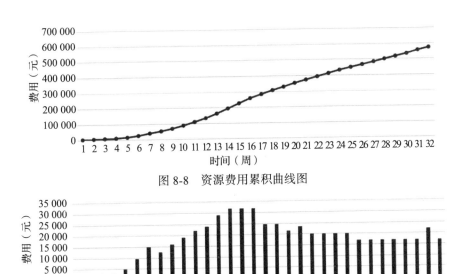

图 8-8 资源费用累积曲线图

图 8-9 人力资源费用负荷图

8.8 工程项目质量管理

8.8.1 质量管理范围

1. 项目交付质量

项目实施过程中的项目质量管理是指项目遵循 CMM Ⅲ 级要求，借鉴 IPD 集成产品开发理念，形成甲方的 IT 项目实施质量管理体系，以保证对项目生命周期的质量管控。项目交付质量的保证体系如图 8-10 所示，它涵盖了项目交付和运维支持的全生命周期活动。

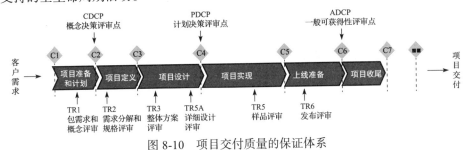

图 8-10 项目交付质量的保证体系

2. 项目运维服务质量

为了有效监测项目交付之后运维服务的效果，乙方对运维服务进行监控与调查，主要涵盖服务态度和问题解决效率方面。

质量保证期服务的主要目标是保证透明工厂项目成功的实施。乙方自甲方用户上线切换后，提供三个月的现场支持服务。

8.8.2 项目变更管理流程

项目变更需求首先由项目小组（甲方或乙方）提前 30 个工作日提出，提出后由甲乙双方项目经理或其他指定人员进行评审，即就变更的技术可行性及其对整个项目的影响做出评估。乙方根据变更需求的范围和复杂程度对变更进行分析，决定收费或免费变更，并以书面报告形式告知甲方变更预计费用。项目变更申请批准表在甲方授权代表书面同意后（见表 8-7），由乙方实施，未被批准的项目变更申请批准表将返回至变更提出人。批准后的变更报告将作为合同的一部分并列入项目文件。

表 8-7 项目变更申请批准表

变更主题		文档编号	
项目阶段		紧急程度	□高 □中 □低
提出人		提交日期	
甲方项目经理		乙方项目经理	
变更原因	□新需求 □流程变更 □方案变更 □其他		
变更申请详细信息描述			
变更影响评估			
□是 □否	解决可操作性问题，使操作更为直观和方便	□是 □否	符合个性化需求，不具备在其他基地推广的条件
□是 □否	解决业务流程控制问题	□是 □否	超出了 MES 业务范围，影响系统平滑升级，风险较大
□是 □否	提供数据的准确性和可靠性，减少人工干预	□是 □否	解决了某个方面的问题，但会带来其他较多的负面影响
□是 □否	解决跨系统的数据流，使不同系统间的业务更好地衔接	□是 □否	通过其他变通方式获得解决
□是 □否	符合公司内控流程	□是 □否	其他
□是 □否	没有提供相应的报表或者报表不满足需求，但是符合管理需要		
是否属于涉及项目计划、成本、工作范围等变化的重大变更 □是 □否			
变更涉及金额：			
批准事项			
职位	姓名	意见	日期
			年 月 日
			年 月 日
			年 月 日
			年 月 日

8.9 工程项目风险管理

8.9.1 工程项目风险管理方法

数字化工程项目涉及软件开发和硬件实施，项目复杂度高，项目过程存在很多不确定性，需要重点识别和管控。工程项目风险管理包括风险管理规划、识别风险、分析风险、应对风险和监控风险。

（1）风险管理规划。项目从开始到中后期都要进行风险管理规划。当项目发生重大变更、范围变更或者后续对风险管理进行有效性审查且确定调整项目时，都需进行项目风险管理规划。风险管理规划通常采取会议的形式，会议参加人员应包括项目经理、产品经理、团队领导者及其他外部主要相关方。

（2）识别风险。这是整个风险管理中最关键的环节，人们通过识别单个项目以及整体项目风险的来源并记录风险特征来形成项目风险库，以供后续项目借鉴，并不断对其进行完善。识别风险主要以项目经理、业务骨干、相关领导等关键参与方为主，也鼓励项目全体成员参与。识别风险的方法一般包括头脑风暴、经验回顾、查阅风险库、访谈、项目诊断等。

（3）分析风险。分析风险主要分为定性分析和定量分析。定性分析通过评估单个项目风险发生的概率和影响以及其他特征对风险进行优先级排序。定量分析是就已识别的单个项目风险和不确定性的其他来源对整体项目目标的影响进行定量分析的过程。项目经理通常将两种方法结合起来对风险进行综合分析，并运用历史项目经验数据、行业经验数据来佐证，按照风险的出现概率和影响程度对风险进行优先级排序，并规划风险的应对策略。

（4）应对风险。应对风险主要指制定应对整体项目风险和单个项目风险的适当方法。主要有五种应对策略，实践中可以根据实际情况将它们组合使用。这些策略包括：①规避，指项目团队采取行动来消除威胁，或保护项目免受威胁的影响。②转移，指项目团队将应对威胁的责任转移给第三方，让第三方管理风险并承担威胁的影响。③减轻，指项目团队采取措施来降低威胁发生的概率和影响。项目团队提前采取措施通常比在威胁出现后再尝试进行弥补更加有效。④接受，指接受威胁的存在，但不主动采取措施。此策略可用于低优先级威胁，也可用于无法以任何其他方式经济有效地应对的威胁。⑤上报，适用于某威胁被认为不在单个项目范围内，或提议的应对措施超出了项目经理的权限。

项目团队应当对识别到的风险可能造成的影响进行分析评估，对高风险和中风险进行详细说明，并把低优先级的风险列入观察清单并定期监测；确定风险责任人及其职责、风险触发条件、对应策略，以及确定应对措施之后是否仍然存在残余风险、次生风险，形成一份项目风险评估表（见表 8-8）。

表 8-8 项目风险评估表

编码	工作任务	风险种类	潜在风险事项	项目阶段	风险发生的后果	风险分析与评估				风险应对措施			计划完成时间
						可能性	严重性	风险值	风险排序	应对策略	应对措施	责任人	
110	RFID标签采购	性能风险	标签金属抗干扰性差,信号距离短,导致数据读取不准确	物料采购	性能不达标,直接导致设备数据无法准确读取,影响项目交付	5	5	25	1	风险预防	选择多家供应商,进行方案比较要求在采购前进行现场测试验证	工程主管	2020/4/6
111	模具管理系统设计	需求不明确	需求不明确,导致产品上线后不能满足用户需求	蓝图设计	产品功能不满足用户需求,需要多次迭代,导致延期	4	4	20	2	风险预防	要求关键用户深度参与需求分析和产品设计图设计及监务部门主管签字确认	产品经理	2020/5/20

（5）监控风险。在整个项目实施过程中，项目团队需要全程跟踪已识别的风险、识别和分析新风险、监控已制订的风险应对计划的实施、评估风险管理的有效性。这是一个动态的过程，因为风险不是一成不变的，项目经理需要通过编制项目风险监控报告（见表8-9）将风险对项目的影响控制在可控范围内。

表8-9 项目风险监控报告

项目编号	CY001	项目名称		×× 数字化工厂二期项目		
项目经理	张 ××	项目工期		2020年3月1日—2021年5月30日		
报告周期			2020年第8周【4.19—4.25】			
序号	风险/异常描述	应对措施及解决办法	计划完成时间	责任人	跟踪情况	备注
1	RFID抗金属干扰标签性能风险	至少选择5家供应商进行产品性能比较 选出3家待选供应商到客户现场验证	2020/4/22	工程主管	已解决	闭环
2	产品设计阶段需求不明确的风险	要求关键用户深度参与需求分析和产品设计 需求及蓝图设计须业务部门主管签字确认	2020/5/20	产品经理	已完成需求调研，由关键用户和业务主管签字 产品方案正在设计中	持续跟踪

8.9.2 工程项目常见风险及应对措施

数字化工程项目在实施过程中，经常发生需求不明确、项目进度缺少预见性、技术兼容性问题、性能问题、仓促上线问题以及可用性问题等风险。只有对这些风险进行重点管控才能确保项目成功交付。

1. 需求不明确

需求不明确是工程项目最常见的风险之一，通常表现为需求范围未被明确界定，需求定义太宽泛、未进行细化，需求描述不清楚因而与需求方的需求有太大出入，需求有遗漏等。项目研发构成中因需求不明确导致的浪费是最大的，因此应该尽早解决这个问题。需求不明确导致的风险主要有下面几个应对方法：

（1）需求调研。在需求调研阶段，必须有资深的业务代表（关键用户）深度参与需求调研与需求讨论，并确保其有足够的时间配合需求分析师或产品经理进行需求分析，尽可能全面地识别、收集用户需求，针对关键问题需召开专题讨论会议并与各方达成共识。

（2）强化需求分析与评审。首先，应根据原始需求进行需求分析，这需要有相关经验的分析师负责并在分析阶段预留足够的时间，以确保需求分析的质量；其次，需要对需求进行评审，尽可能让更多的用户参与，包括业务部门管理人员；最后，也是最重要的一点，通过评审的需求规格说明书需要业务部门管理人员签字，以此作为项目验收的主要依据，其对双方均有约束力。

（3）在蓝图规划阶段，对于相对复杂的产品可以提供高保真的产品界面原型或者开发系统 Demo 来帮助用户确认需求。此外，蓝图设计方案均需关键用户、业务部门负责人评审、签字。如果是甲方项目，在提供给甲方陪审之前，最好在项目内部完成方案和技术评审。

（4）让用户参与开发。在开发阶段，如果条件允许，应当让关键用户参与每次的迭代测试。为了保证用户的积极性和测试效果，可以采取一些激励措施，如增加额外的工作绩效等。

2. 项目进度缺少预见性

复杂的数字化工程项目进度管控是一件非常难的事情，经常出现项目进度延期。比如，虽然项目任务可能完成了 80%，但剩下的 20% 可能会花费很长时间，甚至在很长时间内都达不到客户预期。那么，在项目管理方面，应该尽可能减少这种不可预见性。项目组织主要从以下几个方面来提升项目的可预见性：

（1）迭代开发，分阶段交付。项目采用迭代开发模型，将交付过程分为多个阶段，按功能分阶段递增式交付。每次迭代，项目都要充分接受用户的评审意见，以便自我纠正。渐近式的功能交付有利于降低开发人员的压力，提高用户的满意度，增强项目的可预见性。

（2）技术评审。技术评审可以确保软件质量，包括代码走查、会议评审和同行专家评审。代码走查可以是开发人员之间的交叉审查，也可以是高级开发人员对普通开发人员的审查。会议评审一般应至少每两周进行一次，每次评审时间不宜太长。同行专家评审包括技术和业务两个方面的专家的评审，让精通业务的用户专家经常性地参与项目评审是项目成功的重要保证。

（3）持续集成。项目应当每日构建、持续集成，使项目进度跟踪工作更加容易。项目小组每天重新编译系统，使项目已完成与未完成的功能清楚可见，小组成员能够简单地从软件的表现知道距离项目整体完成还有多久。

3. 技术兼容性问题

数字化工程项目涉及多种类型的硬件和软件，硬件与设备、软件与硬件设备、软件与软件之间都可能存在兼容性问题。针对技术兼容性一般有以下两种应对措施：

（1）设计先行。项目组织在做系统总体设计方案时，务必把好相关产品的选型关，确保网络、主机、系统软件与应用软件以及硬件协议之间等不存在较大的技术兼容性问题。网络平台建设方案中应当明确相关设备的技术参数和配置要求。

（2）提前测试。复杂软硬件集成，在选型和招标前应当要求提供系统 Demo 或者硬件样品进行测试验证，以避免在项目实施过程中暴露出兼容性问题，特别是硬件产品，在特殊情况下需要到生产现场进行安装测试验证。例如，在智能模具管理系统子项目上选择 RFID 标签硬件时，选择了多家厂商到生产线上进行安装验证，最终确定了在打卡距离、抗干扰能力等方面都满足项目要求的产品。

4. 性能问题

由于先期设计的不足，性能问题往往在系统切换时或新系统使用一段时间后才暴露。解决性能问题往往要进行大量的优化工作，甚至局部的或全面的重新设计。无论是用户还是开发者，都不希望出现性能问题。针对性能问题主要有以下几种应对策略：

（1）性能规划。在系统设计时，项目组织应在前期尽早做性能规划，对可能出现性能问题的环节做到提前预估。在做数据库设计时，项目组织应争取数据库管理员参与。另外，在技术方法方面，尽可能采取一些性能优化模式，如 DTO、AJAX、延迟加载等。尽可能在开发过程中解决性能问题，因为到项目后期才解决性能问题会既费钱又费时。

（2）性能测试。在开发过程中，项目组织要重视性能测试和压力测试，尽可能模拟现实使用环境并搭建测试平台。另外，由于开发环境的计算机往往比生产环境的计算机配置高，因此在做测试时应尽量找一些配置低的计算机、以较小的网络带宽进行测试。

（3）充足的调试时间。项目开发计划应当为后期性能优化预留充足的调试时间。在对系统进行性能优化后，要进行性能测试和压力测试，必要时还要做几次回归测试。因此，规划阶段应该留有充足的时间和人力。

5. 仓促上线问题

在项目实施过程中，系统切换上线是最容易出问题的环节，影响面也比较大。因此在系统切换前，应充分考虑各种可能出现的问题，做好风险应对，确保项目顺利运行。针对仓促上线问题主要有以下几种应对方案：

（1）应急预案。新系统在切换时会面临各种不可预知的风险，需要做好应急预案。应急预案应做好最坏的打算，当新系统不能工作时有备选方案替代，确保业务能正常运行。

（2）分步切换。为了降低风险，可以做系统分步切换的方案。例如，售票系统在切换时，往往用新系统售预售票，或者用新系统售长途车票，用旧系统暂时售短程票。待新系统运行稳定后，再全面切换到新系统。针对多个用户单位的系统切换也可分单位进行。

（3）交叉培训。在新旧系统切换过程中，用户都需要有适应过程。除了在切换前做好操作培训外，还要在新旧系统切换过程中做好交叉培训。例如，让用户提前一些时间上班，让早班的用户在交班时培训中班的用户，让中班的用户培训晚班的用户。做好交叉培训能够让新旧系统平稳过渡。

6. 可用性问题

软件的可用性包括软件的使用是否高效、是否容易学习、是否容易记忆、是否令人愉快、是否不易出错等诸多方面。软件往往由于可用性差导致用户不满意，甚至被市场淘汰。项目开发应注意可用性问题，避免出现可用性方面的风险。针对软件可用性问题主要有以下几种应对方案：

（1）了解用户。到用户工作现场了解目标用户使用软件的真实目的，从用户的角度、立场出发，了解在通过软件系统替代用户的业务处理流程中最烦琐、最容易出问题，或者大量重复劳动的环节，让软件提高用户的工作效能和效率。

（2）参与型设计。与用户协作，让用户参与用户界面的设计、评审与测试，确保用户能够全面、及早地发现可用性等方面的问题，并及时对其进行纠正。让客户参与设计不是让客户设计，项目经理或高级设计人员应该主导设计。

（3）竞争性分析。通过对市场上同类竞争性产品进行分析，或者对这些产品进行实验性测试，了解这些产品的用户界面问题，从而对新系统的开发提供灵感。分析竞争产品的优势和劣势，能够将设计做得更好。

8.10　工程项目的收尾管理

8.10.1　项目验收标准

项目验收标准是确定项目验收范围的基础，验收时应当遵循以下文件的要求：
（1）功能需求规格说明书。
（2）功能设计概要说明书。
（3）用户验收测试结果和报告。

8.10.2 项目验收方法

1. 阶段验收

在项目启动初期应当进行项目定义，确定各阶段交付物的要求。在各阶段乙方的最终交付物经甲方签署确认后即视为该阶段/该分项验收合格。特殊情况下，为不影响后阶段/后续分项工作的开展，甲乙双方可以对未最终确认的交付物以双方签字确认的会议纪要、备忘的形式约定后续行动计划，此时该交付物被认为"有条件验收通过"，而不影响相应项目阶段的验收通过。

2. 项目结项标准

当以下所列情况中发生任意一项时，即表示甲乙双方已完成了项目结项工作：①召开了明确的项目结项会议，会议结果表示项目结项通过，甲乙双方项目总负责人（或高层领导）签署了项目结项报告。②系统各阶段乙方的交付物（项目定义阶段定义的交付物）已经全部签署，系统在项目定义的组织范围内的生产环境实际上线运行三个月且经甲乙双方确认没有大的开口问题，双方项目经理即可准备启动项目评价和结项报告。待准备工作完成后，乙方项目经理向甲方发出通知，确认结项时间、地点、与会人员等。如果甲方无正当理由且未在规定时间内启动结项，乙方有权自行提供项目符合最终结项标准相关记录证明，并经双方项目负责人签字确认后，即视为项目结项通过。

8.10.3 项目交付物清单

本部分列举的项目交付物清单为MES项目中所设计的主要交付物文档，其遵循文档版本控制的内容进行文档和版本的控制与管理。项目交付检查核对表见表8-10。

表8-10 项目交付检查核对表

序号	阶段	主要交付物文档	备注说明	交付责任方（●主责 ○协助）	
				乙方	甲方
1	前期准备阶段（G2～G3）	项目资源日历（甲乙双方）	关键项目人员参与计划	●	○
2		项目进度计划	项目WBS任务计划	●	—
3	蓝图设计阶段（G3～G4）	需求规格说明书		●	○
4		概要设计说明书	含接口、数据字典	●	—
5		架构设计文档	包含系统架构、基础架构	●	—
6		软硬件清单		●	○
7		项目进度计划	项目开发实施详细计划	●	○

(续)

序号	阶段	主要交付物文档	备注说明	交付责任方（●主责　○协助）	
				乙方	甲方
8	系统实现阶段 (G4～G5)	系统详细设计文档		●	○
9		单元测试用例		●	○
10		单元测试报告		●	○
11	上线准备阶段 (G5～G6)	系统集成测试计划		●	○
12		系统集成测试用例		●	○
13		系统集成测试结果 & 总结报告		●	○
14		用户验收测试计划		●	○
15		用户测试结果 & 结果报告		●	○
16	上线支持阶段 (G6～G7)	系统上线切换策略计划		●	○
17		最终用户培训材料		○	●
18		用户操作手册		○	●
19		系统配置安装手册	含服务端部署说明	●	○
20		运维手册	含运维流程	○	●
21		用户权限清单		○	●
22		项目验收总结报告		●	○

注：这里仅对项目各阶段核心的交付物进行定义。

8.10.4　项目知识转移

在项目上线支持与推广阶段，甲乙双方应该立即开始项目总结，整理文档，总结项目实施的经验和教训，进行资料归档，完成项目。乙方应当对项目文档进行全面整理，并且将项目实施中的各类文档进行归档（即把应转交给甲方的文档装订整齐，以备在项目验收活动中正式提交给甲方），防止项目文档散落在个人手中从而影响知识积累的形成。甲乙双方的项目经理和项目组成员必须能够很好地总结项目实施的经验，以便吸取项目的经验教训，使项目实施能力得到有效提高。

（1）文档交付物知识转移。在项目的不同阶段将提供相对应的文档，主要文档清单详见相关附件（出于保密等原因，略）。

（2）知识转移方式。技术转移工作将穿插在项目实现、实施直到项目终验收的整个过程中，其间将辅以培训、研讨会等多种方式来协助完成。

知识转移的具体方式包括：①培训，主要包括项目平台、详细设计相关的技术培训等。②文档，主要包括实施文档、技术文档（开发技术手册）、项目管理文档。③问题答疑。乙方将采用电话、网络通信工具以及邮件对客户提出的问题进行答疑，并由甲方形成内部知识转移记录。④远程技术支持。在项目质保阶段，乙方将提供技术人员的电话、邮件等沟通工具，以确保客户能随时与乙方取得联系，获得远程技术支持。

8.10.5 工程项目总结

项目总结是对完成的项目进行的复盘。项目总结是指通过项目总结会议，由项目经理带领项目团队有意识地从过去的项目工作中总结经验和吸取教训并进行集体学习的过程。对项目总结中好的经验需要通过工作流程或者知识沉淀下来（见图8-11），对不好的方面要提出改善方案，持续改进。

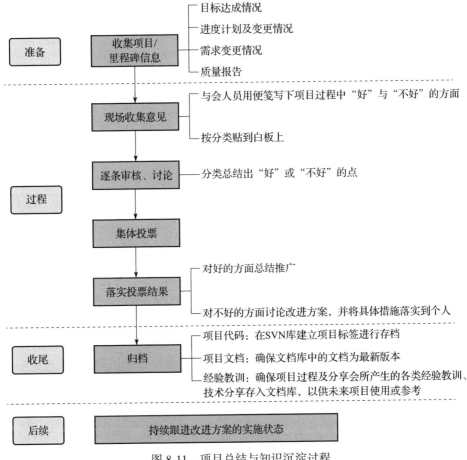

图 8-11 项目总结与知识沉淀过程

（1）准备。收集整理项目过程文档，包括项目或里程碑的各项数据和信息、目标和达成结果、进度计划、需求变更、质量状况等，这些是客观数据的总结。

（2）过程。首先，对项目绩效、技术绩效、成本绩效、进度绩效、项目沟通和问题识别与解决进行总结（见表8-11）。其次，现场收集项目成员对项目管理本身和项目执行过程的建议和意见，对收集的意见和建议进行逐条审核、讨论，整理出大家普遍认可的好的方面和不好的方面，对好的方面总结推广，对不好的方面讨论改进方案，并将具体措施落实到人，以便跟进解决。

表 8-11 项目绩效定义与检查表

分类	说明
项目绩效	包括项目的完成情况、具体的项目计划完成率、项目目标的完成情况等，作为全体参与项目成员的共同成绩
技术绩效	最终的工作范围与项目初期的工作范围的比较结果如何，工作范围有什么变更，项目的相关变更是否合理，处理是否有效，变更是否对项目的质量、进度和成本有重大影响，项目的各项工作是否符合预计的质量标准，是否达到客户满意
成本绩效	最终的项目成本与原始的项目预算费用，包括项目范围变更增加的预算是否存在较大的差距，项目盈利状况如何。这牵涉项目组成员的绩效和奖金的分配
进度绩效	最终的项目进度与原始的项目进度计划相比较结果如何，进度为何提前或者延后，是什么原因造成这样的影响
项目沟通	是否建立了完善并有效的沟通体系；是否让客户参与了项目决策和执行的工作，包括是否要求客户定期检查项目的状况，是否与客户有定期的沟通和阶段总结会议，是否及时通知客户潜在的问题并邀请客户参与问题的解决等；项目沟通计划完成情况如何，项目内部会议记录资料是否完备等
问题识别与解决	项目中发生的问题是否解决，产生问题的原因是否可以避免，如何改进项目的管理和执行等

（3）收尾。整理归档项目代码、项目文档和经验教训：将工程代码在SVN库中建立项目标签进行存档；将所有项目过程文档在文档库中进行更新，确保所有文档均为最新版本；确保将项目过程及分享会、总结会所产生的各类经验教训、技术分享存入文档库，以供未来项目使用或参考。

（4）后续。项目复盘会讨论出需要持续改进的地方。根据制定的解决方案（要具体到人）持续跟进改进方案的实施状态，做到闭环管理，这样才能避免在未来项目中发生同样的问题。

拓展思考

1. 系统回顾并用思维导图绘制项目管理的核心内容。
2. 按项目生命周期过程梳理项目管理的典型方法和经典工具。
3. 思考数字化工程项目管理里思维和方法对你职业生涯发展的影响。

参考文献

[1] 中国（双法）项目管理研究委员会. 中国项目管理知识体系［M］. 北京：电子工业出版社，2006.

[2] 国际项目管理协会. 个人项目管理能力基准：项目管理、项目集群管理和项目组合管理［M］. 中国优选法统筹法与经济数学研究会项目管理研究委员会，译. 4版. 北京：中国电力出版社，2019.

[3] 国际项目管理协会. 组织项目管理能力基准：组织项目管理能力开发指南［M］. 中国优选法统筹法与经济数学研究会项目管理研究委员会，译. 北京：中国电力出版社，2021.

[4] 白思俊. 现代项目管理概论［M］. 2版. 北京：电子工业出版社，2013.

[5] 陶俐言. 国际项目经理能力提升方略与实践［M］. 北京：兵器工业出版社，2019.

[6] 陶俐言. 项目管理：方法、流程与工具［M］. 西安：西安电子科技大学出版社，2020.

[7] 沈建明，陶俐言. 中国国防项目管理知识体系［M］. 北京：机械工业出版社，2017.

[8] 李长江，杨慧，朱楠. 项目群管理理论与实践：北斗导航卫星系统项目群管理最佳实践［M］. 北京：电子工业出版社，2014.

[9] 马旭晨，马尔航. 项目管理哲学内涵浅析［J］. 项目管理技术，2005（4）：68-71.

[10] 马旭晨. 项目管理工具箱［M］. 2版. 北京：机械工业出版社，2011.

[11] 丁荣贵. 项目管理：项目思维与管理关键［M］. 2版. 北京：中国电力出版社，2013.

[12] 丁荣贵. 项目治理：实现可控的创新［M］. 2版. 北京：电子工业出版社，2017.

[13] 孙洪达. 供应链中断情境下考虑政府补贴的恢复策略研究［D］. 杭州：杭州电子科技大学，2022.

[14] 戚安邦. 项目管理学［M］. 北京：科学出版社，2007.

[15] 汪小金. 项目管理方法论 [M]. 北京：中国电力出版社，2015.

[16] 成虎，陈群. 工程项目管理 [M]. 4版. 北京：中国建筑工业出版社，2015.

[17] 张卓. 项目管理 [M]. 北京：科学出版社，2005.

[18] 唐幼纯，范君晖，李红艳，等. 系统工程：方法与应用 [M]. 北京：清华大学出版社，2011.

[19] 杨文士，焦叔斌，张雁，等. 管理学 [M]. 3版. 北京：中国人民大学出版社，2009.

[20] 刘汉荣，王保顺. 国防科研试验项目管理 [M]. 北京：国防工业出版社，2009.

[21] 宁德军，朱华宇. 项目经理到执行官修炼之道：图解组合管理 [M]. 北京：清华大学出版社，2010.

[22] 邱昭良. 系统思考实践篇 [M]. 北京：中国人民大学出版社，2009.

[23] 余华东. 创新思维训练教程 [M]. 2版. 北京：人民邮电出版社，2007.

[24] 梅多斯. 系统之美：决策者的系统思考 [M]. 邱昭良，译. 杭州：浙江人民出版社，2012.

[25] 贾丽敏. 面向高可靠性应用要求的产品成熟度评价研究 [D]. 天津：天津大学，2011.

[26] 李达，王崑声，马宽. 技术成熟度评价方法综述 [J]. 科学决策，2012（11）：85-94.

[27] 高原，高彬彬，董雅萍. 制造成熟度管理方法研究 [J]. 制造技术与机床，2012（3）：30-37.

[28] 冯妍萍. 项目群管理成熟度评价模型研究 [D]. 西安：长安大学，2008.

[29] 切斯利，拉森，麦奎德，等. 实用空间系统项目管理 [M]. 杨保华，译. 北京：中国宇航出版社，2013.

[30] 莱文. 项目组合、项目集、项目经理人际关系技巧 [M]. 周琦，译. 北京：电子工业出版社，2011.